U0846467

工程安全鉴定与加固

雷　华　秦永球　向伟明　主　编
於法明　梁妍妍　副主编
马伟民　主　审

中国建筑工业出版社

图书在版编目（CIP）数据

工程安全鉴定与加固/雷华等主编. —北京：中国建筑工业出版社，2017.8
ISBN 978-7-112-21155-5

Ⅰ.①工… Ⅱ.①雷… Ⅲ.①建筑工程-安全技术②建筑物-加固 Ⅳ.①TU714②TU746.3

中国版本图书馆CIP数据核字（2017）第211998号

本书介绍了工程质量安全鉴定与加固方法。书中依据目前国家的相关法律、法规，结合实际工程较详细例举各类工程的检测、鉴定以及加固方法。全书共分7章，第1～5章介绍工程安全的基本概念、相关法律法规、检测及加固方法，第6、7章介绍了常用检测仪器的使用及鉴定文书的编制。

本书可作为工程检测机构鉴定人员或其他工程技术人员参考的工具书，也可以作土木工程专业高年级学生的专业课教材及高等职业技术学院的专业教材。

责任编辑：王 梅 杨 允
责任设计：李志立
责任校对：焦 乐 张 颖

工程安全鉴定与加固

雷 华 秦永球 向伟明 主 编
於法明 梁妍妍 副主编
马伟民 主 审

*

中国建筑工业出版社出版、发行（北京海淀三里河路9号）
各地新华书店、建筑书店经销
霸州市顺浩图文科技发展有限公司制版
大厂回族自治县正兴印务有限公司印刷

*

开本：787×1092毫米 1/16 印张：16¾ 字数：412千字
2017年10月第一版 2017年10月第一次印刷
定价：**45.00**元
ISBN 978-7-112-21155-5
（30790）

版权所有 翻印必究
如有印装质量问题，可寄本社退换
（邮政编码 100037）

编　委　会

主　　编： 雷　华　秦永球　向伟明

副 主 编： 於法明　梁妍妍

主　　审： 马伟民

参编人员： 梁妍妍　李广熙　胡　斌　黄　鑫　林煜民

陈炳聪　万　鹏　许国辉　李颖颖　吴敏玲

序

《工程安全鉴定与加固》是一部作为建设工程质量安全鉴定人员培训教材的工具书，可作为土木工程专业高年级学生的专业教材，也可作为业内人员的专业参考资料。本书主要作者向伟明教授及其团队长期从事结构工程检测、技术分析工作，通过大量工程出现的不同程度质量问题，积极参与工程检测、房屋鉴定及楼房加固业务，积累了丰富的工程工作经验并搜集了大量的工程现场第一手资料，使得本书内容丰富、科学性强、实用性广，值得向广大读者推荐。

本书在广东省建设工程质量安全检测和鉴定协会举办的培训教材基础上作了修改，增加了市政、路桥工程等内容，尤其是根据住房和城乡建设部最新颁布的《危险房屋鉴定标准》作了修订，内容更趋完善与规范。

中山大学教授　陈树坚

前　　言

我国现存使用的已建工程数量巨大，由于种种原因，相当部分建（构）筑物出现不同程度影响安全使用的特征，以及全国存在大量违建工程，其中大部分已在使用，并存在多种安全隐患。对这类投入巨大资金的工程如果全部拆掉重建，不但浪费国家和个人财产，也容易产生各种纠纷。事实上上述所指出现不同程度影响安全使用特征的房屋以及违建工程都有使用价值，是否可以进行安全鉴定或加固完善手续后使用？也有工程施工对周边已建房屋需进行开工前后的质量鉴定，以避免不必要纠纷；还有其他原因需要鉴定的各类构筑物。对上述建筑工程的质量安全鉴定大都由业主或管理单位甚至司法部门邀请有关单位工程技术人员进行评估，经鉴定的建筑发现有各类质量问题甚至出现险情，鉴定部门除了出具鉴定意见外，往往应委托方要求提出处理意见，除少数危房无法使用外，大都可通过加固后继续使用。

目前不少地方的鉴定机构中鉴定人员的素质参差不齐，为提高广大安全鉴定人员的专业技术水平，规范鉴定行业的业务行为，应加强工程安全鉴定工程技术人员的培训，从而客观、准确、科学地做好安全鉴定工作。

本书搜集了大量工程实例为鉴定人员提供较详尽的相关资料，不但可作为培养房屋安全鉴定员或土木工程专业高年级学生的专业教材，也可作为工程技术人员的参考书。

本书在广东省建设工程质量安全检测和鉴定协会举办的培训教材基础上作了修改，尤其是根据住房和城乡建设部最新颁布的《危险房屋鉴定标准》作出修正，内容更趋完善与合理。

本书由广东省建设工程质量安全检测和鉴定协会委托并参与编写，由广州大学及广州城市职业学院组织编写，由广州大学向伟明、广州城市职业学院雷华、广东省建设工程质量安全检测和鉴定协会秦永球主编，由广东荣骏建设工程检测股份有限公司於法明、广州城市职业学院梁妍妍副主编，由广东省建设工程质量安全检测和鉴定协会马伟民主审。由中山大学教授陈树坚先生作序。

本书第 1 章由雷华、梁妍妍编写，第 2 章由雷华、李广熙、胡斌编写，第 3 章由万鹏、李颖颖、吴敏玲编写，第 4 章、第 5 章由向伟明、黄鑫、李广熙编写，第 6 章由雷华、陈炳聪、许国辉编写，第 7 章由秦永球编写。本书由向伟明、秦永球、雷华、黄鑫、梁妍妍统稿，全书由黄鑫、吴天龙校对。因水平所限，书中不当之处敬请读者指正。

书中有关资料与信息及试验得到广州城市职业学院城市建设工程系、广东荣骏建设工程检测股份有限公司公司大力支持。

本书出版得到广州大学教材出版基金赞助，广州城市职业学院广东荣骏公司的大力支持。

2017.8

目　录

第1章　绪　　论

1.1　基本概念

改革开放以后，我国的建筑业得到很大发展，工程质量大部分是好的，由于各种原因，重大工程质量事故每年发生几十起。在过去35年内，我国曾发生过多次倒塌事故，20世纪80年代初，基建工程发展迅速，由于施工队伍良莠不齐或设计不当、材料质量等原因，导致出现不少严重工程事故；20世纪90年代后期，建设领域不正之风和腐败现象蔓延，质量监控缺失是工程质量事故的主要原因之一。

房屋结构经长期使用耐久性受到影响，随着时间的推移，结构的性能将会发生改变，使用寿命也受到影响。为保证结构的正常使用或延续使用期限，需进行维修加固。在欧美发达国家，构筑物维修加固费用已超过新建工程的投资。如美国21世纪初用于旧建筑物维修和加固上的投资已占到建设总投资约60%，英国这一数字为75%，而德国则达到80%。

据统计，截止2015年我国建筑面积约为650亿m^2，其中20世纪80年代以前建成的房屋约有46.7亿m^2，这些房屋已进入维修期，需要进行安全鉴定，以便实施维护和加固，延长其使用寿命。也有不少违建工程因各种原因的再使用需要进行鉴定及加固如图1.1～图1.4所示。也有因施工影响，周边已建房屋需要进行开工前后质量鉴定。

1.1.1　房屋安全鉴定

房屋建成投入使用后，由于使用年限、人为损害或自然灾害等原因，构件强度降低，导致出现不同程度的问题，严重的有可能造成破坏甚至倒塌等重大安全事故。因此房屋安全鉴定工作更显重要。

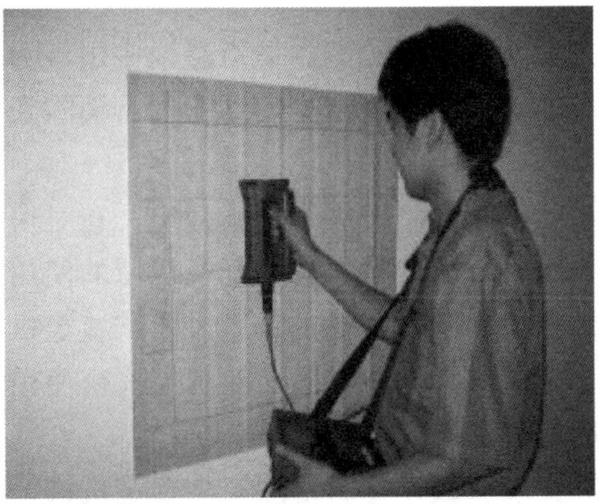

图1.1　房屋安全检查

图1.2　回弹法测混凝土强度

图 1.3　超声波法测混凝土强度

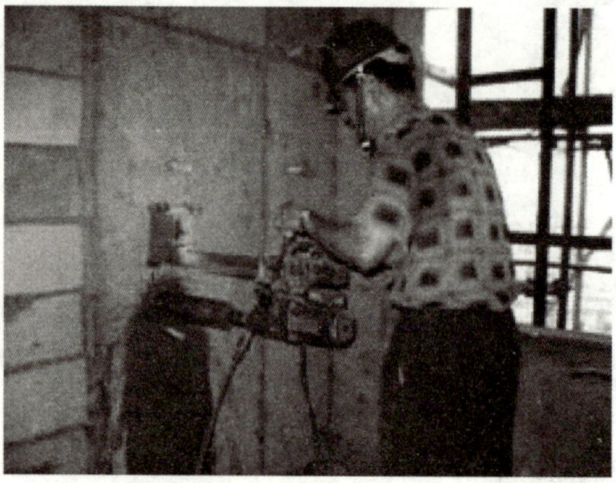

图 1.4　钻芯法测混凝土强度

1. 对房屋进行安全鉴定主要目的是：

（1）为建筑物的日常管理和大、中、小修或抢修提供数据；

（2）为建筑物因改变使用条件、改建或扩建提供依据；

（3）为确定建筑物遭受事故或灾害后的损坏程度、制定修复或加固方案提供数据；

（4）为设计、施工失误引起建筑物产生事故而处理提供技术依据。

2. 当房屋出现如下情况时，需进行安全鉴定：

（1）地基基础或主体结构有明显下沉、裂缝、变形、腐蚀等现象；

（2）遭受火灾、地震等自然灾害或突发事故引起的损坏；

（3）拆改结构、改变用途或明显增加使用荷载；

（4）超过设计使用年限拟继续使用；

（5）受相邻工程影响，出现裂缝损伤或倾斜变形；

（6）其他影响房屋安全需要进行专项鉴定的情形：房屋损坏纠纷鉴定，房屋抗震性能鉴定等。

房屋安全鉴定机构受当事人委托进行房屋鉴定，必须是一种公平、公正具有一定证明权的行为，是为公民、法人或其他组织解决房屋安全纠纷的技术服务。其核心是保障当事人的合法权益，维护社会公平、公正，协助政府加强对房屋安全使用管理提供依据。

随着建设快速发展，房屋增多，由于管理和人为及历史等原因，城市建设中出现为数不少不规范的建筑，引发各类质量问题甚至造成破坏。加强房屋安全使用管理，消除安全隐患迫在眉睫。

房屋安全鉴定关系到人民生命财产安全，关系到国家经济发展和社会稳定，在对房屋进行安全管理、房产价值评估、安全排查、保障人民群众的正常居住并延长房屋的使用年限、房屋灾后加固、房屋装修改造纠纷界定等方面发挥着不可替代的作用。要求鉴定机构在从事房屋安全鉴定必须严格按照国家有关法律、法规进行，协助政府对房屋安全使用进行管理，对存在质量纠纷的房屋做出公平、公正的评判。

涉及房屋安全诸如爆炸、地震、火灾、倒塌等突发事故，作为房屋安全鉴定机构，有义务为政府部门提供应急建议，其次是对房屋进行查勘、鉴定、损坏评估。

1.1.2 房屋安全鉴定与管理

房屋安全鉴定是指房屋安全鉴定单位依法按照国家颁布的行业标准和其他相关建筑规范，对房屋进行查勘、检测和验算，对房屋的完损状况和危险程度做出科学鉴定的技术服务工作。

房屋安全管理是政府赋予房地产行政管理部门的重要职责，是房地产行政管理的重要组成部分。房屋安全管理是指房地产管理部门依法对城市建成区已经投入使用的房屋，通过房屋安全检查、房屋质量鉴定、危险房屋督修排危等手段有效排除危险房屋及其他房屋不安全因素的活动。

1.1.3 房屋安全鉴定与建筑质量

1. 鉴定对象

房屋安全鉴定对象是已建成并投入使用的房屋；

建筑工程质量鉴定对象包括在建或新建及已投入使用的构筑物。

2. 鉴定手段

房屋安全鉴定主要根据房屋结构的工作状态进行查勘，必要时辅以检测、结构承载力复核验算等手段评估房屋结构的整体安全度。

建筑工程质量鉴定主要指通过检测及计算分析等方法对建筑物鉴定，评估工程施工质量合格与否，它包括建筑工程勘察、设计质量鉴定方面。

3. 原则

房屋安全鉴定是对已有建筑物的作用效应及结构抗力进行科学分析，为建筑物维修改造提供依据。

建筑工程质量鉴定重在预防，从源头减少房屋安全事故的发生和确保安全为原则。

4. 执行标准

房屋安全鉴定主要执行《民用建筑可靠性鉴定标准》GB 50292—2015 和《工业建筑可靠性鉴定标准》GB 50144—2008。

建筑工程质量鉴定执行《建筑工程施工质量验收统一标准》GB 50300—2013 及相应各专业工程施工质量验收规范。

1.2 房屋安全鉴定查勘与检测

1.2.1 查勘与检测

房屋查勘是指根据有关技术文件，对房屋的结构、装修和设备进行检查、测试、验算，目的是掌握房屋结构、装修、设备各构件的技术动态，为拟定房屋修缮方案，编制修缮计划提供依据。

房屋检测是指运用相关技术手段和方法，对房屋结构质量进行检查测定，获取准确数据，为鉴定分析提供可靠的技术支持。房屋检测又称房屋质量检测评估，是指由具有鉴定资质的检测单位对房屋进行检测、评估，并出具报告的过程。

1.2.2　鉴定与查勘、检测的关系

鉴定是指根据查勘情况与检测数据，对房屋进行分析验算和评定，着重描述房屋结构的工作状态和结构整体安全度。

查勘只是对房屋现状的调查，检测仅提供数据，一般不参与房屋工作状态的整体分析。查勘是鉴定的基础，检测是查勘的继续，查勘和检测是整个鉴定活动的重要组成部分。如图 1.5，图 1.6 所示

图 1.5　房屋查勘

图 1.6　房屋检测

1.3　房屋加固

已有建筑的加固较新建建筑复杂，它不仅受到已有条件限制，而且这些建筑物可能存在各种各样的问题。这些问题的起因错综复杂，有的无案可查，有的相当隐蔽。另外，旧有建筑所用的材料因年代不同，常常与现状相差甚大。因此，确定已有建筑加固方案时，应缜密考虑，严格遵守工作程序和加固原则。选用的方法不仅要安全可靠，而且应经济合理。

1.3.1　加固

房屋加固指对可靠度不足或业主要求提高结构、构件的承载性能及采取增强、局部更换或调整其内力等技术措施的总称。

1.3.2　加固的作用

20 世纪 80 年代以前修建的建筑大多是低层或多层建筑，仅从质量评估，不少旧建筑应予以拆除，但由于房屋的使用价值、房屋所有者、投资者的需求及规划上要求的不同以及历史价值等因素，还必须保留，并加以维修改造加固。现今国内外加固改造技术已较成熟，从已加固改造的案例，取得非常显著的社会和经济效益。据统计，老旧建筑加固改造比新建可节约投资 50%左右，缩短工期 60% ，收回投资的速度比新建快 3～5 倍。

发展生产不仅仅只靠新建，对旧建筑加固改造利用也非常必要，通过粘钢加固，碳纤维加固，植筋技术，化学螺栓，预应力等工艺，对旧建筑起到修缮加固的作用，使结构更牢固，在提高建筑结构安全度的同时，也节约了投资，建筑加固技术具有重要的意义。进

图 1.7　框架柱外包钢加固

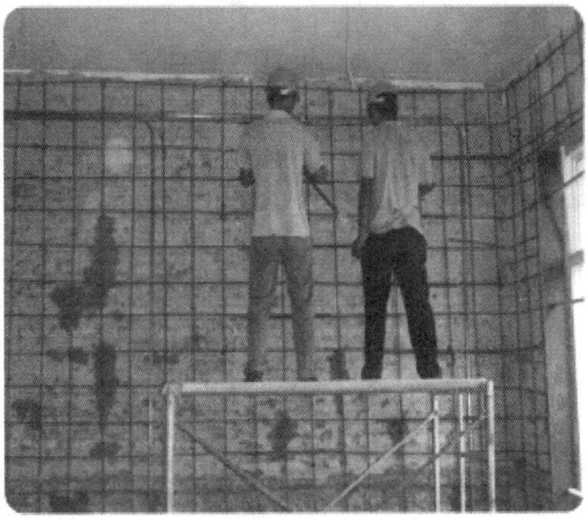

图 1.8　钢筋网水泥砂浆层加固

行既有建筑结构改造可以延长使用寿命，对节能减排意义重大。开展既有建筑加固改造、节能改造与使用功能提升综合改造将是今后建筑领域一项重要工作，形成以新建为主、新建与既有建筑改造加固并举的局面。

1.3.3　加固的规则

既有建筑的加固设计，当有加固设计标准时，可按现行规定；尚无标准时，可按照该专业的设计标准进行加固设计。例如，混凝土结构已有《混凝土结构加固设计规范》GB 50367—2013，既有建筑混凝土结构加固设计可执行该规范之规定。

建筑工程的新建、改造和扩建有建设法律和行政法规约束。而既有建筑的加固目前没有建设法律和行政法规约束。房屋加固市场秩序较乱，问题较多。因此参与既有建筑加固的各方都应引起重视！对加固构筑物的安全、质量和环境保护应综合考虑。对于进行加固的设计和施工单位要采取措施规避风险。

思考题

1. 什么是房屋安全鉴定？
2. 房屋在哪些情况下需要进行安全鉴定？
3. 对房屋进行安全鉴定的主要目的是？
4. 房屋安全鉴定具有什么现实意义？
5. 什么是建筑工程质量鉴定？
6. 房屋安全鉴定与建筑质量鉴定的区别？
7. 什么是房屋安全管理？
8. 什么是房屋查勘？
9. 什么是房屋检测？
10. 房屋鉴定与查勘检测的关系？
11. 房屋安全鉴定主要执行的标准有哪些？
12. 房屋加固具有什么现实意义？

第 2 章　安全鉴定与加固规则

2.1　相关法律、法规

房屋安全鉴定与加固的依据是建筑等方面的法律法规（包括地方部门规程），以及与加固鉴定相关的技术标准和规范。包括：《建筑法》、《防震减灾法》、《建筑工程质量管理条例》、《建筑工程质量检测管理办法》、《城市危险房屋管理规定》、《城市异产毗连房屋管理规定》、《住宅室内装饰装修管理办法》、《中华人民共和国文物保护法》、《司法鉴定程序通则》等。

2.1.1　建筑法

1. 主要内容

《建筑法》是指调整建筑活动（即各类房屋及其附属设备的建造和与其配套的线路、管道、设备的安装活动）的法律与规范的总称。

建设活动的内容包括建设工程的计划、立项、资金筹措、设计、施工、工程验收等。建设法规是国家组织和管理建设活动、规范建设活动行为、加强建设市场管理、保障城乡建设事业健康发展的依据。其作用主要体现在三个方面：

（1）规范、指导建设行为；

（2）保护合法建设行为；

（3）处罚违法建设行为。

2. 法律责任

建筑法律责任，是指建筑法律关系中的主体因违反法律法规的行为而依法应当承担的法律后果。建筑法律责任具有强制性，设定建筑法律责任，是为了保护建筑法律法规规定的义务的实现。

（1）建筑民事违法行为及其法律责任

《民法通则》将承担民事责任的方式定义为：停止侵害、排除妨碍、消除危险、返还财产、恢复原状，以及修理、重做、更换、赔偿损失、支付违约金、消除影响、恢复名誉、赔礼道歉等。

《建筑法》中规定了赔偿责任，其中第七十四条还规定了返工、修理责任。同时，在实体部分，也规定了赔偿、排除障碍、消除危险等责任形式，详见附录。

（2）责任划分

① 施工单位未按有关规范、标准和设计要求施工的，由施工单位负责返修并承担赔偿责任；

② 因设计方原因造成的，由设计单位承担赔偿责任；

③ 因建筑材料，建筑构配件和设备质量不合格引起的质量问题，而施工单位验收同意使用的，由施工单位承担赔偿责任；属于建设单位采购的，由建设单位承担赔偿责任；

④ 因监理原因造成的，则由监理单位承担赔偿责任。

2.1.2 危房管理规定

1. 房屋安全鉴定申请的主体是房屋所有人或使用人

房屋所有人或使用人向当地鉴定机构提出鉴定申请时，必须持有证明其具备相关民事权利的合法证件。

2. 鉴定为危险房屋后的处理

对被鉴定为危险房屋的，一般可分为以下四类进行处理：

① 观察使用适用于采取适当安全技术措施后，尚能短期使用，但需继续观察的房屋。

② 处理使用适用于采取适当技术措施后，可解除危险的房屋。

③ 停止使用适用于已无修缮价值，暂时不便拆除，又不危及相邻建筑和影响他人安全的房屋。

④ 整体拆除适用于整幢危险且无修缮价值，需立即拆除的房屋。

经鉴定属危险房屋的，鉴定机构必须及时发出危险房屋通知书。属于非危险房屋的，应在鉴定文件注明在正常使用条件下的有效时限，一般不超过一年。

3. 鉴定收费标准

房屋鉴定机构收取的鉴定费，按当地市场价格或参照行业的收费指示价收取。

房屋治理私有危险房屋，房屋所有人确有经济困难无力治理时，其所在单位可给予借贷；如系出租房屋，可以和承租人合资治理，承租人付出的修缮费用可以折抵租金或由出租人分期偿还。

经鉴定为危险房屋的，鉴定费由所有人承担；经鉴定为非危险房屋的，鉴定费由申请人承担。

4. 房屋安全鉴定行政管理的主体

国家建设部负责全国的城市危险房屋管理工作。县级以上地方人民政府房地产行政主管部门负责本辖区的城市危险房屋管理工作。

5. 行政主管部门的监督和代管的责任

房屋所有人对经鉴定的危房，不按处理建议修缮治理，或使用人有阻碍行为的，房地产主管部门有权指定有关部门代修，或采取其他强制措施。发生的费用由所有人或使用人承担。

6. 鉴定机构和房屋安全责任人应负民事或行政责任

（1）有下列情况的，鉴定机构应承担民事或刑事责任：

① 故意把非危险房屋鉴定为危险房屋而造成损失；

② 过失把危险房屋鉴定为非危险房屋，并在有效期限内发生事故；

③ 拖延鉴定时间而发生事故。

（2）由下列原因造成事故的，房屋所有人应承担民事或刑事责任：

① 有险不查或损坏不修；

② 经鉴定机构鉴定为危险房屋而未采取有效措施。

（3）而由下列原因造成事故的，使用人、行为人应承担民事责任：

① 使用人擅自改变房屋结构、构件、设备或使用性质；

② 使用人阻碍房屋所有人对危险房屋采取解危措施；

③ 行为人由于施工、堆物、碰撞等行为危及房屋。

2.1.3　文物保护法

（1）鉴定必须有文物保护意识。文物保护法第十二条规定："发现文物及时上报或者上交，使文物得到保护的""在文物面临破坏危险时，抢救文物有功"。

（2）建设工程选址，应当尽可能避开不可移动文物；因特殊情况不能避开的，对文物保护单位应当尽可能实施原址保护。

（3）对不可移动文物进行修缮、保养、迁移，必须遵守不改变文物原状的原则。

（4）文物保护单位的保护范围内不得进行其他建设工程或者爆破、钻探、挖掘等作业。但是，因特殊情况需要在文物保护单位的保护范围内进行其他建设工程或者爆破、钻探、挖掘等作业的，必须保证文物保护单位的安全，并经核定公布该文物保护单位的人民政府批准，在批准前应当征得上一级人民政府文物行政管理部门同意；在全国重点文物保护单位的保护范围内进行其他建设工程或者爆破、钻探、挖掘等作业的，必须经省、自治区、直辖市人民政府批准，在批准前应当征得国务院文物行政部门同意。

（5）根据保护文物的实际需要，经省、自治区、直辖市人民政府批准，可以在文物保护单位的周围划出一定的建筑控制地带，并予以公示。在文物保护单位建筑控制范围施工，不得破坏原历史风貌；工程设计方案应当根据文物保护单位的权限，经相应的文物行政部门同意后，报城乡建设规划部门审批。

（6）文物保护单位的修缮、迁移、重建，由具备文物保护工程资质的单位承担；

（7）凡因进行基本建设和生产建设需要的考古调查、勘探、发掘，所需费用由建设单位列入建设工程预算。

2.1.4　住宅室内装饰装修管理

住宅室内装修活动，禁止以下行为：

（1）未经原设计单位或具有相应资质的设计单位提出设计方案，变动建筑主体和承重结构；

（2）将没有防水要求的房屋或阳台改为卫生间、厨房；

（3）扩大承重墙上原有的门窗尺寸，拆除连接阳台的墙、混凝土墙体；

（4）损坏房屋原有功能设施，降低节能效果；

（5）其他影响建筑结构和使用安全的行为。

全国各地的住宅室内装饰装修管理均由房屋管理部门负责，如果有上述情况，应进行房屋安全鉴定。

2.1.5　司法鉴定程序

遵循司法鉴定活动的规律，按照司法鉴定活动的工作流程，对司法鉴定的委托与受理、实施，司法鉴定应遵循采用的技术标准和技术规范、司法鉴定程序的特殊性规定等有明确规定。

1. 落实司法鉴定人责任制

司法鉴定人运用科学技术和专门知识对诉讼涉及专业性问题进行独立、客观、公正的鉴定和判断，并对所作出的鉴定意见负责，是司法鉴定人负责制的核心内容。《司法鉴定程序通则》（司法部令第107号）（下称通则）使这一原则得以落实，如规定司法鉴定人应当遵守保密义务、回避义务、出庭作证义务、独立出具鉴定意见；对复杂、疑难和特殊技术问题咨询专家意见，最终鉴定意见仍由委托机构的司法鉴定人出具；多人参加的司法鉴定，对鉴定结论有不同意见的，应当注明。且应有利于公民权益尤其是私权的保护。

2. 加强司法鉴定机构的监管职责

司法鉴定机构是司法鉴定人的执业机构，也是组织进行司法鉴定活动的主体。《通则》明确规定司法鉴定机构应当加强对司法鉴定人进行司法鉴定活动的管理和监督。内容有：审查和受理监督委托；指派司法鉴定人，监督司法鉴定人遵守法定义务、遵守职业道德和职业纪律、遵守技术规范和鉴定时限；监督司法鉴定材料的使用和保管；统一收取司法鉴定费用；监督司法鉴定人依法出庭作证，执行有关鉴定人回避制度；组织专家进行咨询和多机构鉴定；组织复核以及纠正违规行为等。上述规定将使司法鉴定机构在组织、管理、监督司法鉴定人的鉴定活动中发挥主体作用。

3. 体现行政管理与行业管理相结合的原则

新《通则》提出了“司法鉴定实行鉴定人负责制”，明确了鉴定机构和鉴定人各自的责任，同时提出了行政处罚和行业处分的责任形式，也和行政管理和行业管理相结合的管理体制相适应。建立行政管理和行业管理相结合的管理模式，是司法鉴定体制改革的基本要求。目前，已有不少地区已建立司法鉴定协会，重视发挥司法鉴定行业组织对司法鉴定活动的行业监督及自律管理职能，对规范司法鉴定执业行为，保障司法鉴定质量，推进司法鉴定的规范化、制度化和科学化建设具有重要意义。《通则》肯定了行业组织在制定行业技术标准和技术规范中的作用，赋予了行业组织对违反行业标准的行为给予行业处分的权力。

4. 规范了重新鉴定的受理条件

针对当前诉讼活动中人民群众反映强烈的多头鉴定、重复鉴定和久鉴不决的突出问题，《通则》在现行法律法规的框架下，从实施程序和技术要求的角度，明确规定了接受重新鉴定委托的条件和要求，并对重新鉴定的受理、承担重新鉴定的司法鉴定机构和司法鉴定人的资质条件和主体资格等作出了相应规定。

《通则》同时规定：“接受重新鉴定委托的司法鉴定机构的资质条件，一般应高于委托的司法鉴定机构”。

2.2 鉴定标准

房屋安全鉴定执行的技术标准和规范在业务工作中是行业必须遵守的规定。主要包括：

《民用建筑可靠性鉴定标准》GB 50292—2015、《工业建筑可靠性鉴定标准》GB 50144—2008、《建筑抗震鉴定标准》GB 50023—2009、《危险房屋鉴定标准》JGJ 125—

2016、《房屋完损等级评定标准》（城住［84］第678号）、《火灾后建筑结构鉴定标准》CECS 252—2009、《混凝土结构耐久性评定标准》CECS 220—2007。

2.2.1 《民用建筑可靠性鉴定标准》

1. 适用范围

（1）适用于已建成二年以上且已投入使用的建筑物。

（2）适用于民用建筑在下列情况下的检查与鉴定。

① 建筑物安全鉴定（其中包括危房鉴定及其他应急鉴定）。

② 建筑物使用功能鉴定及日常维护检查。

③ 建筑物改变用途、改变使用条件或改造前的专门鉴定。

（3）地震区、特殊地基土地区或特殊环境中的民用建筑的可靠性鉴定，除应执行本标准外，尚应遵守国家现行有关标准的规定。

2. 特点

《民用建筑可靠性鉴定标准》采用了以概率理论为基础，以结构各种功能要求的极限状态为鉴定依据的可靠性鉴定方法，简称为概率极限状态鉴定法。《建筑结构设计统一标准》定义的承载能力极限状态与正常使用极限状态所要求的可靠指标是不同的，《民用建筑可靠性鉴定标准》将已有建筑物的可靠性鉴定划分为安全性鉴定与正常使用性鉴定两个部分；采用等级评定对建筑物的安全性和正常使用性现状作出评价，根据分级模式设计的评定程序，将复杂的建筑结构体系分为相对简单的若干层次，然后分层分项进行检查，逐层逐步进行综合，以取得能满足实用要求的可靠性鉴定结论。

为了统一各类材料结构各层次评级标准的分级原则，制订了用文字表述的分级标准；通过对已有结构构件进行可靠度校核所积累的数据和经验，以及根据实用要求所建立的分级鉴定模式，确定划分等级的尺度，并给出每一检查项目不同等级的评定界限，以作为对分属两类不同极限状态的问题进行鉴定的依据。由于鉴定一般是与如何加固处理相联系的，鉴定标准还包含了适修性的评价内容。

3. 使用选择

房屋可靠性鉴定是对已有房屋的安全性、正常使用性所进行的调查、检测、分析验算和评定等一系列活动。民用建筑可靠性鉴定，可分为安全性鉴定和正常使用性鉴定。

（1）在下列情况下，应进行可靠性鉴定：

① 建筑物大修前的全面鉴定；

② 重要建筑物的定期检查；

③ 建筑物改变用途或使用条件；

④ 建筑物超过设计基准期继续使用；

⑤ 为制订建筑群维修规划而进行的普查。

（2）在下列情况下，可仅进行安全性鉴定：

① 危房鉴定及各种应急鉴定；

② 房屋改造前的安全检查；

③ 临时性房屋需要延长使用期的检查；

④ 使用性鉴定中发现的安全问题。

（3）在下列情况下，可仅进行正常使用性鉴定：

① 建筑物日常维护的检查；

② 建筑物使用功能的鉴定；

③ 建筑物有特殊使用要求的专门鉴定。

2.2.2 《工业建筑可靠性鉴定标准》

1. 适用范围

（1）适用于已存在的、为工业生产服务，可以进行和实现各种生产工艺过程的建筑物和构筑物。

（2）本标准适用于以下工业建筑的鉴定：

① 以混凝土结构、钢结构、砌体结构为承重结构的单层和多层厂房等建筑物。

② 烟囱、贮仓、通廊、水池等构筑物。

（3）工业建筑的可靠性鉴定，应由具备相应资质的鉴定单位承担。

（4）地震区、特殊地基土地区、特殊环境中或灾害后的工业建筑的可靠性鉴定，除应执行本标准外，尚应遵守国家现行有关标准的规定。

2. 特点

工业厂房与民用建筑相比，使用条件和环境更为复杂，但结构形式相对比较单一。工业厂房除了包括民用建筑中的恒荷载、楼面活荷载、风荷载和地震作用外，还包括吊车荷载。使用环境有高温、高湿、设备振动和腐蚀性介质作用。同时，工业建筑对建筑观瞻等方面的要求相对不高。尽管工业厂房可靠性鉴定与民用建筑可靠性鉴定所依据的可靠性理论是相同的，但鉴定方法不尽相同。

《工业建筑可靠性鉴定标准》也是采用分级多层次综合评定方法。评定单元被划分为结构布置和支撑系统、承重结构系统和围护结构系统等三个组合项目，每个组合项目包含若干子项，从而形成子项项目或组合项目、评定单元三个层次，每个层次划分为四个等级。与民用建筑鉴定标准不同的是，在各层次上，安全性和正常使用性并不分开鉴定，而是直接对可靠性进行评级。但在评定项目等级时，将各子项区分为主要子项和次要子项，以反映不同极限状态所要求的目标可靠指标的差异。

3. 使用选择

工业建筑可靠性鉴定是对既有工业建筑的安全性、正常使用性（包括适用性和耐久性所进行的调查、检测、分析验算和评定等一系列活动。

（1）在下列情况下，应进行可靠性鉴定：

① 达到设计使用年限拟继续使用；

② 用途和使用环境改变；

③ 进行改造或增容、改建或扩建；

④ 遭受灾害或事故；

⑤ 存在较严重的质量缺陷或者出现较严重的腐蚀、损伤、变形。

（2）在下列情况下，宜进行可靠性鉴定：

① 使用维护中需要进行常规检测鉴定；

② 需要进行全面、大规模维修；

③ 其他需要掌握结构可靠性水平。

（3）当结构存在下列问题且仅为局部的不影响建、构筑物整体时，可根据需要进行专项鉴定：

① 结构进行维护改造有专门要求；

② 结构存在耐久性损伤影响其耐久年限；

③ 结构存在疲劳问题影响其疲劳寿命；

④ 结构存在明显振动影响；

⑤ 结构需要进行长期监测；

⑥ 结构受到一般腐蚀或存在其他问题。

（4）鉴定对象可以是工业建筑物整体或所划分的相对独立的鉴定单元，亦可是结构系统或结构构件。

（5）鉴定的目标使用年限，应根据工业建筑的使用历史、当前的技术状况和今后的维修使用计划，由委托方和鉴定方共同商定。

2.2.3 《危险房屋鉴定标准》

1. 适用范围

适用于既有房屋的危险性鉴定。目的是为了有效利用既有房屋，正确判断房屋结构的危险程度，及时处理危险房屋，确保使用安全。

对有特殊要求的工业建筑和公共建筑、保护建筑和高层建筑以及在偶然作用下的房屋危险性鉴定，除应符合该标准规定外，尚应符合国家现行有关强制性标准的规定。

2. 特点

危险房屋为结构已严重损坏或承重构件已属危险构件，随时可能丧失稳定和承载能力，不能保证居住和使用安全的房屋。为了有效利用已有房屋，了解房屋结构的危险程度，为及时治理危险房屋提供依据，确保使用者生命财产安全，需要对房屋的危险性作出鉴定。

3. 使用选择

房屋危险性鉴定是对房屋结构构件的危险性和影响范围进行鉴定评估。

2.2.4 《房屋完损等级评定标准》

1. 适用范围

为使房地产管理部门掌握各类房屋的完损情况，并为房屋管理改造和修葺计划安排及提供依据。

标准适用于房地产管理部门管理的房屋。对单位自管房（不包括工业建筑）或私房进行鉴定、管理时，其完损等级的评定，也适用该标准。在评定古典建筑完损等级时，“标准”可作参考。对现有房屋原设计质量和原适用功能的鉴定，不属于标准评定范围。

适用于房屋结构体系较简单、住宅使用功能为主、破损直观的房屋等级评定以及对房屋的完好程度评定。

不适用于危险构件的房屋的评定、工业建筑的评定、涉及房屋原设计质量和原使用功能的鉴定。

2. 使用选择

房屋完损等级评定是对房屋结构构件损坏情况、工作状态及完损等级进行鉴定评估。

对于公共娱乐场所或经营场所房屋的年审鉴定，要突出房屋工作状态的查勘和房屋使用功能改变的情况。

有抗震设防要求的房屋，在评定房屋的完损等级时应结合抗震能力进行评定。

2.2.5 《火灾后建筑结构鉴定标准》

1. 适用范围

为构筑物火灾后的处理决策提供依据，做到准确、合理、安全适用、保证质量。

该标准适用于工业与民用建筑中混凝土结构、钢结构、砌体结构火灾后的结构构件检测鉴定，以安全性鉴定为主。

火灾后构筑物鉴定调查和检测的内容应包括火灾影响区域调查与确定、火场温度过程及温度分布推定、结构内部温度推定、结构现状检查与检测。

火灾后构筑物鉴定调查和检测的对象应为整个建筑结构，或者是结构系统相对独立的部分结构；对于局部小范围火灾，经初步调查确认受损范围仅发生在有限区域时，调查和检测对象也可仅考虑火灾影响范围内的构件。

2. 使用选择

为评定火灾后建筑结构整体可靠性而进行的检测鉴定工作，应结合《民用建筑可靠性鉴定标准》GB 50292—2015 和《工业建筑可靠性鉴定标准》GB 50144—2008 进行鉴定。

2.2.6 《建筑抗震鉴定标准》

1. 适用范围

适用于抗震设防烈度为 6～9 度地区的现有建筑的抗震鉴定。不适用于新建建筑工程的抗震设计和施工质量的评定。

2. 使用选择

（1）下列情况下，现有建筑应进行抗震鉴定：

① 接近或超过设计使用年限需要继续使用的建筑；

② 原设计未考虑抗震设防或抗震设防要求提高的建筑；

③ 需要改变结构用途和使用环境的建筑；

④ 其他有必要进行抗震鉴定的建筑。

（2）现有建筑的抗震鉴定，除应符合本标准的规定外，尚应符合国家现行标准、规范的有关规定。

3. 现有建筑的抗震鉴定应包括下列内容及要求：

（1）搜集建筑的勘探报告、施工图纸、竣工图纸和工程验收文件等原始资料；当资料不全时，须进行必要的补充实测；

（2）调查建筑现状与原始资料相符合的程度、施工质量和维护状况，查勘相关的非抗震缺陷；

（3）根据各类建筑结构的特点、结构布置、构造和抗震承载力等因素，采用相应的逐级鉴定方法，进行综合抗震能力分析；

（4）对现有建筑整体抗震性能做出评价，对不符合抗震鉴定要求的建筑提出相应的抗震措施和处理意见。

2.2.7 《混凝土结构加固设计规范》

1. 适用范围

适用于房屋和一般构筑物钢筋混凝土承重结构加固设计。

混凝土结构加固前，应根据建筑物种类，分别按现行国家标准《工业建筑可靠性鉴定标准》GB 50144—2008 和《民用建筑可靠性鉴定标准》GB 50292—2015 进行可靠性鉴定。当与抗震加固结合进行时，尚应按现行国家标准《建筑抗震设计规范》GB 50011—2010 或《建筑抗震鉴定标准》GB 50023—2009 进行抗震能力鉴定。

混凝土结构加固设计，除应遵守本规范规定外，尚应符合国家现行有关标准的要求。

2. 一般规定

混凝土结构经可靠性鉴定确认需要加固时，应根据鉴定结论和委托方提出的要求，由具备资质的专业技术人员按本规范的规定和业主的要求进行加固设计。加固设计的范围，可按整幢建筑物或其中某独立区段确定，也可按指定的结构、构件或连接确定，但均应考虑该结构的整体性。

加固后混凝土结构的安全等级，应根据结构破坏后果的严重性、结构的重要性和加固设计使用年限，由委托方与设计方按实际情况共同商定。

混凝土结构加固设计，应与实际施工方法紧密结合，采取有效措施，保证新增构件和部件与原结构连接可靠，新增截面与原截面粘结牢固，形成整体共同工作；并应避免对未加固部分，以及相关的结构、构件和地基基础造成不利影响。

混凝土结构加固设计，还应综合考虑其技术经济效果，避免不必要的拆除或更换。

混凝土结构加固设计使用年限，应按下列原则确定：

① 结构加固后的使用年限，应由设计单位确定；

② 一般情况下，宜按 30 年考虑；到期后，若重新进行的可靠性鉴定确认该结构工作正常，才可继续延长其使用年限；

③ 对使用胶粘方法或掺有聚合物加固的结构、构件，尚应定期检查其工作状态。检查的时间间隔可由设计单位确定，但第一次检查时间不应迟于 10 年。

未经技术鉴定或设计许可，不得改变加固后结构的用途和使用环境。

2.2.8 《砌体结构加固设计规范》

1. 适用范围

本规范适用于房屋和一般构筑物砌体结构的加固设计。

砌体结构加固前，应根据不同建筑种类分别按现行国家标准《工业建筑可靠性鉴定标准》GB 50144—2008 和《民用建筑可靠性鉴定标准》GB 50292—2015 等进行可靠性鉴定。当与抗震加固结合进行时，尚应按现行国家标准《建筑抗震设计规范》GB 50011—2010 或《建筑抗震鉴定标准》GB 50023—2009 等进行抗震能力鉴定。

2. 一般规定

砌体结构经可靠性鉴定确认需要加固时，应根据鉴定结论和委托方提出的要求，由有资格的专业技术人员按本规范的规定和业主的要求进行加固设计。加固设计的范围，可按整幢建筑物或其中某独立区段确定，也可按指定的结构、构件或连接确定，但均应考虑该结构的整体性。

加固后砌体结构的安全等级，应根据结构破坏后果的严重性、结构的重要性和加固设计使用年限，由委托方与设计方按实际情况共同商定。

砌体结构的加固设计，应与实际施工方法紧密结合，采取有效措施，保证新增构件及部件与原结构连接可靠，新增截面与原截面粘结牢固，形成整体共同工作；并应避免对未加固部分，以及相关的结构、构件和地基基础造成不利的影响。

砌体结构的加固设计，应综合考虑其技术经济效果，既应避免加固适修性很差的结构，也应避免不必要的拆除或更换。

对加固过程中可能出现倾斜、失稳、过大变形或坍塌的砌体结构，应在加固设计文件中提出有效的临时性安全措施，并明确要求施工单位必须严格执行。

未经技术鉴定或设计许可，不得改变加固后砌体结构的用途和使用环境。

2.2.9 《钢结构加固技术规范》

1. 适用范围

本规范适用于工业与民用建筑和一般构筑物的钢结构因设计、施工、使用管理不当，材料质量不符合要求，使用功能改变，遭受灾害损坏以及耐久性不足等原因而需要对钢结构进行加固的设计、施工和验收。对有特殊要求和特殊情况下的钢结构加固，尚应符合相应的专门技术标准的规定。

钢结构加固前，应按照《工业建筑可靠性鉴定标准》GB 50144—2008 和《民用建筑可靠性鉴定标准》GB 50292—2015 等进行可靠性鉴定。

钢结构的加固设计、施工及验收，除本规范规定外，尚应符合《钢结构设计规范》GB 50017—2003、《钢结构工程施工质量验收规范》GB 50205—2001 的规定。

2. 一般规定

钢结构经可靠性鉴定需要加固时，应根据可靠性鉴定结论和委托方提出的要求，由专业技术人员按本标准进行加固设计。加固设计的内容和范围，可以是结构整体，亦可以是指定的区段、特定的构件或部位。

钢结构加固设计应与实际施工方法紧密结合，并应采取有效措施，保证新增截面、构件和部件与原结构连接可靠，形成整体共同工作。应避免对未加固部分或构件造成不利影响。

加固后如改变传力路线或使结构重量增大，应对相关结构构件及建筑物地基基础进行必要的验算。

钢结构加固设计应综合考虑其他因素及经济效益。应不损伤原结构，避免不必要的拆除或更换。

钢结构在加固施工过程中，若发现原结构或相关工程隐蔽部位有未预计的损伤或严重缺陷时，应立即停止施工，并会同加固设计者采取有效措施进行处理后再继续施工。

2.2.10 《古建筑木结构维护与加固技术规范》

1. 适用范围

适用于古建筑木结构及其相关工程的检查、维护与加固。

古建筑木结构维护与加固，除应遵守本规范外，尚应符合国家现行有关标准规范的规定。

2. 一般规定

古建筑的维护与加固，必须遵守不改变文物原状的原则。

当采用现代材料和现代技术确保能更好地保存古建筑时，可在古建筑的维护与加固工程中予以引用，但应遵守下列规定：

① 仅用于原结构或原用材料的修补、加固，不得用现代材料去替换原用材料。

② 现在小范围内试用，再逐步扩大其应用范围。应用时，除应有可靠的科学依据和完整的技术资料外，尚应有必要的操作规程及质量检查标准。

2.2.11 《建筑抗震加固技术规程》

1. 适用范围

适用于抗震设防烈度为 6～9 度地区经抗震鉴定后需要进行抗震加固的现有建筑的设计和施工。

古建筑和行业有特殊要求的建筑，应按照专门规定进行抗震加固设计和施工。

现有建筑抗震加固前，应根据其设防烈度、抗震设防类别、后续使用年限和结构类型，按现行国家标准《建筑抗震鉴定标准》GB 50023—2009 的相应规定进行抗震鉴定。

现有建筑的抗震加固及施工，除应符合本规程的规定外，尚应符合国家现行有关标准、规范的规定。

2. 一般规定

（1）现有建筑抗震加固的设计原则应符合下列要求：

① 加固方案应根据抗震鉴定结果综合分析后确定，分别采用房屋整体加固、区段加固或构件加固，加强整体性、改善构件的受力状况、提高综合抗震能力。

② 加固或新增构件的布置，应消除或减少不利因素，防止局部加强导致结构刚度或强度突变。

③ 新增构件与原有构件之间应有可靠连接；新增的抗震墙、柱等竖向构件应有可靠的基础。

④ 加固所用材料类型与原结构相同时，其强度等级不应低于原结构材料的强度等级。

⑤ 对于不符合鉴定要求的女儿墙、门脸、出屋顶烟囱等易倒塌伤人的非结构构件，应予以拆除或降低高度，需要保持原高度时应做加固处理。

（2）抗震加固的施工应符合下列要求：

① 采取措施避免或减少损伤原结构构件。

② 现原结构或相关工程隐蔽部位的构造有严重缺陷时，应会同加固设计单位采取有效处理措施后方可继续施工。

③ 可能导致的倾斜、开裂或局部倒塌等现象，应预先采取安全措施。

2.2.12 《建筑结构加固工程施工质量验收规范》

1. 适用范围

本规范适用于混凝土结构、砌体结构和钢结构加固工程的施工控制和施工质量验收。

2. 一般规定

（1）建筑结构加固工程应按下列规定进行施工质量控制：

① 结构加固设计单位应按审查批准的施工图，向施工单位进行技术交底；

施工单位应据以编制施工组织设计和施工技术方案，经审查批准后组织实施；

② 加固材料、产品应进行进场验收。凡涉及安全、卫生、环境保护的材料和产品应按本规范规定的抽样数量进行见证抽样复验；其送样应经监理工程师签封；复验不合格的材料和产品不得使用；施工单位或生产厂家自行抽样、送检的委托检验报告无效；

③ 结构加固工程施工前，应对原结构、构件进行清理、修整和支护；

④ 结构加固工程的每道工序均应按本规范及企业的施工技术标准进行质量控制；每道工序完成后应进行检查验收；必要时尚应按隐蔽工程的要求进行检查验收；合格后方允许进行下一道工序的施工；

⑤ 相关各专业工种交接时，应进行交接检验，并应经监理工程师检查认可。

（2）建筑结构加固施工过程，须有可靠的安全措施：

① 加固工程搭设的安全支护体系和工作平台，应定时进行安全检查并确认其牢固性；

② 加固施工前，应熟悉周边情况，了解加固构件受力和传力路径的可能变化。对结构构件的变形、裂缝情况应设专人进行检测，并做好观测记录备查；

③ 在加固过程中，若发现结构、构件突然发生变形增大、裂缝扩展或增多等异常情况，应立即停工、支顶并及时向安全管理单位或安全负责人发出书面通知；

④ 对危险构件、受力大的构件进行加固时，应有切实可行的安全监控措施，并应得到监理总工程师的批准；

⑤ 当施工现场周边环境有影响施工人员健康的粉尘、噪声、有害气体时，应采取有效的防护措施；当使用化学浆液（如胶液和注浆料等）时，尚应保持施工现场通风良好；

⑥ 化学材料及其产品应存放在远离火源的储藏室内，并应密封存放；

⑦ 工作场地严禁烟火，并必须配备消防器材；现场若需动火应事先申请，经批准后按规定用火。

2.2.13 《工程结构加固材料安全性鉴定技术规范》

1. 适用范围

本规范适用于工程结构加固工程中应用的材料及制品的安全性检验与鉴定。

2. 一般规定

（1）申请安全性鉴定的加固材料或制品应符合下列条件：

① 已具备批量供应能力；

② 基本试验研究资料齐全，且已经过试点工程或工程试用；

③ 材料或制品的毒性和燃烧性能，已分别通过卫生部门和消防部门的检验与鉴定。

（2）加固材料或制品的安全性鉴定取样应符合下列规定：

① 安全性鉴定的样本，应由独立鉴定机构从检验批中按一定规则抽取的样品构成。在任何情况下，均不得使用特别制作的或专门挑选的样本，也不得使用委托单位自行抽样的样本。

② 每一性能项目所需的试样（或试件，以下同），应至少取自 3 个检验批次；每一批次应抽取一组试样；每组试样的数量应符合下列规定：

③ 当检验结果以平均值表示时，其有效试样数不应少于 5 个；

④ 当检验结果以标准值表示时，其有效试样数不应少于 15 个。

（3）安全性鉴定的检验及检验结果的整理，应符合下列规定：

① 按本规范第 3.0.3 条规定抽取的试样，当需加工成试件时，应按所采用检验方法标准的要求进行加工，并进行检验前的状态调节；

② 安全性鉴定采用的试验方法应符合本规范附录 A 的规定；

③ 检验应在规定的温湿度环境中进行；其程序与操作方法应严格按规定执行；

④ 当个别数据的正常性受到怀疑时，应首先查找该数据异常的物理原因。若确实无法查明时，方允许按现行国家标准《正态样本离群值的判断与处理》GB/T 4883—2008 进行判断和处理，不得随意取舍；

⑤ 安全性鉴定的检验结果，应直接与本规范规定的合格指标进行比较，并据以做出合格与否的判定。在这过程中，不计其置信区间估计值对判定的有利影响。

2.3　其他

房屋安全鉴定与加固，除了应用鉴定标准，还需要如检测、设计、验收、材料等标准辅助才可以完成整个鉴定工作，包括检测标准、设计标准、材料标准、加固规范。

2.3.1　检测标准

《建筑结构检测技术标准》GB/T 50344—2004

《混凝土结构现场检测技术标准》GB/T 50784—2013

《砌体工程现场检测技术标准》GB/T 50315—2011

《钢结构现场检测技术标准》GB/T 50621—2010

《建筑变形测量规范》JGJ 8—2016

《回弹法检测混凝土抗压强度技术规程》JGJ/T 23—2011

《回弹仪评定烧结普通砖强度等级的方法》JC/T 796—2013

《贯入法检测砌筑砂浆抗压强度技术规程》JGJ/T 136—2001

《钻芯法检测混凝土强度技术规程》CECS 03—2007

《超声回弹综合法检测混凝土强度技术规程》CECS 02—2005

《超声法检测混凝土缺陷技术规程》CECS 21—2000

《既有建筑物结构安全性检测鉴定技术标准》DBJ/T 15—86—2011

2.3.2　设计规范

《建筑结构荷载规范》GB 50009—2012

《建筑抗震设计规范》GB 50011—2010

《混凝土结构设计规范》GB 50010—2010

《砌体结构设计规范》GB 50003—2011

《钢结构设计规范》GB 50017—2003
《木结构设计规范》GB 50005—2003
《建筑地基基础设计规范》GB 50007—2011

2.3.3 房屋加固规范

《砌体结构加固设计规范》GB 50702—2011
《混凝土结构加固技术规范》GB 50367—2013
《钢结构加固技术规范》CECS 77—1996
《混凝土结构抗震加固技术规程》JGJ 116—2009
《古建筑木结构维护与加固技术规范》GB 50165—92
《建筑结构加固工程施工质量验收规范》GB 50550—2010
《工程结构加固材料安全性鉴定技术规范》GB 50728—2011

2.3.4 材料标准

《普通硅酸盐水泥》SS 26—2000
《钢筋混凝土用热轧光圆钢筋》GB 1499.1—2008
《钢筋混凝土用热轧带肋钢筋》GB 1499.2—2007
《混凝土外加剂应用技术规程》DB11/T 1314—2015

思考题

1. 什么是建筑法?
2. 建筑法的作用主要体现在哪些方面?
3. 建筑工程中责任是如何划分的?
4. 当被鉴定为危险房屋后应当如何处理?
5. 鉴定费用应当如何收取?
6. 鉴定机构在哪些情况下应承担民事或刑事责任?
7. 民用建筑在哪些情况下应当进行可靠性鉴定?
8. 工业建筑在哪些情况下应当进行可行性鉴定?
9. 住宅室内装修活动哪些行为要禁止?
10. 简述《火灾后建筑结构鉴定标准》适用的范围。
11. 现有建筑抗震鉴定适用于哪些情况?
12. 混凝土结构的加固设计使用年限应当如何确定?
13. 钢结构在加固施工过程中，若发现原结构或相关工程隐蔽部位有未预计的损伤或严重缺陷时，应当如何处理?
14. 古建筑在加固过程中必须遵守哪些原则?
15. 抗震加固的施工应符合哪些要求?
16. 简述现有建筑抗震加固适用范围。
17. 申请安全性鉴定的加固材料或制品应符合哪些条件?

第3章　安全鉴定类型与方法

房屋安全鉴定技术的核心旨在使房屋安全鉴定工作质量规范化、标准化。作为鉴定机构和鉴定人员应当按标准和规范操作，通过合理的工作程序完成鉴定工作，避免失误引起司法纠纷。

加强房屋安全鉴定管理，规范鉴定行为，应对开展的鉴定项目进行梳理，其目的是在符合规范的前提下把房屋安全鉴定工作做好。

3.1　房屋安全鉴定的基本方法

对既有建筑物的可靠性鉴定方法，已从直接经验法和实用鉴定法，向概率法过渡。目前采用较多的仍为传统经验法和实用鉴定法，概率法尚未普及使用。

3.1.1　直接经验法

直接经验法是依据房屋安全鉴定人员对鉴定房屋的建造情况调查、现场勘查，在图纸完备情况下，按照原设计图纸对房屋的各个部位构件进行校核，利用技术人员的专业知识、经验和验算对房屋进行安全等级评定。这种方法时间短，操作简单，但缺少现代检测技术的必要保证和科学评定程序，鉴定结果带有一定主观性和随机性。

3.1.2　实用鉴定法

实用鉴定法是在传统经验法基础上发展形成的。它主要依据鉴定人员全面分析所鉴定房屋的损坏原因，列出明确的鉴定、检测项目，经仪器检测和查勘，结合结构计算和试验结果，对每一项目进行综合评定，得出较准确的鉴定结论。该方法利用现代科学仪器的检测技术而获取对房屋各组成部分的真实资料。实用鉴定法一般要完成：初步调查建筑物的原始概况，包括调阅图纸和规划、勘探、环境等技术资料；对建筑物的各组成部位进行检测和查看，包括建筑物的地基基础（基础和桩、地基变形和地下水）、建筑材料（混凝土、钢材、砖及外围材料）和建筑结构（结构尺寸、变形、裂缝、抗震设防构造等）；在实验室进行构件试验以及通过相关软件对检测结果进行模型和结构验算分析。

3.1.3　概率法

概率法是依靠结构可靠性理论，用结构失效概率来衡量结构的可靠程度。目前该方法仅是在理论和概念上对可靠性鉴定方法的补充。

3.2 房屋安全鉴定类型

3.2.1 完损性鉴定

1. 基本规定

(1) 房屋完损性鉴定工作内容

对被测房屋构件的损坏情况、工作状态及完损程度进行评估和鉴定。目的是为委托人提供房屋的质量现状，也为房地产管理部门掌握各类房屋的完损情况，为房屋管理和修缮、改造提供资料和依据。

(2) 房屋完损性鉴定相关文件

①《城市危险房屋管理规定》

②《房屋完损等级评定标准》

③《建筑变形测量规范》

④ 相关设计规范

⑤ 地方房屋安全管理规定及鉴定操作规程

(3) 房屋完损性鉴定适用范围

适用于房地产管理部门对房屋管理及对辖区内房屋安全普查（非危险房），对单位自管房（不包括工业建筑）或私房进行鉴定、管理；对受突发事故影响的房屋进行紧急安全检查及施工工程周边房屋鉴定；对公共娱乐场所或租赁经营场所房屋因年审需要而进行的房屋安全检查等。

房屋完损性鉴定，不应涉及房屋原设计质量和原使用功能的鉴定，当房屋被鉴定为危险房屋时应按《危险房屋鉴定标准》进行评定。

(4) 房屋完损性鉴定程序

受理委托→收集资料→制定方案→现场查勘、检测（含试验）→综合分析→等级评定→鉴定报告

① 受理委托：根据委托人要求，确定房屋鉴定内容和范围；

② 初始调查：收集调查和房屋原始资料，明确房屋的产权人或使用人；

③ 检测验算：对房屋现状进行现场查勘，记录各种数据和状况，必要时采用仪器测试和结构验算；

④ 鉴定评级：对调查、查勘、检测、验算的数据资料进行全面分析和综合评定，确定该房屋的危险程度，提出原则性或适修性的处理建议；

⑤ 出具报告。

2. 现场查勘与检测

(1) 查勘顺序及内容

① 接受委托

接受委托时，要了解委托方申请房屋鉴定的目的，当要求鉴定内容符合房屋完损性鉴定的范畴，方可依据《房屋完损等级评定标准》进行鉴定和评定活动。

② 查勘顺序

房屋存在因先天缺陷、自然与人为损坏出现变形、裂缝、风化、剥落、锈蚀、渗漏、腐朽、蛀蚀、松动、破损等现象，现场检查时，应对房屋外观损坏特征及损坏程度进行查勘，宜采取从外到内、从表及里、从局部到整体、从承重到围护结构等顺序进行查勘。

③ 查勘内容

a. 房屋地基基础的查勘内容是对房屋正常使用时地基基础的工作状态进行查勘，主要检查房屋是否因地基基础不均匀沉降出现上部结构倾斜、承重构件开裂等损坏情况以及损坏程度。

b. 房屋承重结构构件的查勘内容，对房屋结构类型和结构体系的工作状态进行查勘，主要检查结构的布置和形式、构件位置及其连接构造、构件细部尺寸；构件变形、裂缝状况（包括裂缝形态、宽度、长度、性质、分布规律等）及结构的受力情况等。如图 3.1 所示。

c. 房屋围护构件的查勘内容，主要是检查围护墙体、屋面、楼地面、顶棚的构造及用材等损坏情况。

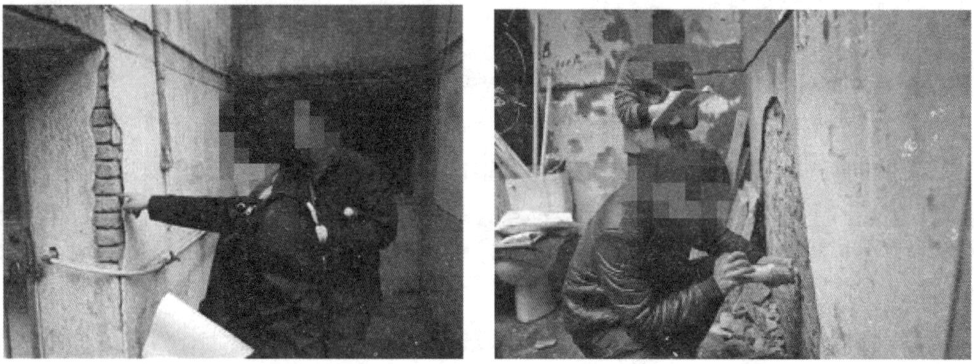

(a)　(b)

图 3.1　砌体结构墙体检测

d. 房屋装饰装修的查勘内容是检查门窗、内外抹灰、顶棚等损坏情况。

e. 房屋设备设施的查勘内容：检查电器照明、水卫、暖气、特种设备（如消防栓、避雷装置等），以及附设结构物（冷却塔、太阳能热水器、广告牌、空调机架等）损坏情况。

f. 房屋附属构筑物的查勘内容：检查围墙、挡土墙、烟囱等损坏情况。

④ 检查、检测的原始记录，应记录在专用记录纸上，如有笔误，应进行修改，且原始记录表应有现场记录人签名。

⑤ 房屋的损坏记录，通常采用文字记录，也可采用表格或图形的形式记录，对损坏复染、可能有损坏变化的部位及构件尽可能留下影像资料。

⑥ 检测时应确保所使用的仪器设备在检定或校准周期内，并处于正常状态，仪器设备的精度应满足检测项目要求；检测数据应符合计量法要求。

（2）现场资料核查

① 核实委托申请表中资料（如：房屋地址、鉴定部位、建筑年代、层数、面积、用途、委托人、产权人、使用人等）

② 检查房屋结构形式（如：钢筋混凝土结构、混合结构、砖木结构、钢结构、木结构等）

③ 核查房屋资料（如：设计图纸资料、房屋使用年限及历史）

④ 检查房屋的使用情况（如：房屋用途、荷载变化与改扩建情况、维修、加固和改造及装修情况等）

（3）地基基础检测及变形观测

① 地基基础检测

a. 既有房屋正常使用时地基基础的工作状态是否正常，一般情况下，可通过沉降观测资料和其不均匀沉降引起上部结构反应的检查结果进行分析和判定，判定时应重点检查基础与承重砖墙连接处的斜向阶梯形裂缝、水平裂缝、竖向裂缝状况，基础与框架柱底部连接处的水平裂缝状况，房屋的倾斜位移状况，地基滑移、稳定、特殊土质变形和开裂等状况；并对房屋所处地段周边环境安全性进行检查及对房屋周边散水、墙脚、室内、外地台沉降、开裂情况检查进行综合判断。

b. 当需判断地基基础承载力时，则须通过检测手段分别对地基或基础进行检测，或当需了解房屋基础形式、埋深以及基础损坏（裂缝、压碎、折断、压酥、腐蚀）等数据时，宜通过开挖检测和承载力验算结果进行判定。

c. 鉴定时宜通过地质勘探报告等资料对地基的状态进行分析和判断，必要时可补充地质勘察。

② 地基基础变形观测

a. 房屋垂直度检测

房屋安全鉴定一般宜进行房屋垂直度检测，可采用经纬仪、全站仪、激光铅垂仪等从房屋两个方向进行测量。鉴定报告中应写清楚测量的位置、方向及变形值，没有发现变形的也要在鉴定报告中注明，如图 3.2 所示。

b. 沉降变形观测

对既有房屋地基基础不均匀沉降，通过对地基或基础的检测来获得技术数据，操作上有一定难度，一般是采用水准仪对房屋的沉降变形进行观测，并根据观测数据分析房屋因地基承载力不足而导致基础沉降变形的程度，变形观测布点数量、观测次数及操作应依据《建筑变形测量规范》的有关规定进行，如图 3.3 所示。

图 3.2 房屋垂直度检测

图 3.3 地基不均匀沉降引起墙体开裂

（4）上部结构构件检查

房屋上部检查可分为承重结构、围护结构、装修和设备三大部分进行，房屋各类构件检查项目如下：

承重结构：由各类承重构件组成的结构；

围护结构：由承重墙、屋面、楼地面、门窗、内外墙饰面、顶棚等组成；

① 混凝土结构构件

混凝土结构构件应重点检查柱、梁、板及屋架的受力裂缝和主筋锈蚀程度，柱底部和顶部的水平裂缝，屋架倾斜以及支撑系统稳定等，混凝土构件外观完损状态检查记录内容一般有：保护层碳化、脱落、裂缝、露筋、移位、蜂窝、麻面、空洞、掉角、水渍、变色等。如图 3.4 所示。

图 3.4　混凝土结构构件的检测

检查部位：

裂缝检查的重点部位：梁的支座附近、集中力作用点、跨中部位；柱顶、柱底、柱梁连处；板底的跨中，板面支座附近、板角部位；屋架的上下弦杆、腹杆、节点；悬挑构件的连接端上部表面；装配式结构构件连接点；楼梯与平台的交接位置。

碳化、风化、剥落检查的重点部位：梁、柱、板经常受潮、受腐蚀介质侵蚀部位；板下面出水口附近、厨厕底部：外露的飘板、飘线和经常风吹雨打部位；处于温差变化较大环境的构件。

② 砌体结构

砌体结构应重点检查不同类型构件的构造连接部位，纵横墙交接处的斜向或竖向裂缝状况，砌体承重墙体的变形和裂缝状况以及拱脚裂缝和位移状况，砌体外观完损状态检查记录内容一般有：破损、裂缝、倾斜、外凸、内凹、风化、腐蚀、高低不平、灰缝饱满程度等。如图 3.5 所示。

(*a*)

(*b*)

图 3.5　砌体结构构件的检测

检查部位：

裂缝检查的重点部位：内外、纵横墙体连接处、两端山墙与纵墙交接处；承重墙、柱变截面处或集中力作用点部位；不同建筑材料的接合处；天面混凝土板、圈梁与下部墙体接合处；门、窗洞的上下角及砖过梁处；悬挑构件（楼梯、阳台、雨篷、挑梁、挑板）上部砌体；拱脚、拱顶。

风化、剥落检查的重点部位：墙、柱脚部位；下水道、横沟出水口附近；厨厕周边墙体；有腐蚀物品的堆放处。

③ 木结构构件

木结构应重点检查木构件霉变、腐朽、虫蛀、变形、裂缝、灾害影响和金属件的锈蚀等项目。检查重点部位有：经常或容易受潮和通风不良环境下的木构件，尤其是柱头、梁头、桁头、屋架头入墙部位；容易受渗漏影响的构件，如檐口木檩、屋脊梁等，尤其是屋盖底、天沟底、厨厕底的构件；经常处于高温度、高湿度的房间，如炉房、蒸汽室、烘房、公共厨房等；容易受白蚁蛀蚀的部位，如天花板封闭的楼底，通风不良和潮湿的房间；榫槽接合的木构件，如井口周边桁梁、屋架的柱梁接合点等；及其他接合部位、螺孔附近部位木构件，连接处的钢构件。如图 3.6 所示。

若需要对木结构构件虫蛀检测，可根据构件附近是否有木屑等进行初步判定，可通过锤击的方法确定虫蛀的范围；对木材腐朽的检测，可采用螺丝刀或钢纤触探检测判定。

(a) (b)

图 3.6 古建筑木结构构件的检测

④ 钢结构构件

a. 整体性检查。整体性是否足够，结构构件有无出现倾斜、缺陷、变形失稳等。

b. 构件变形检查。跨度、长细比较大构件及薄壁构件的变形情况。

c. 受力构件检查。各构件能否正常受力，有无变形、裂缝、压损、孔洞、锈蚀及承受反复作用构件截面突变部位等。

d. 连接部位检查。焊接、螺栓及铆钉是否牢固可靠，连接部位有无松动、裂纹。

e. 支撑检查。支撑有无变形、裂纹、松动等。

f. 钢材锈蚀检查。是否锈蚀及锈蚀程度，检查镀膜层、防腐涂层或防火涂层的损伤或失效等。

钢结构应重点检查整体稳定性、连接的可靠性和钢材的防锈及锈蚀程度；若需判定构件承载力时，应做进一步检测鉴定。如图 3.7 所示。

(5) 围护结构检查

① 做围护使用的承重墙体检查方法同砌体结构构件，屋面检查方法同装饰装修部分检查；

(a)　　(b)

图 3.7　钢结构构件的检测

② 房屋门窗的损坏情况应检查，窗框与墙体固定、木质腐朽、开启、钢门窗锈蚀、变形、玻璃、五金元件、油漆及启闭灵活性等。

③ 各类幕墙重点检查幕墙整体的变形、错位、松动及开裂板材松动、损坏，面材与骨架连接情况、密封胶的脱胶、老化损伤等。

(6) 装饰装修部分检查

重点查房屋楼地面、屋面的饰面及隔热、保温层损坏、渗漏情况，对房屋门窗、玻璃幕墙、石材幕墙、金属幕墙、轻质外墙板和轻质屋面板的应检查完好性或渗漏情况。

① 屋面防水、外墙防水和地下防水检查的重点宜为查找各类防水材料的老化、损伤和渗漏及防水部位的开裂情况。

② 建筑保温检查应为墙面保温、地面保温和屋面保温等防护层的破损、开裂，保温层翘起、空鼓、脱落、受潮等。

③ 室内地面检查宜为表面磨损、损伤、裂缝和空鼓翘起等现象；木地板应检查虫蛀腐烂等。

④ 对室内墙、顶面的外抹灰层、饰面砖和表面装饰块材的检查为空鼓、起翘、损伤、裂缝、脱落和沾污等。

⑤ 对于外墙饰面粘贴的饰面砖和块材的检查应为空鼓、起翘、损伤、裂缝、脱落等，若空鼓、开裂、脱落现象严重时，应做进一步检查。

房屋门窗的损坏情况应检查，窗框与墙体固定、木质腐朽、开启、钢门窗锈蚀、变形、玻璃、五金油漆及启闭灵活性等。

各类幕墙重点检查幕墙整体的变形、错位、松动及板材松动、损坏，面材与骨架连接情况、密封胶的脱胶、老化损伤等。

(7) 设备设施部分检查

检查房屋水电、暖通设备的使用功能，各类管线及器具安装的牢固性，各类管线及器具损伤和材料老化情况；给水排水管道堵塞、锈蚀、渗漏；电器照明设备的完损、电线老化、绝缘等情况。

(8) 附设构筑物检查

附设构筑物的检查宜为整体稳定性，安装、锚固的牢固程度及连接的完好性；附设结构管线的锈蚀、老化、开裂、渗漏和受冻损伤等；重点检查附设结构物设置及与房屋主体结构构件连接的合理性，对后设的附设构筑物应检查是否超载。

3. 鉴定技术要求

（1）现场查勘

① 房屋完损性鉴定是指房屋的外观缺陷、损坏特征查勘，通过对房屋构件的损坏部位和损坏程度进行分析评定，现场查勘着重检查房屋的使用状况及构件的损坏部位、特征、程度，判定损坏性质对房屋安全的影响，有针对性地根据委托方和各类鉴定操作规程进行现场检查取证。

② 公共场所或经营场所房屋的鉴定，应对房屋工作状态的查勘和房屋使用功能改变的情况，重点检查装修中有否对结构构件的改动和破损，条件许可时结合原房屋设计功能进行核对。

③ 当现场检查时发现房屋主要构件损坏导致承载能力明显不足，或承重构件出现裂缝，应增加对这部分构件的检测，并经过复核才能确定完损程度。

④ 如受到环境侵蚀或遭受火灾、高温等影响的结构构件，应增加对这部分构件的检测，并根据规范进行复核评定。

⑤ 检查发现房屋墙、顶饰面空鼓、脱落及门窗设备存在有脱落危险隐患问题时应告知委托人及时处理。

⑥ 承重构件出现严重损坏，则为危险房，应依据《危险房屋鉴定标准》进行查勘及评定；查勘时发现房屋构件及部位存在倒塌等险情，应马上采取迁出、临时支顶等相应措施排危处理。

⑦ 对于房屋安全性应急鉴定，除按常规内容检查外，应有针对性进行查勘，对突发事件引起的房屋损坏在最短的时间内为决策方或委托方提出技术服务并提供紧急处理建议。

⑧ 对施工周边房屋鉴定，除按常规内容检查外，应有针对性地进行查勘与检测，其数据将作为区分房屋损坏责任的依据。

⑨ 抗震设防地区，在划分房屋完损等级时应结合抗震能力进行评定。

（2）构件损坏记录

① 文字表述

a. 房屋的方位记录，一般由入房大门所在方向为房屋的朝向，如：大门向南，则房屋的坐向为“坐北朝南”。

b. 构件所在部位记录，一般先分清并确定构件的类型（柱、梁、板、墙等），然后记录构件所在房屋的某层或某单元，如：首层、第二层（101 单元、201 单元）等；记录构件所在的区域（按房屋使用功能或方位分区或按图纸轴号分区），如：客厅、饭厅、主人房、书房（或东北房、东南房）、厨房、厕所等，记录构件所在位置（一般按东、南、西、北方位确定或按图纸轴号确定）；如：厨房，东墙门洞南上角等。

c. 构件的损坏记录，一般根据损坏的特征、程度、范围等进行记录，如：裂缝损坏描述宜按位置、走向、数量、裂缝形态、宽度、长度的顺序进行记录，对竖向构件：一般宜按水平裂缝、竖向裂缝、斜裂缝（或阶梯形裂缝）等描述形态，对水平构件宜按裂缝走向描述形态。

② 影像、表格、平面图示

影像资料记录，拍摄记录异常和损坏现象时，应选择有代表性的损坏部位进行记录；平面图示法记录时，构件的位置宜用平面轴号定位。

(3) 房屋安全鉴定报告时效

经鉴定属于非危险房屋（或其他等同于非危险房屋），在正常使用条件下鉴定报告结论的有效时限一般不超过一年。

(4) 房屋完损性评定

房屋的完损等级评定是根据各类房屋的结构、装修、设备等组成部分的完好、损坏程度，分为完好房、基本完好房、一般损坏房、严重损坏房和危险房五个等级。

房屋各类构件完损等级依据《房屋完损等级评定标准》进行，房屋整体完损等级评定一般可参考如下标准：

① 完好房屋标准：承重构件完好，围护构件完好或基本完好。

② 基本完好房屋标准：承重构件中数量不超过10%，且无严重损坏构件；围护构件中不超过30%，且无严重损坏构件。

③ 一般损坏房屋标准：承重构件中一般损坏构件数量超过10%，可出现严重损坏构件，但不超过2%；围护构件中一般损坏构件超过30%，可出现严重损坏构件，但不超过10%。

④ 严重损坏房屋标准：结构损坏情况超过一般损坏标准，但承重构件无出现超出严重损坏标准的构件。

⑤ 危险房标准：危险房是指承重的主要构件严重损坏，影响正常使用，不能确保安全的房屋。若现场查勘判定房屋为危险房，应依据《危险房屋鉴定标准》进行等级评定。

⑥ 抗震设防地区，在划分房屋完损等级时应结合抗震能力进行评定。

(5) 房屋完损性鉴定报告内容及要求

① 报告内容：房屋安全鉴定报告内容包括，鉴定类别、鉴定依据、房屋概况、鉴定目的、现场检查结果、鉴定评级、鉴定结论、处理建议，附件（影像资料、图示资料、检测数据等）。

② 鉴定报告要求

a. 鉴定报告中现场检测的内容必须详尽、细致、完善，须将所有检查到的房屋损坏情况和检测数据详细写明，并附损坏示意图和照片。

b. 鉴定结论须具有充分可靠的依据，结论要明确，不得含糊不清，模棱两可，更不能没有依据就下结论。

4. 工程实例

(1) 建筑物概况

某小区住宅楼为一幢11层现浇钢筋混凝土剪力墙结构房屋，位于该市开发区的核心位置。五羊路以南，经六路以西，新光路以北，商贸路以东。距离港城大道约1km，商业中心3km，海边4km，市中心约20km。北望后云台山，东临经济技术开发区，南面为机械厂和建设中的某国际花园，西面紧挨核专家村。

(2) 检测目的、范围及内容

该住宅楼建于2010年中期，因该楼刚刚开始投入使用，楼板出现裂缝，影响房屋的安全使用。为此对该住宅楼指定的房屋楼板进行房屋完损性检测。检测范围为该小区住宅楼某室出现裂缝的客厅楼板。

① 调查房屋的建筑使用情况；

② 检测房屋楼板底板平整度；

③ 检测房屋楼板混凝土强度；

④ 检查楼板钢筋间距及钢筋保护层厚度；

⑤ 楼板裂缝检测；

⑥ 检测与支撑楼板的梁的情况（裂缝、位移等）；

⑦ 楼板结构承载力计算；

⑧ 采用文字、图纸、照片或录像等方法，记录结构楼板出现裂缝的位置、范围和程度。

（3）检查及分析结果

① 房屋建筑使用情况调查

住宅楼建于2010年中期，现在开始投入使用。房屋结构采用现浇剪力墙结构，基础采用桩基，隔墙采用砖砌块。经调查，该房屋未出现房屋加层、使用荷载增大、结构形式改变及用途变更等情况。

② 房屋楼板底板平整度检测

采用徕卡TCR1202全站仪对402室房屋客厅板的平整度进行检测，由于现场条件有限，本次选取房屋楼板的角部进行测量。

通过房屋检测技术人员的上述测量结果表明，楼板底面平整度符合规范《混凝土结构工程施工质量验收规范》GB 50204—2015的要求，平整度测量值符合规范允许的范围。

③ 房屋楼板混凝土强度及碳化深度检测

房屋检测技术人员采用ZC3-A型混凝土回弹仪对楼板混凝土强度进行测试，通过回弹法按照中华人民共和国行业标准《回弹法检测混凝土抗压强度技术规程》JGJ/T 23—2011的要求进行。根据多个测区的测定，推定楼板混凝土的强度为25.4MPa，所以该楼板混凝土强度等级评定为C25。

对楼板采用酚酞试剂进行碳化测试，测试结果表明，混凝土碳化深度均在2mm左右，所以在计算混凝土强度时采用2mm。

经过综合计算得出混凝土的强度等级符合设计的要求。

④ 楼板钢筋间距及钢筋保护层厚度检测

采用Profo5钢筋探测仪及卷尺对302室客厅顶面楼板的钢筋间距进行检测，根据检测结果，按照《混凝土结构工程施工质量验收规范》GB 50204—2015及设计施工图的相关要求，客厅楼板钢筋间距满足设计要求，个别楼板的保护层厚度偏厚。

⑤ 楼板裂缝检测

采用ZBC-F103裂缝宽度检测仪对楼板裂缝宽度进行检测，检测结果如下：

根据技术人员的检测结果及现场调查情况，楼板裂缝宽度基本在0.1～0.3mm；裂缝深度有个别贯穿；裂缝的分布特征没有明显规律，跨中、板角均发现有裂缝存在，裂缝长达2.922m。

⑥ 楼板厚度检测

针对楼板厚度检测，采用DJLC-A楼板测厚仪对该栋住宅302室的顶面楼板厚度进行了检测按照《混凝土结构工程施工质量验收规范》GB 50204—2015及设计施工图的要求，所检测的楼板厚度达到设计要求。

⑦ 楼板结构承载力计算

利用结构计算软件PKPM建模，并对板进行计算，结果显示原设计满足板结构承载力的要求。

（4）检测结论及加固建议

通过房屋检测人员的现场检测、数据采集、资料图纸复合验算、建模核算以及针对该房屋楼板进行检测综合分析，得出以下检测结论及加固修补建议。

① 检测结论

a. 该402室楼板钢筋配置、混凝土强度及板结构层厚度满足原设计要求。

b. 该楼板原设计满足竖向承载力要求。

c. 当前该楼板裂缝宽度在0.3mm以内，但长度较长，需由专业单位修复。

② 加固建议

a. 裂缝修补宜达到封闭裂缝通道，且宜在混凝土表面跨缝粘贴玻璃纤维布。

b. 加固后仍需加强板裂缝观测及房屋观测。

3.2.2 危险性鉴定

可按照《危险房屋鉴定标准》进行房屋危险等级评定。也可依据《民用建筑可靠性鉴定标准》或《工业建筑可靠性鉴定标准》，根据房屋损坏特征及损坏程度（如：承载力、裂缝、变形、构造缺陷等）进行房屋安全等级评定。

1. 基本规定

（1）危险房屋的定义及鉴定目的

① 危险房屋：是指结构已严重损坏或承重构件已属危险，随时有可能丧失稳定和承载能力，局部或整体不能满足安全使用及保证居住的房屋。如图3.8所示。

② 鉴定目的

通过对既有房屋结构构件的损坏情况进行鉴定，准确判断房屋结构的危险程度，目的是有效排除房屋隐患及其他不稳定因素，确保使用安全，为房屋的维护和修缮提供依据，也为当地主管部门对辖区内危险房屋进行检查和督促业主对危险房屋排险解危的安全管理工作提供依据。

图3.8 危险房屋

（2）房屋危险性鉴定依据

①《城市危险房屋管理规定》

②《危险房屋鉴定标准》

③《建筑变形测量规范》

④《民用建筑可靠性鉴定标准》

⑤《工业建筑可靠性鉴定标准》

⑥ 相关设计规范

⑦ 地方房屋安全管理规定及鉴定操作技术规程

危险房屋鉴定选用评定的依据，一般应按照《危险房屋鉴定标准》进行房屋等级评定，也可依据《民用建筑可靠性鉴定标准》、《工业建筑可靠性鉴定标准》进行房屋安全性等级评定，确定是否属于危险房屋。

（3）责任和义务

① 房屋鉴定委托：房屋所有人或使用人均可委托具相应能力的房屋安全鉴定专业机构进行房屋鉴定；

② 房屋责任人：房屋所有人对经鉴定的危险房屋，必须按照鉴定机构的处理建议，及时加固或修缮治理：若有险不查、有坏不修，或经鉴定机构鉴定为危险房屋而未采取有效措施，由此造成事故的，房屋所有人应承担民事或刑事责任；

③ 房产毗邻危险房屋各所有人，应按照国家对房产毗邻房屋的有关规定，共同履行治理责任；

④ 行政主管部门：住建部负责全国的城市危险房屋管理工作，县级以上地方人民政府房地产行政主管部门负责本辖区的城市危险房屋管理工作；

⑤ 鉴定机构：房屋安全鉴定机构应按国家的法律法规要求成立和开展业务，行业组织应加强对房屋鉴定工作的自律和规范。鉴定机构因故意把非危险房屋鉴定为危险房屋而造成损失或因过失把危险房屋鉴定为非危险房屋并在有效时限内发生事故，应承担失职引起的相关责任；

⑥ 鉴定人员：鉴定人员必须持证上岗，现场进行鉴定时，必须有两名以上持证鉴定人对特殊复杂的鉴定项目，鉴定机构可另外聘请专业人员或邀请有关部门派员参与鉴定。

（4）危房处理

对经鉴定属于危房，应按《城市危险房屋管理规定》（建设部第 129 号令）的原则，在鉴定报告中明确处理类别，提出处理建议，及时发出鉴定报告及危险处理通知书。同时将鉴定报告电子版上传危房管理系统或将副本报送所在地房屋管理部门或有关行政管理部门。若查勘时发现房屋存在即时倒塌险情，应通知房屋责任人马上采取相应措施（迁出、临时支顶等）排危处理。

（5）安全措施

现场检查人员应有可靠的自身安全防炉措施，避免鉴定过程出现意外伤害事故。

2. 鉴定程序

（1）房屋危险性鉴定程序

受理委托→收集资料（制定方案）→现场查勘、检测→综合分析（结构验算）→等级评定→编写鉴定报告

① 受理申请：根据委托人要求，确定房屋危险性鉴定内容和范围。

② 初始调查：收集调查和分析房屋原始资料，摸清房屋历史和现状，并进行现场查勘：对于房屋处于危险场地及地段时，应收集调查和分析房屋所处场地地质情况，并进行场地危险性鉴定。

③ 现场查勘检测：对房屋现状进行现场查勘，记录各项损坏和数据；必要时，可采

用仪器检测并进行结构验算。

④ 鉴定评级：对调查、查勘、检测、验算的数据资料进行全面分析，论证定性，确定房屋安全等级。

⑤ 处理建议：对被鉴定房屋，提出原则性处理建议。

⑥ 签发鉴定文书。

（2）资料核查及查勘重点

① 核实委托申请表中资料（如：房屋地址、鉴定部位、建筑年代、层数、面积、用途、委托人、产权人、使用人等），重点核查确定危房户主（即房屋产权人）和使用人、产籍、包括地籍等资料，以防发生产权纠纷。

② 查验房屋结构形式（如：钢筋混凝土结构、砖混结构、砖木结构、钢结构、木结构、简易结构等），重点了解房屋的基础形式和检查房屋结构及构造不合理部位。

③ 检查房屋使用条件（如：房屋用途、荷载变更与改扩建情况、加固和改造及装修情况等），重点检查因拆改、超载使用或不合理施工危险隐患。

④ 检查房屋维修条件，重点调查房屋维修保养情况及因年久失修的损坏情况。

⑤ 对遭遇外界突发事故以及房屋周边施工影响造成的危房，检查房屋基础不均匀沉降、倾斜变形及开裂等危险情况，重点检查房屋危险隐患以及可能导致次生灾害的影响。

（3）查勘内容和顺序

① 现场检查应包括结构构件的承载力、构造与连接、裂缝和变形等。

② 现场检查的顺序一般宜为先房屋外部，后房屋内部；若其外部破坏状态明显，破坏程度严重且有倒塌可能的房屋，可不再对房屋内部进行检查。

a. 房屋外部检查的重点为：房屋结构体系及其高度、宽度和层数；房屋上部倾斜、构件变形情况；地基基础的变形情况；房屋外观损伤、裂缝和破坏情况；房屋局部坍塌情况及其相邻部分已外露的结构、构件损伤情况。

除对房屋外部以上损坏情况检查，还应对房屋内部可能有危险的区域和可能出现安全问题的连接部位、构件进行检查鉴定。

b. 内部检查重点：对所有可见的构件进行外观损伤、破坏情况检查；对承重构件，必要时可清除装饰面层核查，重点检查承重墙、柱、梁、楼板、屋盖及其连接构造的变形和裂缝等损坏情况。

c. 检查非承重墙和容易倒塌的构件，检查应区分外饰损坏与结构损坏。

3. 地基危险性鉴定

（1）一般规定

① 地基的危险性鉴定包括地基承载能力、地基沉降、土体位移等内容。

② 需对地基进行承载力验算时，应通过地质勘察报告等资料来确定地基土层分布及各土层的力学特性，同时宜考虑建造时间对地基承载力提高的影响，地基承载力提高系数，可参照现行国家标准《建筑抗震鉴定标准》GB 50023 相应规定取值。

③ 地基危险性状态鉴定应遵守下列规定：

a. 通过分析房屋近期沉降、倾斜观测资料和其上部结构因不均匀沉降引起的反应的检查结果进行判定；

b. 必要时宜通过地质勘察报告等资料对地基的状态进行分析和判断，缺乏地质勘察资料时，宜补充地质勘察。

（2）评定方法

① 当单层或多层房屋地基出现下列现象之一时，应评定为危险状态：

a. 当房屋处于自然状态时，地基沉降速率连续两个月大于4mm/月，并且短期内无收敛趋势；当房屋处于相邻地下工程施工影响时，地基沉降速率大于2mm/天，并且短期内无收敛趋势；

b. 因地基变形引起砌体结构房屋承重墙体产生单条宽度大于10mm的沉降裂缝，或产生最大裂缝宽度大于5mm的多条平行沉降裂缝，且房屋整体倾斜率大于1%；

c. 因地基变形引起混凝土结构房屋框架梁、柱因沉降变形出现开裂，且房屋整体倾斜率大于1%；

d. 两层及两层以下房屋整体倾斜率超过3%，三层及三层以上房屋整体倾斜率超过2%；

e. 地基不稳定产生滑移，水平位移量大于10mm，且仍有继续滑动迹象。

② 当高层房屋地基出现下列现象之一时，应评定为危险状态：

a. 不利于房屋整体稳定性的倾斜率增速连续两个月大于0.05%/月，且短期内无收敛趋势；

b. 上部承重结构构件及连接节点因沉降变形产生裂缝，且房屋的开裂损坏趋势仍在发展；

c. 房屋整体倾斜率超过表3.1规定的限值。

高层房屋整体倾斜率限值 **表3.1**

房屋高度(m)	$24<H_g\leqslant 60$	$60<H_g\leqslant 100$
倾斜率限值	0.7%	0.5%

注：H_g为自室外地面起算的建筑物高度(m)。

4. 构件危险性鉴定

（1）一般规定

1）单个构件的划分应符合下列规定：

① 基础

a. 独立基础以一个基础为一个构件；

b. 柱下条形基础以一个柱间的一轴线为一个构件；

c. 墙下条形基础以一个自然间的一轴线为一个构件；

d. 带壁柱墙下条形基础按计算单元的划分确定；

e. 单桩以一根为一个构件；

f. 群桩以一个承台及其所含的基桩为一个构件；

g. 筏形基础和箱形基础以一个计算单元为一个构件。

② 墙体

a. 砌筑的横墙以一层高、一自然间的一轴线为一个构件；

b. 砌筑的纵墙（不带壁柱）以一层高、一自然间的一轴线为一个构件；

c. 带壁柱的墙按计算单元的划分确定；

d. 剪力墙按计算单元的划分确定。

③ 柱

a. 整截面柱以一层、一根为一个构件；

b. 组合柱以层、整根（即含所有柱肢和缀板）为一个构件。

④ 梁式构件

以一跨、一根为一个构件；若为连续梁时，可取一整根为一个构件。

⑤ 杆（包括支撑）

以仅承受拉力或压力的一根杆为一个构件。

⑥ 板

a. 现浇板按计算单元的划分确定；

b. 预制板以梁、墙、屋架等主要构件围合的一个区域为一个构件；

c. 木楼板以一开间为一个构件。

⑦ 桁架、拱架

以一榀为一个构件。

⑧ 网架、折板、壳

一个计算单元为一个构件。

⑨ 柔性构件

以两个节点间仅承受拉力的一根连续的索、杆等为一个构件。

2）结构分析及承载力验算应符合下列要求：

① 结构分析时应考虑环境对材料、构件和结构性能的影响，以及结构累积损伤影响等；

② 结构构件承载力验算时应按照现行设计规范的计算方法进行，计算时不考虑地震作用，且根据不同建造年代的房屋，其抗力与效应之比的调整系数 ϕ 应按表 3.2 取用。

结构构件抗力与效应之比调整系数（ϕ） **表 3.2**

构件类型 / 房屋类型	砌体构件	混凝土构件	木构件	钢构件
Ⅰ	1.15(1.10)	1.20(1.10)	1.15(1.10)	1.00
Ⅱ	1.05(1.00)	1.10(1.05)	1.05(1.00)	1.00
Ⅲ	1.00	1.00	1.00	1.00

注：1. 房屋类型按建造年代进行分类，Ⅰ类房屋指 1989 年以前建造的房屋，Ⅱ类房屋指 1989～2002 年间建造的房屋，Ⅲ类房屋是指 2002 年以后建造的房屋；

2. 对楼面活荷载标准值在历次《建筑结构荷载规范》GB 50009 修订中未调高的实验室、阅览室、会议室、食堂、餐厅等民用建筑及工业建筑，采用括号内数值。

③ 构件材料强度的标准值应按下列原则确定：

a. 若原设计文件有效，且不怀疑结构有严重的性能退化或设计、施工偏差，可采用原设计的标准值；

b. 若调查表明实际情况不符合本条第 1 款的要求，应按现行国家标准《建筑结构检测技术标准》GB/T 50344 的规定进行现场检测确定。

④ 结构或构件的几何参数应采用实测值，并应计入锈蚀、腐蚀、腐朽、虫蛀、风化、裂缝、缺陷、损伤以及施工偏差等的影响。

⑤ 当构件同时符合下列条件时，可直接评定为非危险构件：

a. 构件未受结构性改变、修复或用途及使用条件改变的影响；

b. 构件无明显的开裂、变形等损坏；

c. 构件工作正常，无安全性问题。

5. 基础构件

（1）基础构件的危险性鉴定应包括基础构件的承载能力、构造与连接、裂缝和变形等内容。

（2）基础构件的危险性鉴定应遵守下列规定：

① 可通过分析房屋近期沉降、倾斜观测资料和其因不均匀沉降引起上部结构反应的检查结果进行判定。判定时，应检查基础与承重砖墙连接处的水平、竖向和斜向阶梯形裂缝状况，基础与框架柱根部连接处的水平裂缝状况，房屋的倾斜位移状况，地基滑坡、稳定、特殊土质变形和开裂等状况。

② 必要时，宜结合开挖方式对基础构件进行检测，通过验算承载力进行判定。

（3）当房屋基础构件有下列现象之一者，应评定为危险点：

① 基础构件承载能力与其作用效应的比值不满足式（3.1）的要求：

$$\frac{R}{\gamma_0 S} \geqslant 0.90 \tag{3.1}$$

式中 R——结构构件抗力；

S——结构构件作用效应；

γ_0——结构构件重要性系数。

② 因基础老化、腐蚀、酥碎、折断导致上部结构出现明显倾斜、位移、裂缝、扭曲等，或基础与上部结构承重构件连接处产生水平、竖向或阶梯形裂缝，且最大裂缝宽度大于 10mm；

③ 基础已有滑动，水平位移速度连续两个月大于 2mm/月，且在短期内无收敛趋势。

6. 砌体结构构件

（1）砌体结构构件的危险性鉴定应包括承载能力、构造与连接、裂缝和变形等内容。

（2）砌体结构构件检查应包括下列主要内容：

① 查明不同类型构件的构造连接部位状况；

② 查明纵横墙交接处的斜向或竖向裂缝状况；

③ 查明承重墙体的变形、裂缝和拆改状况；

④ 查明拱脚裂缝和位移状况，以及圈梁和构造柱的完损情况；

⑤ 确定裂缝宽度、长度、深度、走向、数量及分布，并应观测裂缝的发展趋势。

（3）砌体结构构件有下列现象之一者，应评定为危险点：

① 砌体构件承载力与其作用效应的比值，主要构件不满足式（3.2）的要求，一般构件不满足式（3.3）的要求：

$$\phi \frac{R}{\gamma_0 S} \geqslant 0.90 \tag{3.2}$$

$$\phi \frac{R}{\gamma_0 S} \geqslant 0.85 \tag{3.3}$$

式中 ϕ——结构构件抗力与效应之比调整系数，按表 3.2 取值。

② 承重墙或柱因受压产生缝宽大于1.0mm、缝长超过层高1/2的竖向裂缝，或产生缝长超过层高1/3的多条竖向裂缝；

③ 承重墙或柱表面风化、剥落、砂浆粉化等，有效截面削弱达15%以上；

④ 支承梁或屋架端部的墙体或柱截面因局部受压产生多条竖向裂缝，或裂缝宽度已超过1.0mm；

⑤ 墙或柱因偏心受压产生水平裂缝；

⑥ 单片墙或柱产生相对于房屋整体的局部倾斜变形大于7‰，或相邻构件连接处断裂成通缝；

⑦ 墙或柱出现因刚度不足引起挠曲鼓闪等侧弯变形现象，侧弯变形矢高大于$h/150$，或在挠曲部位出现水平或交叉裂缝；

⑧ 砖过梁中部产生明显竖向裂缝，或端部产生明显斜裂缝，或产生明显的弯曲、下挠变形，或支承过梁的墙体产生受力裂缝；

⑨ 砖筒拱、扁壳、波形筒拱的拱顶沿母线产生裂缝，或拱曲面明显变形，或拱脚明显位移，或拱体拉杆锈蚀严重，或拉杆体系失效；

⑩ 墙体高厚比超过现行国家标准《砌体结构设计规范》GB 50003允许高厚比的1.2倍。

7. 混凝土结构构件

(1) 混凝土结构构件的危险性鉴定应包括承载能力、构造与连接、裂缝和变形等内容。

(2) 混凝土结构构件检查应包括下列主要内容：

① 查明墙、柱、梁、板及屋架的受力裂缝和钢筋锈蚀状况；

② 查明柱根和柱顶的裂缝状况；

③ 查明屋架倾斜以及支撑系统的稳定性情况。

(3) 混凝土结构构件有下列现象之一者，应评定为危险点：

① 混凝土结构构件承载力与其作用效应的比值，主要构件不满足式(3.4)的要求，一般构件不满足式(3.5)的要求：

$$\phi\frac{R}{\gamma_0 S}\geqslant 0.90 \tag{3.4}$$

$$\phi\frac{R}{\gamma_0 S}\geqslant 0.85 \tag{3.5}$$

② 梁、板产生超过$l_0/150$的挠度，且受拉区的裂缝宽度大于1.0mm；或梁、板受力主筋处产生横向水平裂缝或斜裂缝，缝宽大于0.5mm，板产生宽度大于1.0mm的受拉裂缝；

③ 简支梁、连续梁跨中或中间支座受拉区产生竖向裂缝，其一侧向上或向下延伸达梁高的2/3以上，且缝宽大于1.0mm，或在支座附近出现剪切斜裂缝；

④ 梁、板主筋的钢筋截面锈损率超过15%，或混凝土保护层因钢筋锈蚀而严重脱落、露筋；

⑤ 预应力梁、板产生竖向通长裂缝，或端部混凝土松散露筋，或预制板底部出现横向断裂缝或明显下挠变形；

⑥ 现浇板面周边产生裂缝，或板底产生交叉裂缝；

⑦ 压弯构件保护层剥落，主筋多处外露锈蚀；端节点连接松动，且伴有明显的裂缝；柱因受压产生竖向裂缝，保护层剥落，主筋外露锈蚀；或一侧产生水平裂缝，缝宽大于1.0mm，另一侧混凝土被压碎，主筋外露锈蚀；

⑧ 柱或墙产生相对于房屋整体的倾斜、位移，其倾斜率超过10‰，或其侧向位移量大于$h/300$；

⑨ 构件混凝土有效截面削弱达15%以上，或受力主筋截断超过10%；柱、墙因主筋锈蚀已导致混凝土保护层严重脱落，或受压区混凝土出现压碎迹象；

⑩ 钢筋混凝土墙中部产生斜裂缝；

⑪ 屋架产生大于$l_0/200$的挠度，且下弦产生横断裂缝，缝宽大于1.0mm；

⑫ 屋架的支撑系统失效导致倾斜，其倾斜率大于20‰；

⑬ 梁、板有效搁置长度小于现行相关标准规定值的70%；

⑭ 悬挑构件受拉区的裂缝宽度大于0.5mm。

8. 木结构构件

（1）木结构构件的危险性鉴定应包括承载能力、构造与连接、裂缝和变形等内容。

（2）木结构构件检查应包括下列主要内容：

① 查明腐朽、虫蛀、木材缺陷、节点连接、构造缺陷、下挠变形及偏心失稳情况；

② 查明木屋架端节点受剪面裂缝状况；

③ 查明屋架的平面外变形及屋盖支撑系统稳定性情况。

（3）木结构构件有下列现象之一者，应评定为危险点：

① 木结构构件承载力与其作用效应的比值，主要构件不满足式（3.6）的要求，一般构件不满足式（3.7）的要求：

$$\phi\frac{R}{\gamma_0 S}\geqslant 0.90 \tag{3.6}$$

$$\phi\frac{R}{\gamma_0 S}\geqslant 0.85 \tag{3.7}$$

② 连接方式不当，构造有严重缺陷，已导致节点松动变形、滑移、沿剪切面开裂、剪坏或铁件严重锈蚀、松动致使连接失效等损坏；

③ 主梁产生大于$l_0/150$的挠度，或受拉区伴有较严重的材质缺陷；

④ 屋架产生大于$l_0/120$的挠度，或平面外倾斜量超过屋架高度的1/120，或顶部、端部节点产生腐朽或劈裂；

⑤ 檩条、格栅产生大于$l_0/100$的挠度，或入墙木质部位腐朽、虫蛀；

⑥ 木柱侧弯变形，其矢高大于$h_0/150$，或柱顶劈裂、柱身断裂、柱脚腐朽等受损面积大于原截面20%以上；

⑦ 对受拉、受弯、偏心受压和轴心受压构件，其斜纹理或斜裂缝的斜率ρ分别大于7%、10%、15%和20%；

⑧ 存在心腐缺陷的木质构件；

⑨ 受压或受弯木构件干缩裂缝深度超过构件直径的1/2，且裂缝长度超过构件长度的2/3。

9. 钢结构构件

（1）钢结构构件的危险性鉴定应包括承载能力、构造和连接、变形等内容。

（2）钢结构构件检查应包括下列主要内容：

① 查明各连接节点的焊缝、螺栓、铆钉状况；

② 查明钢柱与梁的连接形式以及支撑杆件、柱脚与基础连接部位的损坏情况；

③ 查明钢屋架杆件弯曲、截面扭曲、节点板弯折状况和钢屋架挠度、侧向倾斜等偏差状况。

（3）钢结构构件有下列现象之一者，应评定为危险点：

① 钢结构构件承载力与其作用效应的比值，主要构件不满足式（3.8）的要求，一般构件不满足式（3.9）的要求：

$$\phi\frac{R}{\gamma_0 S}\geqslant 0.90 \tag{3.8}$$

$$\phi\frac{R}{\gamma_0 S}\geqslant 0.85 \tag{3.9}$$

② 构件或连接件有裂缝或锐角切口；焊缝、螺栓或铆接有拉开、变形、滑移、松动、剪坏等严重损坏；

③ 连接方式不当，构造有严重缺陷；

④ 受力构件因锈蚀导致截面锈损量大于原截面的10%；

⑤ 梁、板等构件挠度大于$l_0/250$，或大于45mm；

⑥ 实腹梁侧弯矢高大于$l_0/600$，且有发展迹象；

⑦ 受压构件的长细比大于现行国家标准《钢结构设计规范》GB 50017中规定值的1.2倍；

⑧ 柱顶位移，平面内大于$h/150$，平面外大于$h/500$；或大于40mm；

⑨ 屋架产生大于$l_0/250$或大于40mm的挠度；屋架支撑系统松动失稳，导致屋架倾斜，倾斜量超过$h/150$。

10. 围护结构承重构件

（1）围护结构承重构件主要包括围护系统中砌体自承重墙、承担水平荷载的填充墙、门窗洞口过梁、挑梁、雨篷板及女儿墙等。

（2）围护结构承重构件的危险性鉴定应包括承载能力、构造和连接、变形等内容。

11. 房屋危险性鉴定

（1）一般规定

1）房屋危险性鉴定应根据被鉴定房屋的结构形式和构造特点，按其危险程度和影响范围进行鉴定。

2）房屋危险性鉴定应以幢为鉴定单位。

3）房屋基础及楼层危险性鉴定，应按下列等级划分：

① A_u级：无危险点；

② B_u级：有危险点；

③ C_u级：局部危险；

④ D_u级：整体危险。

4）房屋危险性鉴定，应根据房屋的危险程度按下列等级划分：

① A级：无危险构件，房屋结构能满足安全使用要求；

② B级：个别结构构件评定为危险构件，但不影响主体结构安全，基本能满足安全使用要求；

③ C级：部分承重结构不能满足安全使用要求，房屋局部处于危险状态，构成局部危房；

④ D级：承重结构已不能满足安全使用要求，房屋整体处于危险状态，构成整幢危房。

12. 综合评定原则

（1）房屋危险性鉴定应以房屋的地基、基础及上部结构构件的危险性程度判定为基础，结合下列因素进行全面分析和综合判断。

1）各危险构件的损伤程度；

2）危险构件在整幢房屋中的重要性、数量和比例；

3）危险构件相互间的关联作用及对房屋整体稳定性的影响；

4）周围环境、使用情况和人为因素对房屋结构整体的影响；

5）房屋结构的可修复性。

（2）在地基、基础、上部结构构件危险性呈关联状态时，应联系结构的关联性判定其影响范围。

（3）房屋危险性等级鉴定应符合下列规定：

1）在第一阶段地基危险性鉴定中，当地基评定为危险状态时，应将房屋评定为D级；

2）当地基评定为非危险状态时，应在第二阶段鉴定中，综合评定房屋基础及上部结构（含地下室）的状况后做出判断。

（4）对传力体系简单的两层及两层以下房屋，可根据危险构件影响范围直接评定其危险性等级。

13. 综合评定方法

（1）基础危险构件综合比例应按式（3.10）确定。

$$R_f = n_{df}/n_f \tag{3.10}$$

式中　R_f——基础危险构件综合比例（%）；

n_{df}——基础危险构件数量；

n_f——基础构件数量。

（2）基础层危险性等级判定准则为：

① 当 $R_f=0$ 时，基础层危险性等级评定为 A_u 级；

② 当 $0<R_f<5\%$ 时，基础层危险性等级评定为 B_u 级；

③ 当 $5\%\leqslant R_f<25\%$ 时，基础层危险性等级评定为 C_u 级；

④ 当 $R_f\geqslant 25\%$ 时，基础层危险性等级评定为 D_u 级。

（3）上部结构（含地下室）各楼层的危险构件综合比例应按式（3.11）确定，当本层下任一楼层中竖向承重构件（含基础）评定为危险构件时，本层与该危险构件上下对应位置的竖向构件不论其是否评定为危险构件，均应计入危险构件数量。

$$R_{si}=(3.5n_{dpci}+2.7n_{dsci}+1.8n_{dcci}+2.7n_{dwi}+1.9n_{drti}+1.9n_{dpmbi}+1.4n_{dsmbi}+n_{dsbi}+n_{dsi}+n_{dsmi})/(3.5n_{pci}+2.7n_{sci}+1.8n_{cci}+2.7n_{wi}+1.9n_{rti}+1.9n_{pmbi}+1.4n_{smbi}+n_{sbi}+n_{si}+n_{smi}) \tag{3.11}$$

式中　R_{si}——第 i 层危险构件综合比例（%）；

n_{dpci}、n_{dsci}、n_{dcci}、n_{dwi}——第 i 层中柱、边柱、角柱及墙体危险构件数量；

n_{pci}、n_{sci}、n_{cci}、n_{wi}——第 i 层中柱、边柱、角柱及墙体构件数量；

n_{drti}、n_{dpmbi}、n_{dsmbi}——第 i 层屋架、中梁、边梁危险构件数量；

n_{rti}、n_{pmbi}、n_{smbi}——第 i 层屋架、中梁、边梁构件数量；

n_{dsbi}、n_{dsi}——第 i 层次梁、楼屋面板危险构件数量；

n_{sbi}、n_{si}——第 i 层次梁、楼屋面板构件数量；

n_{dsmi}——第 i 层围护结构危险构件数量；

n_{smi}——第 i 层围护结构构件数量。

（4）上部结构（含地下室）楼层危险性等级判定准则为：

① 当 $R_{si}=0$ 时，楼层危险性等级评定为 A_u 级；

②当 $0<R_{si}<5\%$时，楼层危险性等级评定为 B_u 级；

③ 当 $5\%\leqslant R_{si}<25\%$时，楼层危险性等级评定为 C_u 级；

④ 当 $R_{si}\geqslant 25\%$时，楼层危险性等级评定为 D_u 级。

（5）整体结构（含基础、地下室）危险构件综合比例应按式（3.12）确定。

$$R=\Big(3.5n_{df}+3.5\sum_{i=1}^{F+B}n_{dpci}+2.7\sum_{i=1}^{F+B}n_{dsci}+1.8\sum_{i=1}^{F+B}n_{dcci}+2.7\sum_{i=1}^{F+B}n_{dwi}+1.9\sum_{i=1}^{F+B}n_{drti}+1.9\sum_{i=1}^{F+B}n_{dpmbi}+1.4\sum_{i=1}^{F+B}n_{dsmbi}+\sum_{i=1}^{F+B}n_{dsbi}+\sum_{i=1}^{F+B}n_{dsi}+\sum_{i=1}^{F+B}n_{dsmi}\Big)\Big/\Big(3.5n_f+3.5\sum_{i=1}^{F+B}n_{pci}+2.7\sum_{i=1}^{F+B}n_{sci}+1.8\sum_{i=1}^{F+B}n_{cci}+2.7\sum_{i=1}^{F+B}n_{wi}+1.9\sum_{i=1}^{F+B}n_{rti}+1.9\sum_{i=1}^{F+B}n_{pmbi}+1.4\sum_{i=1}^{F+B}n_{smbi}+\sum_{i=1}^{F+B}n_{sbi}+\sum_{i=1}^{F+B}n_{si}+\sum_{i=1}^{F+B}n_{smi}\Big) \tag{3.12}$$

式中　R——整体结构危险构件综合比例；

F——上部结构层数；

B——地下室结构层数。

（6）房屋危险性等级判定准则为：

① 当 $R=0$，评定为 A 级；

② 当 $0<R<5\%$，若基础及上部结构各楼层（含地下室）危险性等级不含 Du 级时，评定为 B 级，否则为 C 级；

③ 当 $5\%\leqslant R<25\%$，若基础及上部结构各楼层（含地下室）危险性等级中 Du 级的层数不超过 $(F+B+f)/3$ 时，评定为 C 级，否则为 D 级；

④ 当 $R\geqslant 25\%$时，评定为 D 级。

14. 鉴定报告

（1）危险房屋鉴定报告宜包括下列内容：

① 房屋的建筑、结构概况，以及使用历史、维修情况等；

② 鉴定目的、内容、范围、依据及日期；

③ 调查、检测、分析过程及结果；

④ 评定等级或评定结果；

⑤ 鉴定结论及建议；

⑥ 相关附件。

（2）鉴定报告中，应对危险构件的数量、位置、在结构体系中的作用以及现状做出详细说明，必要时可通过图表来进行说明。

（3）在对被鉴定房屋提出处理建议时，应结合周边环境、经济条件等各类因素综合考虑。

（4）对于存在危险构件的房屋，可根据危险构件的破损程度和具体情况有针对性地选择下列处理措施：

① 减少结构使用荷载；

② 加固或更换危险构件；

③ 架设临时支撑；

④ 观察使用或停止使用；

⑤ 拆除部分或全部结构。

（5）对评定为局部危房或整幢危房的房屋，一般可按下列方式进行处理：

① 观察使用：适用于采取适当安全技术措施后，尚能短期使用，但需继续观察的房屋。

② 处理使用：适用于采取适当安全技术措施后，可解除危险的房屋。

③ 停止使用：适用于已无修缮价值，暂时不便拆除，又不危及相邻建筑和影响他人安全的房屋。

④ 整体拆除：适用于整幢危险且无修缮价值，需立即拆除的房屋。

⑤ 按相关规定处理：适用于有特殊规定的房屋。

15. 工程案例

（1）工程概况

某博物馆大成殿为单层木结构古建筑，属历史文物，原建于明朝嘉靖年间，距今约450年，近期曾分别于20世纪60年代、90年代进行维修。其结构为：青砖台基；承重体系为中国古代大型建筑通常采用的抬梁式木构架，主要由金柱、檐柱、瓜柱、大梁、抱头梁、檩、椽、斗拱等组成；山墙、檐墙采用青砖砌筑；屋顶样式为悬山顶，琉璃瓦盖瓦、削割瓦底瓦。通面阔17.9m、通进深11.5m，见图3.9。

（2）鉴定标准选用

由于该建筑属受保护的历史文物，《民用建筑可靠性鉴定标准》GB 50292—2015、《危险房屋鉴定标准》JGJ 125—2016、《房屋完损等级评定标准》等通常鉴定所使用的鉴定标准不适用于该建筑的可靠性评定，因此该项鉴定采用了《古建筑木结构维护与加固技术规范》GB 50165—92、第4.1节中古建筑木结构安全性鉴定的相关规定和方法，对其承重结构中出现的残损点数量、分布、劣化程度及对结构造成的影响进行评估。

（3）现场勘查

木构架由立柱、横梁及顺檩等主要构件组成，各构件之间的结点用榫卯相结合，其结

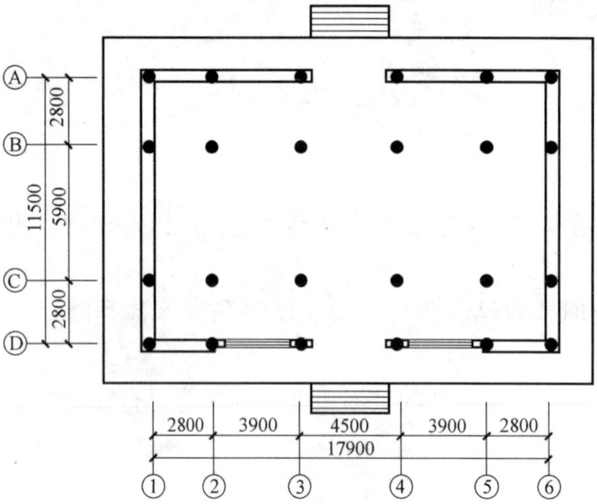

图3.9　平面图

构特点决定了鉴定时勘查重点为上述构件的材质、变形、连接等情况。

① 承重木柱

a. 金柱、檐柱、瓜柱材质良好，仅出现表面的轻度腐朽，截面损失轻微，未出现断裂、劈裂等柱身损伤及虫蛀等材质缺陷。

b. 金柱、檐柱柱脚底面与柱础间抵承良好，柱础未出现错位现象。

c. 金柱、檐柱、瓜柱未出现超过允许范围的弯曲现象。

② 承重木梁枋

a. 大梁、抱头梁材质良好，仅出现表面的轻度腐朽，截面损失轻微，未出现断裂，劈裂、压皱等梁体损伤及虫蛀等材质缺陷。

b. 大梁、抱头梁未出现超过允许范围的弯曲变形。

（4）鉴定结论

依据《古建筑木结构维护与加固技术规范》GB 50165—92 第4.1.19条综合评定该房屋为Ⅳ类建筑。

（5）处理意见

该房屋历经400余年，受外界和自身的影响，其主要结构除正常的老化外，还出现了金柱倾斜、梁禅头拔出柱卯口、墙体倾斜等残损情况，损坏较为严重，需要立即采取保护处理措施，以延长其保存年限。

3.2.3　可靠性鉴定

分工业建筑、民用建筑和公共建筑可靠性鉴定。

包含以下鉴定业务：

（1）房屋改变用途、拆改结构布置、增加使用荷载、延长使用年限、增加使用层数、装修前及安装广告屏幕等装修加固改造前的性能鉴定或装修加固改造后的验收鉴定；

（2）对房屋主体工程质量、结构安全性、构件耐久性、使用性存在质疑时的复核鉴定；

① 主体工程质量：包括混凝土结构及砖混结构工程的混凝土强度、钢筋分布情况、截面尺寸、结构布置、钢筋强度、混凝土构件内部缺陷、砖砌体强度、砌筑砂浆强度等；钢结构工程的钢材性能、施工工艺、截面尺寸、结构布置、螺栓节点强度、焊缝质量、涂层厚度等。如图3.10所示。

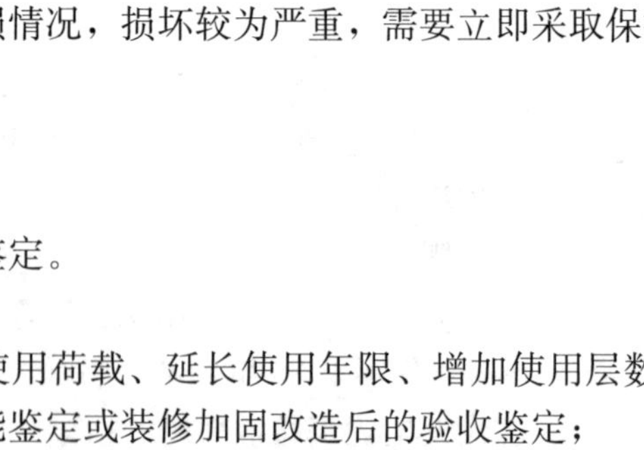

图3.10　主体工程质量的检测

② 结构安全性：包括地基基础出现不均

匀沉降、滑移、变形等；上部承重结构出现开裂、变形、破损、风化、碳化、腐蚀等；围护系统出现因地基基础不均匀沉降、承重构件承载能力不足而引起的变形、开裂、破损等。建筑外立面瓷砖、玻璃幕墙等构件的安全鉴定。如图 3.11 所示。

③ 建筑结构构件的耐久性和使用年限评估。

图 3.11 承重结构出现开裂检测

建筑物可靠性鉴定的对象是现有房屋，现有房屋是指建成后使用了一定时间的房屋，这和设计新建筑物有很多不同。首先我们面对的房屋已经定型，也即可能存在建造或设计过程中的某些缺陷；其次在使用过程中，因长期使用可能造成一定的损坏，如遭受人为环境影响或自然老化；房屋超载使用或需要进行结构改变等。这两种原因都可能使建筑物的可靠度达不到国家规范要求。

建筑物可靠性概念是指在规定时间和条件下，结构具有满足完成预定功能的能力，这里说的规定时间是指设计使用年限，条件是指在正常使用情况下（不包含超载等不正常的使用）。可靠性鉴定具体应根据《建筑结构可靠度设计统一标准》（以下简称《统一标准》）定义的承载能力极限状态和正常使用极限状态，对建筑物进行可靠度校核（鉴定）。也就是评估其可靠度指标 β 大小，评价其目前的可靠度是否达到要求。

从 1999 年开始，我国出台了第一部可靠性鉴定标准《民用建筑可靠性鉴定标准》，在 2000 年出台了《工业建筑可靠性鉴定标准》。标志着建筑物可靠性鉴定开始有系统的办法和依据。

应当指出，建筑物的可靠性鉴定应用非常广泛，它是确保建筑物在各种情况下能够安全和合理使用的重要手段。比如，房屋加固改造，房屋受损的程度与修复房屋质量存在问题，改变使用用途设计，延长使用寿命，火灾后评估和加固及抗震加固等都需要对房屋的可靠度进行评价。

1. 基本规定

（1）民用建筑可靠性鉴定包含安全性鉴定和使用性鉴定，两方面的指标组成其可靠度大小。安全性鉴定是指建筑物按照《建筑结构可靠度设计统一标准》定义的承载能力极限状态符合程度，具体到安全性评定等级是根据可靠度指标 β 与目标可靠度指标 β 其差值来确定，而实际操作根据结构的基本原理，即从结构刚度、强度和稳定性三方面考虑，通过承载能力的验算、位移测量、构造检查等手段完成。

当结构或结构构件出现下列状态之一时应认定为超过承载能力极限状态：

① 整个结构或结构的一部分失去平衡（如倾覆等）等；

② 结构构件或连接因超过材料强度而破坏或因变形过大而不适宜继续承载；

③ 结构转变为机动体系；

④ 结构或结构构件丧失稳定（如压屈等）；

⑤ 地基丧失承载能而破坏（如失稳等）。

正常使用性鉴定是指建筑物按照《建筑结构可靠度设计统一标准》定义的正常使用极

限状态符合程度。

当结构或结构构件出现下列状态之一时应认定为超过正常使用极限状态：

① 影响正常使用或外观的变形；

② 影响正常使用或耐久性能的局部损坏（包括裂缝）；

③ 影响正常使用的振动。

(2) 民用建筑可靠性鉴定是由安全性和使用性构成，但并非每宗鉴定都要全过程完成，可根据鉴定目标和要求选择。根据《民用建筑可靠性鉴定标准》，下列情况下，应进行可靠性鉴定：建筑物大修前；建筑物改造或增容、改建或扩建前；建筑物改变用途或使用环境前；建筑物达到设计使用年限拟继续使用时；遭受灾害或事故时；存在较严重的质量缺陷或出现较严重的腐蚀、损伤、变形时。

下列情况下，可仅进行安全性检查或鉴定：各种应急鉴定；国家法规规定的房屋安全性统一检查；临时性房屋需延长使用期限；使用性鉴定中发现安全问题。

下列情况下，可仅进行使用性检查或鉴定：建筑物使用维护的常规检查；建筑物有较高舒适度要求。

除了上述规定情况外，还可以根据具体情况要求和初步调查来确定鉴定项目；建筑物大修是指建筑物经一定年限使用后，对已老化、受损的结构和设施进行全面修复，如大范围结构加固、改造和装饰装修等。

各种应急鉴定是指遭受突发事件发生后，对建筑物破坏程度及其危险性进行以排险为目标的紧急检查和鉴定。如工地周边的房屋因突发事故造成损坏还在变化中；房屋遭到物体撞击或自然灾害等。

建筑物使用维护的常规检查一般包括如常规性安全检查；房屋普查；台风来临前检查等。

可靠性鉴定的目标使用年限，一般是到达其设计使用年限，或根据业主的需要决定。若房屋已经超过了设计年限，则后续使用年限一般不超过 10 年，并应结合抗震设防来决定。

(3) 民用建筑可靠性鉴定的目的、范围和内容，应根据委托方提出的鉴定原因和要求，经初步调查后确定。

(4) 在进行民用建筑可靠性鉴定程序中，建筑物被划分为构件，子单元和鉴定单元三个部分。构件是指梁、板、柱、砖墙、剪力墙等单个构件；子单元是指把一幢建筑物（独立 结构体系）划分为地基基础、上部结构和围护结构这三个子单元，也可以指一种构件集，如某层柱、某层梁等；鉴定单元是指一幢独立结构的房子（有伸缩缝，抗震缝等情况应视为分开的鉴定单元）。

(5) 等级划分

由表 3.3 和附表 1～附表 3 中看到，评定等级的原则都是以第一级作为衡量标准的，例如，子单元的安全性是以第一级 A_u 为衡量标准，那么其余 B_u、C_u、D_u 级则表达成与 A_u 的比较结果。有关各层次的第一级的具体标准在后面评定内容中表述。

而三个层次的可靠性、安全性和使用性划分差异是这样确定的：第一个 a（A）级及其可靠指标达到《统一标准》里目标可靠度指标 β_0 的要求，即 $\beta=\beta_0$；b（B）级可靠指标 $\beta\geqslant\beta_{0-0.25}$；c（C）级可靠指标 $\beta_{0-0.5}\leqslant\beta<\beta_{0-0.25}$；d（D）级可靠指标 $\beta<\beta_{0-0.25}$。

需要注意的是，附表1～4中关于“不必采取措施”和“可不采取措施”的规定，仅针对安全性鉴定而言，不包括使用性鉴定所要求采取的措施。

可靠性鉴定评级的层次、等级划分及工作内容 **表3.3**

<table>
<tr><td colspan="2">层次</td><td>一</td><td colspan="2">二</td><td>三</td></tr>
<tr><td colspan="2">层名</td><td>构件</td><td colspan="2">子单元</td><td>鉴定单元</td></tr>
<tr><td rowspan="8">安全性鉴定</td><td>等级</td><td>a_u、b_u、c_u、d_u</td><td colspan="2">A_u、B_u、C_u、D_u</td><td>A_{su}、B_{su}、C_{su}、D_{su}</td></tr>
<tr><td rowspan="3">地基基础</td><td>—</td><td>地基变形评级</td><td rowspan="3">地基基础评级</td><td rowspan="7">鉴定单元安全性评级</td></tr>
<tr><td rowspan="2">按同类材料构件各检查项目评定单个基础等级</td><td>边坡场地稳定性评级</td></tr>
<tr><td>地基承载力评级</td></tr>
<tr><td rowspan="3">上部承重结构</td><td rowspan="2">按承载力、构造、不适于承载的位移或损伤等检查项目评定单个构件等级</td><td>每种构件评级</td><td rowspan="3">上部承重结构评级</td></tr>
<tr><td>结构侧向位移评级</td></tr>
<tr><td>—</td><td>按结构布置、支撑、圈梁、结构间连系等检查项目评定结构整体性等级</td></tr>
<tr><td>围护系统承重部分</td><td colspan="3">按上部承重结构检查项目及步骤评定围护系统承重部分各层次安全性等级</td></tr>
<tr><td rowspan="6">使用性鉴定</td><td>等级</td><td>a_s、b_s、c_s</td><td colspan="2">A_s、B_s、C_s</td><td>A_{ss}、B_{ss}、C_{ss}</td></tr>
<tr><td>地基基础</td><td>—</td><td colspan="2">按上部承重结构和围护系统工作状态评估地基基础等级</td><td rowspan="5">鉴定单元正常性使用评级</td></tr>
<tr><td rowspan="2">上部承重结构</td><td rowspan="2">按位移、裂缝、风化、锈蚀等检查项目评定单个构件等级</td><td>每种构件集评级</td><td rowspan="2">上部承重结构评级</td></tr>
<tr><td>结构侧向位移评级</td></tr>
<tr><td rowspan="2">围护系统功能</td><td>—</td><td>按屋面防水、吊顶、墙、门窗、地下防水及其他防护设施等检查项目评定围护系统功能等级</td><td rowspan="2">围护系统评级</td></tr>
<tr><td colspan="2">按上部承重结构检查项目及步骤评定围护系统承重部分各层次使用性等级</td></tr>
<tr><td rowspan="4">可靠性鉴定</td><td>等级</td><td>a、b、c、d</td><td colspan="2">A、B、C、D</td><td>Ⅰ、Ⅱ、Ⅲ、Ⅳ</td></tr>
<tr><td>地基基础</td><td colspan="3" rowspan="3">以同层次安全性和正常使用性评定结果并列表达，或按本标准规定的原则确定其可靠性等级</td><td rowspan="3">鉴定单元可靠使用评级</td></tr>
<tr><td>上部承重结构</td></tr>
<tr><td>围护系统</td></tr>
</table>

上述划分原则是按照结构荷载传递过程，将复杂结构体系分为相对简单的若干层次，然后分开评定再综合评价。

2. 调查、检测与验算

(1) 在确定的靠性鉴定项目中，首先要进行详细调查，包括：建筑物使用条件和环境调查；建筑物使用历史调查和建筑物质量现状调查。

建筑物使用条件调查主要指对作用在建筑物上的荷载情况和使用历史调查，比如从业主方调取图纸查阅或现场查勘等渠道了解作用于建筑物的荷载大小、种类，有无特殊性等，如是否有腐蚀性等；环境调查主要指建筑物周边是否为不利环境，如位于海边、工地周边等；还有场地地质情况，如是否位于边坡或滑坡等不良地质条件下，地基是否处于冻融环境等。

使用历史调查是指调查该建筑物是否曾因损坏做过加固，使用用途是否曾改变，是否曾经超载使用等情况。

建筑物现状调查是指检查建筑物本身是否存在质量问题，如材料强度是否符合要求，砌体的高厚比能否达到要求，承载力有无达到使用要求等，这需要通过检测验算手段获取；另一方面，建筑物结构体系、构造措施等是否达到设计要求和本身存在的损坏、变形，需要通过现场检查和测量取得。调查项目可根据鉴定项目增减，关键是采用何种手段确保调查结果是真实的，这将在下面内容中进一步叙述。

(2) 当可靠性鉴定需要对结构进行检测时，建筑物的结构检测应按下面进行：

① 各种检测（包括材料和构件几何尺寸等）方法应按照《建筑结构检测技术标准》和其他专项的检测标准规定的执行；

② 检测前应根据房屋具体情况结合相关国家规范制定检测方案，包括取样方法，取样数量和布点方面的说明。

③ 对结构平面轴线，构件尺寸检测，可采取现场抽样方法检测。

④ 检测方法应按国家现行有关标准采用。当需采用不止一种检测方法同时检测应事先约定综合确定检测值的规则，不得事后随意处理。

⑤ 当怀疑检测数据有离群值时，其判断和处理应符合《数据的统计处理和解释——正态样本离群值的判断和处理》的规定，不得随意舍弃或调整数据。

⑥ 当需要对已有结构检测某种材料强度的标准值时，除应按照《建筑结构检测技术标准》确定其检测方法外，在检测数量及取值方面应符合下列规定：

a. 受检构件应随机地选自同一总体（同批）；

b. 在受检构件上选择的检测强度部位应不影响该构件承重；

c. 当按检测结果推定每一受检构件材料强度值（即单个构件的强度推定值）时，应符合该现行检测方法的规定。

⑦ 当检测数量少于5个时，可取其最小值作为材料强度标准值；当检测数量不少于5个时，应按照正态分布概率计算方法确定材料标准值，这里已经考虑可靠指标，具体如下：当受检构件数量（n）不少于5个，且检测结果用于鉴定一种构件集时，应按下式确定其强度标准值 f_k：

$$f_k = m_f - k \cdot s \tag{3.13}$$

式中　m_f——按 n 个构件算得的材料强度均值；

s——按 n 个构件算得的材料强度标准差；

k——与 α、γ 和 n 有关的材料标准强度计算系数，可由附表4查得；

α——确定材料强度标准值所取的概率分布下分位数，一般取 $\alpha=0.05$；

γ——检测所取的置信水平，对钢材，可取 $\gamma=0.90$；对混凝土和木材，可取 $\gamma=0.75$；对砌体，可取 $\gamma=0.60$。

当按 n 个受检构件材料强度标准差算得的变差系（也称变异系数）：对钢材大于0.10，对混凝土、砌体和木材大于0.20时，不宜直接按式（3.13）计算构件材料的强度标准值，而应先检查导致离散性增大的原因。若查明系混入不同总体（不同批）的样本所致，宜分别进行统计，并分别按式（3.13）确定其强度标准值。

（3）进行结构或构件承载能力验算时应遵守下列规定：

① 结构构件验算采用的结构分析方法，应符合国家现行设计规范。

② 结构构件验算使用的计算模型，应符合其实际受力与构造状况。

③ 结构上的作用（荷载）应经调查或检测核实，并应按下列规定取值。

a. 材料自重的标准值应按设计尺寸或现场检测尺寸计算取得；

b. 活荷载根据荷载规范取值，并经现场取样检测核实。

④ 结构构件作用效应的确定，应符合下列要求：

a. 作用的组合、作用的分项系数及组合值系数，应按现行国家标准《建筑结构荷载规范》的规定执行；

b. 当结构受到温度、变形等作用，且对其承载有显著影响时，应计入由之产生的附加内力。

c. 作用在结构上的效应主要为恒荷载和活荷载，恒荷载主要包括构件自重和装修材料自重等；对于已有结构，结构构件几何尺寸按照现场测量结果取实测值，并应计入锈蚀、腐蚀、腐朽、虫蛀、风化、裂缝、缺陷、损伤以及施工偏差等的影响，装修自重按照现场检查结果的实测值，而活荷载，应根据其楼层用途按照荷载规范取值，风荷载地震作用按规范取值。

⑤ 构件材料强度的标准值应根据结构的实际状态按下列原则确定：

a. 若原设计文件有效，且不怀疑结构有严重的性能退化或设计、施工偏差，可采用原设计的标准值；

b. 若调查表明实际情况不符合上款的要求，应按规定进行现场检测确定其标准值。

需要说明的是，若原设计文件有效。为安全考虑，也可采用校核性检测材料强度；若怀疑与设计文件不符，就应对该建筑进行详细检测，得出材料强度标准值，才能进行验算。

需要说明关于规范使用问题，在可靠性鉴定整个过程中，材料强度取值，荷载取值和承载力计算应采用现行规范进行，并评定等级，这是《统一标准》的要求，而不宜采用旧规范。但具体到个案时有时可根据鉴定目的需要按建筑物原设计的规范来计算，如业主对当初的施工和设计是否符合要求时，但实际上太久远的建筑也没有合适程序能够计算，用手算工作量太大不切实际。

3. 构件安全性鉴定评级

结构构件安全性鉴定，可以是一板块，也可以是一榀等；如一根梁，一根柱（一层），一榀屋架，一片墙等，具体划分见《民用建筑可靠性鉴定标准》等规范要求。这里主要阐述建筑结构中常见的混凝土构件、钢构件、砌体构件和木构件这 4 种构件的评定。

（1）混凝土结构构件的安全鉴定

混凝土构件的安全性主要对承载能力，裂缝，变形和构造这四个项目来评定构件，如图 3.12 所示。每个项目确定一个等级，然

图 3.12 混凝土结构构件的安全鉴定

后取最低的等级作为该构件的安全性等级。项目分级详见附表5和表3.4～表3.5。

混凝土结构构件构造等级的评定　　表3.4

检查项目	a_u 级或 b_u 级	c_u 级或 d_u 级
连接(或节点)构造	连接方式正确，构造符合国家现行设计规范要求，无缺陷，或仅有局部的表面缺陷，工作无异常	连接方式不当，构造有明显缺陷，已导致焊缝或螺栓等发生变形、滑移、局部拉脱、剪坏或裂缝
受力预埋件	构造合理，受力可靠，无变形、滑移、松动或其他损坏	构造有明显缺陷，已导致预埋件发生变形、滑移、松动或其他损坏

注：表中的构造节点主要是指装配式结构的构造处理。

混凝土受弯构件不适于承载的变形评定　　表3.5

检查项目	构件类别		c_u 级或 d_u 级
挠度	主要受弯构件—主梁、托梁等		$>l_0/250$
	一般受弯构件	$l_0\leqslant 9$m	$>l_0/150$，或>45mm
		$l_0>9$m	$>l_0/200$
侧向弯曲的矢高	预制屋面梁、桁架或深梁		$>l_0/500$

桁架是以一榀为鉴定单元，当其变形大于1/400，要结合其承载力验算结果来评定其等级：

① 若验算结果不低于 b_u 级，仍可定为 b_u 级；

② 若验算结果低于 b_u 级，应根据其实际严重程度定为 c_u 级或 d_u 级。

对其他受弯构件的挠度或施工偏差超限造成的侧向弯曲，应按表3.3的规定评级。

对柱顶的水平位移，当其实测值大于子单元上部结构位移所列的限值时，应按下列规定评级：

① 若该位移与整个结构有关，应根据子单元上部结构位移的评定结果，取与上部承重结构相同的级别作为该柱的水平位移等级；

② 若该位移只是孤立事件，则应在其承载能力验算中考虑该附加位移的影响，并根据验结果按变形大于1/400的桁架的验算原则评级；

③ 若该位移尚在发展，应直接定为 d_u 级。

混凝土构件不适于承载的裂缝宽度的评定　　表3.6

检查项目	环境	构件类别		c_u 级或 d_u 级
受力主筋处的弯曲(含一般弯剪)裂缝和受拉裂缝宽度(mm)	室内正常环境	钢筋混凝土	$>l_0/250$	>0.50
			一般构件	>0.70
		预应力混凝土	主要构件	$>0.20(0.30)$
			一般构件	$>0.30(0.50)$
	高湿度环境	钢筋混凝土	任何构件	>0.40
		预应力混凝土		$>0.10(0.20)$
剪切裂缝和受压裂缝(mm)	任何环境	钢筋混凝土或预应力混凝土		出现裂缝

当混凝土结构构件出现下列情况之一的非受力裂缝时也应视为不适于承载的裂缝，并应根据其实际严重程度定为 c_u 级或 d_u 级：

① 因主筋锈蚀导致混凝土产生沿主筋方向开裂、保护层脱落或掉角。

② 因温度等原因产生的裂缝，其宽度已比表 3.6 规定的弯曲裂缝宽度值超出 50%，且分析表明已显著影响结构的受力。如图 3.13 所示。

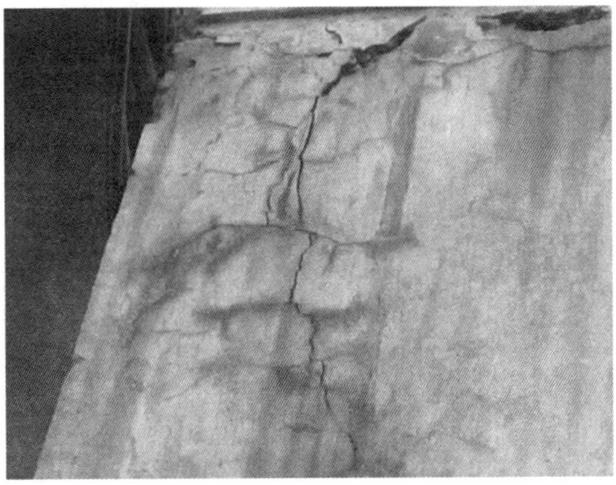

图 3.13 混凝土结构构件的裂缝

③ 当混凝土结构构件同时存在受力和非受力裂缝时，应按表 3.4 和①、②点分别评定其等级，并取其中较低一级作为该构件的裂缝等级。

从上面四个表格和评定内容看到，构件的承载能力，变形（位移）、构造连接和裂缝分为四个等级，从 a_u 级到 d_u 级降低。

各表中一般构件是指其自身失效为孤立事件，不会导致其他构件失效的构件；主要构件是指其自身失效将导致其他构件失效，并危及承重结构系统安全工作的构件。例如楼板属于一般构件，梁柱则属于主要构件；檩条属于一般构件，而桁条、屋架则属于主要构件等。

混凝土构件的承载能力通过计算构件的抗力 R 和作用效应 S 之比值来评定等级，抗力 R 是指根据该构件截面尺寸配筋等计算的该构件的承载能力，作用效应 S 是指荷载产生的该构件的内力。附表 5 中的 γ_0 为结构重要性系数，应按验算所依据的国家现行设计规范选择结构安全等级并确定该系数。

节点连接是保证力的传递和分配的重要手段，而预埋件是构造连接的重要组成部分。即使承载力足够，但构件间的构造连接不当，也会直接危及结构安全。构造方面主要从构造合理性，连接、预埋件的安全状况考虑，具体操作时通过现场检测和检查后，是否符合国家规范之规定，连接构件和预埋件是否有损坏，例如螺栓松脱，预埋件脱位等来评级。

由变形的评定内容可见，有条件的情况下，构件的变形一般采用检测值与计算值相互比较来评定构件的变形。这样，既可以不完全依赖计算（有时资料欠缺，无法准确计算也能满足条件所限无法检测的情况）。

柱子的变形（这里指柱顶位移）要区分是房屋整体变形所致还是自身变形所致，并结合验算结果来评级，如果是整体变形产生的，应按照第二层次中的上部结构子单元评定条款评级；梁的挠度评定中，主要构件变形控制比一般构件严格；跨度大的比跨度小的控制严格，很明显，这里是以 $l_0 \leqslant 9m$ 为分界点；预应力构件比非应力构件控制严格。另外构件变形出现过大虽然不一定就是承载力到达极限状态，但也不宜使用，所以此时应按变形项目确定安全等级。

裂缝方面根据构件属性（一般构件、主要构件）、裂缝性质（是受弯、受剪还是拉压裂缝）、裂缝宽度等因素进行评级，另要考虑是结构性裂缝还是非结构性裂缝，根据《统一标准》的原则，不适于承载的裂缝为结构性裂缝；与安全无关，仅影响使用和耐久性的属于非结构性裂缝，如温度收缩裂缝等。除此之外，还要考虑所处的环境，如处于不利的环境下（例如海边环境），相同裂缝宽度对构件钢筋的锈蚀影响加大，故评级要求提高。另构件裂缝宽度过大虽然不一定就是承载力到达极限状态，但也不宜使用，此时应按裂缝项目确定安全性等级。

（2）钢结构构件安全鉴定

图 3.14 钢结构构件安全鉴定

钢结构构件的安全性主要评定承载能力、变形和构造三个项目，每个项目确定一个等级，然后取最低的等级作为该构件的安全性等级；属于构造范畴的钢结构节点、连接域的安全性鉴定应再分别按承载能力和构造两个检查项目，分别评定每一节点、连接域节点域等级。如图 3.14 所示。

钢结构构件的承载能力评定见附表 6。

附表 6 包括了主要构件，一般构件和节点、连接域的承载能力分级标准，评定时，应分别评定每一项目的等级，取最低一级作为为该构件的等级，即一个构件安全性由构件本身和其连接共同决定。连接的项目等级与主要构件相同。

钢结构构件构造等级的评定 **表 3.7**

检查项目	a_u 级或 b_u 级	c_u 级或 d_u 级
构件构造	构件组成形式、长细比（或高跨比）、宽厚比（或高厚比）等符合或基本符合国家现行设计规范要求；无缺陷，或仅有局部表面缺陷；工作无异常	构件组成形式、长细比（或高跨比）、宽厚比（或高厚比）等不符合国家现行设计规范要求；存在明显缺陷，已影响或显著影响正常工作
节点、连接构造	节点、连接方式正确，构造符合或基本符合国家现行设计规范要求；无缺陷或仅有局部表面缺陷，如焊缝表面质量稍差、焊缝尺寸稍有不足、连接板位置稍有偏差等；但工作无异常	节点、连接方式不当，构造有明显缺陷；如焊接部位有裂纹部分螺栓或铆钉有松动、变形、断裂、脱落；或节点板、连接板铸件有裂纹或显著变形；已影响或显著影响正常工作

钢结构构件的安全性按不适于承载的位移或变形评定时，对于受弯构件是指其挠度、侧向弯曲和侧向倾斜；对于柱子是指其柱顶水平位移或柱身弯曲。评定时应遵守下列规定：

① 对桁架（屋架、托架）的挠度，当其实测值大于桁架计算跨度的 1/400 时，应验算其承载能力。验算时，应考虑由于位移产生的附加应力的影响，并按下列原则评级：

a. 若验算结果不低于 b_u 级，仍定为 b_u 级，但宜附加观察使用一段时间的限制；

b. 若验算结果低于 b_u 级，应根据其实际严重程度定为 c_u 级或 d_u 级。

② 对桁架顶点的侧向位移，当其实测值大于桁架高度的 1/200，且有可能发展时，应定为 c_u 级或 d_u 级。

③ 对其他受弯构件的挠度，或偏差造成的侧向弯曲，应按表 3.8 的规定评级。

钢结构受弯构件不适于承载变形评定 **表 3.8**

检查项目	构件类别			c_u 级或 d_u 级
挠度	主要构件	网架	屋盖（短向）	$>l_s/250$，且可能发展
			楼盖（短向）	$>l_s/200$，且可能发展
		主梁、托梁		$>l_0/300$
		其他梁		$>l_0/180$
		檩条梁		$>l_0/120$
侧向弯曲的矢度	深梁			$>l_0/660$
	一般实腹梁			$>l_0/500$

注：表中 l_0 为构件计算跨度；l_s 为网架短向计算跨度。

④ 对柱顶的水平位移（或倾斜），当其大于上部结构子单元位移评级表 3.7 所列的限值时，应按下列规定评级：

a. 若该位移与整个结构有关，应根据上部结构子单元评定结果，取与上部承重结构的级别作为该柱的水平位移等级；

b. 若该位移只是孤立事件，则应在其承载能力验算中考虑此附加位移的影响，并根据验算结果按①的原则评级；

c. 若该位移尚在发展，应直接定为 d_u 级。

d. 对偏差超限或其他使用原因引起的柱（包括桁架受压弦杆）的弯曲，当弯曲矢高实测值大于柱的自由长度的 1/660 时，应在承载能力的验算中考虑其所引起的附加弯矩的影响，并按①的原则评级。

当钢结构构件的安全性按不适于承载的锈蚀评定时，除应按剩余的完好截面验算其承载能力外，尚应按表 3.9 的规定评级。

钢结构构件不适于承载的锈蚀评定 **表 3.9**

等级	评定标准
c_u	在结构的主要受力部位，构件截面平均锈蚀深度 Δt 大于 $0.1t$，但不大于 $0.15t$
d_u	在结构的主要受力部位，构件截面平均锈蚀深度 Δt 大于 $0.15t$

注：表中 t 为锈蚀部位构件原截面的壁厚，或钢板的板厚。

从钢结构构件评定内容看，除了承载力外，钢结构在构造及连接方面的内容很多，包括受力构件的长细比（受拉、受压），各连接处如螺栓连接，焊接，焊缝质量等，构造连接件的尺寸等，需要详细检查检测；钢构件的变形主要包括受弯构件的挠度和侧向弯曲。挠度也是与构件的主次及跨度大小有关；钢构件的挠度过大时，虽然承载力尚未受影响，但实践上证明可能是某些因素引起的，例如可能是因为节点连接松脱、变形引起附加应力较大、出现超载现象等，这类问题都与构件的安全性有关。

钢构件处于不利环境中（如海水环境，酸碱浓度大等）锈蚀速度会大大加快，若其锈蚀达到一定深度，除了使截面减少，影响承载力外，即使是截面仍能满足承载能力，但因锈蚀导致钢材局部出现应力集中，对构件的抗裂和耐久性都有一定影响。

（3）砌体结构构件的安全性鉴定

砌体结构构件的安全性鉴定，应按承载能力、构造、不适于承载的位移和裂缝或其他损伤等四个检查项目，分别评定每一受检构件等级，并取其中最低一级作为该构件的安全性等级。

当砌体结构构件的安全性按承载能力评定时，应按附表7的规定，分别评定每一验算项目的等级，然后取其中最低一级作为该构件承载能力的安全性等级。表里的符号含义与等级水平都与混凝土构件的相同，当砌体结构构件的安全性按连接及构造评定时，应按表3.10的规定，分别评定两个检查项目的等级，然后取其中较低一级作为该构件的安全性等级。

砌体结构构件等级的评定 **表3.10**

检查项目	a_u级或b_u级	c_u级或d_u级
墙、柱的厚高比	符合或略不符合国家现行设计规范要求	不符合国家现行设计规范要求，且已超过限值的10%
连接及构造	连接和砌筑方式正确，构造符合国家现行设计规范要求；无缺陷或仅有局部表面缺陷，工作无异常	连接及砌筑方式不当，构造有严重缺陷，已导致构件或连接部位开裂、变形、位移或松动，或已造成其他损坏

当砌体结构构件安全性按不适于承载的位移或变形评定时，应遵守下列规定：

① 对墙、柱的水平位移或倾斜，当其实测值大于子单元结构安全性位移评定表3.10所列的限值时，应按下列规定评级：

a. 若该位移与整个结构有关，应根据上部承重结构子单元位移评定结果作为该墙、柱的水平位移等级；

b. 若该位移只是孤立事件，则应在其承载能力验算中考虑此附加位移的影响。若验算结果不低于b_u级，仍可定为b_u级；若验算结果低于b_u级，应根据其实际严重程度定为c_u级或d_u级。

② 对拱或壳体结构构件出现的下列位移或变形，可根据其实际严重程度定为c_u级或d_u级：

a. 拱脚或壳的边梁出现水平位移；

b. 拱轴线或筒拱、扁壳的曲面发生变形。

从位移列表中，柱子顶点水平位移较大时，要结合验算结果来评定等级；另外，经判断其位移是整个结构位移而引起的，应按照第二层次子单元的规定去评定等级。对于砌体拱结构和壳结构，一旦边梁或弯曲曲面出现变形，无论大小，都定为c_u级或d_u级，这是因为砌体拱结构和壳结构对变形比较敏感，一旦有位移，容易整体倒塌。如图3.15所示。

图3.15 砌体结构的裂缝鉴定

砌体结构的裂缝评定，当砌体结构的承重构件出现下列受力裂缝时，应视为不适于承载的裂缝，并应根据其严重程度评为c_u级或d_u级：

① 桁架、主梁支座下的墙、柱的端部或

中部，出现沿块材断裂（贯通）的竖向裂缝或斜裂缝。如图 3.16 所示。

② 空旷房屋承重外墙的变截面处，出现水平裂缝或沿块材断裂的斜向裂缝。

③ 砖砌过梁的跨中或支座出现裂缝；或虽未出现肉眼可见的裂缝，但发现其跨度范围内有集中荷载。

④ 筒拱、双曲筒拱、扁壳等的拱面、壳面，出现沿拱顶母线或对角线的裂缝。

⑤ 拱、壳支座附近或支承的墙体上出现沿块材断裂的斜裂缝。

⑥ 其他明显的受压、受弯或受剪裂缝。

图 3.16　砌体结构的裂缝鉴定

当砌体结构、构件出现下列非受力裂缝时，也应视为不适于承载的裂缝，并根据其实际严重 c_u 级或 d_u 级：

① 纵横墙连接处出现通长的竖向裂缝。

② 承重墙体墙身裂缝严重大裂缝宽度已大于 5mm。

③ 独立柱已出现宽度大于 1.5mm 的裂缝，或有断裂、错位迹象。

④ 其他显著影响结构整体性的裂缝。除了裂缝之外，当砌体结构、构件存在可能影响结构安全的损伤时，应根据其严重程度直接定为 c_u 级或 d_u 级。

从砌体结构的评定内容上看到：

砌体构件的高厚比控制主要是考虑构件的失稳问题，砌体失稳破坏是严重的脆性破坏，具通过计算出构件的高厚比与国家规范限值对比进行评级；构造要求一般是指墙柱域小截面尺寸、梁的支承长度和砌体搭接拉结等。另外，砌筑方法是保证砌体构件整体性，受力均匀的重要措施；构造缺陷包括与原设计规范要求不符及施工缺陷等，如是否有墙体拉结筋，窗间墙尺寸等。

砌体往往容易出现裂缝。裂缝产生的原因很多，从是否影响安全上可分为受力裂缝和非受力裂缝，从裂缝成因上可分为沉降裂缝，因承载力不足引起的裂缝，还有因温度和材料收缩等引起的裂缝。从裂缝评定的内容看到，除个别情况外砌体构件的裂缝控制主要是裂缝的位置，例如受压弯构件是否有中部水平裂缝，拱结构是否拱脚有受压裂缝等，这些受力大的敏感部位出现裂缝非常危险，一旦肉眼看到裂缝，即处于危险状态，需要立即采取措施，并直接定为 c_u 级或 d_u 级。

（4）木结构构件的安全性鉴定

木结构构件的安全性鉴定，应按承载力、构造、不适于承载的位移（或变形）和裂缝以及腐朽和虫蛀等六个检查项目，分别评定每一受检构件等级，并取其中最低一级作为该构件的安全性等级。

当木结构构件及其连接的安全性按承载能力评定时，应按附表 8 的规定，分别评定每一验算项目的等级，然后取其中最低一级作为该构件承载能力的安全性等级。

当木结构构件的安全性按构造评定时，应按构造和连接两个检查项目的等级，并取其中较低一级作为该构件构造的安全性等级。可参照表 3.11 来确定。

当木结构构件的安全性按不适于承载的位移评定时，应按表 3.12 的规定。

木结构构件构造等级的评定　　表3.11

检查项目	a_u级或b_u级	c_u级或d_u级
构件构造	构件长细比或高跨比、截面高宽比等符合或基本符合国家现行设计规范要求；无缺陷、损伤，或仅有局部表面缺陷；工作无异常	构件长细比或高跨比、截面高宽比等不符合国家现行设计规范要求；存在明显缺陷或损伤，已影响或显著影响正常工作
节点、连接构造	节点、连接方式正确，构造符合或基本符合国家现行设计规范要求；无缺陷，或仅有局部表面缺陷；通风良好，工作无异常	节点、连接方式不当，构造有明显缺陷（包括通风不良）；已导致连接松弛变形、滑移、沿剪面开裂或其他损坏

注：表中，木构件的长细比控制主要地考虑构件的失稳问题，具体应经过计算出构件的长细比与国家规范限值对比进行评级；节点缺陷一般是指节点处木材是否部分缺失，劈裂，节点配件（如螺丝等）是否损失，榫接是否松脱等。

木结构构件不适于承载的变形的评定　　表3.12

检查项目		c_u级或d_u级
挠度	桁架（屋架、托架）	$>l_0/200$
	主梁	$>l_0^2/(3000h)$或$>l_0/150$
	搁栅、檩条	$>l_0^2/(2400h)$或$>l_0/120$
	椽条	$>l_0/100$，或已劈裂
侧向变曲的矢高	柱或其他受压构件	$>l_C/200$
	矩形截面梁	$>l_0/150$

注：表中l_0为计算跨度；l_C为柱的无支长度；h为截面高度。

是高跨比（h/l_0）是影响受木受弯构件破坏形态的因素，当高跨比较大时，挠度发展不大时已经产生劈裂破坏，表3.12中体现了这个问题，另外表中挠度表达式是按照挠度计算公式的模式给出的，我们可根据挠度计算结果比较。

当木结构构件具有下列斜率（ρ）的斜纹理或斜裂缝时，应根据其严重程度定为c_u级或d_u级。

对受拉构件及拉弯构件　　$\rho>10\%$

对受弯构件及偏压构件　　$\rho>15\%$

对受压构件　　$\rho>20\%$

木材属于各向异性的材料，木材的斜纹理的特征对木材的力学性能影响很大，有上述斜率的木材不应作为受力构件使用。

当木结构构件的安全性按危险性腐朽或虫蛀评定时，应按下列规定评级：

① 一般情况下，应按表3.13的规定评级。

② 当封入墙、保护层内的木构件或其连接已受潮时，即使木材尚未腐朽，也应直接定为c_u级。

木结构构件危险性腐朽、虫蛀的评定　　表3.13

检查项目		c_u级或d_u级
表层腐朽	上部承重结构构件	截面上的腐朽面积大于原截面面积的5%，或按剩余截面验算不合格
	木桩	截面上的腐朽面积大于原截面面积的10%
心腐	任何构件	有心腐
虫蛀		有新蛀孔；或未见蛀孔，但敲击有空鼓音，或用仪器探测，内有蛀洞

木构件由于年代久远，受潮或虫蛀导致木质腐朽、空心而使有效截面减小，强度降低。这种现象对构件的承载能力和变形都有较大影响。特别是当发现有心腐（空心）存在时，可评定不能继续使用。

4. 构件的使用性鉴定评级

使用性评定的概念在上述已提到，是按照《统一标准》中正常使用极限状态的原则要求进行鉴定。

使用性鉴定，应以现场的调查、检测结果为基本依据，辅以验算。鉴定采用的检测数据，应符合第 2 点中关于结构检测的基本要求，使用性鉴定虽然不涉及安全问题，但对它检测要求不能降低。

当遇到下列情况之一时，结构的主要构件鉴定，应按正常使用极限状态的要求进行计算分析与验算：检测结果需与计算值比较；检测只能取得部分数据，需通过计算分析进行鉴定；为改变建筑物用途、使用条件或使用要求而进行的鉴定。

对被鉴定的结构构件进行计算和验算，除应符合现行设计规范的规定和第 2 点中关于结构验算的基本要求外，尚应遵守下列规定：对构件材料的弹性模量、剪切变形模量和泊松比等物理性能指标，可根据鉴定确认的材料品种和强度等级，按现行设计规范规定的数值采用；验算结果应按现行标准、规范规定的限值进行评级。若验算合格，可根据其实际完好程度评为 a_s 级或 b_s 级；若验算不合格，应定为 c_s 级；若验算结果与观察不符，应进一步检查设计和施工方面可能存在的差错。

（1）混凝土结构构件的使用性鉴定

混凝土结构构件的使用性鉴定，应按位移（变形）、裂缝、缺陷和损伤等四个检查项目分别评定每一受检构件的等级，并取其中最低一级作为该构件使用性等级。

当混凝土桁架和其他受弯构件的使用性按其挠度检测结果评定时，宜按下列规定评级：

① 若检测值小于计算值及现行设计规范限值时，可评为 a_s 级；

② 若检测值大于或等于计算值，但不大于现行设计规范限值时，可评为 b_s 级；

③ 若检测值大于现行设计规范限值时，应评为 c_s 级。

当混凝土柱的使用性需要按其柱顶水平位移（或倾斜）检测结果评定时，可按下列原则评级：

a. 若该位移的出现与整个结构有关，应根据子单元结构使用性评定中的侧向水平位移评定表 3.14 来评定。

b. 在该位移的出现只是孤立事件，可根据其检测结果直接评级。评级所需的位移限值，可按表 3.14 所列的层间限值乘以 1.1 的系数确定。

受弯构件的变形主要是挠度，柱主要是柱顶位移，其检测值是经过现场检测取得；计算值是按照规范计算取得，两者往往不一致；而规范限值是保证结构正常使用的最低要求。柱顶位移还要考虑是否由整体结构产生的还是构件独立的变形，可通过计算或现场测量整体变形和层间变形取得。如果是整体变形，那应该按照第二层次（子单元）来评定等级（具体见后面子单元评级的内容）。例如，出各种荷载产生的水平位移、周边施工引起基础 下沉导致变形等均属于整体变形；构件因制造偏差、局部楼层变形等则属于独立变形。

当混凝土结构构件的使用性按其裂缝宽度检测结构评定时，应遵守下列规定：

① 当有计算值时：

a. 若检测值小于计算值及现行设计规范限值时，可评为 a_s 级；

b. 若检测值大于或等于计算值，但不大于现行设计规范限值时，可评为 b_s 级；

钢筋混凝土构件裂缝宽度等级的评定　　表 3.14

检查项目	环境类别和作用等级	构件种类		裂缝评定标准		
				a 级	b 级	c 级
受力主筋处的弯曲裂缝或弯剪裂缝宽度（mm）	Ⅰ-A	主要构件	屋架、托架	≤0.15	≤0.20	>0.20
			主梁、托梁	≤0.20	≤0.30	>0.30
		一般构件		≤0.25	≤0.40	>0.40
	Ⅰ-B、Ⅰ-C	任何构件		≤0.15	≤0.20	>0.20
	Ⅱ	任何构件		≤0.10	≤0.15	>0.15
	Ⅲ、Ⅳ	任何构件		无肉眼可见的裂缝	≤0.10	>0.10

注：1. 对拱架和屋面梁，应分别按屋架和主梁评定；
2. 裂缝宽度以表面量测的数值为准。

预应力混凝土构件裂缝宽度等级的评定　　表 3.15

检查项目	环境类别和作用等级	构件种类	裂缝评定标准		
			a_s 级	b_s 级	c_s 级
受力主筋处的弯曲裂缝或弯剪裂缝宽度（mm）	Ⅰ-A	主要构件	无裂缝（≤0.05）	≤0.05（≤0.10）	>0.05（>0.10）
		一般构件	≤0.02（≤0.15）	≤0.10（≤0.25）	>0.10（>0.25）
	Ⅰ-B、Ⅰ-C	任何构件	无裂缝	≤0.02（≤0.05）	>0.02（>0.05）
	Ⅱ、Ⅲ、Ⅳ	任何构件	无裂缝	无裂缝	有裂缝

注：表中括号内限值仅适用于采用热轧钢筋配筋的预应力混凝土构件。

c. 若检测值大于现行设计规范限值时，应评为 c_s 级；

② 若无计算值时，应按表 3.14 或表 3.15 的规定评级；

③ 对沿主筋方向出现的锈迹或细裂缝，应直接评为 c_s 级；

④ 若一根构件同时出现两种或以上的裂缝，应分别评级，并取其中最低一级作为该构件的裂缝等级。

使用性鉴定的裂缝界限值与安全性的裂缝界限值意义是不一样，安全性的裂缝界限值是安全问题，即构件出现不适宜继续承载的裂缝，而使用性鉴定的裂缝界限值则是考虑适用性和耐久性的问题。所以，由使用性等级决定可靠度等级时构件往往处于低应力水平状态。

构件出现沿主筋方向的裂缝时特别是裂缝较明显时，说明主筋因钢筋锈蚀而产生混凝土爆裂，可通过现场开凿检查证实，那么，钢筋截面积就会由于锈蚀而减少；预应力结构往往用在使用时不允许出现裂缝的建筑物上，预应力构件如果出现肉眼可见裂缝（一般缝宽 0.02mm）可能预示预应力松弛，影响使用功能，所以预应力的裂缝控制较严格。另外，从表 3.15 看到：裂缝控制也和结构所处的环境有关，例如处于酸碱浓度高的环境，构件存在裂缝极容易导致钢筋锈蚀，影响使用和安全。

除了按照位移、裂缝来评定混凝土构件的使用等级外，如果构件存在人为损坏大，钢筋锈蚀等缺陷现象，也要考虑降低其使用性等级。例如，人为开孔，水槽位置钢筋锈蚀等。

碳化深度虽未在评定条文中出现，但现场检测到其深度较大时，可预示着对钢筋锈蚀有一定影响，可作为采取措施的依据。

(2) 钢结构构件的使用性鉴定

结构构件的使用性鉴定，应按位移或（变形）和锈蚀（腐蚀）两个检查项目，分别评定每一受检构件等级，并以其中最低一级作为该构件的使用性等级。对钢结构受拉构件，尚应以长细比作参照。

当钢桁架和其他受弯构件的使用性按其强度检测结果评定时，应按下列规定评级：

① 若检测值小于计算值及现行设计规范限值时，可评为 a_s 级；

② 若检测值大于或等于计算值，但不大于现行设计规范限值时，可评为 b_s 级；

③ 若检测值大于现行设计规范限值时，评为 c_s 级；

④ 在一般构件的鉴定中，对检测值小于现行设计规范限值的情况，可直接根据其完好程度定为 a_s 级或 b_s 级。

当钢柱的使用性按其柱顶水平位移（或倾斜）检测结果评定时，可按下列原则评级：

① 若该位移的出现与整个结构有关，应根据子单元上部结构侧向位移评定结果，取与上部承重结构相同的级别作为该柱的水平位移等级；

② 若该位移的出现只是孤立事件，可根据其检测结果直接评级，评级所需的位移限值，可按子单元上部结构使用性侧向位移评定标准的层间限值确定（表 3.16）。

当钢结构构件的使用性按其锈蚀（腐蚀）来评定时，应按表 3.14 的规定评级。

钢结构构件的使用性按其锈蚀（腐蚀）的评定　　表 3.16

等级	锈 蚀 程 度
a_s	面漆及底漆完好,漆膜尚有光泽
b_s	面漆脱落(包括起鼓面积),对普通钢结构不大于 15%,对薄壁型钢和轻钢结构大于 10%;底漆基本完好,但边角处可能有锈蚀,易锈部位的平面上可能有少量点蚀
c_s	面漆脱落面积(包括起鼓面积),对普通钢结构大于 15%;薄壁型和轻型钢结构大于 10%;底漆锈蚀面积正在扩大,易锈部位可见到麻面状锈蚀

除了位移和锈蚀外，钢结构构件的使用性方面还应考虑屋架的垂直度，受压构件的侧向弯曲和梁的侧面弯曲等。

当钢结构受拉构件的使用性按其长细比的检测结果评定时，应按附表 9 的规定评级。如图 3.17 所示。

图 3.17　钢结构的腐蚀

受拉构件长细比的要求水平参照国家钢结构设计规范规定，控制受拉构件长细比的原因是考虑柔细的杆件在自重作用下会产生晃动，不仅影响感观，更影响正常工作。现场操作除应测定计算长细比外，还应观察实际工作状态是否良好进行评级。例如现场检查是否有明显变形，连接固定是否正常等。

(3) 砌体结构构件的使用性鉴定

砌体结构构件的使用性鉴定，应按位移、非受力裂缝、腐蚀（风化或粉化）等三个检查项目，分别评定每一受检构件等级，并取其中最低一级作为该构件的安全性等级。

当砌体墙、柱的使用性按其顶点水平位移（或倾斜）的检测结果评定时，可按下列原则评级：

① 若该位移与整个结构有关，应根据上部结构子单元侧向（水平）位移等级评定表（附表17）的评定结果，取与上部承重结构相同的级别作为该构件的水平位移等级；

② 若该位移只是孤立事件，则可根据其检测结果直接评级。评级所需的位移限值，可按照附表17的层间位移限值乘以1.1的系数确定。

③ 构造合理的组合砌体墙、柱应按混凝土墙、柱评定。

砌体结构的变形主要是指砌体墙、柱的顶部位移，若该位移是整体结构产生的，说明与安全性有关；所以，这种情况评定取安全性评定的结果；若与整体结构无关，仅是构件变形，则按安全性等级放松一点来评定；组合砌体因其有配筋及构造柱等，整体性较好，所以变形与混凝土柱、墙压弯情况接近，因此按照混凝构件使用性评级标准。如墙体有水平配筋网及构造柱、圈梁等，柱子有表面配筋网砂浆层等均属于这种情况。

当砌体结构构件的使用性按其非受力裂缝检测结果评定时，应按表3.17的规定评级。

砌体结构构件非受力裂缝等级的评定　　**表3.17**

检查项目	构件类别	a_s 级	b_s 级	c_s 级
非受力裂缝宽度(mm)	墙及带壁桩墙	无肉眼可见裂缝	≤1.5	>1.5
	柱	无肉眼可见裂缝	无肉眼可见裂缝	出现肉眼可见裂缝

注：对无可见裂缝的柱，取 a_s 级或 b_s 级，可根据其实际完好程度确定。

这里看到，如果判断裂缝是受力裂缝，应按照安全性对裂缝的评定来看；如果是非受力裂缝，从表3.17看到，墙体裂缝宽度1.5mm是个界限值；对柱的要求更严格，一旦出现肉眼可见的裂缝就定为 c_s 级。非受力裂缝的定义已在构件安全性评定一节说明。

当砌体结构构件的使用性按其腐蚀，包括风化和粉化的检测结果评定时，应按附表10的规定评级。

图3.18　砌体结构的风化粉化

除了上面的检查项目外，对于砌体内部的钢筋的锈蚀程度也应作检查评定。

砌体的风化粉化是砌体构件常见的损坏现象，风化深度和面积较大时，会削弱墙体的承载能力和造成观感不良等，风化的深度与砌体的材质、是否有饰面层有关，砂浆的粉化也是主要与这两个因素有关。

(4) 木结构构件的使用性鉴定

木结构构件的使用性鉴定，应按位移、干缩裂缝和初期腐朽等三个检查项目的检测结果，分别评定每一受检构件等级，并取其中最低一级作为该构件的安全性等级。

当木结构构件的使用性按其挠度检测结果评定时，应按附表 11 的规定评级。

当木结构构件的使用性按干缩裂缝的检测结果评定时，应按附表 12 的规定评级。

在湿度正常、通风良好的室内环境中，对无腐朽迹象的木结构构件，可根据其外观质量状况评为 a_s 级或 b_s 级；对有腐朽迹象的木结构构件，应评 c_s 级；但若能判定其腐朽已停止发展，仍可评为 b_s 级。

木结构的挠度采取检测值跟规定限值的比较，即没有要求与计算值的比较，是因为木结构属于各向异性体，不容易取得其物理力学指标，因此不容易获取较准确计算值。

木材的干缩裂缝是指长期使用因气候湿度交替变化使木材收缩出现表面顺长度方向的裂缝，太深时会降低木材的强度，造成变形加大等。

木材因霉菌侵蚀造成腐朽。腐朽的产生和很多因素有关，与木材品种，通风条件和环境湿度不良等有关；虫蛀是造成木材空心的主要原因。如图 3.19 所示。

图 3.19 古建筑的腐朽

5. 子单元安全性鉴定评级

民用建筑安全性的第二层次鉴定评级应按地基基础（含桩基和柱，以下同）、上部承重结构和围护系统的承重部分这三个子单元分别评级。

(1) 地基基础子单元的安全性鉴定评级

地基基础评级应根据地基变形或地基承载力，结合上部结构的反应评定结果进行确定。对建在斜坡的建筑物，还应按边坡稳定性的评定结果进行确定。

一般情况下可根据地基、桩基沉降观测资料，以及其不均匀沉降在上部结构中反应的检查结果进行鉴定评级。但对承载能力有怀疑时或上部结构已有不均匀沉降的现象，需对地基、桩基的承载力进行鉴定评级时，计算承载力应以岩土工程勘察档案和有关检测资料为依据进行计算和评定。若档案、资料不全，还应补充近位勘探点，进一步查明土层分布情况，并结合当地工程经验进行核算和评定。

当按地基变形（建筑物沉降）观测资料或其上部结构反应的检查结果评定时，应按下列规定评级：

A_u 级　不均匀沉降小于现行国家标准《建筑地基基础设计规范》规定的允许沉降差；建筑物无沉降裂缝、变形或位移。

B_u 级　不均匀沉降不大于现行国家标准《建筑地基基础设计规范》规定的允许沉降差；且连续两个月地基沉降量小于每月 2mm；建筑物的上部结构虽有轻微裂缝，但无发展迹象。

C_u 级　不均匀沉降大于现行国家标准《建筑地基基础设计规范》规定的允许沉降差：或连续两个月地基沉降量大于每个月 2mm；或建筑物上部结构砌体部分出现宽度大于 5mm 的沉降裂缝，预制构件连接部位可能出现宽度大于 1mm 的沉降裂缝，且沉降裂缝短期内无终止趋势。

D_u 级 不均匀沉降远大于现行国家标准《建筑地基基础设计规范》规定的允许沉降差；连续两个月地基沉降量大于每月 2mm，且有加快趋势；或建筑物上部结构的沉降裂缝发展显著；砌体的裂缝宽度大于 10mm；预制构件连接部位的裂缝宽度大于 3mm：现浇结构个别部分已开始出现沉降裂缝。

当地基基础的安全性按其承载力评定时，可根据检测和计算分析结果，采用下列规定评级（计算时要取得场地的地质资料，资料缺失时要采取补充钻探措施）。

当计算出地基基础承载力符合现行国家标准《建筑地基基础设计规范》的要求时，可根据建筑物的完好程度评为 A_u 级或 B_u 级。

当地基基础承载力不符合现行国家标准《建筑地基基础设计规范》的要求时，可根据建筑物开裂损伤的严重程度评为 C_u 级或 D_u 级。

一般地基有沉降发生时，上部结构都有开裂倾斜的反应，上述做法是当计算地基基础承载力符合要求时，可根据上部结构因地基不均匀沉降导致开裂倾斜损坏情况评级。但对出现地基基础承载力符合要求而上部结构开裂变形严重的情况，要结合具体情况进行分析评级。

当地基基础的安全性按边坡场地稳定性项目评级时，应按下列标准评定：

A_u 级 建筑场地地稳定，无滑动迹象及滑动史。

B_u 级 建筑场地地基在历史上曾有过局部滑动，经治理后已停止滑动，且近期评估表明，在一般情况下，不会再滑动。

C_u 级 建筑场地地基在历史上发生过滑动，目前虽已停止滑动，但若触动锈发因素，今后仍有可能再滑动。

D_u 级 建筑场地地基在历史上发生过滑动，目前又有滑动或滑动迹象。

在鉴定中若发现地下水位或水质有较大变化，或土压力、水压力有显著改变，且可能对建筑物产生不利影响时，应对此类变化所产生的不利影响进行评价，并提出处理意见。

以上是地基基础子单元在沉降观测、承载力验算和稳定三个方面的评定结果。当某建筑物地基基础子单元在三方面都进行评级时，应根据评定结果按其中最低一级确定其等级。

从地基基础子单元评定条款中看到，已有建筑物地基基础安全性首先从地基变形，承载能力和沉降观测，上部结构反应等方面去考察评级，特别是沉降观测资料反映的变形趋势，变形速率尤为重要；其次结合承载力验算和沉降计算结合评定。不宜轻易开挖检查，尤其是使用年代较长，基础形式和损坏情况不明的时候，当然如果检查发现基础构件有损坏的，应参照损坏程度来进行地基基础的评级。

地基基础承载力验算和沉降计算设计控制值是与结构形式有关，对于上部结构均匀，包括刚度均匀和受力均匀，可用总沉降量控制；有差异沉降的可用沉降差控制，对于高耸建筑如烟囱水塔应用整体倾斜值控制，具体见各类地基基础设计规范。

（2）上部承重结构子单元的安全性鉴定评级

上部承重结构子单元的安全性鉴定评级应根据其结构承载功能等级、结构整体性等级以及结构侧向位移等级的评定结果进行确定。即从上部结构的承载能力，构造和侧向位移这三个方面来评级。

在构件层次已经评定各构件的安全性等级，通过统计对比下附表 13 进行上部结构子单元评定。

从附表 13 可以看到，多层建筑和单层建筑的要求是不同的，单层建筑的等级要求略为宽松。每一等级都可含有低一等级的构件；但控制了存在低一等级构件的层数，每一楼层存在的构件数，一条轴线上的构件数。例如 C_u 级的标准为：可含 D_u 级构件，但一个子单元含有 D_u 级构件的楼层数不多于（$\sqrt{m}/m$）%，每一楼层的 D_u 级构件含量不多于 5%（7.5%），且任一轴线或任一跨上的 D_u 级含量不多于 1 个（1/3）。

除了按上述方法评定上部结构子单元的安全性，或该结构不宜用构件集的安全性来评定时（如存在系统性因素），也可以按照现行国家标准来进行整体验算确定其安全性。

对于遭受火灾的建筑物构件，可根据相应规范要求计算其残余承载力，对遭受火灾的楼层，每层都应是抽样代表层，其余没过火的楼层按照本节规定确定抽样代表层。然后按照附表 13 来确定上部结构子单元安全性等级。

当评定结构整体性等级时（构造），先按附表 14 中评定每一检查项目的等级，然后按下列原则确定该结构整体性等级：

① 若四个检查项目均不低于 B_u 级，可按占多数的等级确定；

② 若仅一个检查项目低于 B_u 级，可根据实际情况定为 B_u 级或 C_u 级。

结构构造评定主要包括结构布置合理性，连接牢固，稳定长细比及圈梁等四个方面，构造是否合理牢固是保证结构正常传力和工作的保证。

当上部承重结构的安全性按结构不适于承载的侧向位移来评定时，可采用检测或计算分析的方法进行鉴定，但应按下列规定进行评级：

① 当检测值已超出附表 15 之规定，且有部分构件（含连接）出现裂缝、变形或其他局部损坏迹象时，应根据实际严重程度定为 C_u 级或 D_u 级。

② 当检测值虽已超出附表 15 的规定，但尚未发现上述情况时，应进一步作该位移影响的结构内力计算分析，并验算各构件的承载力，若验算结果均不低于 b_u 级，仍可将该结构定为 B_u 级，但宜附加观察使用一段时间的限制。若构件承载力验算结果有低于 b_u 级时，应定为 C_u 级。

注：对某些构造复杂的砌体结构，若按要求进行计算分析有困难，也可直接按检测值对照附表 15 规定的界限值评级。

从附表 15 规定看到，根据变形（位移）来进行子单元安全性评级时，一般情况下按照检测数据进行对比判断，必要时还要进行承载力验算确定等级。对于木结构房屋，其侧向位移和倾斜，除参照附表 15 评定，还可以参照当地经验和规程来确定。

上部承重结构的安全性等级，应按下列原则确定：

① 一般情况下，应按各主要构件和结构侧向位移（或倾斜）的评级结果，取其中最低一级作为上部承构（子单元）的安全等级；

② 当上部承重结构按上款评为 B_u 级，但若发现其主要构件所含的各种 C_u 级构件（或其连接）处于下列情况之一时，宜将所评等级降为 C_u 级：

a. C_u 级沿建筑物某方位呈规律性分布，或过于集中在结构的某部位；

b. 出现 C_u 级构件交汇的节点连接；

c. C_u 级存在于人群密集场所或其他破坏后果严重的部位。

③ 当上部承重结构按承载力和位移评为 C_u 级，但若发现其主要构件（不分种类）或

连接有下列情形之一时，宜将所评等级降为 D_u 级：

a. 任何种类房屋中，有50%以上的构件为 C_u 级；

b. 多层或高层房屋中，其底层均为 C_u 级；

c. 多层或高层房屋的底层或任一空旷层，或框肢剪力墙结构的框架层中，出现 d_u 级；或任何两相邻层同时出现 d_u 级；或脆性材料结构中出现 d_u 级。

d. 在人群密集场所或其他破坏后果严重部位，出现 d_u 级。

④ 当上部承重结构按①评为 A_u 级或 B_u 级，而结构整体性等级为 C_u 级时，应将所评的上部承重结构安全性等级降为 C_u 级。

⑤ 当上部承重结构在按④规定作了调整后仍为 A_u 级或 B_u 级，而各种一般构件中，其等级最低的 C_u 级或 D_u 级时，尚应按下列规定调整其级别：

a. 若设计考虑该种一般构件参与支撑系统（或其他抗侧力系统）工作，或在抗震加固中，已加强了该种构件与主要构件锚固，应将所评的上部承重结构安全性等级降为 C_u 级；

b. 当仅有一种一般构件为 C_u 级或 D_u 级，且不属于第（1）项的情况时，可将上部承重结构的安全性等级定为 B_u 级；

c. 当不止一种一般构件为 C_u 级或 D_u 级，应将上部承重结构的安全性等级降为 C_u 级。

（3）围护结构子单元的安全性鉴定评级

首先要说明，如果可靠性鉴定不需要进行围护结构的可靠性评定，那么也不需要进行围护结构子单元的安全性评级；直接按照上部结构和地基基础的安全等级确定子单元的安全性即可。如果需要，按照下面步骤进行。

围护结构子单元的安全性评级，主要是指围护结构的承重构件评级，应根据该系统专设的和参与该系统工作的各种构件的安全性等级，以及该部分结构整体性的安全性等级进行评定。

当评定一种构件集的安全等级时，应根据每一受检构件的评定结果及其构件类别，分别按上部结构子单元构件安全性等级评定来进行。

当评定围护系统承重部分的结构整体性时，应按上部结构子单元的整体性等级规定评级。

围护系统承重部分的安全性等级，可根据构件集的结果和整体性的评定结果，按下列原则确定：

① 当仅有 A_u 级和 B_u 级时，按占多数级别确定。

② 当含有 C_u 级或 D_u 级时，可按下列规定评级：

a. 若 C_u 级或 D_u 级属于主要构件时，按最低等级确定；

b. 若 C_u 级或 D_u 级属于一般构件时，可按实际情况，定为 B_u 级或 C_u 级。

③ 围护系统承重部分的安全性等级，不得高于上部承重结构等级。

从上述原则可见，围护系统安全性评级主要指围护系统中承重构件集的评级，其各构件评定条款基本按照上部结构子单元中的构件检查结果和整体性要求套用，但围护系统的安全性最后评级不能高于上部结构子单元安全性的等级，因为围护系统的安全性是依附在上部结构安全上，即上部结构直接影响围护系统的安全。

6. 子单元正常使用性鉴定评级

同子单元安全性评定一样，民用建筑第二层次（子单元）的正常使用性鉴定评级应按地基基础（含桩基和桩，以下同）、上部承重结构和围护系统的承重部分划分为三个子单元分别评级。

（1）地基基础的正常使用性鉴定评级

地基基础的鉴定，可根据其上部承重结构或围护系统的工作状态进行评定。具体应按下列规定评级：

① 当上部承重结构和围护系统的使用性检查未发现问题，或所发现问题与地基基础无关时，可根据实际情况为 A_s 级或 B_s 级。

② 当上部承重结构和围护系统所发现的问题与地基基础有关时，可根据上部承重结构围护系统所评的等级，取其中较低一级作为地基基础使用性等级。

从上面的规定看到，地基基础使用性主要根据上部结构受地基基础影响而产生的反映来看，即从上部结构的受形和开裂来判断。且直接按照上部结构和围护结构的评级来确定，一般不轻易开挖地基基础检查。

（2）上部结构的正常使用性鉴定评级按上部承重结构（子单元）的侧向位移等级进行评定。

上部结构的各构件集（包括主要构件和一般构件）按附表 16 进行评级，取最低等级作为上部结构的使用性等级。

当上部承重结构的使用性考虑侧向位移的影响时，可采用检测或计算分析的方法进行鉴定，但应按下列规定进行评级：

① 对检测取得的主要是由综合因素（可含风和其他作用，以及施工偏差和地基不均匀沉降等，但不含地震作用）引起的侧向位移，应按附表 17 的规定评定每一测点，并按下列原则分别确定结构顶点和层间的位移等级：

a. 对结构顶点，按各测点中占多数的等级确定；

b. 对层间按各测点最低等级确定。根据以上两项评定结果，取其中较低等级作为上部承重结构侧向位移使用性等级。

② 当检测有困难时，允许在现场取得与结构有关参数的基础上，采用计算分析方法进行鉴定。若计算的侧向位移不超过附表 17 中 B_s 级界限，可根据上部承重结构的完好程度为 A_s 级或 B_s 级。若计算的侧向位移值已超出附表 17 中 B_s 级的界限，应定为 C_s 级。

上部承重结构的使用性等级，应根据各种构件的使用性等级和结构的侧向位移等级的评定结果，按下列原则确定：

① 一般情况下，应按各种主要构件及结构侧移所评等级，取其中最低一级作为上部承重结构的使用性等级。

② 若上部承重结构按上款评为 A_s 级或 B_s 级，而一般构件所评等级为 C_s 级时，尚应按下列规定进行调整：

a. 当仅发现一种一般构件为 C_s 级，且其影响仅限于自身时，可不作调整。若其影响波及非结构构件、高级装修或围护系统的使用功能时，则可根据影响范围的大小，将上部承重结构所评等级调整为 B_s 级或 C_s 级。

b. 当发现多于一种一般构件为 C_s 级时，可将上部承重结构所评等级调整为 C_s 级。

附表17是计算位移值的对比表，附表17中没有木结构的侧向位移的评级，可根据其友生位移量对实际建筑物影响程度确定，即当位移达到一定值时，对使用有明显影响，比如装修开裂脱落等可定为C_s级。

(3) 围护系统的正常使用性鉴定评级

同安全性评定一样，如果可靠性鉴定不需要进行围护结构的可靠性评定，也不需要对围护结构子单元的安全性评级，直接按照上部结构和地基基础的安全性等级来确定子单元的安全性即可。如果需要，按照下面步骤进行。

围护系统使用功能等级的评定　　　　**表3.18**

检查项目	A_s级	B_s级	C_s级
层面防水	防水构造及排水设施完好，无老化、渗漏及排水不畅的迹象	构造、设施基本完好，或略有老化迹象，但尚不渗漏及积水	构造、设施不当或已损坏，或有渗漏，或积水
吊顶(天棚)	构造合理，外观完好，建筑功能符合设计要求	构造稍有缺陷，或有轻微变形或裂纹，或建筑功能略低于设计要求	构造不当或已损坏，或建筑功能不符合设计要求，或出现有碍外观的下垂
非承重内墙(含隔墙)	构造合理，与主体结构有可靠联系，无可见变形，面层完好，建筑功能符合设计要求	略低于A_s级要求，但尚不显著影响其使用功能	已开裂、变形，或已破损，或使用功能不符合设计要求
外墙(自承重墙或填充墙)	墙体及其面外观完好，无开裂、变形；墙脚无潮湿迹象；墙厚符合节能要求	略低于A_s级要求，但尚不显著影响其使用功能	不符合A_s级要求，且已显著影响其使用功能
门窗	外观完好，密封性符合设计要求，无剪切变形迹象，开闭或推动自如	略低于A_s级要求，但尚不显著影响其使用功能	门窗构件或其连接已损坏，或密封性差，或有剪切变形，已显著影响其使用功能
地下防水	完好，且防水功能符合设计要求	基本完好，局部可能有潮湿迹象，但尚不渗漏	有不同程度损坏或有渗漏
其他防护设施	完好，且防护功能符合设计要求	有轻微缺陷，但尚不显著影响其防护功能	有损坏，或防护功能不符合设计要求

围护系统（子单元）的使用性鉴定评级，应根据该系统的使用功能及其承重部分的使用性等级进行评定。

当评定围护系统使用功能时，应按表3.18规定的检查项目及其评定标准逐项评级，并按下列原则确定围护系统的使用功能等级：

① 一般情况下，可取其中最低等级作为围护系统的使用功能等级。

② 当鉴定的房屋对表中各检查项目的要求有主次之分时，也可取主要项目中的最低等级作为围护系统使用功能等级。

③ 当按上款主要项目所评的等级为A_s级或B_s级，但有多于一个次要项目为C_s级时，应将所评等级降为C_s级。

当评定围护系统承重部分的使用性时，应按上部结构构件集的正常使用性的标准评级，并取其中最低等级，作为围护系统承重部分使用性等级。

围护系统的使用等级，根据其使用功能和承重部分使用性的评定结果，按较低的等级确定。

从表3.18看到，围护系统的正常使用等级除了与围护系统中的承重构件正常使用等级有关外，还与装修、设备完好程度等有关，表中的其他项目一般是指隔热、隔尘、隔声、防湿，防腐、防灾等各种设施，总的项目比较多，主要靠现场检查决定。整个围护系统是建筑物可靠性的一部分。

7. 鉴定单元的安全性和使用性鉴定评级

（1）鉴定单元的安全性鉴定评级

鉴定单元的安全性鉴定评级，应根据其地基基础、上部承重结构和围护系统承重部分三个子单元的安全性等级，以及与整幢建筑有关的其他安全问题进行评定。具体按以下规定：

① 一般情况下，应根据地基基础和上部承重结构的评定结果按较低等级确定。

② 当鉴定单元中的地基基础和上部结构子单元的安全性等级按上款评为 A_u 级或 B_u 级但围护系统承重部分的等级为 C_u 级或 D_u 级时，可根据实际情况将鉴定单元所评等级降低一级或二级，但最后所定的等级不得低于 C_{su} 级。

对于以下任一特殊情况时，可直接评为 D_{su} 级：

a. 建筑物处于有危房的建筑群中，且直接受到其威胁；

b. 建筑物朝一方向倾斜，且速度开始变快。

（2）鉴定单元的使用性鉴定评级

鉴定单元的使用性鉴定评级，应根据地基基础、上部承重结构和围护系统这三个子单元的使用等级，以及与整幢建筑有关的其他使用功能问题进行评定。一般情况下，按这三个子单元中最低等级确定。

8. 民用建筑的可靠性评级

民用建筑的可靠性鉴定，应按划分的三个层次，以其安全性和使用性的鉴定结果为依据。

当不要求给出可靠性等级时，民用建筑各层次的可靠性，宜采取直接列出安全性等级和使用性等级的形式予以表示。例如，在第二层次（子单元），上部结构安全性评为 A_u 级使用性评为 B_u 级，上部结构可靠性评为B级。也可以不评可靠性，就用安全性和使用性表示。

当需要给出民用建筑各层次的可靠性等级时，可根据其安全性和正常使用性的评定结果，按下列原则确定：

① 当该层次安全性等级低于 b_u 级、B_u 级或 B_{su} 级时，应按安全性等级确定。

② 除上款情形外，可按安全性等级和正常使用性等级中较低的一个等级确定。

③ 当考虑鉴定对象的重要性或特殊性时，允许对本条第2款的评定结果作不大于一级的调整。

9. 房屋常见损坏及原因

房屋可靠性鉴定一般根据承载能力，变形（位移）裂缝、构造等方面来评定等级。承载能力、变形计算值等按照国家相应规范和规定进行计算，但裂缝，变形检测值和构造做法等要依靠现场检测和检查来完成。即正确完善的现场检查检测是可靠性鉴定必不可少的程序，阐述如下：

（1）房屋损坏的类型和原因

在进行现场检测检查之前我们必须了解已有房屋在使用过程中会产生哪些方面的损坏，已有房屋在其使用期出现的损坏类型如下：

一是纯属由自然环境侵蚀所引起房屋材料失效的损坏，但其损坏发展（碳化速度）和房屋的使用保养，以及原材料的化学成分有较大关系，因此以单一的时间概念来推测房屋的老化程度往往不准确；二是因突发偶然事件引起的房屋损坏，诸如：地震，台风、火灾、爆炸等。

实际上，大量的是人为因素所造成的房屋过早损坏，最常见人为因素造成的损坏有以下几个方面的原因：

① 外部环境影响：相邻建房由于距离不足而引起应力叠加、土体位移导致的房屋损坏；位于施工周边房屋因基坑支护失效、水土流失影响引起的房屋下沉损坏；

② 设计失误：设计失误致局部或构件承载能力不足引起的房屋损坏；设计构造上失误引起墙梁之间的分离缝，楼板跨角缝，温度收缩缝等，外伸结构较长而引起正弯矩区板面裂缝和下接墙体裂缝等，这些损坏虽然可能暂时没有安全问题，但会影响外观，且发展下去引发安全隐患。

例如，当柱（或剪力墙）截面尺寸较大时，楼板角钢筋锚固长度不足，未能抵抗收缩应力而引起开裂。

整个房间外伸结构问题，这时整个楼面受挠度影响出现受拉，若设计按常规配筋，必然使板面开裂。

平面尺寸变化较大房屋，特别是房屋总长度较长时，在平面收窄处往往开裂，原因是该处没有加通长面筋来抵抗收缩应力；收缩与构件的尺寸关系较大，薄的收缩大且较快。

梁在长期荷载作用下容易使填充墙体受压开裂，尤其是墙体强度不高时。

③ 使用的损坏：超载使用、人为破损或机械车辆撞击等；

（2）钢筋混凝土房屋常见的损坏和裂缝原因

钢筋混凝土构件表面的常见损坏有：蜂窝、麻面、孔洞、露筋、裂缝、变形等：

① 钢筋混凝土结构裂缝的分类：

按裂缝产生的原因，主要可分为荷载裂缝、沉降裂缝、温度裂缝、收缩裂缝等。根据裂缝是否与荷载有关、是否影响安全而把裂缝分成两类：

a. 结构性裂缝：荷载裂缝和沉降裂缝，该类裂缝与荷载有关、影响结构安全。

b. 非结构性裂缝：温度裂缝、收缩裂缝。

该类裂缝的产生不是结构受荷载所致，这种裂缝的产生不影响结构安全。一般非结构性裂缝占房屋裂缝的80%以上。

② 结构性裂缝（荷载裂缝、沉降裂缝）产生的原因：

a. 地基基础产生不均匀沉降。

b. 设计方面的原因：计算错误、构造不符合国家规范要求。

c. 施工方面的原因：混凝土强度不足、偷工减料或支座负筋踩低、使用不合格材料、截面尺寸不足等；

d. 使用方面的原因：改变房屋的使用性质、超载、对结构不合理拆改等。

③ 结构性裂缝分布规律：一般符合按受弯、受拉、受压构件出现的弯曲裂缝、剪切裂缝，扭曲裂缝的分布特征。

④ 非结构性裂缝主要有：间隔墙体沉降裂缝、温度裂缝、收缩裂缝。产生的原因：

a. 墙体沉降裂缝是由地基基础产生不均匀沉降引起。一般分布在建筑物下部，发展逐渐减少；

b. 温度裂缝原因是钢筋混凝土结构受大气及周围环境温度变化影响会产生收缩和膨胀。

c. 收缩裂缝混凝土在硬化过程中，会产生收缩变形，由此引起的裂缝称为收缩裂缝（又称干缩裂缝）。

收缩裂缝的产生和数量大小与材料性能、设计因素、施工技术。养护、气候温差，房屋体型、伸缩缝的间距等有关。

温度裂缝其裂缝宽度往往是根据气温变化可逆的，而收缩裂缝是不可逆的。

（3）砌体构件的常见损坏和砌体裂缝的原因

砌体构件的常见损坏有：裂缝、酥松、风化、变形等。根据裂缝是否与荷载有关、是否影响安全而把裂缝分成两类：

① 结构性裂缝：包括荷载裂缝、沉降裂缝该类裂缝与荷载有关，影响结构安全。产生的原因主要有：基础不均匀沉降，设计失误，使用不当荷载加大、拆改结构和施工质量等问题。裂缝分布及走向特征一般符合按受弯、受拉、受压构件出现的弯曲裂缝、剪切裂缝，扭曲裂缝的分布特征。

② 非结构性裂缝：温度裂缝和收缩裂缝等。该类裂缝的产生不是结构承受荷载造成的，这种裂缝的产生不会影结构安全。比较典型的有下面几个例子：

a. 屋面顶层墙体上的斜裂缝：一般位于顶层两端的 1～2 个开间以内，由两端向中间逐渐升高，呈对称状，靠近两端有窗口时，则裂缝一般通过窗口的两对角。通常仅顶层有，严重时可能发展至以下几层，有时横墙上。

b. 檐口下的水平裂缝：一般出现在平顶房屋的檐口下或屋顶圈梁下 2～3 皮砖的灰缝中，沿外墙顶部分布，且两端较多，向墙中部逐渐减少，裂缝缝口有外张现象，还有包角现象，即四角严重，并向中间发展。

③ 温度收缩裂缝产生的原因主要有：

a. 室内外温差、材料的变形系数差异。例如砖与混凝土两种建筑材料的线膨胀系数相差一倍左右。

b. 材料的自身收缩，施工质量等。

④ 沉降裂缝的主要分布特征：

a. 沉降裂缝通常发生在底层较多，往上逐渐减少。

b. 裂缝比较宽、比较长，一般为斜裂缝。

c. 通常出现的部位：不同时间建造的房屋交界处、房屋结构或基础类型不同的相连处、建筑物高度差异或荷载差异较大处。

⑤ 荷载裂缝的主要分布特征

一般发生在砌体受力较大部位，例如梁端支座下部，窗间墙位置等。裂缝比较明显，这类裂缝表明荷载引起构件内的应力已接近或达到砌体的破坏强度，若不及时效措施处理，则砌体容易发生突然破坏，以致引起房屋倒塌。

（4）木结构的常见损坏

木构件的常见损坏有：腐朽、虫蛀，下挠连接破坏及整体变形等。

木构件腐朽的产生与两境因素有关：一是阴暗潮湿的环境，多出现在构件入墙部位；二是虫蛀主要是指白蚁对木材蛀蚀。检查时，首先看木构件色泽，如白蚁将木构件蛀空，木构件表面呈灰白色，且不光滑而粗糙：其次用小锤敲打，如发出空洞声，且无弹性，有蚁巢处发出不清脆的沉闷声。

下挠原因一般是结构承载力不足引起下挠变形，主要出现在楼面或屋面。

连接破坏：木构件连接处损坏，如螺栓松脱、榫槽接合处松脱等。

10. 常见结构重点检查的部位和检查方法

（1）砌体结构检查内容及重点检查部位

① 墙体凹凸变形（鼓闪）及墙、柱倾斜，特别是重点检查部位：高大墙体及承重墙、柱，墙柱整体变形等。

② 裂缝及其他损伤：裂缝检查内容：裂缝分布、形状、长度、宽度、走向、深度等。其他损伤是指：非正常开窗、开洞等。

③ 砖砌体的风化，一般表现在墙面产生粉化、起皮、酥松和剥落等现象。特别容易发生在外露墙体，尤其是墙、柱脚部位、厨厕的下部墙体、腐蚀性物品堆放处。

腐蚀是指构件表面因发生化学或电化学反应而受到破坏的现象。

砌体重点检查部位：承重墙、柱的受力较大部位、变截面处或集中力作用点下的部位；悬挑构件上部的砌体；地基有不均匀沉降及较大温度变形部位。

（2）钢筋混凝土结构检查内容及重点检查部位

① 裂缝检查的重点部位：

a. 梁支座附近、集中力作用点、跨中部位；

b. 柱顶、柱脚、柱梁连接处；

c. 板底的跨中、板面支座附近、板角部位；

d. 屋架的上弦杆、下弦杆、腹杆、节点：

e. 悬挑构件的根部上表面。

② 腐蚀、剥落检查的重点部位：

a. 梁、柱、板经常受潮、受腐蚀性介质侵蚀的部位；

b. 板的水道出水口附近、厨厕底部；

c. 外露的飘板、飘线和受风吹雨打外露的部位；

d. 处于温差变化较大环境的构件。

（3）木结构检查内容及重点检查部位

① 腐朽重点检查部位：

a. 经常或容易受潮湿和通风不良环境下的木构件，尤其是“四头”—柱头、梁头、桁头、屋架头入墙部位；

b. 容易受渗漏影响部位的构部件，如檐口檩、屋脊梁等，尤其是“三底”—屋盖底、天沟底、厨厕底的构部件。

② 虫蛀重点检查部位为容易受白蚁侵蚀的部位，如天花封闭的楼底，通风不良和潮湿的房间。

③ 连接重点检查部位为木构件插槽接合位置、屋架的支座接合点等。

11. 工程实例

案例Ⅰ

1. 房屋概况

某宿舍楼为四层砖混房屋，建于 1990 年，总建筑面积 4500m^2。东西纵向共 21 间，开间均为 3.8m，总长为 80.4m，在⑪～⑫轴间设伸缩缝，伸缩缝宽度为 150mm，将房屋分为两个温度区段；房屋采用内廊式布置，内廊宽度 2.3m，两侧宿舍进深均为 5.8m，总进深为 14.1m。房屋东西两端各设一个双跑楼梯。房屋一层层高 3.0m；二、三层层高 2.9m；四层层高 2.8～3.6m，南高北低轻钢单坡屋顶。房屋平面布置示意图见图 3.20、面示意图见图 3.21。

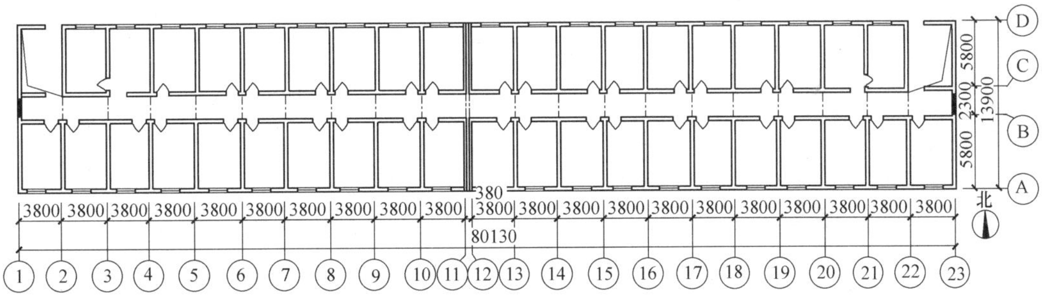

图 3.20 房屋平面布置示意图

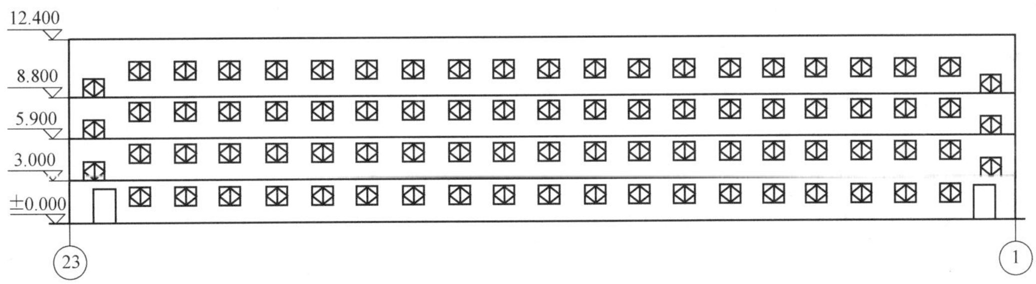

图 3.21 房屋里面示意图

房屋为墙下砖砌扩展基础，上部采用砖混结构，横墙承重，承重砖墙采用 KP1 型多孔砖（局部采用机制八五砖）、混合砂浆砌筑。二～四层为预制混凝土多孔板楼盖。屋盖为横墙搁置 C 形钢檩条、夹芯彩钢板坡屋面。楼梯均为现烧钢筋混凝土板式结构。

2. 鉴定依据

《民用建筑可靠性鉴定标准》GB 50292—2015；《回弹法检测混凝土抗压强度技术规程》JGJ/T 23—2011；《贯入法检测砌筑砂浆抗压强度技术规程》JGJ/T 136—2001；《建筑结构检测技术标准》GB/T 50344—2004。

3. 现场查勘情况

（1）地基基础：经现场查勘，该房屋上部墙体尚无沉降变形裂缝，房屋基础不响主体结构的不均匀沉降，房屋基础稳定。根据《民用建筑可靠性鉴定标准》GB 50292—2015 第 6.2.4 条，评定地基基础的安全性为 A_u 级。

（2）上部承重结构

结构布置合理，能形成完整系统，且结构选型及传力路线设计正确，基本符合现行设计规范要求。

砌体结构

①各层承重横墙均无受力裂缝；②一、二、三、四层和B、C轴内纵墙上位于走廊横梁下的多处门间墙体存在竖向、斜向贯通裂缝，裂缝最大宽度达到1.0mm，缝长400～1000mm。经凿除局部抹灰层检查，横梁梁底及门洞过梁摘置端下方墙体存在贯通裂缝，在走廊横梁传来的走廊楼面荷载作用下，产生剪切破坏，导致梁下墙体开裂。

（3）鉴定结论及建议

1）根据《民用建筑可靠性鉴定标准》GB 50292—2015第6.3.6、8.1.2条规定，确定该宿舍楼的安全性为C_{su}级，即：安全性不符合《民用建筑可靠性鉴定标准》GB 50292—2015对A_{su}级的要求，显著影响整体承载。

2）建议请专业加固设计和施工单位对一至四层内纵墙进行加固处理。

案例Ⅱ

（1）工程概况　某厂钢构件制作车间，排架结构单层厂房，纵向12间，混凝土柱和焊接工字形实腹钢梁构成两等跨排架，冷弯薄壁C形钢檩条、压型彩钢板屋面，柱距6m，跨度21m。两跨厂房的屋面梁由三段焊接工字形实腹钢梁连接构成，其中两侧钢梁为等截面，中段钢梁为变截面。设混凝土吊车梁，每跨各运行一台50t桥吊。

（2）检查、检测情况及分析验算

1）混凝土边柱、中柱设计截面均为550mm×800mm，经对其截面尺寸、钢筋配置进行检测复核，符合设计要求。

2）采用回弹法（钻芯法修正）按批量检测混凝土强度，检测结果为：平均值33MPa，标准差5.3MPa，批量强度推定值为29.6MPa。检测表明排架柱的混凝土强度满足设计要求C25强度等级。

3）混凝土排架柱无受力裂缝和沿筋裂缝。

4）原设计要求实腹工字钢翼缘宽220mm，厚10mm；实测翼缘宽200mm，厚8mm。设计要求厂房两侧等截面钢梁的截面高550mm，实测截面高为450mm；设计要求中段变截面钢梁的截面高550～950mm，实测截面高为450～650mm。

5）钢梁实际截面明显小于设计要求，经验算，除厂房两端轴线的2榀钢梁外，其余11榀实腹工字形钢梁的强度及平面内稳定性均不能满足设计要求，且$R/\gamma_0 S<0.9$。

6）经测量，钢梁挠度尚满足《钢结构设计规范》GB 50017—2003附录A规定的挠度允许值。

7）钢梁和钢檩条基本无锈蚀。

8）柱间支撑和屋盖支撑基本符合设计要求。

9）砖砌围护墙体尚无沉降变形裂缝，吊车运行正常。

（3）分析与评级

1）构件评级

由混凝土构件安全性的承载能力、构造和连接两个项目状况，使用性的裂缝、变形、缺陷和损伤、腐蚀四个项目状况，根据《工业建筑可靠性鉴定标准》GB 50144—2008第

6.1.1 条，评定混凝土排架柱的安全性等级为 a 级，使用性等级为 a 级。

由钢构件安全性的承载能力（包括构造和连接）项目状况，使用性的变形、偏差、一般构造和腐蚀四个项目状况，根据《工业建筑可靠性鉴定标准》GB 50144—2008 第 6.1.1 条，评定实腹钢梁的安全性等级为 d 级，使用性等级为 d 级。

2）平面计算单元评级

由混凝土边柱、中柱和实腹钢梁构成 13 个平面计算单元，由于②～⑬轴 11 个平面计算单元中的实腹钢梁（重要构件集）的安全性等级为 D 级，根据《工业建筑可靠性鉴定标准》GB 50144—2008 第 7.3.4 条第 3 款，评定②～⑬轴平面计算单元的安全性等级为 D 级。

上部承重结构评级在全部 13 个平面计算单元中，安全性等级为 D 级的平面计算单元达总量的 85%，根据《工业建筑可靠性鉴定标准》GB 50144—2008 第 7.3.4 条第 4 款，评定厂房的上部承重结构承载能力为 D 级。结合厂房的结构布置和支撑系统状况，评定上部承重结构的安全性等级为 D 级。综合考虑上部承重结构的使用性（评定过程略），评定上部承重结构的可靠性等级为 D 级。地基基础、围护结构系统评定过程略。

（4）厂房可靠性综合评级

综合考虑该厂房的地基基础、上部承重结构、围护结构系统的可靠性，根据《工业建筑可靠性鉴定标准》GB 50144—2008 第 8.0.2 条，评定该厂房的可靠性等级为四级，即极不符合国家现行标准规范的可靠性要求，已严重影响整体安全，必须立即采取措施。建议对实腹钢梁进行加固。

3.2.4 抗震鉴定

为了贯彻执行《中华人民共和国建筑法》、《中华人民共和国防震减灾法》，实行预防为主的抗震工作方针，减轻建筑破坏、减少地震损失，需要对现有房屋建筑的抗震能力进行鉴定，出具抗震鉴定报告，为实施抗震加固或采取其他抗震减灾对策提供依据。

现有房屋的抗震鉴定应依据现行《建筑抗震鉴定标准》和其他相关的技术标准进行，符合鉴定标准的现有建筑具有与后续使用年限相对应的抗震设防目标：对于后续使用年限为 50 年的现有建筑，具有与现行《建筑抗震设计规范》相同的设防目标，对于后续使用年限少于 50 年的现有建筑，具有略低于现行《建筑抗震设计规范》的设防目标。

按现行《建筑抗震鉴定标准》进行抗震鉴定，仅适用于已交付使用、并且在不考虑地震作用时的结构安全性已经确定的现有建筑，不适用于尚在施工的在建建筑和未交付使用的新建建筑。对于列入文保的古建筑，则应按文保建筑的相关技术标准进行抗震鉴定。一般情况下，有两种情形可以作为认定结构安全性（不考虑地震作用）的依据：一是已经按现行《民用建筑可靠性鉴定标准》进行结构安全性鉴定；二是执行 89 版及之后的设计规范、工程质量已按法定程序验收合格、使用过程中没有改建且建筑物没有明显的损坏或老化现象。对于后一种情形，考虑到不同历史时期和不同地区的工程质量水平，必要时仍应对工程质量进行抽检核查。

作为抗震能力方面的专项鉴定，单纯的抗震鉴定只是鉴定现有建筑在考虑地震作用时的抗震能力，而没有鉴定现有建筑在不考虑地震作用时的安全性，不是对建筑安全的全面鉴定。对于安全性（不考虑地震作用）不确定又未进行安全性鉴定的现有建筑，抗震鉴定应兼顾不考虑地震作用时的结构安全性，在进行抗震鉴定的同时应根据现行《民用建筑可靠性鉴定标准》对结构安全性进行鉴定，以保证鉴定结论在建筑安全方面的完整性，为后续的加固设计或采取措施提供技术依据。

1. 基本规定

（1）现有建筑的抗震设防烈度

抗震设防烈度是按国家规定权限批准作为一个地区抗震设防依据的地震烈度。而地震烈度是指地面及房屋等建筑物受地震破坏的程度，一般情况下取 50 年内超越概率 10%的地震烈度。

地震烈度不同于地震震级，地震震级是划分震源放出的能量大小的等级，是对地震大小的相对量度。释放能量越大，地震震级也越大。地震震级分为九级，震级每提高一级，通过地震被释放的能量大约增至 32 倍。

在进行抗震鉴定时，现有建筑的抗震设防烈度一般采用现行《建筑抗震设计规范》规定的抗震设防烈度，或采用中国地震动参数区划图的地震基本烈度。

（2）现有建筑的抗震设防类别

现有建筑应按现行《建筑工程抗震设防分类标准》分为甲、乙、丙、丁四类，各类建筑的抗震措施核查和抗震验算的综合鉴定要求如下：

甲类（特殊设防类）：应经专门研究按不低于乙类的要求核查抗震措施；应按高于本地区设防烈度的要求进行抗震验算。

乙类（重点设防类）：6～8 度设防区应按比本地区设防烈度提高一度的要求核查抗震措施，9 度设防区应适当提高要求；应按不低于本地区设防烈度的要求进行抗震验算。

丙类（标准设防类）：应按本地区设防烈度的要求核查抗震措施、进行抗震验算。

丁类（适度设防类）：6～9 度设防区可按比本地区设防烈度降低一度的要求核查抗震措施；可按比本地区设防烈度适当降低的要求进行抗震验算。6 度设防区可不做抗震鉴定。

（3）现有建筑的后续使用年限

在抗震鉴定中，应首先设定现有建筑的后续使用年限，并按照选定的后续使用年限确定相应的抗震鉴定方法和各项鉴定标准。

应根据建筑物的建造年代及设计所依据的规范、结合建筑物使用需求选定现有建筑的后续使用年限，可分为 30 年、40 年、50 年三类，分别简称为 A 类、B 类、C 类建筑：

A 类建筑（后续使用年限 30 年）：通常是在执行 89 版规范前设计建造的房屋，主要包括 80 年代及以前建造的房屋，还有部分 90 年代初期仍按 74 版规范设计建造的房屋。

B 类建筑（后续使用年限 40 年）：通常指执行 89 版规范设计建造的房屋，主要包括 90 年代建造的房屋，还有部分 2000 年代初期仍按 89 版规范设计建造的房屋。90 年代初期和 80 年代按 74 版规范设计建造的房屋，如果条件具备（需要后续使用 40 年、房屋结构现状良好）时宜纳入 B 类建筑。

C 类建筑（后续使用年限 50 年）：通常指执行 2001 版规范以后设计建造的房屋，主要包括 2000 年代建造的房屋。对于 C 类建筑，应完全按照现行设计规范的各项要求进行抗震鉴定。

(4) 抗震鉴定的适用情形

在下列情况下，应对现有建筑进行抗震鉴定：

① 接近或超过设计使用年限需要继续使用的建筑；

② 原设计未考虑抗震设防或抗震设防标准需要提高的建筑；

③ 需要改变建筑功能、改变使用环境、进行结构改造的建筑；

④ 其他需要进行抗震鉴定的建筑。

(5) 抗震鉴定的主要内容和要求

应按以下内容和要求来完成抗震鉴定工作：

① 收集原始资料：地质勘察报告、工程设计图纸、工程质量保证资料及其他相关资料。

② 现场查勘和检测：对基础现状、房屋垂直度、结构布置、构件尺寸、配筋情况、材料强度进行必要的调查和检测，进而核查建筑现状与原始资料的符合程度和施工质量，检测房屋受损情况和结构缺陷。

③ 抗震能力鉴定：根据建筑结构类型及结构布置、后续使用年限、抗震设防类别、抗震设防烈度，采用相应的逐级鉴定方法和鉴定标准核查抗震措施、验算抗震承载力，分析建筑的结合抗震能力。同时还应对建筑所在场地、地基和基础进行抗震鉴定。

④ 做出鉴定意见：对现有建筑的整体抗震性能作出评价，提出相应的处理意见。

(6) 抗震鉴定分级鉴定流程

建筑结构的抗震鉴定分两级进行：

第一级鉴定（抗震措施鉴定），包括结构布置、材料强度、结构整体性、局部构造措施方面的鉴定。

第二级鉴定（综合抗震能力鉴定），引入整体影响系数和局部影响系数以考虑构造影响，进行结构抗震验算，进而评定结构的综合抗震能力。综合抗震能力可以通过计算综合抗震能力指数或验算结构抗震承载力来评定。

现有建筑根据择定的后续使用年限，分别按两级鉴定流程进行抗震鉴定：

① 对于后续使用年限 30 年的 A 类建筑：首先进行第一级鉴定，如果第一级鉴定符合要求，则评定为满足抗震鉴定要求，无需进入第二级鉴定；如果第一级鉴定不符合要求，则需要进入第二级鉴定，进而评定是否满足抗震鉴定要求。

② 对于后续使用年限 40 年的 B 类建筑：首先进行第一级鉴定，然后进行第二级鉴定，最后根据第二级鉴定结果评定是否满足抗震要求。

③ 对于后续使用年限 50 年的 C 类建筑：应完全按照现行《建筑抗震设计规范》的各项要求进行抗震鉴定，包括抗震措施鉴定和抗震承载力鉴定。

(7) 现有建筑的宏观控制要求

对于结构布置明显不规则或材料强度过低的现有建筑，抗震鉴定时需要满足以下宏观控制要求：

① 当建筑物的平面、立面、质量、刚度分布和墙柱等抗侧力构件的布置明显不对称、不连续，出现扭转不规则、平面布置偏心、凹凸不规则、楼板不连续、上下层墙柱不连续、上下错层、相邻层刚度突变等情况时，应针对这些薄弱环节和薄弱部位按有关设计规范的相关规定进行鉴定，并进行对地震扭转效应不利影响分析。

② 检查结构体系，对于其破坏可能导致整个结构体系丧失抗震能力或竖向承载能力的关键性部件或构件，以及上下错层或不同类型结构体系相连的相应部位，应适当提高其抗震鉴定标准。

③ 检查构件材料的实际强度，当实际强度低于规定的最低强度要求时，应提出建议要求采取相应的措施。

④ 建筑物的层数及高度应满足规定的最大限值要求，结构构件的连接构造应满足结构整体性要求，非结构构件的支承或连接应可靠。

⑤ 当建筑场地位于不利地段时，应符合地基基础的有关鉴定要求。

⑥ 根据建筑所在场地、地基和基础的因素，现有建筑的抗震鉴定要求可按现行《建筑抗震鉴定标准》适当调整。对上部结构进行抗震鉴定的同时，还应对建筑所在场地、地基和基础进行抗震鉴定。

(8) 关于6度设防区建筑的抗震鉴定

6度设防区的建筑着重于抗震措施的鉴定，只需要进行第一级鉴定（抗震措施鉴定），如果第一级鉴定不满足要求，则可以进行第二级鉴定，进而评定是否满足抗震鉴定要求。

2. 现场查勘与检测

为使现有建筑的抗震鉴定工作能顺利进行并得到客观准确的鉴定结论，必须通过现场的查勘与检测以查明建筑结构现状、搜集充分的基本数据。以多层砌体房屋和多层、高层钢筋混凝土结构房屋为例，现场查勘与检测的主要内容和要求如下所述（其他结构类型的建筑需针对不同的结构体系特点相应调整现场查勘与检测的内容）。

(1) 结构体系检查及分析

对建筑物整体承重结构的结构形式、结构布置、轴线尺寸以及楼层层高进行全面勘查与抽样检测，对砌体结构，尚应检查构造柱和圈梁的设置情况。核查建筑结构现状与原始图纸资料的符合程度，并分析建筑物整体结构的受力特点。特别是需要查清楚可能对结构抗震性能产生不利影响的结构薄弱部位和薄弱环节。

(2) 基础现状检查为了查明建筑物的基础现状，选择具有代表性的位置开挖基础（或桩承台）检查基础形式、基础尺寸、基础埋深和基础完损状况，核查建筑物基础现状与原始图纸资料的符合程度。

(3) 建筑物倾斜度测量

选取建筑物的阳角部位作为观测点测量建筑物的倾斜度，测量每个观测点在两个正交轴线方向的倾斜度（包括垂直度误差和外装修影响），进而计算出建筑物的整体倾斜度同时检查上部结构和墙体是否存在因基础不均匀沉降而造成的裂缝，为分析地基基础的不均匀沉降变形提供依据。

(4) 构件截面尺寸抽样检查

抽样检测各层代表性受力构件的截面尺寸，检测的构件应包括砖墙（柱）、混凝土柱（梁、板）。核查受力构件现状与原始图纸资料的符合程度。

(5) 钢筋配置检测

对各层混凝土柱、梁、板的钢筋配置进行抽样检测，重点检测框架柱、梁的纵向钢筋数量、加密区钢筋数量和加密区范围，以及混凝土柱与砖墙之间的拉结钢筋配置情况，检测内容包括钢筋直径、数量、间距及保护层厚度等。

如果原结构竣工图纸（或设计图纸）缺失，应通过实测取得基本完整的结构布置和钢筋配置数据，并绘制各层的结构平面图。

（6）材料强度检测

对于多高层钢筋混凝土结构，抽样检测混凝土墙、柱和楼面结构的混凝土强度：对于多层砌体结构，抽样检测承重砌体墙、柱的砌体强度（或砌块与砂浆强度）和混凝土楼面结构的混凝土强度。

（7）钢筋性能检测

对于钢筋性能难以掌握的建筑物，尤其是一些建造年代已久的老建筑物，为了解所用钢筋的种类、屈服强度、抗拉极限强度，应在结构构件中截取钢筋试样进行拉伸试验，作为抗震承载力验算的依据。

（8）结构构件损伤及缺陷检测

检查结构构件的外观质量和变形、开裂现象，对混凝土墙、柱、梁、板及砖墙的裂缝走向、裂缝长度、裂缝宽度及开展情况进行测量，查明结构构件的风化、钢筋锈蚀等缺陷。

（9）现场检测数量

现场检测数量应根据相关规范的规定并结合鉴定项目的具体条件确定，同时应避免对现有结构的承载力造成的影响。

（10）减少检测工作对结构构件的损伤

现场查勘与检测工作应尽量不损坏或少损坏现有结构，钢筋取样和混凝土取样时应选择受力较小的构件和部位，并尽量避免损伤受力钢筋。

3. 鉴定技术要求

对房屋建筑进行抗震鉴定时，应根据现行《建筑抗震鉴定标准》、结合相关的设计规范进行房屋抗震鉴定。在对上部建筑结构进行抗震鉴定的同时，还应对建筑所在场地、地基和基础进行抗震鉴定。按结构类型划分，建筑的结构类型较多，现行《建筑抗震鉴定标准》给出了多层砌体房屋、多层及高层钢筋混凝土结构房屋、内框架和底层框架砖房、单层钢筋混凝土柱厂房、单层砖柱厂房、木结构和土石墙房屋等多类房屋建筑的鉴定技术要求，限于篇幅，仅对多层砌体房屋、多层及高层钢筋混凝土结构房屋，还有钢结构房屋几大类的鉴定技术要求进行阐述和说明，其中也包括建筑所在场地、地基和基础的鉴定技术要求。

（1）场地、地基和基础的鉴定技术要求

基础是连接地基和上部结构的承重构件，属于房屋结构的组成部分，其作用是把上部的荷载传递到地基。地基是地下支承基础的土体，属于建筑物所在场地的一部分。场地、地基、基础和上部建筑相连构成一个关联体。地震时的震害主要发生于上部建筑，较少发生于场地和地基基础。但当场地和地基基础处于某种不利状态时，可能发生砂土液化、软土震陷、滑坡、泥石流、地基失稳、不均匀沉降、基础破坏等对上部建筑抗震不利的震害，并可能导致上部结构的开裂、倾斜、甚至倒塌破坏。因此，对建筑所在场地、地基和基础应有针对性进行抗震鉴定。

1）场地的不利地段划分

根据建筑所在场地的地形、地貌和地质条件，按现行《建筑抗震设计规范》的规定判断场地对上部建筑抗震的利害关系，见下表：

场地划分　表3.19

地段类别	地质、地形、地貌
有利地段	稳定基岩，坚硬土，开阔、平坦、密实、均匀的中硬土等
一般地段	不属于有利、不利、危险的地段
不利地段	软弱土，液化土，条状凸出的山嘴，高耸孤立的山丘，陡坡，陡坎，河岸和边坡的边缘，平面分布上成因、岩性、状态明显的不均匀的土层(含古河道、疏松的断层破碎带、暗埋的塘浜沟谷和半填半挖地基)，高含水量的可塑黄土，地表存在结构性裂缝等
危险地段	地震时可能发生滑坡、崩塌、地陷、地裂、泥石流等及发震断裂带上可能发生地表错位的部位

2）评估场地对建筑抗震的影响

对于6度和7度区及建造对建筑抗震有利地段的房屋建筑，可不进行建筑所在场地的抗震鉴定。

对于建造在危险地段的建筑，应结合规划及时更新（迁移）；暂时不能更新的，应按相关规定鉴定场地对建筑的影响，并进行专门研究、采取应急的安全措施。

对于建造在不利地段的建筑，特别是抗震设防烈度较高时，场地有可能发生震害，应按现行《建筑抗震设计规范》的规定评估场地的地震稳定性、地基滑移以及地基对建筑抗震的危害。

3）对于下列建筑，可不进行地基基础的抗震鉴定、直接评定为符合抗震要求：

① 丁类建筑；

② 地基主要受力层范围内不存在软弱土、饱和砂土、饱和粉土或严重不均匀土层的乙类、丙类建筑；

③ 6度区的各类建筑；

④ 7度区内、地基基础现状无严重静陷的乙类、丙类建筑。

其中，评定地基基础现状无严重静载缺陷的条件是：基础无腐蚀、松散和剥落，上部结构无不均匀沉降裂缝和倾斜，或虽有裂缝、倾斜但不严重且无发展趋势。

4）对于需要对地基基础进行鉴定的建筑，应按以下规定进行鉴定：

存在软弱土、饱和砂土和饱和粉土的地基基础，应根据设防烈度、场地类别、建筑现状和基础类型，进行液化、震陷和抗震承载力的两级鉴定。如果第一级鉴定满足要求，应评定地基符合抗震要求，不再进行第二级鉴定，否则应进行第二级鉴定。

静载下已出现严重缺陷的地基基础，应同时评定其静载下的承载力。

地基基础的第一级鉴定和第二级鉴定应按照现行《建筑抗震鉴定标准》的规定进行。

5）同一结构单元的基础（或桩承台）宜为同一类型，底面标高宜相近，否则应设置基础圈梁。同一单元存在基础类型不同或基础埋深不同的情况时，地震时地基可能出现差异沉降并对基础及上部建筑产生不利影响，宜估算地震导致两部分地基的差异沉降，检查基础抵抗差异沉降的能力，并评估上部结构相应部位的构造抵抗差异沉降和附加地震作用的能力。

（2）多层砌体结构房屋的鉴定技术要求

这里的多层砌体房屋是指烧结普通黏土砖、烧结多孔黏土砖、混凝土中、小型空心砌块、粉煤灰中型实心砌块砌筑而成砌体承重的多层房屋。对于横墙间距不超过三开间的单层砌体房屋，可按多层砌体房屋的原则进行抗震鉴定。

1）砌体房屋的重点检查内容

进行多层砌体房屋的抗震鉴定时，应重点检查房屋的高度和层数、结构体系合理性（结构布置、墙体布置的规则性、抗震墙的厚度和间距）、墙体的材料强度和砌筑质量、房屋整体性连接、构造的可靠性（墙体交接处的连接、楼屋盖与墙体的连接构造、构造柱、圈梁布置）、易倒易损部位及其支承连接的可靠性（女儿墙、楼梯间、出屋面烟囱）。

当砌体房屋的层数超过规定限值时，应评定房屋不满足抗震鉴定要求。

2）砌体房屋的抗震鉴定内容和流程对于多层砌体房屋，应分A类建筑和B类建筑分别进行分级鉴定：第一级鉴定主要是 对结构体系和构造方面的抗震要求，第二级鉴定是考虑构造影响后对结构综合抗震能力的鉴定。A类与B类砌体房屋的抗震鉴定不同之处主要在于三个方面：

① A类砌体房屋在完成第一级鉴定后，只有在第一级鉴定不符合要求的情况，才需要进行第二级鉴定；B类砌体房屋在完成第一级鉴定后，无论第一级鉴定是否符合要求都需要进行第二级鉴定，只是整体影响系数取值不同。

② 第二级鉴定时，A类砌体房屋主要通过计算抗震能力指数来评定抗震能力，而B类砌体房屋主要通过验算抗震承载力评定抗震能力。

③ A类砌体房屋与B类砌体房屋对构造柱或芯柱要求是不同的。

3）A类砌体房屋抗震鉴定

为便于叙述，第一级鉴定以7度或8度抗震设防区、普通砖实心墙、现浇或装配整体式混凝土楼屋盖为例阐述抗震要求，其他设防烈度、墙体、楼屋盖时需查阅现行《建筑抗震鉴定标准》并相应调整抗震要求。限于篇幅，第二级鉴定的综合抗震能力计算公式不在本文赘述。

① 第一级鉴定

A类砌体房屋应按附表18的内容和要求进行第一级鉴定。

多层砌体房屋满足第一级鉴定的各项抗震要求时，可评定为综合抗震能力满足抗震鉴定要求；多层房屋不能满足第一级鉴定的抗震要求时，应进行第二级之一时，可不再进行第二级鉴定而直接评定为综合抗震能力不满足抗震鉴定要求，且要求对房屋进行加固或采取其他应对措施：

a. 房屋高宽比大于3，或横墙间距超过最大限值4m。

b. 纵横墙交接处连接不符合要求，或预制构件的支承长度少于规定值的75%。

c. 第一级鉴定中有多项内容明显不符合抗震要求。

② 第二级鉴定

第二级鉴定采用综合抗震能力指数的方法，根据第一级鉴定不符合抗震要求的具体情况分别采用不同的综合抗震能力指数。

a. 当横墙间距和房屋宽度中有一项或两项不满足限值要求时，可采用楼层平均抗震能力指数进行第二级鉴定，其数值与1/2层高处抗震墙净截面总面积与建筑平面面积之比、抗震墙基准面积率及抗震设防烈度影响系数相关。

b. 当现有结构体系、整体性连接构造、局部易倒塌的部件不满足要求时，可采用楼层综合抗震能力指数进行第二级鉴定，其数值与楼层平均抗震能力指数、体系影响系数、局部影响系数相关。体系影响系数根据现有结构体系及整体性连接构造不符合第一级鉴定的程度、砂浆实际强度等级、构造柱或芯柱的设置情况取值，局部影响系数根据局部易倒塌部件的不满足要求程度取值，具体取值见现行《建筑抗震鉴定标准》的规定。

c. 对横墙间距超过限值、有明显扭转效应和局部易倒塌部件不满足要求的房屋，当最弱的楼层综合抗震能力指数小于1.0时，可采用墙段综合抗震能力指数进行第二级鉴定，其数值与墙段净截面面积、抗震墙基准面积率、抗震设防烈度影响系数、体系影响系数、局部影响系数相关。

d. 上述综合抗震能力指数应按房屋的纵横两个方向分别计算，如果最弱楼层的抗震能力指数>1.0，应评定为满足抗震鉴定要求；否则评定为不满足抗震要求，对房屋应进行加固或采取其他应对措施。如果房屋的质量和刚度沿高度分布明显不均匀或7、8、9度时房屋层数分别超过六、五、三层，可采用验算抗震承载力的方法进行第二级鉴定（详见B类砌体房屋的抗震承载力验算部分）。

4）B类砌体房屋的抗震鉴定

为便于叙述，抗震措施鉴定以7度或8度抗震设防区、普通砖实心墙、现浇或装配整体式混凝土楼屋盖为例阐述抗震要求，其他设防烈度、墙体、楼屋盖时需查阅现行《建筑抗震鉴定标准》并相应调整抗震要求。限于篇幅，抗震承载力验算公式不在文中赘述。

① 抗震措施鉴定

B类砌体房屋按附表19的内容和要求进行抗震措施鉴定（第一级鉴定）。

② 抗震承载力验算

除非在抗震措施鉴定阶段已经被鉴定为不满足抗震鉴定要求，否则无论各项抗震措施是否满足要求，B类砌体房屋均应进行第二级鉴定。

a. 当抗震措施鉴定满足要求时，第二级鉴定可采用底部剪力法进行抗震承载力验算，验算方法按现行《述筑抗震设计规范》的规定进行，并且可以只选择从属面积较大或竖向应力较小的墙段进行抗震承载力验算。

b. 当抗震措施鉴定不满足要求时，第二级鉴定同样可采用底部剪力法进行抗震承载力验算，但应视抗震措施鉴定时不符合抗震要求的具体情况分别采用不同的体系影响系数和局部响系数，以考虑抗震措施对综合抗震能力的整体影响和局部影响。

体系影响系数和局部影响系数的具体取值详见现行《建筑抗震鉴定标准》的规定。其中当构造柱的设置不满足要求时，体系影响系数尚应根据不满足程度乘以0.8～0.95的系数。

c. 如果B类砌体房屋的各层层高相当且较规则均匀时，也可不进行抗震承载力验算，而是按照A类砌体房屋的第二级鉴定方法、采用楼层综合抗震能力指数的方法进行综合抗震能力鉴定，只是其中的烈度影响系数的取值需作相应调整。

（3）多层及高层钢筋混凝土房屋的鉴定技术要求

现行《建筑抗震鉴定标准》适用于现浇及装配整体式钢筋混凝土框架（包括填充墙框架）、框架-抗震墙、抗震墙结构。

1）钢筋混凝土房屋结构的重点检查内容

进行多层及高层钢筋混凝土房屋抗震鉴定时，应依据其抗震设防烈度重点检查以下部位：

① 局部易掉落伤人的构件、部件及楼梯间结构构件的连接构造；

② 梁柱节点的连接方式、框架跨数、不同结构体系之间的连接构造（震级＞6度时）；

③ 梁柱配筋、材料强度，各构件间的连接，结构体型的规则性，短柱分布、荷载分布及大小（震级＞7 度时）当钢筋混凝土房屋的梁柱连接构造和框架跨数不符合规定时，应评定房屋不满足抗震鉴定要求。

2）钢筋混凝土房屋的抗震鉴定内容和流程

对于钢筋混凝土房屋，应区分 A 类建筑和 B 类建筑分别进行分级鉴定：第一级鉴定主要是对结构体系和构造方面的抗震要求，第二级鉴定是考虑构造对结构综合抗震能力影响的鉴定。A 类与 B 类铜筋混凝土房屋的抗震鉴定不同之处主要在于三个方面：

① A 类钢筋混凝土房屋在完成第一级鉴定后，只是在第一级鉴定不符合要求的情况下，才需要进行第二级鉴定：B 类钢筋混凝土房屋在完成第一级鉴定后，无论第一级鉴定是否符合要求，都需要进行第二级鉴定，只是整体影响系数取值不同。

② 第二级鉴定时，A 类钢筋混凝土房屋可以通过计算楼层综合抗震能力指数来评定抗震能力，也可以通过验算抗震承载力来评定抗震能力；而 B 类钢筋混凝土房屋应通过验算抗震承载力来评定抗震能力。

③ B 类钢筋混凝土房屋鉴定时，需确定鉴定时所采用的抗震等级，并对轴压比提出限值要求。

3）A 类钢筋混凝土房屋的抗震鉴定

为便于叙述，第一级鉴定以 7 度或 8 度抗震设防区、现浇或装配整体式混凝土框架结构为例阐述抗震要求，其他设防烈度、结构形式时需查阅现行《建筑抗震鉴定标准》并相应调整抗震要求。

① 第一级鉴定

A 类钢筋混凝土房屋应按附表 20 的内容和要求进行第一级鉴定。

钢筋混凝土房屋满足第一级鉴定各项抗震要求时，可评定为综合抗震能力满足抗震鉴定要求；钢筋混凝土不能满足第一级鉴定的抗震要求时，应进行第二级鉴定；但遇下列情况之一时，可不再进行第二级鉴定而直接评定为综合抗震能力不满足要求，且要求对房屋进行加固或采取其他应对措施：

a. 梁柱节点构造不符合要求的框架及乙类单跨框架结构；

b. 有承重砌体结构与框架相连且承重砌体结构不符合要求；

c. 第一级鉴定中有多项内容明显不符合抗震要求。

② 第二级鉴定

第二级鉴定可采用楼层综合抗震能力指数或抗震承载力验算的方法，并视第一级鉴定时不符合抗震要求的程度采用不同的体系影响系数，视第一级鉴定时局部连接构造不符合抗震要求的情况采用不同的局部影响系数。

楼层综合抗震能力指数应按房屋的纵横两个方向分别计算；抗震承载力验算时取地震作用分项系数为 1.0，承载力抗震调整系数取现行《建筑抗震设计规范》规定值的 0.85 倍。

如果楼层综合抗震能力指数≥1.0 或抗震承载力满足要求，应评定为满足抗震鉴定要求；否则评定为不满足抗震鉴定要求，应对房屋进行加固或采取其他应对措施。

4）B类钢筋混凝土房屋的抗震鉴定

为便于叙述，抗震措施鉴定以7度或8度抗震设防区、现浇或装配整体式钢筋混凝土框架结构和框架-抗震墙结构为例阐述抗震要求，其他设防烈度、结构形式时需查阅现行《建筑抗震鉴定标准》并相应调整抗震要求。限于篇幅，抗震承载力验算公式不在文中赘述。

① 抗震措施鉴定

B类筋混凝土房屋的抗震构造措施鉴定应按房屋结构的抗震等级进行，抗震等级根据结构类型和设防烈度按表3.20确定。

钢筋混凝土结构的抗震等级 表3.20

结构类型		抗震设防烈度			
		7度		8度	
框架结构	房屋高度	≤35	>35	≤35	>35
	框架	三	二	二	一
说明：乙类设防时，抗震等级需按提高一度查表确定					

B类钢筋混凝土房屋应按附表21内容和要求进行抗震措施鉴定（第一级鉴定）。

② 抗震承载力验算

除非在抗震措施鉴定阶段已经被鉴定为不满足抗震鉴定要求，否则无论各项抗震措施是否满足要求，B类钢筋混凝土房屋均应进行抗震承载力验算（第二级鉴定），乙类框架结尚应进行变形验算。

进行抗震承载力验算时，应视第一级鉴定时不符合抗震要求的程度来用不同的体系影响系数，视第一级鉴定时局部连接构造不符合抗震要求的情况来用不同的局部。

如果抗震承载力验算满足要求，应评定为满足抗震鉴定要求；不满足鉴定要求时应进行加固或采取其他应对措施。

4. 抗震鉴定案例

（1）工程概况

某市一中学的一幢教学楼于1954年设计建造，实测建筑平面布置见图3.23。房屋正立面朝南，东西纵向共29间，总长91.8m，总进深17.2m；中央⑦～⑧轴共4层，设八边形坡屋顶，东西两侧各14间，对称布置，均为3层；房屋采用内廊式布置，内廊宽度2.4m，每层设16个教室；底层、二层和三层层高依次为3.8m、3.6m、3.4m。

房屋为混合结构，原设计结构构造如下：墙下砖砌条形基础；机制标准（底层8号砂浆、二层和三层4号砂浆）实砌纵横墙承重，一层墙厚380mm，二层及以上墙厚240mm，在每层的窗洞顶部设置钢筋砖圈梁；内廊、厕所和楼梯平台为现浇混凝土板（板厚80mm），其余楼盖结构均为横墙和混凝土大梁搁置木格栅、木地板、纸筋灰板条顶棚，混凝土梁板的设计标号（强度等级）不明；屋盖构造为纸筋灰板条顶棚、木屋架和砖砌硬山搁置木檩条、杉木望板、油毡、机制平瓦，歇山式坡屋面；外墙为红砖清水墙面。

该教学楼的使用年限已超过现行规范规定的结构的设计使用年限，为保留该建筑并继续使用，校方要求对该房屋作抗震鉴定。

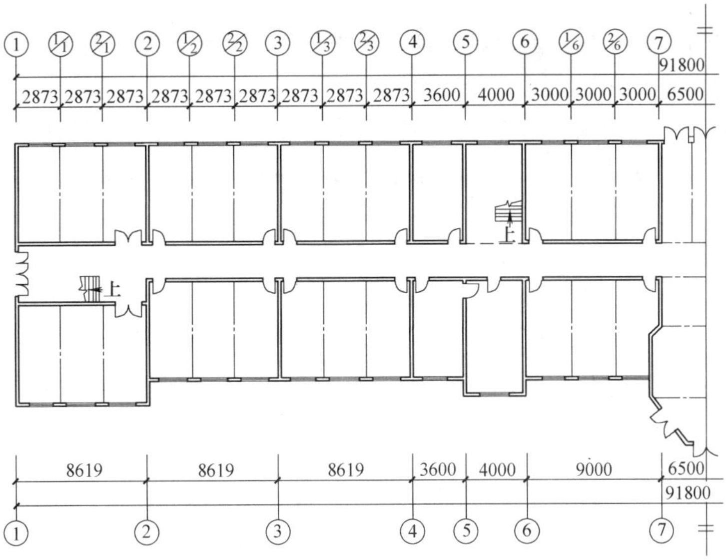

图 3.23 教学楼平面布置示意图（半幅）

根据《建筑抗震鉴定标准》GB 50023—2009 第 1.0.4、1.0.5 条规定，对该教学楼按 A 类砌体房屋作抗震鉴定。

（2）第一级鉴定

《建筑工程抗震设防分类标准》GB 50023—2008 第 6.0.8 条规定："教育建筑中，幼儿园、小学、中学的教学用房以及学生宿舍和食堂，抗震设防类别应不低于重点设防类"，重点设防类简称乙类。《建筑工程抗震设防分类标准》GB 50023—2008 第 3，0.3 条规定："重点设防类应按高于本地区抗震设防烈度一度的要求加强其抗震措施"，该地区抗震设防烈度为 6 度，故该教学楼的抗震措施应符合 7 度设防要求。

① 房屋的高度和层数符合《建筑抗震鉴定标准》GB 50023—2009 第 5.2.1 条要求。

② 结构体系：房屋高宽比符合《建筑抗震鉴定标准》GB 50023—2009 第 5.2.2 条要求；抗震横墙的最大间距为 9.0m，大于《建筑抗震鉴定标准》GB 50023—2009 表 5.2.2 规定的木楼屋盖抗震横墙的最大间距。

③ 材料强度：经检测，砖强度等级达 MU10。在房屋一层和二层各随机抽取 12 片墙体，采用贯入法检测砌筑砂浆强度。一层 I2 片墙体砂浆抗压强度换算值为 0.5～1.6MPa，砂浆抗压强度换算值平均值为 1.0MPa，换算值变异系数为 0.4；二层 12 片墙体砂浆抗压强度换算值为 0.5～1.5MPa，砂浆抗压强度换算值平均值为 0.9MPa，换算值变异系数为 0.3，均无法作批评定。检测表明，24 片墙体中有 10 片墙体的砌筑砂浆强度小于《建筑抗震鉴定标准》GB 50023—2009 第 5.2.3 条规定的 M1 强度等级。

④ 整体性连接构造：该教学楼外墙四角、大房间（教室）的内外墙交接处和楼梯间的四角均未设构造柱；未设钢筋混凝土圈梁，仅在每层外墙窗顶设有钢筋砖圈梁；不符合《建筑抗震鉴定标准》GB 50023—2009 第 5.2.4 条要求。

⑤ 内廊现浇混凝土楼板、楼面混凝土梁和木屋架的支承长度符合《建筑抗震鉴定标准》GB 50023—2009 第 5.2.5 条要求。综上检查情况，该房屋的综合抗震能力不满足第

一级抗震鉴定的要求。

综上检查情况，该房屋的综合抗震能力不满足第一级抗震鉴定的要求。

（3）第二级鉴定

取浇筑砂浆强度等级为M0.4，底层纵横墙厚370mm，二、三层纵横墙厚240mm。经计算，该教学楼底层横墙平均抗震能力指数为$\beta_1=0.95<1.0$，底层纵墙平均抗震能力指数$\beta_1=1.22>1.0$；二层横墙平均抗震能力指数$\beta_2=0.60<1.0$，二层纵墙平均抗震能力指数$\beta_2=0.802<1.0$；三层横墙平均抗震能力指数为$\beta_3=0.82<1.0$，三层纵墙平均抗震能力指数$\beta_3=1.04>1.0$凡$\beta<1.0$，不满足抗震要求；$\beta>1.0$，满足抗震要求。由于墙体砌筑砂浆实际强度仅在M0.5～M1.6之间，导致楼层墙体平均抗震能力指数偏低。由于房屋未设钢筋混凝土构造柱和圈梁，体系影响系数<1.0，则楼层综合抗震能力指数更小于楼层平均抗震能力指数。

（4）鉴定结论及建议

根据《建筑抗震鉴定标准》GB 50023—2009第5.2.12条规定，该教学楼的抗震能力不能满足抗震鉴定的要求，建议对房屋墙体采取加固措施。

3.2.5 火灾后建筑结构鉴定

以建筑结构构件的安全性鉴定为主，依据《火灾后建筑结构鉴定标准》进行火灾影响区域调查与确定、火场情况和温度分布推定、结构内部温度推定、结构现状检查与检测、结构承载力复核验算、构件评级。

1. 基本规定

（1）常用鉴定标准（检测标准、设计规范略）

目前，常用于火灾后建筑结构鉴定的现行鉴定标准按其级别划分，主要有：国家标准：《民用建筑可靠性鉴定标准》、《工业建筑可靠性鉴定标准》，以下分别简称为《民用可标》和《工业可标》；行业协会标准：《火灾后建筑结构鉴定标准》，以下简称《火灾鉴定标准》；地方标准：《火灾后混凝土构件评定标准》，以下简称为《火灾评定标准》。

（2）各鉴定标准的差异与选择

①《火灾评定标准》是上海市地方标准，编制发布的时间较早，可以说是我国针对火灾后建筑结构鉴定所编制的最早的技术标准之一，其部分内容至今仍有参考的价值。不足之处是该标准仅限于混凝土构件，构件类型较为单一。

②《火灾鉴定标准》是现行最为常用的火灾后建筑鉴定标准，可称之为专项鉴定标准，专门用于火灾后的建筑结构鉴定。其内容较《火灾评定标准》更丰富，构件类型更全面，分别涵盖了混凝土结构构件、钢结构构件和砌体结构构件。但与《火灾评定标准》一样，该标准仅是构件的鉴定标准。

③《民用可标》和《工业可标》则是鉴定行业里最为通用的两个国家标准，分别适用于民用建筑和工业建筑，主要用于建筑物结构安全、使用功能维护、改变用途或改造前的鉴定，《工业可标》第3.1.1条更明确指出其适用于工业建筑遭受灾害或事故时的可靠性鉴定。

④《火灾鉴定标准》1.0.2条：本标准适用于工业与民用建筑混凝土结构、钢结构、砌体结构火灾后的结构检测鉴定；1.0.3条：本标准以火灾后建筑结构构件的安全性鉴定

为主。结构可靠性鉴定可根据建筑类型，按现行国家标准《民用建筑可靠性鉴定标准》或《工业建筑可靠性鉴定标准》进行鉴定。

因此，对于火灾后的建筑结构鉴定而言，《火灾鉴定标准》主要是针对结构构件的安全性鉴定；《民用可标》和《工业可标》则是针对结构的可靠性鉴定（包括安全性鉴定和正常使用性鉴定），两者互为补充，一个是从局部、微观的角度，另一个是从整体、宏观的角度。我们在火灾后建筑结构鉴定过程中应注意对两个标准的结合使用。

2. 《火灾鉴定标准》的鉴定方法

(1) 初步鉴定

① 初步鉴定分级

有Ⅱa、Ⅱb、Ⅲb、Ⅳ四个损伤级别，不评Ⅰ级。Ⅳ级是指构件严重破坏，难以加固修复，需要拆除或更换，可根据外观直接评定，实际上只需评Ⅱa、Ⅱb、Ⅲ级共三个级别。

② 初步鉴定内容

a. 现场初步调查。现场勘察火灾残留状况；观察结构损伤严重程度；了解火灾过程；制定检测方案。

b. 火作用调查。根据火灾过程、火场残留物状况初步判断结构所受的温度范围和作用时间。

c. 查阅分析文件资料。查阅火灾报告、结构设计和竣工等资料，并进行核实。对结构能承受火灾作用的能力作出初步判断。

d. 结构观察检测、构件初步鉴定评级。根据结构构件损伤状态特征，进行结构构件的初步鉴定评级。

e. 编制鉴定报告或准备详细检测鉴定。初步评定损伤等级为 Hb 级、m 级的重要结构构件，应进行详细鉴定评级。对不需要进行详细检测鉴定的结构，可根据初步鉴定结果直接编制鉴定报告。

③ 初步鉴定方法

针对不同结构类型构件（混凝土结构、钢结构、砌体结构）相应评级要素（子项）的损伤状态特征分别评定损伤等级，取各要素（项）的最严重级别作为构件的损伤等级。

a. 混凝土结构构件：板、梁、柱、墙评级要素：油烟和烟灰、颜色的改变、裂缝、锤击反应、混凝土脱落、受力钢筋露筋、受力钢筋粘结性能、变形共 8 个要素。如图 3.24 所示。

b. 钢结构构件：构件、连接。

评级要素：构件（防火保护受损、残余变形与撕裂、局部屈曲与扭曲、构件整体变形共 4 个子项）；连接（防火保护受损、连接板残余变形与撕裂、焊缝撕裂与螺栓滑移及变形断裂共 3 个子项）。如图 3.25 所示。

c. 砌体结构构件：

评级要素：外观损伤、裂缝（变形裂缝、受压裂缝）、变形（测向水平位移）共 3 个要素。

(2) 详细鉴定

① 详细鉴定分级：分为 b、c、d 共三个损伤等级。

图 3.24　火灾后的混凝土构件

图 3.25　火灾后的钢结构厂房

② 详细鉴定对象和内容

鉴定对象：仅针对在初步鉴定阶段中评为Ⅱb、Ⅲ级的构件。

鉴定内容：

a. 火作用详细调查与检测分析。根据火灾荷载密度、可燃物特性、燃烧环境、燃烧条件、燃烧规律，分析区域火灾温度-时间曲线，并与初步判断相结合，提出用于详细检测鉴定的各区域的火灾温度-时间曲线；也可根据材料微观特征判断受火温度。

b. 结构构件专项检测分析。根据详细鉴定的需要做受火与未受火结构的材质性能、结构变形、节点连接、结构构件承载能力等专项检测分析。

c. 结构分析与构件校核。根据受火结构的材质特性、几何参数、受力特征进行结构分析计算和构件校核分析，确定结构的安全性和可靠性。

d. 构件详细鉴定评级。根据结构分析计算和构件校核分析结果，进行结构构件的详细鉴定评级。

e. 编制详细检测鉴定报告。对需要再作补充检测的项目，待补充检测完成后再编制最终鉴定报告。

③ 详细鉴定方法

主要通过对结构构件进行残余承载力计算，然后根据构件承载能力指标（抗力与作用效应比）来评级。

a. 混凝土结构构件

评级过程：判定构件截面温度场→混凝土和钢筋力学性能（强度）折减系数→混凝土和钢筋计算强度→结构分析验算。

需要注意的是，混凝土和钢筋力学性能（强度）宜根据取样检验确定。

火灾后混凝土构件承载能力评定等级标准　　**表 3.21**

构件类别		$R_f/(\gamma_0 S)$		
		b 级	c 级	c 级
重要构件	工业建筑	≥0.90	≥0.85	<0.85
	民用建筑	≥0.95	≥0.90	<0.90
次要构件	工业建筑	≥0.87	≥0.82	<0.82
	民用建筑	≥0.90	≥0.85	<0.85

注：1. 表中 $R_f/(\gamma_0 S)$ 为结构构件火灾后的抗力与作用效应比值。
2. 评定为 b 级的重要构件应采取加固处理措施。

表 3.21 中各指标值分别选取自《民用可标》和《工业可标》中的混凝土结构构件安全性鉴定中的承载能力评级指标。

b. 钢结构构件

火灾后钢结构详细鉴定应包括材料特性和承载力两方面内容。

火灾后钢结构构件（含连接）按承载能力评定等级标准　　表 3.22

构件类别	$R_f/(\gamma_0 S)$		
	b 级	c 级	c 级
重要构件、连接	≥0.95	≥0.90	<0.90
次要构件	≥0.92	≥0.87	<0.87

与表 3.21 类似，表 3.22 中的各指标值分别选取自《工业可标》中的钢结构构件安全性鉴定中的承载能力评级指标。

c. 砌体结构构件

确定砌块强度和砂浆强度的三种方法：

• 按照《砌体工程现场检测技术标准》进行现场检测；

• 现场取样进行材料试验检测；

• 根据构件截面温度场按照《火灾鉴定标准》附录 K 推定，且宜用抽样试验修正。具体的承载能力评级指标与混凝土构件评级指标相同。

3. 火灾鉴定程序及操作要点（以钢筋混凝土框架结构为例）

火灾鉴定程序为现场调查、火灾温度判定材料及结构性能检测、结构剩余承载力计算，以及构件及结构评级。

（1）现场调查

① 初步勘查

工作内容：了解建筑物概况，火灾发生及灭火过程；收集消防部门的火灾灾情鉴定报告对火灾后现场进行目测观察和拍摄记录。

目的：通过初步勘查，对建筑物火灾前的使用状况及火灾后的损失情况进行初步了解，按火灾损伤程度对现场进行分区，初步确定火灾严重区域及结构受损中心区，对处于危险状态的构件采取安全措施；拟定详细调查和结构性能检测的工作计划、内容及确定所使用的仪器设备等。

② 详细调查

详细调查包括火灾前调查和火灾后现场调查。

a. 火灾前调查的主要内容：建筑物建造时间、使用功能及使用情况，使用过程中是否更改过使用功能，建筑物是否受到其他灾害作用或曾经受损而进行过维修等；收集建筑物的全套设计图纸，施工资料，隐蔽工程验收及竣工验收资料；调查火灾前建筑物内物品堆放及布置情况等。

b. 火灾后现场调查的主要内容：火灾事故现场调查、受损部位外观检查、受损构件试验。

火灾事故的现场调查：包括调查起火时间、原因和起火点，火灾持续时间及火灾蔓延途径、程度（如火灾所涉及的楼层、火灾时的通风排烟情况）、灭火方式及过程。

受损部位外观检查：调查现场物品的烧损情况（如家具、电器设备、门窗、建筑配件及装潢材料），收集现场残留物；记录火灾后梁、板、柱等构件混凝土的爆裂、剥落、露筋，以及混凝土颜色和构件裂缝等情况，绘制构件受损及裂缝情况图；测量构件变形及混凝土烧伤深度，并记录非承重墙的烧损情况。

受损构件试验：对于建筑物中比较重要部位的结构构件，或构件受损程度较难判断时可对结构构件进行实物试验或取样试验，如：荷载试验、强度试验、碳化试验及动力性能试验等。

(2) 火灾温度判定

火灾温度的高低和持续时间长短以及火灾作用位置直接影响到高温作用下混凝土构件的强度以及建筑结构的承载能力。在火灾后建筑结构的受损鉴定中，准确地判定火灾温度是十分重要的。只有通过科学的诊断，确定混凝土构件受火温度来推定构件的剩余承载力，对受火建筑物的损伤程度进行评估，才能做到合理确定受损建筑物的修复加固方案。

钢筋混凝土是一种不可燃材料，遭遇火灾后本身不会燃烧发热。火灾对混凝土结构的影响是周围高温空气的作用使混凝土逐渐地吸入热量而升高温度，内部形成不均匀的温度场。所以，火灾温度系指火灾作用于构件表面的最高温度。判定火灾温度的方法主要有：

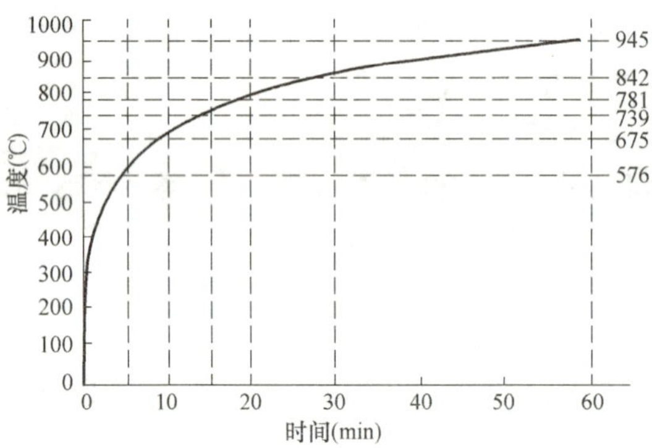

图 3.26　ISO-834 标准升温曲线

① 根据火灾持续时间推算火灾温度

多年来，许多科研工作者对建筑火灾的温度变化规律进行了大量的研究工作，包括火灾现场的实际调查和统计，模拟房间的燃烧试验，以及各种燃烧理论分析，至今已有不少经验的和理论的成果。一般来说，我们根据火灾燃烧的时间就可以大致推断出火灾的温度。而火灾升温曲线就是火灾温度与时间之间的关系曲线。我国目前采用的是国际标准化组织（ISO-834）规定的标准温度-时间关系曲线（图 3.26）。

函数表达式：

$$T=345\lg(8t+1)+T_0$$

式中　t——火灾升温时间，单位以 min 计；

T——火灾温度，即所用时间为 t 时，构件所承受的温度值，单位以℃表示；

T_0——初始温度，发生火灾时的环境温度，在 5℃～40℃范围内，单位以℃表示。

使用标准升温曲线由观察到的火灾持续时间可以初步确定火灾温度；其主要问题是火灾持续时间较难准确给出。一般来说，现场观察者所提供的持续时间有较大的不确定性，以致对温度值的确定受到影响，因此采用标准升温曲线推算的火灾温度只能作为参考。

② 根据火灾现场残留物的烧损特征判定火灾温度

各种材料都有各自的特征温度，如燃点、闪点、熔点等。火灾后现场的残留物真实地记录了火灾情况。因此，通过检查火场残留物的燃烧、融化、变形状态和烧损程度即可估计火灾现场的受火温度，这就是说，要根据现场各种材料的熔点、燃点等判定火灾的最低温度及最高温度。同一房间内由已燃损物件残留物所提供的是火灾的最低温度（即火灾温度的下限），而未燃烧或未烧损变形所取残留物确定的是火灾的最高温度（即火灾温度的上限）。依据火灾后现场残留物的变化判定火灾温度时，可参照《火灾鉴定标准》附录 A 进行。

③ 根据火灾后混凝土结构的外观特征判定火灾温度通过对火灾现场混凝土结构构件的表观进行检查，可对火场温度有一个较为接近的推断。主要根据混凝土构件表面颜色、表面疏松、龟裂、爆裂的变化情况以及残余物的性状等对火场温度加以判断。混凝土受到火灾高温作用后，其表面颜色和外观特征均发生变化，可大致推断出溜凝土构件的受火温度。

混凝土表面颜色、裂损剥落、锤击反应与温度的关系　　表 3.23

温度(℃)	<200	300～500	500～700	700～800	>800
颜色	灰青，近视正常	浅灰，略显粉红	浅灰白，显浅红	灰白，显浅黄	浅黄色
爆裂、剥落	无	局部粉刷层	角部混凝土	大面积	酥松、大面积剥落
开裂	无	微细裂缝	角部出现裂缝	较多裂缝	贯穿裂缝
锤击反应	声音响亮，表面不留下痕迹	较响亮，表面留下较明显痕迹	声音较闷，混凝土粉碎和塌落	声音发闷，混凝土粉碎和塌落	声音发哑，混凝土严重脱落

需要注意的是，外观检查法的特点是直接、迅速，但是主要是依据鉴定人员的现场经验，准确性不保证。

④ 其他判定火灾温度的方法

a. 根据火灾后混凝土结构烧损程度判定火灾温度

火灾中火焰作用以及火灾的高温作用均会使钢筋混凝土结构损伤，当其作用达一定程度后可将混凝土表面烧酥。因此，根据结构烧酥厚度可判定构件的受火温度。经过大量工程调研，总结出构件受火温度与混凝土烧酥厚度的关系，见表 3.24。

构件受火温度与混凝土烧酥层厚度的关系　　表 3.24

火灾后混凝土烧酥层厚度(mm)	1～2	2～3	3～4	4～5	5～6	>6
火灾温度(℃)	<500	500～700	700～800	800～850	850～900	>900

b. 利用超声波法判定火灾温度

混凝土在高温作用下，结构内部产生裂缝或因失水产生孔隙等缺陷，超声波在混凝土中传播时遇到这些缺陷发生反射、折射等现象，从而影响声波的传播速度。因此，根据超声波对混凝土构件测定脉冲速度，可以推断出混凝土受火温度。

c. 利用电镜分析法判定火灾温度

混凝土在高温作用下，不仅因脱水反应产生氧化物，还会在水化、碳化和矿物分解后产生许多新的物相。不同的火灾温度所产生的相变和内部结构的变化程度也不同，根据这种相变和内部结构变化的规律，可以用电子显微镜观察混凝土的微观结构特征，通过对微观结构特征的分析确定火灾温度。实际工程诊断时，为了使判定结果更可靠，在抽取构件表面被烧损的混凝土小块时，应同时抽取构件内部未烧损的混凝土进行电镜分析，以便对比分析，提高判断结果的精度。

除上述方法外，还有碳化深度检测法、热分析方法、化学分析法等一系列取样检测判定方法可得到结构的火灾温度。这几种方法的优点是检测结果可以很快得出，并且可靠性高，试件制作容易，但是这类方法需要专用设备和技术。

总之，建筑物火灾温度的判定是一件复杂的工作，不能依靠某种单一的方法判定，应综合考虑各种因素，采用多种方法检测并根据现场调查的情况进行综合分析，通过分析比较，推断出较为合理的火灾温度。

(3) 材料及结构性能检测

① 混凝土强度检测

由于火灾作用的不均匀性，火灾后结构构件各部位混凝土的强度变化是不均匀的，即使是同一截面，也是截面外部混凝土强度损失大，截面核心损失小甚至不损失。因此混凝土强度的现场检测一般是指构件受损层的平均强度。由于火灾后受损结构需要进一步修复和加固，因此，一般用于混凝土质量的检验方法大多是非破损检验方法，如：敲击法、回弹法、超声波法、拔出法等。为了提高现场检测结果的可靠性，应根据外观检测和取样检测等多种结合分析得出混凝土强度的评定值。

a. 敲击法

火灾后混凝土表面被烧伤，受损层的混凝土强度也会降低。采用小锤敲击或用铁杆凿击混凝土的办法是检测火灾后混凝土抗压强度最简易的方法。这种方法可用于混凝土构件的普查，定性确定火灾后混凝土受损层的平均抗压强度，从而可将火灾后混凝土构件进行强度分区。

敲击法实际上是依靠构件声音的频谱分析方法，主要是根据小锤敲击混凝土所发出的声音和在混凝土表面留下的印痕以及边缘塌落程度及凿子打入混凝土的深度等进行混凝土强度评定，其评定标准参见表3.25。

混凝土强度的敲击法检测及评定标准 **表3.25**

混凝土抗压强度(MPa)	用小锤敲击	用凿子垂直敲击
<7	敲击混凝土的声音发闷，敲击后留下印痕，印痕边缘没有塌落	比较容易打入混凝土，深达10～15mm
7～10	敲击混凝土的声音发闷，敲击时混凝土粉碎塌落并留下印痕	陷入混凝土内5mm左右
10～20	敲击后在混凝土表面留下明显的印痕，并有薄薄的碎片	从混凝土表面凿下薄薄的碎片
>20	敲击时混凝土发出清晰的声音，在混凝土表面留下不太明显的印痕	留下印痕不深，表面无损坏，印痕旁留下不太明显的条纹

b. 回弹法

回弹法是一种通过测试混凝土构件表面硬度来判定混凝土强度的非破损检测方法。是根据混凝土表面的硬度与抗压强度之间的相关关系，利用量测构件混凝土表面的回弹值和碳化深度值来推算混凝土的强度，所用的仪器是回弹仪。

因为遭受火灾的混凝土其内外材性不一样，因此由回弹法直接检测受损混凝土的强度是不太准确的。但这并不表明由回弹法测来的强度值没有价值，通过大量工程实践和系统的试验研究，只要对回弹结果作适当的修正，利用从回弹法所测定的表面硬度与强度的相关关系同样能判定混凝土构件的强度。《火灾评定标准》附录G“回弹法检测火灾后混凝土强度”根据构件受火温度、冷却方式、有无粉刷层及构件各测区的碳化深度值来计算各测区的回弹修正系数，进而推定构件的混凝土强度。如图3.27所示。

图3.27 回弹法检测混凝土强度

火灾后混凝土构件不同部位受损程度不尽相同，用回弹法进行受损程度评定和强度估计时，如果回弹值离散较大，可用回弹法测定火灾后受损范围。但是回弹法不适合于遭受火灾后出现剥落的混凝土构件，因为即使对于火灾后混凝土结构平整表面也可能由于硬度的差异导致测试结果产生较大的变异性。

c. 超声波法

超声波法是通过超声波（纵波）在混凝土中的传播速度的不同反映混凝土质量的方法。通过试验研究建立了不少超声波速度与混凝土强度关系的经验公式，并且具有很好的相关性。但是，该方法要求混凝土表面有较好的平整性，且要求超声波发送和接受探头最好分别布置于构件两侧，目的是减小传播路径长度变化带来的误差，但在实际操作中难以保证的。此外，超声波法检测时“温差效应”、含水量、测距等均会影响其精度。但是，目前这些因素的影响规律已基本确定，可以通过适当的修正消除这些影响。

另外，由于超声波对混凝土不同温度作用后的受力性能十分敏感，使得超声波检测法仍是火灾后混凝土结构损伤鉴定的重要检测手段。

利用超声波检测受火混凝土强度的精度比回弹法高。但影响混凝土强度的因素比较多，超声法和回弹法的精度受各种因素影响的程度也不同，并且这些因素对两种方法的不利影响恰恰相反。用单一方法测定往往有较大误差，将超声波法和回弹法两种方法综合运用，可取长补短，消除一些不利影响，从而提高检测的精度。

d. 拔出法

拔出法是一种比较可靠的混凝土强度的现场检测方法。拔出试验的步骤是：先用高强建筑胶将钢板粘在混凝土表面。待胶达到强度后，测录用千斤顶将钢板拔出所用的力。便可折算出该处2.5cm厚度范围内混凝土的强度，这个强度值正是截面受损层的强度。这种方法只对混凝土表面有轻微的损伤，而对整个结构的受力性能影响很小，所以可用来对火灾后的钢筋混凝土构件进行全面检测。

e. 钻芯法

《火灾鉴定标准》第6.2.5条第2款：“火灾后混凝土和钢筋力学性能指标宜根据钻取混凝土芯样、取钢筋试样检验……”。因此钻芯法是该标准推荐在确定火灾后混凝土强度时采用的方法。如图3.28所示。

钻芯法是现场检测混凝土强度较为精确的方法。它用专门的钻芯机在钢筋混凝土构件上钻取圆柱形芯样，经过适当加工后在压力试验机上直接测定其抗压强度，是一种局部破损检测方法。由于它的研究对象就是构件本身的混凝土，因而具有较高的可信度，其检测

图 3.28　钻芯法检测混凝土强度

结果是混凝土强度综合评定的主要依据。但是由于钻芯法工作量大，对构件稍有损伤，在钻芯的数量和部位方面受到一定的限制，所以钻芯法一般用作混凝土强度的校正检测。

钻芯法一般在具有代表性的构件上取样。由于火灾后混凝土强度检测主要是针对受损层混凝土的平均强度（受损层厚度一般为 25～60mm），因此，受损层厚度决定了钻芯长度不一定是标准的 100mm。由于芯样未取标准尺寸（芯样直径 100mm 或 150mm，高径比 H/D 为 1.0）此，应当根据样品的 H/D 值考虑尺寸效应，然后加以修正。《火灾评定标准》附录 H“小芯样法检测火灾后混凝土强度”对此有相关的计算方法。

② 钢筋强度检测

火灾后钢筋混凝土构件内钢筋的剩余强度可根据火灾时钢筋的受火温度查有关曲线求得。也可以通过现场从构件上取样，做材料性能试验来测定。取样部位一般为：现场混凝土构件烧伤外露的钢筋或构件受损严重处截取标准试件。由于从构件中截取钢筋将影响到结构的承载能力，所以要求取样前对构件进行支撑，待结构加固完成后再拆除支撑。

③ 混凝土构件变形测量

混凝土构件的变形测量不仅要测挠度，而且应注意构件是否出现平面变形。

（4）结构剩余承载力计算《火灾鉴定标准》第 5.0.3 条：火灾后结构构件的抗力，在考虑火灾作用对结构材料性能、结构受力性能的不利影响后，可按现行设计规范和标准的规定进行验算分析；对于烧灼严重、变形明显等损伤严重的构件，必要时应采用更精确的计算模型进行分析；对于重要的结构构件，宜通过试验检验分析确定。

实际工作中，通常的做法是在确定了火灾温度后，考虑相应构件截面损失以及混凝土强度、钢筋强度折减系数后再按现行规范和标准进行结构剩余承载能力分析计算。具体的混凝土强度和钢筋强度折减系数取值可参见《火灾鉴定标准》附录 F 和附录 G。

（5）构件与结构评级

根据承载力计算结果，按《火灾鉴定标准》对构件进行详细鉴定评级，若需要对建筑结构进行整体性评估，可再按《民用可标》或《工业可标》进行结构整体安全性或可靠性评级。

4. 工程实例

（1）工程概况

某大楼为六层钢筋混凝土框架结构，于 2007 年 3 月竣工。2008 年 1 月，该建筑首层发生火灾事故，从起火到扑灭耗时十多个小时，过火面积约 3400m^2。根据现场勘察，首层仓库大部分铁制货架无变形，塑料的原材料和半成品完全烧毁，间隔薄钢板发生变形。根据受损最严重的构件外观特征，估计火场重度受灾区温度应超过 8000℃。

（2）火灾受损分区

火灾中构件的受损程度主要取决于火灾的温度和持续时间，但在实际检测过程中，构件表面的过火温度和时间一般无法准确了解。为了解受损程度，可通过对火灾燃烧物和混凝土构件外观特征的调查，基本了解构件受火温度。案例表 1 为地方标准《火灾后混凝土构件评定标准》中所列不同火场温度下构件外观特征。

火灾后混凝土构件外观特征 **表 3.26**

火灾温度(℃)	表面颜色	爆裂剥落	开裂	露筋	锤子敲击
<300	烟熏黑色	无	细微裂缝	无	声音响亮
300～450	粉红	局部粉刷层	角部出现裂缝	无	较响亮
450～700	铁锈红到浅黄	角部混凝土	较多裂缝	板底、梁侧	声音沉闷
700～800	浅黄到土黄	大面积混凝土疏松大块剥落	贯通裂缝	大量	声音发闷
>800	土黄到灰白	无	无	严重	声音发哑

为便于鉴定和处理，通过初步勘察并结合构件外观特征，按照过火温度将火灾区域划分为重度、中度、轻度区以及波及区。

重度区内板的受损情况最严重，大部分混凝土楼板被烧穿，可见楼面的水磨石面层，板中钢筋弯曲变形；梁的受损情况次之，混凝土剥落和露筋情况严重，主要集中在梁腹和跨中梁底；部分柱的受损情况严重，保护层混凝土剥落、露筋情况大量存在，且主要集中在柱上部，截面损失率在 2%～36%之间，且残余面混凝土疏松。该区域内构件表面有大量裂缝，部分为贯通裂缝，混凝土表面颜色主要为灰白或浅黄，受损构件外观见图 3.29。

(a) (b)

图 3.29 受损构件外观

中度区内梁、柱粉刷层大面积起鼓、脱落，局部保护层混凝土剥落，部分板有露筋。构件表面有较多裂缝，混凝土表面颜色主要为土黄或黑。轻度区和波及区内的构件局部有粉刷层起鼓、脱落，但无保护层混凝土剥落和露筋等情况，混凝土表面附着黑烟。

(3) 混凝土强度检测

根据之前的研究，火灾过程中，由于高温作用混凝土中的游离水急剧蒸发并引起骨料膨胀和水泥石收缩，形成界面裂缝并不断开展延伸，当温度达到一定时水泥石中的氢氧化钙分解，导致水泥石结构破坏而使混凝土强度降低。一般情况下，混凝土强度损失随深度的增加而减小。为了解混凝土强度变化，可将抽取的芯样从表面起连续切 40～50mm 的高度，分别进行抗压实验，通过内外芯样强度的对比了解受损深度和强度损失率。

本工程实验结果表明：重度区柱的混凝土强度损失率为 10.9%～25.7%，但距表面 50mm 深度以内的核心混凝土强度仍能保持较高的强度，加固中可保留利用；重度区梁、板一般截面厚度较薄，过火时间长，导致表里强度均损失明显，加固中不应考虑其强度。中度区的部分柱混凝土强度损失较为明显，损失率为 8.8%～17.7%，且受损深度小于保护层厚度；中度区梁、板混凝土强度损失较为明显，加固中应考虑其强度贡献。轻度区和波及区的构件混凝土强度损失不明显。

检测中发现部分柱强度低于原设计，但其表层与内层的混凝土强度基本一致，且无混凝土剥落、疏松等情况。由此分析，这类构件的强度偏低不是由于火灾引起的，加固中应注意区分，分别处理。

（4）钢筋性能检测

根据重度区中抽取钢筋的检测结果，火灾后钢筋力学性能无明显退化，但应注意到由于材料膨胀系数的差异，混凝土与钢筋的粘结力会有所下降，

构件的整体工作性能受到影响。

（5）碳化深度检测

高温作用下表层混凝土氢氧化钙分解，加深混凝土中性化的深度，对混凝土龄期不长的构件，通过碳化深度的检测可以了解混凝土的受损程度。表 3.27 为本工程柱的碳化深度检测结果，可见碳化深度和柱混凝土的烧伤程度基本呈正比。

受损分区的碳化深度 **表 3.27**

受损分区	碳化深度(mm)
重度区	3.0，3.0
中度区	2.5，2.0，2.0,1.0,1.5,2.0,2.0，2.0
轻度区	2.0,1.0,1.0,1.5,2.0,1.5

（6）构件的受损评定和处理

参照国家标准《民用建筑可靠性鉴定标准》GB 50292—2015 和地方标准《火灾后混凝土构件评定标准》DBJ 08—219—1996，综合外观特征、材料性能和碳化检测结果，将首层的混凝土构件按受损程度分为 A，B，C，D 四个级别进行评定，D 级的柱、梁应作加固后使用，D 级的板应做置换处理；C 级的柱、梁和板应做补强或加固后使用；A，B 级的构件除少数做补强外，进行表面处理后使用。

（7）结论

① 火灾后的结构检测鉴定首先从外观特征划分的火灾温度区域，然后根据各区域构件的材料性能检测结果，进行受损程度分级评定；

② 对混凝土龄期不长的构件，通过碳化深度的检测可以快速了解混凝土的烧伤深度；

③ 火灾后的结构钢筋性能退化与燃烧时间和灭火方式有关。经检验，本案例的构件钢筋力学性能并没有退化，但钢筋与混凝土之间的粘结力将有所下降。

3.2.6 专项鉴定

（1）房屋应急鉴定：一般为受灾房屋鉴定，分水灾、风灾、震灾、雷击、雪灾等自然灾害和白蚁侵蚀、化学物品腐蚀及汽车撞击等人为灾害的应急鉴定，主要排查房屋结构的安全状况。

（2）司法鉴定：涉及房屋受损（开裂、渗漏、倾斜、破损等）、房屋质量（主体工程、基础工程、装饰装修工程等）等纠纷案件的仲裁或审判而进行的司法鉴定。

（3）施工周边房屋安全鉴定：包括地铁、隧道、房产、土建、基坑、人防、桥梁、河涌以及爆破等施工周边的房屋安全鉴定，施工前对周边房屋的现状进行证据保全及安全性进行等级评定；施工后对房屋的受损程度及受损原因进行评定，并对损坏提出合理的加固修结建议。

（4）可行性分析：对房屋加层增荷，加固维修改造等进行的技术分析报告。

1. 房屋安全性应急鉴定

（1）房屋安全性应急鉴定的定义

房屋安全性应急鉴定是指房屋遭遇外界突发事故引起的房屋损坏的鉴定。房屋安全性应急鉴定要根据房屋损坏现状，依据相应的房屋鉴定标准，在最短的时间内为决策方或委托方提供技术服务并提供紧急处理方案或建议。

（2）应急处理、鉴定的依据

① 法律法规

《中华人民共和国突发事件应对法》、《国家突发公共事件总体应急预案》、《自然灾害救助条例》、《国家自然灾害救助应急预案》、《突发环境事件应急预案管理暂行办法》、《地质灾害防治管理办法》、《地质灾害防治条例》、各省市、地区、社区、部门对灾害管理规定及应急预案。

② 常用鉴定技术依据

a. 常用鉴定依据有：《危险房屋鉴定标准》、《房屋完损等级评定标准》、《灾损建（构）筑物处理技术规范》。

b. 对于地震后房屋应急排查鉴定应依据《建筑地震破坏等级划分标准》等相关标准；

c. 对于火灾后房屋鉴定依据《火灾后建筑结构鉴定标准》等相关标准；

d. 对灾后房屋需进行承载力复算及为加固修理提供技术数据时应依据《民用建筑可靠性鉴定标准》或《工业建筑可靠性鉴定标准》进行鉴定。

（3）房屋安全性应急鉴定目的及程序

① 目的

房屋安全性应急鉴定介入的时间，往往是突发事故或灾害已发生，且已经导致房屋损坏，鉴定目的是避免已发生灾害导致的次生灾害，将灾害对社会公共利益或者人民生命财产造成的影响和损失降到最低，并配合各级人民政府、地方机构或者现场指挥机构进行应急抢险救灾处置工作及房屋损坏调查和评估工作，为灾后安置和恢复重建提供依据。

② 应急鉴定程序及内容

应急响应→应急处置（应急处理措施）→调查评估→出具应急鉴定意见。

a. 应急响应

当有突发事件发生，鉴定机构及抢险单位接报后，必须在最短的时间内赶到现场（一般要求1小时之内赶到事发地点）。鉴定人员到达现场，马上向现场指挥机构负责人报到，听候指挥。

b. 应急处置

鉴定人员到达现场后，马上了解灾害点具体情况，收集相关资料，迅速展开调查及现场查勘，初步评估灾害类型和受灾范围和危害程度，了解人员受灾情况，判断房屋破坏情况现场应急处理一般有以下几方面内容：

立即组织受影响群众撤离，疏散人员到指定安全区，划定临时危险区，对事发危险地段设置警戒线，疏导交通等；

根据灾情情况以及实施抢险营救的场地、条件，由地区鉴定机构和抢险队尽快拿出一个排危抢险方案；抢险队调运抢险物资和装备器材；

抢险方案对发生事故的房屋进行支顶、加固，防止房屋倒塌或二次坍塌，排除房屋即时危险；

即时危险险情排除后，尽快配合现场搜救遇难的人员：

配合事故的调查工作，应做好现场的证据保全工作。

（4）常用排危抢险的措施

根据发生灾害类型、受灾范围和危害程度，初步评估抢险场地条件和房屋受损形式和情况，并了解现场指挥、调动能力及交通情况，了解配合抢险单位的情况，投入抢险人员数量及机械、设备到场时间、抢险能力，安排用时最短、有效排危抢险方案实施。

① 受灾房屋排危抢险措施：

a. 对倾斜、局部倒塌、屋面坍塌、构件变形开裂、火灾损伤等房屋，宜选用支顶、加固排危处理；

b. 对倾斜严重或火灾烧伤严重，有倒塌危险，临时加固措施无效，且危及毗邻的房屋，应采取拆除处理。在拆除方案确定时应尽快通知现场指挥机构，尽可能与业主协商避免财产损失纠纷。

② 基坑事故排危抢险措施：

a. 加强排水、降水措施；

b. 加强支护和支持加柱板等，对边坡薄弱环节进行加固处理；

c. 迅速运走坡边弃土、材料、机械设备等重物；

d. 消去部分坡体，减缓边坡坡度。

③ 高边坡或山体滑坡排危抢险措施：

a. 修坡、卸荷、挖沟排水；

b. 彩条布+木桩护表；

c. 混凝土挂网护表。

④ 地面塌陷、地裂缝排危抢险措施：

a. 混凝土回填塌陷孔洞；

b. 高压灌注水泥浆加固土体。

⑤ 对草原、森林火灾排危抢险措施：

宜将房屋周遭草木砍倒，设置防火带，尽可能避免火灾蔓延。

（5）房屋安全性应急鉴定技术要点

① 房屋安全性应急鉴定特点

a. 应急事件处理及应急鉴定整个过程中均体现“急”和“快”字

房屋安全事故发生后，事故单位和事故现场人员应当迅速上报，并尽快采取有效措施防止事故扩大，减少人员伤亡和财产损失，注意保护好事故现场；

房屋安全事故发生地政府和有关部门要按照相关规定迅速组织抢救，立即救助伤员，引导受灾人员疏散，迅速组织相关人员展开调查、排险；事故现场有关单位和个人应当服从指挥、调度，积极配合救助；

鉴定机构、抢险单位应迅速响应，必须第一时间到达事故发生地，快速调运救援抢险设备，迅速展开调查、判断评估，快速拿出排危抢险方案或应急处置建议，排除即时危险，配合政府部门或委托方做出正确的决策，将事故损失降到最低限度。

b. 应急事件具有因果性、偶然性、潜伏性

每一次应急事件都为突发事故，事出有因，有自然灾害引起的事故也有人为造成的事故。故应急鉴定调查及现场查勘时，必须根据事故原因、灾害类型结合现场的情况，依据现行规范、标准进行鉴定，重点排查判断可能发生的因事故引起次生灾害及影响范围。

c. 应急事件具有特殊性、专门性，根据突发事件的影响程度、严重性分有等级，每一次应急事件按事发地点及等级，由各级（国家、省市、地区、街道）政府部门组织应急处置。应急鉴定在确定抢险方案时，应考虑现场条件及现场指挥、调动能力，配合抢险单位的情况，投入抢险人员数量及机械、设备到场时间、抢险能力等因素。

② 房屋安全性应急鉴定现场调查查勘要点

a. 收集相关资料：事故发生地点、区域，该区域是否发生类似灾害，房屋设计图纸（尤其是火灾、撞击、振动导致的损伤的房屋），地质资料、监测资料（尤其是工程事故影响的房屋）；

b. 调查灾情：了解灾害类型（如，地震、火灾、爆炸、基坑塌陷、房屋倒塌等）和受灾范围及危害程度，灾害引发原因；判断发生次生灾害隐患的可能，影响范围等；

c. 人员受灾情况：了解遇难、受伤人员情况及正在施救措施，拟定安全撤离区域以及需安排撤离的人员和安置范围；

d. 了解现场条件：调查灾害发生现场可实施抢险营救的场地、条件，交通、通讯情况，了解现场指挥、调动能力，了解配合抢险单位的情况及抢险能力，投入抢险人员数量及机械、设备能到达现场的时间等；

e. 房屋受灾情况：迅速展开调查、查勘，尽快确定现场房屋受灾的情况，需暂时停止使用的房屋数量，需马上排危抢险房屋的数量等；

f. 恢复与重建建议：现场应急鉴定实施，除配合各级政府部门应急处置、排危抢险，对受损房屋下一步的处置应提出合理的建议和指引，对适修房屋，宜进一步检测鉴定或加固处理，对无修缮价值的房屋，宜拆除处理；

g. 安全措施：进入现场鉴定、抢险人员应有可靠的安全防护措施；在未确定事故原因或责任时，即要做好现场的证据保全工作，也要注意保护好事故现场。

③ 房屋安全性应急鉴定方、报告要点

房屋安全性应急鉴定须出具应急处置方案或建议、排危抢险方案或措施还是房屋安全

鉴定报告，应根据应急预案要求和现场实际要求制定。

应急方案、措施或建议应快速有效、安全可靠、具有可操作性；对需安排临时迁出的人员数量，需划分危险区域范围，应根据现场查勘结果及根据政府部门安置能力确定，可分区域、分批、分阶段进行处置。

房屋安全性应急鉴定报告，可根据房屋结构工作状态直接给出鉴定报告，也可依据《危险房屋鉴定标准》、《房屋完损等级评定标准》（城住字［84］第678号）进行评定。对于地震灾害影响的房屋，应依据相关标准进行鉴定。

对灾后房屋需进行承载力复算及为加固提供技术数据时应依据《民用建筑可靠性鉴定标准》或《工业建筑可靠性鉴定标准》进行鉴定。

2. 司法鉴定

司法鉴定是房屋安全性鉴定的一种特例。受法院、仲裁机构或纠纷双方当事人的委托而进行的专门性鉴定。这一类鉴定操作应根据委托方的要求和双方矛盾的焦点采取有针对性的途定程度和鉴定方法。

（1）鉴定依据、步骤与程序

① 视委托鉴定的内容目的和房屋结构的实际情况确定鉴定方案。鉴定标准可依据城住字［84］第678号《房屋完损等级评定标准》、《危险房屋鉴定标准》、《民用建筑可靠性鉴定标准》、《工业建筑可靠性鉴定标准》等相关规范。

② 接受房屋司法鉴定委托前，应认真了解委托方委托鉴定的内容及目的，并向委托方了解房屋损坏情况，当目前的技术手段满足不了委托要求的，应向委托方说明。

③ 在进行司法现场鉴定前，应结合双方的纠纷内容及矛盾焦点，制定针对性的鉴定方案。

④ 检查过程应公开、公正，要认真听取纠纷双方的陈述，了解房屋的使用历史及装修、改造等情况，并应在现场对纠纷双方提供的资料给予质证。

（2）鉴定、分析和结论

现场查勘的内容应详尽，涉及部位均应检查、对双方矛盾焦点部位应予以重点检查。

① 对因房屋建筑质量引起的纠纷，应进行结构构件材料性能的检测及承载力验算；

② 对因房屋渗漏引起的纠纷，应设法找出渗漏的部位、水源及产生的原因；

③ 当检测条件允许情况下，可采用灌水试验，必要时应凿开或开挖检查。

（3）等级评定

鉴定报告中除对房屋的损坏程度、安全状况进行评定外，还应根据委托书的要求，对房屋损坏的原因进行详尽分析，但不应涉及赔付金额及赔付责任问题的内容。

应注意司法质疑（询）的有关规定，司法质疑（询）时应只回答鉴定报告中的相关内容，并注意司法质疑（询）的地点和环境，作为技术性的证人证言实事求是地回答各方质疑（询）。

3. 施工周边房屋安全鉴定

（1）施工周边房屋鉴定的意义和目的

① 鉴定意义

a. 施工前对工地周边房屋进行安全鉴定，是通过鉴定人员对周边房是否完好或损坏进行公正地计量、记录或对不稳定裂缝等损伤进行监测，评定房屋损坏程度，保存目前房屋损坏情况记录，目的为减少日后因房屋损坏而产生纠纷。

b. 施工前对工地周边房屋进行安全鉴定，是通过鉴定查勘，既可以保证周围房屋在施工中正常、安全使用，亦对房屋目前存在的危险状况提出有效措施，使施工方能掌握情况，减少塌方伤人事故。

c. 施工前对工地周边房屋进行安全鉴定，有效避免因相邻工地施工产生的影响造成周边居民投诉。因为施工前没有向房屋鉴定机构申请对周边房屋进行安全鉴定，居民的投诉就有可能令建设方及施工方被责令停工，影响施工进度；房屋损坏纠纷不断，责任难分，施工单位对房屋损坏影响赔偿费用增加。

d. 施工过程或施工结束后，再次对工地周边房屋进行安全鉴定，可通过施工前后两次鉴定结果对比，分析房屋损坏原因，确定上述工程施工是否影响房屋安全及影响程度，若发生房屋损坏纠纷时，施工前鉴定记录可作为区分房屋损坏责任的依据。

② 鉴定目的

在施工前对房屋进行安全查勘鉴定目的是了解房屋的安全程度及证据保全，对存在安全隐患的地方提出处理意见，确保房屋的正常安全使用，为相邻工程项目顺利施工提供可行性处理方法。在工程施工中或施工后对周边房屋安全鉴定，主要目的是为了明确房屋损坏的原因及界定房屋损坏的责任，减少因施工导致的纠纷。

(2) 施工周边房屋鉴定的范围

① 交付使用后需要重新进行装修或改造的房屋，凡涉及拆改主体结构和明显加大荷载的及装修施工可能影响或已经影响到相邻单元安全的房屋；

② 因毗邻或邻近新建、扩建、加层改造的房屋，因邻房基础、被基工程施工等而可能影响或已经影响到安全的房屋；

③ 深基坑工程施工，距离2倍开挖深度范围内的房屋；

④ 基坑开挖和基础工程施工、抽取地下水或者地下工程施工可能危及的房屋；

⑤ 距离地铁、人防工程等地下工程施工边缘2倍埋深范围内的房屋；

⑥ 爆破施工中，处于《爆破安全规程》要求的爆破地震安全距离内的房屋；

⑦ 相邻工地所在地段地质构造存在缺陷（如流砂层或溶洞等）可能危及同地段的房屋。

(3) 施工周边的房屋鉴定程序和依据

①鉴定程序

受理委托→收集资料（制定方案）→现场查勘、检测→综合分析一等级评定→鉴定报告。

a. 受理委托：根据委托人要求，确定房屋安全性鉴定内容和范围；

b. 初始调查：收集调查和分析房屋原始资料，明确房屋的产权人或使用人：收集相邻工地的施工资料、场地地质资料等；

c. 检测验算：对房屋现状进行现场查勘，记录各种损坏数据和状况，必要时采用仪器检测和结构验算；

d. 鉴定评级：对调查、查勘、检测、验算的数据资料进行全面分析和综合评定，确定该房屋的危险性等级，提出原则性或适修性的处理建议；

e. 出具报告。

② 鉴定依据

施工周边房屋安全整定，主要依据的鉴定标准为《危险房屋鉴定标准》、城住字［84］第678号《房屋完损等级评定标准》，当涉及房屋原设计质量和原使用功能或因施工需要对房屋进行托换加固等鉴定时，也可依据《民用建筑可靠性鉴定标准》或《工业建筑可靠性鉴定标准》。

(4) 现场查勘与检测

① 资料调查内容

a. 房屋资料调查：重点了解房屋结构形式、基础形式、使用历史、加固维修情况及房屋损坏的时间和过程等。

b. 相邻施工项目内容资料调查：

施工前鉴定：应要求委托单位提供拟施工项目的基本情况，如施工场地平面图、场地地质资料、施工内容、施工方法、开工时间及施工方案等；

施工中或施工后鉴定：应施工单位提供施工进度情况、近期工程沉降、位移及场地水位观测等资料（第三方监测报告）、被鉴定房屋的沉降观测资料等；重点调查造成房屋损坏影响的施工因素。

c. 施工方法资料调查：重点了解可能对房屋造成损坏的施工方法：

对工程桩基础施工，应了解桩型及施工方法（压桩、锤击柱、钻孔桩）、桩径、桩长、锤重、桩机台班等；

对浅基础施工，应了解基础形式（片筏基础、独立基础、条型基础等），开挖深度、基坑护坡形式；重点调查施工期间基坑是否有塌方现象及基坑开挖深度与场地地下水位关系。

d. 对基坑开挖、隧道施工，应了解基坑施工开挖的方法、开挖深度、宽度，基坑支护形式、基坑开挖降水方式及止水方案以及采用过什么措施等。

e. 对爆破施工，应了解爆破方法、部位、频率及炸药量等，了解爆破振动影响的范围。

f. 环境资料调查

查施工工地与需鉴定房屋周边场地环境、距离等，房屋的分布情况，场地周边是否有大量堆土，施工重型机械使用，场地的地质情况，重点调查大面积的抛填或吹填土层、淤泥土、砂土层场地特别是房屋下部地质构造存在缺陷场地（如流砂层或溶洞）；房屋周边是否存在其他有否对房屋产生扰动的可能。

② 地基基础查勘内容

a. 场地环境检查，重点检查与相邻工程施工影响有关的范围和因素：例如：场地周边坑、槽、沟渠等环境改变及对房屋地基稳定性和地基变形的影响。

b. 房屋地基基础受力状况的检查、检测，主要根据地上结构的不均匀沉降、裂缝，分析判断基础的工作状态，必要时宜开挖检查基础的裂缝、腐蚀和损坏情况等。

c. 检查室内、外地台是否有沉降裂缝、周边地面变形状况，室外散水、勒脚裂缝及墙脚是否与地台有分离裂缝等状况。

③ 房屋变形观测内容

a. 垂直变形观测，房屋垂直变形应从两个方向进行测量，必要时应进行水平变形测量，鉴定报告中应写清楚测量的位置、方向及变形值。没有发现变形的也要记录并在鉴定报告中予以注明。

b. 房屋已有裂缝的观测，要选取有代表性或对结构有影响的裂缝，作好裂缝观测，以观察裂缝的发展状况及周边工程施工对房屋的影响。

c. 对可能出现或已出现沉降变形的房屋宜进行沉降变形观测，以确定房屋基础的稳定性及相邻施工影响程度。

d. 检查基坑监测及周边房屋监测资料数据与场地地质资料情况或与房屋实际损坏程度的分布情况是否有出入，找出与施工影响有关的因素。

④ 上部损坏检查内容

a. 检查房屋上部结构所采用的结构形式（包括承重结构、围护结构和连系结构）及其连接工作情况，检查构件变形和裂缝分布情况及其所用材料的老化程度；

混凝土构件外观完损状态检查记录内容：保护层脱落、裂缝、露筋、移位、蜂窝、麻面、空洞、掉角、水渍、变色等；

墙体外观完损状态检查记录内容：破损、裂缝、倾斜、凹凸、风化、腐蚀、高低不平、灰缝酥松等。

b. 检查房屋楼、屋面的饰面及隔热层损坏、渗漏情况。

c. 检查房屋门窗的损坏情况：窗框与墙体固定、木质腐朽、开启、钢门窗锈蚀虫蛀、变形、玻璃、连接件、油漆等。

d. 检查房屋水电设备的使用功能：给排水管道堵塞、锈蚀、漏水；电照设备的新旧、完损、电线老化、绝缘情况等。

(5) 施工周边房屋安全鉴定技术要点

① 现场操作要点

a. 现场检查必须认真、详尽，对房屋存在的损坏情况应详细记录，应有针对性对可能产生影响的部位及构件损坏进行特别检查，用照相机拍摄记录异常现象；施工前须做好房屋变形（垂直度等）观测记录及裂缝观测标记记录，施工后须做损坏记录比对，以观察变形或裂缝的发展状况及周边工程施工对房屋的影响程度；

b. 裂缝记录时要按位置、走向、裂缝形式、宽度、长度的顺序进行记录，必要时可用平面图示法记录；

c. 现场查勘记录宜有委托鉴定的相关人或业主签字；

d. 当房屋业主和施工方对房屋损坏原因有争议时，不可武断下结论或提前把结论告诉某一方，应收集更多的相关资料做比对分析或补充查勘，需找出房屋损坏特征与施工影响有相关联的直接或间接原因；

e. 现场查勘时应注意观测新旧裂缝的扩展情况，了解裂缝出现的时间；通过损坏部位、特征、程度等情况进行原因分析，对房屋的损坏原因能明晰的应在鉴定报告中予以明确；未能明确的也要在鉴定报告中予以说明；

f. 现场查勘要对容易引起损坏纠纷的房屋附属构筑物进行检查，如：围墙、围院、烟囱等损坏情况。

② 相邻工程施工影响因素

现场查勘需查找施工影响与房屋损坏特征相互关联的原因，以下为常见的施工造成房屋损坏的因素：

a. 施工灌水、基坑施工降水或基坑漏水的影响相邻工程的基坑开挖及施工降水，主要引起场地水土流失或下卧软土层压缩沉降出现地表沉陷：造成房屋损坏表征：室外场地、路面开裂、离空、沉陷、地下管道断裂及室内地台开裂、沉陷；造成房屋地基基础不均匀沉降，柱构件出现水平裂缝，墙体出现斜向及接合处竖向沉降裂缝，甚至导致房屋出现倾斜、倒塌。

b. 基坑塌方或溶洞、采空区塌陷的影响

造成场地或地台塌陷、开裂；房屋基桩断裂、构件开裂、基础局部或整体沉降、倾斜；房屋倒塌等损坏。

c. 施工振动的影响

施工振动主要有以下几种类型：打桩和打夯、冲孔等施工振动；挖掘机等施工机械产生的振动；拆旧房倒塌的振动，用大锤拆卸房屋构件的振动；重型车辆行驶、碾压产生的振动；爆破、爆炸冲击波产生的震动等。房屋受到振动或震动的影响程度有大有小，其损坏表征为房屋的墙面或天花板批荡剥落、地板裂缝、墙面龟裂、墙体门窗洞角处出现裂缝、墙体原有收缩裂缝有所发展；基础出现倾斜或下沉损坏，重者甚至造成房屋倒塌。

实际上房屋受振后损坏的程度与房屋结构类型、原有损坏程度、连接方式和震源位置、距离、振动方式等多种因素有关，判断影响程度时，需综合分析，必要时可做震源和房屋震动模拟检测。

d. 土层挤压的影响

相邻工程基础采用压桩施工，当压桩的施工顺序不合理或场地土层等因素均会造成局部场地土被挤压而隆起，从而导致相邻房屋开裂、倾斜等损坏。

③ 非相邻工程施工影响因素

现场查勘需同时排查非施工影响及房屋自身损坏的因素，其他造成房屋损坏影响的因素：

a. 房屋不同材料构件接合部位的收缩开裂，材料收缩变形、自然老化损坏等；

b. 房屋原有设计或施工缺陷等：

c. 房屋在使用过程中，有被改变使用性质、擅自拆改结构及随意加层改建等不安全的使用行为；

d. 房屋室内、外地台、散水的回填土层没有压实或采用细砂回填，导致地台离空开裂、下沉等损坏；

e. 浅埋基础的土层冻胀、膨胀作用影响；

f. 管线断裂渗漏水（非施工工地影响）；

g. 房屋周边植物浇水、植物根系的影响。

④ 报告分析评定要点

a. 根据近期基坑变形监测及场地水位监测等资料（第三方监测报告）、被鉴定房屋的沉降观测资料，结合房屋损坏状况，综合分析判断房屋地基基础的沉降是否趋于稳定。

b. 当基坑或地下工程有明显地下水渗漏或采用降水措施，已经造成地表沉陷和房屋基础不均匀沉降，应对周边房屋损坏进行安全性鉴定及变形监测。当基坑或地下工程采用降水措施后应对周边房屋进行降水影响半径计算。

c. 相邻工程施工前已对周边房屋进行安全鉴定，施工后应进行二次鉴定。通过两次鉴定结果对比，分析房屋损坏原因，确定工程施工是否影响房屋安全及影响程度。

d. 房屋损坏原因分析必须详细准确，应明确相邻工程施工产生损坏，还是影响了损坏（原有损坏有所发展），未能明确的也要在鉴定报告中予以说明。

e. 现场检查时根据房屋的开裂部位及性质判断裂缝的类型是属于受力还是非受力裂缝，分析房屋构件是否属于危险构件或存在危险隐患，若判定为危房时应按《危险房屋鉴定标准》进行评定，对有即时危险的房屋，应通知房屋所有人或施工单位立即采取排危措施。

f. 鉴定报告应对房屋的损坏情况及安全程度进行评定，如不能评定等级的应说明原因。

(6) 施工周边房屋安全鉴定报告内容及要求

① 房屋安全鉴定报告内容包括：房屋概况、鉴定时间（施工前、施工期间或施工后）、鉴定目的、鉴定依据、资料调查（房屋使用资料、施工资料）、现场检查结果（检测结果、绘制相关图纸、结构复核验算结果）（根据委托要求进行）、房屋损坏原因分析、鉴定评级、鉴定结论、处理建议、附件（影像资料、图示资料、检测数据等）。

② 鉴定报告要求

a. 鉴定报告中现场检测的内容必须详尽、细致、完善，须将所有检查到的房屋损坏情况和结构检测数据详细写明，并附损坏示意图和照片；

b. 房屋损坏鉴定等级评定，当鉴定结果为危房时，应依据《危险房屋鉴定标准》JGJ 125 进行评定；当鉴定结果为非危险房时，一般依据《房屋完损等级评定标准》进行评定；

c. 鉴定结论必须具有充分可靠的依据，结论要明确，不能含糊不清，模棱两可，更不能没有依据就下结论；

d. 处理建议，对房屋存在的损坏，特别是有施工影响的房屋宜提出修缮方法建议；对鉴定为危房的房屋，应按《城市危险房屋管理规定》的处理类别处理，对有即时危险的房屋，应明确排危处理方法。

4. 可行性分析

可行性分析主要是指针对房屋进行加层、加载、改变用途等改建情况下进行的房屋检测鉴定，通过现场勘查、检测、结构复核计算最后判断其可行性，进行适用性分析，一般情况下不评定房屋等级的鉴定。

如加层的鉴定，应先对原房屋进行可靠性鉴定，评定等级目前房屋的可靠性等级，再按加层后的荷载进行验算复核，判断能否满足要求或计算并给出可以承受荷载的结论。

3.3 路桥检测

3.3.1 公路工程检测

1. 一般规定

(1) 路面工程的实测项目规定值或允许偏差按高速公路、一级公路和其他公路（指二级及以下公路）两档设定。对于在设计和合同文件中提高了技术要求的二级公路，其工程质量检验评定按设计和合同文件的要求进行，但不应高于高速公路、一级公路的检验评定标准。

（2）路面工程实测项目规定的检查频率为双车道公路每一检查段内的检查频率（按 m^2 或 m^3 或工作班设定的检查频率除外），多车道公路的路面各结构层均须按其车道数与双车道之比，相应增加检查数量。

（3）各类基层和底基层压实度代表值（平均值的下置信界限）不得小于规定代表值，单点不得小于规定极值。小于规定代表值 2 个百分点的测点，应按其占总检查点数的百分率计算合格率。

（4）垫层的质量要求同相同材料的其他公路的底基层；联结层的质量要求同相应的基层或面层；中级路面的质量要求同相同材料的其他公路的基层。

（5）路面表层平整度检查测定以自动或半自动的平整度仪为主，全线每车道连续测定按每 100m 输出结果计算合格率。采用 3m 直尺测定路面各结构层平整度时，以最大间隙作为指标，按尺数计算合格率。

（6）路面表层渗水系数宜在路面成型后立即测定。

（7）路面各结构层厚度按代表值和单点合格值设定允许偏差。当代表值偏差超过规定值时，该分项工程评为不合格；当代表值偏差满足要求时，按单个检查值的偏差不超过单点合格值的测点数计算合格率。

（8）材料要求和配比控制列入各节基本要求，可通过检查施工单位、工程监理单位的资料进行评定。

（9）水泥混凝土上加铺沥青面层的复合式路面，两种结构均需进行检查评定。其中，水泥混凝土路面结构不检查抗滑构造，平整度可按相应等级公路的标准；沥青面层不检查弯沉。

（10）路面基层完工后应按时浇洒透层油或铺筑下封层，透层油透入深度不小于 5mm，不得使用透入能力差的材料作透层油。对封层、粘层和透层油的浇洒要求同沥青表面处置层中基本规定。

2. 水泥混凝土面层

（1）基本要求

① 基层质量必须符合规定要求，并应进行弯沉测定，验算的基层整体模量应满足设计要求。

② 水泥强度、物理性能和化学成分应符合国家标准及有关规范的规定。

③ 粗细集料、水、外掺剂及接缝填缝料应符合设计和施工规范要求。

④ 施工配合比应根据现场测定水泥的实际强度进行计算，并经试验，选择采用最佳配合比。

⑤ 接缝的位置、规格、尺寸及传力杆、拉力杆的设置应符合设计要求。

⑥ 路面拉毛或机具压槽等抗滑措施，其构造深度应符合施工规范要求。

⑦ 面层与其他构造物相接应平顺，检查井井盖顶面高程应高于周边路面 1～3mm。雨水口标高按设计比路面低 5～8mm，路面边缘无积水现象。

⑧ 混凝土路面铺筑后按施工规范要求养生。

（2）实测项目（表 3.28）

水泥混凝土面层实测项目

表 3.28

项次	检查项目		规定值或允许偏差		检查方法和频率	权值
			高速公路一级公路	其他公路		
1	弯拉强度(MPa)		在合格标准之内		按附录 C 检查	3
2	板厚度(mm)	代表值	−5		按附录 H 检查 每 200m 每车道 2 处	3
		合格值	−10			
3	平整度	σ(mm)	1.2	2.0	平整度仪:全线每车道连续检测,每 100m 计算 σ、*IRI*	2
		IRI(m/km)	2.0	3.2		
		最大间隙 *h*(mm)	—	5	3m 直尺:半幅车道板带每 200m 测 2 处×10 尺	
4	抗滑构造深度(mm)		一般路段不小于 0.7 且不大于 1.1;特殊路段不小于 0.8 且不大于 1.2	一般路段不小于 0.5 且不大于 1.0;特殊路段不小于 0.6 且不大于 1.1	铺砂法:每 200m 测 1 处	2
5	相邻板高差(mm)		2	3	抽量:每条胀缝 2 点;每 200m 抽纵、横缝各 2 条,每条 2 点	2
6	纵、横缝顺直度(mm)		10		纵缝 20m 拉线,每 200m 4 处;横缝沿板宽拉线,每 200m 4 条	1
7	中线平面偏位(mm)		20		经纬仪:每 200m 测 4 点	1
8	路面宽度(mm)		±20		抽量:每 200m 测 4 处	1
9	纵断高程(mm)		±10	±15	水准仪:每 200m 测 4 断面	1
10	横坡(%)		±0.15	±0.25	水准仪:每 200m 测 4 断面	1

注:表中σ为平整度仪测定的标准差;*IRI* 为国际平整度指数;*h* 为 3m 直尺与面层的最大间隙;本节附录详见《公路工程质量检验评定标准》JTG 8011—2004。

(3) 外观鉴定

① 混凝土板的断裂块数,高速公路和一级公路不得超过评定路段混凝土板总块数的 0.2%,其他公路不得超过 0.4%。不符合要求时每超过 0.1%减 2 分。对于断裂板应采取适当措施予以处理。

② 混凝土板表面的脱皮、印痕、裂纹和缺边掉角等病害现象,对于高速公路和一级公路,有上述缺陷的面积不得超过受检面积的 0.2%,其他公路不得超过 0.3%。不符合要求时每超过 0.1%减 2 分。对于连续配筋的混凝土路面和钢筋混凝土路面,因干缩、温缩产生的裂缝,可不减分。

③ 路面侧石直顺、曲线圆滑,越位 20mm 以上者,每处减 1~2 分。

④ 接缝填筑饱满密实,不污染路面。不符合要求时,累计长度每 100m 减 2 分。

⑤ 胀缝有明显缺陷时,每条减 1~2 分。

3. 沥青混凝土面层和沥青碎(砾)石面层

(1) 基本要求

① 沥青混合料的矿料质量及矿料级配应符合设计要求和施工规范的规定。

② 严格控制各种矿料和沥青用量及各种材料和沥青混合料的加热温度,沥青材料及

混合料的各项指标应符合设计和施工规范要求。沥青混合料的生产，每日应做抽提试验、马歇尔稳定度试验。矿料级配、沥青含量、马歇尔稳定度等结果的合格率应不小于90%。

③ 拌和后的沥青混合料应均匀一致，无花白，无粗细料分离和结团成块现象。

④ 基层必须碾压密实，表面干燥、清洁、无浮土，其平整度和路拱度应符合要求。

⑤ 摊铺时应严格控制摊铺厚度和平整度，避免离析，注意控制摊铺和碾压温度，碾压至要求的密实度。

（2）实测项目（表3.29）

沥青混凝土面层和沥青碎（砾）石面层实测项目　　　　**表3.29**

项次	检查项目		规定值或允许偏差：高速公路 一级公路	规定值或允许偏差：其他公路	检查方法和频率	权值
1	压实度(%)		试验室标准密度的96%(＊98%) 最大理论密度的92%(＊94%) 试验段密度的98%(＊99%)		按附录B检查，每200m测1处	3
2	平整度	(mm) IRI(m/km)	1.2 2.0	2.5 4.2	平整度仪：全线每车道连续按每100m计算IRI或	2
		最大间隙h(mm)	—	5	3m直尺：每200m测2处10尺	
3	弯沉值(0.01mm)		符合设计要求		按附录I检查	2
4	渗水系数		SMA路面200mL/min 其他沥青混凝土路面300mL/min	—	渗水试验仪：每200m测1处	2
5	抗滑	摩擦系数	符合设计要求	—	摆式仪：每200m测1处 横向力系数测定车：全线连续，按附录K评定	2
		构造深度			铺砂法：每200m测1处	
6	厚度(mm)	代表值	总厚度： 设计值的−5% 上面层： 设计值的−10%	−8%H	按附录H检查 双车道每200m测1处	3
		合格值	总厚度： 设计值的−10% 上面层： 设计值的−20%	−15%H		
7	中线平面偏位(mm)		20	30	经纬仪：每200m测4点	1
8	纵断高程(mm)		15	20	水准仪：每200m测4断面	1
9	宽度(mm)	有侧石	20	30	尺量：每200m测4断面	1
		无侧石	不小于设计			
10	横坡(%)		0.3	0.5	水准仪：每200m测4处	1

注：1. 表内压实度可选用其中的1个或2个标准评定，选用两个标准时，以合格率低的作为评定结果。带＊号者是指SMA路面，其他为普通沥青混凝土路面。

2. 表列厚度仅规定负允许偏差。其他公路的厚度代表值和合格值允许偏差按总厚度计，当总厚度≤60mm时，允许偏差分别为−5mm和−10mm；总厚度>60mm时，允许偏差分别为−8%和−15%的总厚度，H为总厚度（mm）。

(3) 外观鉴定

① 表面应平整密实，不应有泛油、松散、裂缝和明显离析等现象，对于高速公路和一级公路，有上述缺陷的面积（凡属单条的裂缝，则按其实际长度乘以 0.2m 宽度，折算成面积）之和不得超过受检面积的 0.03%，其他公路不得超过 0.05%。不符合要求时每超过 0.03%或 0.05%减 2 分。半刚性基层的反射裂缝可不计作施工缺陷，但应及时进行灌缝处理。

② 搭接处应紧密、平顺，烫缝不应枯焦。不符合要求时，累计每 10m 长减 1 分。

③ 面层与路缘石及其他构筑物应密贴接顺，不得有积水或漏水现象。不符合要求时，每一处减 1～2 分。

4. 沥青贯入式面层（或上拌下贯式面层）

(1) 基本要求

① 沥青材料的各项指标应符合设计要求和施工规范。

② 各种材料的规格和用量应符合设计要求和施工规范，上拌沥青混凝土混合料每日应做抽提试验和马歇尔稳定度试验。

③ 碎石层必须平整坚实，嵌挤稳定，沥青贯入应深透，浇洒应均匀，不得污染其他构筑物。

④ 嵌缝料必须趁热撒铺，扫料均匀，不应有重叠现象。

⑤ 上层采用拌和料时，混合料应均匀一致，无花白和粗细分离现象，摊铺平整，接茬平顺，及时碾压密实。

⑥ 沥青贯入式面层施工前，应先做好路面结构层与路肩的排水。

(2) 实测项目（表 3.30）。

沥青贯入式面层（或上拌下贯式面层）实测项目 表 3.30

项次	检查项目		规定值或允许偏差	检查方法和频率	权值
1	平整度	(mm) *IRI*(m/km)	3.5 5.8	平整度仪：全线每车道连续按每 100m 计算 *IRI*	3
		最大间隙 *h*(mm)	8	3m 直尺：每 200m 测 2 处×10 尺	
2	弯沉值(0.01mm)		符合设计要求	按附录 I 检查	2
3	厚度(mm)	代表值	−8%H 或−5mm	按附录 H 检查 每 200m 每车道 1 点	3
		合格值	−15%H 或−10mm		
4	沥青用量(kg/m^2)		0.5%	每工作日每层洒布查 1 次	3
5	中线平面偏位(mm)		30	经纬仪：每 200m 测 4 点	1
6	纵断高程(mm)		20	水准仪：每 200m 测 4 断面	2
7	宽度(mm)	有侧石	30	尺量：每 200m 测 4 处	2
		无侧石	不小于设计		
8	横坡(%)		0.5	水准仪：每 200m 测 4 断面	2

注：1. 当设计厚度≥60mm 时，按厚度百分率控制；当设计厚度<60mm 时，按厚度不足的毫米数控制。*H* 为厚度（mm）。

2. 沥青总用量按《公路路基路面现场测试规程》T 0892 方法，每工作日每层洒布沥青检查一次，并计算同一路段的单位面积的总沥青用量。

（3）外观鉴定

① 表面应平整密实，不应有松散、裂缝、油包、油丁、波浪、泛油等现象，有上述缺陷的面积之和不超过受检面积的0.2%。不符合要求时每超过0.2%减2分。

② 表面无明显碾压轮迹。不符合要求时，每处减1～2分。

③ 面层与路缘石及其他构筑物应密贴接顺，无积水现象。不符合要求时，每一处减1～2分。

5. 沥青表面处治面层

（1）基本要求

① 在新建或旧路的表层进行表面处治时，应将表面的泥砂及一切杂物清除干净，底层必须坚实、稳定、平整，保持干燥后才可施工。

② 沥青材料的各项指标和石料的质量、规格、用量应符合设计要求和施工规范的规定。

③ 沥青浇洒应均匀，无露白，不得污染其他构筑物。

④ 嵌缝料必须趁热撒铺，扫布均匀，不得有重叠现象，压实平整。

（2）实测项目（表3.31）

沥青表面处治面层实测项目　　　　**表3.31**

<table>
<tr><th>项次</th><th colspan="2">检 查 项 目</th><th>规定值或允许偏差</th><th>检查方法和频率</th><th>权值</th></tr>
<tr><td rowspan="2">1</td><td rowspan="2">平整度</td><td>(mm)
IRI(m/km)</td><td>4.5
7.5</td><td>平整度仪:全线每车道连续按每100m计算IRI</td><td rowspan="2">2</td></tr>
<tr><td>最大间隙
h(mm)</td><td>10</td><td>3m直尺:每200m测2处×10尺</td></tr>
<tr><td>2</td><td colspan="2">弯沉值(0.01mm)</td><td>符合设计要求</td><td>按附录I检查</td><td>2</td></tr>
<tr><td rowspan="2">3</td><td rowspan="2">厚度
(mm)</td><td>代表值</td><td>−5</td><td rowspan="2">按附录H检查
每200m每车道1点</td><td rowspan="2">3</td></tr>
<tr><td>合格值</td><td>−10</td></tr>
<tr><td>4</td><td colspan="2">沥青总用量(kg/m^2)</td><td>0.5%</td><td>每工作日每层洒布查1次</td><td>2</td></tr>
<tr><td>5</td><td colspan="2">中线平面偏位(mm)</td><td>30</td><td>经纬仪:每200m测4点</td><td>1</td></tr>
<tr><td>6</td><td colspan="2">纵断高程(mm)</td><td>20</td><td>水准仪:每200m测4断面</td><td>1</td></tr>
<tr><td rowspan="2">7</td><td rowspan="2">宽度
(mm)</td><td>有侧石</td><td>30</td><td rowspan="2">尺量:每200m测4处</td><td rowspan="2">2</td></tr>
<tr><td>无侧石</td><td>不小于设计</td></tr>
<tr><td>8</td><td colspan="2">横坡(%)</td><td>0.5</td><td>水准仪:每200m测4断面</td><td>1</td></tr>
</table>

（3）外观鉴定

① 表面平整密实，不应有松散、油包、油丁、波浪、泛油、封面料明显散失等现象，有上述缺陷的面积之和不超过受检面积的0.2%。不符合要求时每超过0.2%减2分。

② 无明显碾压轮迹。不符合要求时，每处减1～2分。

③ 面层与路缘石及其他构筑物应密贴接顺，不得有积水现象。不符合要求时，每处减1～2分。

6. 水泥土基层和底基层

（1）基本要求

① 土质应符合设计要求，土块要经粉碎。

② 水泥用量按设计要求控制准确。

③ 路拌深度要达到层底。

④ 混合料处于最佳含水量状况下，用重型压路机碾压至要求的压实度。从加水拌和到碾压终了的时间不应超过 3～4h，并应短于水泥的终凝时间。

⑤ 碾压检查合格后立即覆盖或洒水养生，养生期要符合规范要求。

（2）实测项目（表 3.32）

水泥土基层和底基层实测项目 **表 3.32**

<table>
<tr><th rowspan="3">项次</th><th rowspan="3" colspan="2">检查项目</th><th colspan="4">规定值或允许偏差</th><th rowspan="3">检查方法和频率</th><th rowspan="3">权值</th></tr>
<tr><th colspan="2">基 层</th><th colspan="2">底基层</th></tr>
<tr><th>高速公路
一级公路</th><th>其他
公路</th><th>高速公路
一级公路</th><th>其他
公路</th></tr>
<tr><td rowspan="2">1</td><td rowspan="2">压实度(%)</td><td>代表值</td><td>—</td><td>95</td><td>95</td><td>93</td><td rowspan="2">按附录 B 检查
每 200m 每车道 2 处</td><td rowspan="2">3</td></tr>
<tr><td>极 值</td><td>—</td><td>91</td><td>91</td><td>89</td></tr>
<tr><td>2</td><td colspan="2">平整度(mm)</td><td>—</td><td>12</td><td>12</td><td>15</td><td>3m 直尺：每 200m 测 2 处 10 尺</td><td>2</td></tr>
<tr><td>3</td><td colspan="2">纵断高程(mm)</td><td>—</td><td>+5，
−15</td><td>+5，
−15</td><td>+5，
−20</td><td>水准仪：每 200m 测 4 个断面</td><td>1</td></tr>
<tr><td>4</td><td colspan="2">宽度(mm)</td><td colspan="2">符合设计要求</td><td colspan="2">符合设计要求</td><td>尺量：每 200m 测 4 个断面</td><td>1</td></tr>
<tr><td rowspan="2">5</td><td rowspan="2">厚度
(mm)</td><td>代表值</td><td>—</td><td>−10</td><td>−10</td><td>−12</td><td rowspan="2">按附录 H 检查
每 200m 每车道 1 点</td><td rowspan="2">2</td></tr>
<tr><td>合格值</td><td>—</td><td>−20</td><td>−25</td><td>−30</td></tr>
<tr><td>6</td><td colspan="2">横坡(%)</td><td>—</td><td>0.5</td><td>0.3</td><td>0.5</td><td>水准仪：每 200m 测 4 个断面</td><td>1</td></tr>
<tr><td>7</td><td colspan="2">强度(MPa)</td><td colspan="2">符合设计要求</td><td colspan="2">符合设计要求</td><td>按附录 G 检查</td><td>3</td></tr>
</table>

（3）外观鉴定

① 表面平整密实、无坑洼。不符合要求时，每处减 1～2 分。

② 施工接茬平整、稳定。不符合要求时，每处减 1～2 分。

7. 水泥稳定粒料（碎石、砂砾或矿渣等）基层和底基层

（1）基本要求

① 粒料应符合设计和施工规范要求，并应根据当地料源选择质坚干净的粒料，矿渣应分解稳定，未分解渣块应予剔除。

② 水泥用量和矿料级配按设计控制准确。

③ 路拌深度要达到层底。

④ 摊铺时要注意消除离析现象。

⑤ 混合料处于最佳含水量状况下，用重型压路机碾压至要求的压实度。从加水拌和到碾压终了的时间不应超过 3～4h，并应短于水泥的终凝时间。

⑥ 碾压检查合格后立即覆盖或洒水养生，养生期要符合规范要求。

（2）实测项目（表 3.33）

水泥稳定粒料基层和底基层实测项目 表3.33

项次	检查项目		规定值或允许偏差				检查方法和频率	权值
			基层		底基层			
			高速公路一级公路	其他公路	高速公路一级公路	其他公路		
1	压实度(%)	代表值	98	97	96	95	按附录B检查 每200m每车道2处	3
		极值	94	93	92	91		
2	平整度(mm)		8	12	12	15	3m直尺：每200m测2处 10尺	2
3	纵断高程(mm)		+5，−10	+5，−15	+5，−15	+5，−20	水准仪：每200m测4断面	1
4	宽度(mm)		符合设计要求		符合设计要求		尺量：每200m测4处	1
5	厚度(mm)	代表值	−8	−10	−10	−12	按附录H检查 每200m每车道1点	3
		合格值	−15	−20	−25	−30		
6	横坡(%)		0.3	0.5	0.3	0.5	水准仪：每200m测4断面	1
7	强度(MPa)		符合设计要求		符合设计要求		按附录G检查	3

(3) 外观鉴定

① 表面平整密实、无坑洼、无明显离析。不符合要求时，每处减1～2分。

② 施工接茬平整、稳定。不符合要求时，每处减1～2分。

8. 石灰土基层和底基层

(1) 基本要求

① 土质应符合设计要求，土块要经粉碎。

② 石灰质量应符合设计要求，块灰须经充分消解才能使用。

③ 石灰和土的用量按设计要求控制准确，未消解生石灰块必须剔除。

④ 路拌深度要达到层底。

⑤ 混合料处于最佳含水量状况下，用重型压路机碾压至要求的压实度。

⑥ 保湿养生，养生期要符合规范要求。

(2) 实测项目（表3.34）。

石灰土基层和底基层实测项目 表3.34

项次	检查项目		规定值或允许偏差				检查方法和频率	权值
			基层		底基层			
			高速公路一级公路	其他公路	高速公路一级公路	其他公路		
1	压实度(%)	代表值	—	95	95	93	按附录B检查 每200m每车道2处	3
		极值	—	91	91	89		
2	平整度(mm)		—	12	12	15	3m直尺：每200m测2处 10尺	2

续表

项次	检查项目		规定值或允许偏差				检查方法和频率	权值
			基层		底基层			
			高速公路一级公路	其他公路	高速公路一级公路	其他公路		
3	纵断高程(mm)		—	+5,−15	+5,−15	+5,−20	水准仪:每200m测4断面	1
4	宽度(mm)		符合设计要求		符合设计要求		尺量:每200m测4处	1
5	厚度(mm)	代表值	—	−10	−10	−12	按附录H检查 每200m每车道1点	2
		合格值	—	−20	−25	−30		
6	横坡(%)		—	0.5	0.3	0.5	水准仪:每200m测4断面	1
7	强度(MPa)		符合设计要求		符合设计要求		按附录G检查	3

(3) 外观鉴定

① 表面平整密实、无坑洼。不符合要求时，每处减1~2分。

② 施工接茬平整、稳定。不符合要求时，每处减1~2分。

9. 石灰稳定粒料（碎石、砂砾或矿渣等）基层和底基层

(1) 基本要求

① 粒料应符合设计和施工规范要求，矿渣应分解稳定后才能使用。

② 石灰质量应符合设计要求，块灰须经充分消解才能使用。

③ 石灰的用量按设计要求控制准确，未消解生石灰块必须剔除。

④ 路拌深度要达到层底。

⑤ 混合料处于最佳含水量状况下，用重型压路机碾压至要求的压实度。

⑥ 保湿养生，养生期要符合规范要求。

(2) 实测项目（表3.35）。

石灰稳定粒料基层和底基层实测项目 **表3.35**

项次	检查项目		规定值或允许偏差				检查方法和频率	权值
			基层		底基层			
			高速公路一级公路	其他公路	高速公路一级公路	其他公路		
1	压实度(%)	代表值	—	97	96	95	按附录B检查，每200m每车道2处	3
		极值	—	93	92	91		
2	平整度(mm)		—	12	12	15	3m直尺:每200m测2处 10尺	2
3	纵断高程(mm)		—	+5,−15	+5,−15	+5,−20	水准仪:每200m测4断面	1
4	宽度(mm)		符合设计要求		符合设计要求		尺量:每200m测4处	1
5	厚度(mm)	代表值	—	−10	−10	−12	按附录H检查，每200m每车道1点	2
		合格值	—	−20	−25	−30		
6	横坡(%)		—	0.5	0.3	0.5	水准仪:每200m测4断面	1
7	强度(MPa)		符合设计要求		符合设计要求		按附录G检查	3

(3) 外观鉴定

① 表面平整密实、无坑洼。不符合要求时，每处减 1～2 分。

② 施工接茬平整、稳定。不符合要求时，每处减 1～2 分。

10. 石灰、粉煤灰土基层和底基层

(1) 基本要求

① 土质应符合设计要求，土块要经粉碎。

② 石灰和粉煤灰质量应符合设计要求，石灰须经充分消解才能使用。

③ 混合料配合比应准确，不得含有灰团和生石灰块。

④ 碾压时应先用轻型压路机稳压，后用重型压路机碾压至要求的压实度。

⑤ 保湿养生，养生期要符合规范要求。

(2) 实测项目（表 3.36）

石灰、粉煤灰土基层和底基层实测项目　　表 3.36

项次	检查项目		规定值或允许偏差				检查方法和频率	权值
			基层		底基层			
			高速公路一级公路	其他公路	高速公路一级公路	其他公路		
1	压实度(%)	代表值	—	95	95	93	按附录 B 检查，每 200m 每车道 2 处	3
		极值	—	91	91	89		
2	平整度(mm)		—	12	12	15	3m 直尺：每 200m 测 2 处　10 尺	2
3	纵断高程(mm)		—	+5，−15	+5，−15	+5，−20	水准仪：每 200m 测 4 断面	1
4	宽度(mm)		符合设计要求		符合设计要求		尺量：每 200m 测 4 处	1
5	厚度(mm)	代表值	—	−10	−10	−12	按附录 H 检查，每 200m 每车道 1 点	2
		合格值	—	−20	−25	−30		
6	横坡(%)		—	0.5	0.3	0.5	水准仪：每 200m 测 4 断面	1
7	强度(MPa)		符合设计要求		符合设计要求		按附录 G 检查	3

(3) 外观鉴定

① 表面平整密实、无坑洼。不符合要求时，每处减 1～2 分。

② 施工接茬平整、稳定。不符合要求时，每处减 1～2 分。

11. 石灰、粉煤灰稳定粒料（碎石、砂砾或矿渣等）基层和底基层

(1) 基本要求

① 粒料应符合设计和施工规范要求，并应根据当地料源选择质坚干净的粒料。矿渣应分解稳定，未分解渣块应予剔除。

② 石灰和粉煤灰质量应符合设计要求，石灰须经充分消解才能使用。

③ 混合料配合比应准确，不得含有灰团和生石灰块。

④ 摊铺时要注意消除离析现象。

⑤ 碾压时应先用轻型压路机稳压，后用重型压路机碾压至要求的压实度。

⑥ 保湿养生，养生期要符合规范要求。

（2）实测项目（表 3.37）

石灰、粉煤灰稳定粒料基层和底基层实测项目 **表 3.37**

项次	检查项目		规定值或允许偏差				检查方法和频率	权值
			基层		底基层			
			高速公路 一级公路	其他公路	高速公路 一级公路	其他公路		
1	压实度(%)	代表值	98	97	96	95	按附录 B 检查，每 200m 每车道 2 处	3
		极值	94	93	92	91		
2	平整度(mm)		8	12	12	15	3m 直尺：每 200m 测 2 处 10 尺	2
3	纵断高程(mm)		+5，−10	+5，−15	+5，−15	+5，−20	水准仪：每 200m 测 4 断面	1
4	宽度(mm)		符合设计要求		符合设计要求		尺量：每 200m 测 4 处	1
5	厚度(mm)	代表值	−8	−10	−10	−12	按附录 H 检查，每 200m 每车道 1 点	2
		合格值	−15	−20	−25	−30		
6	横坡(%)		0.3	0.5	0.3	0.5	水准仪：每 200m 测 4 断面	1
7	强度(MPa)		符合设计要求		符合设计要求		按附录 G 检查	3

（3）外观鉴定

① 表面平整密实、无坑洼、无明显离析。不符合要求时，每处减 1～2 分。

② 施工接茬平整、稳定。不符合要求时，每处减 1～2 分。

12. 级配碎（砾）石基层和底基层

（1）基本要求

① 选用质地坚韧、无杂质碎石、砂砾、石屑或砂，级配应符合要求。

② 配料必须准确，塑性指数必须符合规定。

③ 混合料拌和均匀，无明显离析现象。

④ 碾压应遵循先轻后重的原则，洒水碾压至要求的密实度。

（2）实测项目（表 3.38）

（3）外观鉴定

表面平整密实，边线整齐，无松散。不符合要求时，每处减 1～2 分。

13. 填隙碎石（矿渣）基层和底基层

（1）基本要求

① 粗粒料应为质坚、无杂质的轧制石料或分解稳定的轧制矿渣，填缝料为 5mm 以下的轧制细料或粗砂。

② 应用振动压路机碾压，使填缝料填满粗粒料空隙。

（2）实测项目（表 3.39）

级配碎（砾）石基层和底基层实测项目　　表3.38

项次	检查项目		规定值或允许偏差				检查方法和频率	权值
			基层		底基层			
			高速公路一级公路	其他公路	高速公路一级公路	其他公路		
1	压实度（%）	代表值	98	98	96	96	按附录B检查，每200m每车道2处	3
		极值	94	94	92	92		
2	弯沉值(0.01mm)		符合设计要求		符合设计要求		按附录I检查	3
3	平整度（mm）		8	12	12	15	3m直尺：每200m测2处10尺	2
4	纵断高程（mm）		+5，−10	+5，−15	+5，−15	+5，−20	水准仪：每200m测4断面	1
5	宽度（mm）		符合设计要求		符合设计要求		尺量：每200m测4处	1
6	厚度（mm）	代表值	−8	−10	−10	−12	按附录H检查，每200m每车道1点	2
		合格值	−15	−20	−25	−30		
7	横坡（%）		0.3	0.5	0.3	0.5	水准仪：每200m测4断面	1

填隙碎石（矿渣）基层和底基层实测项目　　表3.39

项次	检查项目		规定值或允许偏差				检查方法和频率	权值
			基层		底基层			
			高速公路一级公路	其他公路	高速公路一级公路	其他公路		
1	固体体积率(%)	代表值	—	85	85	83	灌砂法：每200m每车道2处	3
		极值	—	82	82	80		
2	弯沉值（0.01mm）		符合设计要求		符合设计要求		按附录I检查	2
3	平整度（mm）		—	12	12	15	3m直尺：每200m测2处10尺	2
4	纵断高程（mm）		—	+5，−15	+5，−15	+5，−20	水准仪：每200m测4断面	1
5	宽度（mm）		符合设计要求		符合设计要求		尺量：每200m测4处	1
6	厚度（mm）	代表值	—	−10	−10	−12	按附录H检查每200m每车道1点	2
		合格值	—	−20	−25	−30		
7	横坡（%）		—	0.5	0.3	0.5	水准仪：每200m测4断面	1

（3）外观鉴定

表面平整密实，边线整齐，无松散现象。不符合要求时，每处减1～2分。

14. 路缘石铺设

（1）基本要求

① 预制缘石的质量应符合设计要求。

② 安砌稳固，顶面平整，缝宽均匀，勾缝密实，线条直顺，曲线圆滑美观。

③ 槽底基础和后背填料必须夯打密实。

④ 现浇路缘石材料应符合设计要求。

(2) 实测项目（表3.40）。

路缘石铺设实测项目 **表3.40**

项次	检查项目		规定值或允许偏差	检查方法和频率	权值
1	直顺度（mm）		10	20m拉线：每200m测4处	3
2	预制铺设	相邻两块高差（mm）	3	水平尺：每200m测4处	2
		相邻两块缝宽（mm）	3	尺量：每200m测4处	1
	现浇	宽度(mm)	±5	尺量：每200m测4处	2
3	顶面高程（mm）		10	水准仪：每200m测4点	2

(3) 外观鉴定

① 勾缝密实均匀，无杂物污染。不符合要求时，每处减1～2分。

② 缘石与路面齐平，排水口整齐、通畅，无阻水现象。不符合要求时，每处减1～2分。

15. 路肩

(1) 基本要求

① 路肩表面应平整密实，不积水。

② 肩线应直顺，曲线圆滑。

③ 硬路肩质量要求应与路面结构层相同。

(2) 实测项目（表3.41）。

路肩实测项目 **表3.41**

项次	检查项目		规定值或允许偏差	检查方法和频率	权值
1	压实度（%）		不小于设计	按附录B检查，每200m测2处	2
2	平整度（mm）	土路肩	20	3m直尺：每200m测2处×4尺	1
		硬路肩	10		
3	横　坡（%）		1.0	水准仪：每200m测2处	1
4	宽度（mm）		符合设计要求	尺量：每200m测2处	2

(3) 外观鉴定

① 路肩无阻水现象。不符合要求时，每处减1～2分。

② 路肩边缘直顺，无其他堆积物。不符合要求时，单向累计长度每50m或每处减1～2分。

3.3.2 桥梁工程检测

1. 桥梁检查种类和检查项目

(1) 桥梁检查种类及检查频率

① 经常性检查

经常性检查以直接目测为主，配合简单工具量测，一般可与桥梁的小修保养工作结合进行，每月至少进行一次。

② 定期检查

以目测结合仪器检查为主，对桥梁各部分进行详细检查，一般安排在有利于检查的气候条件下进行。

定期检查的时间根据桥梁的不同情况规定如下：

新建桥梁竣工接养一年后；一般桥梁检查周期为3年，也可视桥梁具体技术状况每1～5年检查一次，非永久性桥梁每年检查一次；桥梁技术状况在三类以上的，应安排定期检查。

(2) 特殊检查

特殊检查是指采用仪器设备等特殊手段和科学方法分析桥梁病害的确切原因和程度，确定桥梁技术状态，以采取相应的加固、改造措施。一般在下列四种情况下作特殊检查：

① 在地震、洪水、滑坡、泥石流、超重车辆行驶、行船或重大漂浮物撞击之后。

② 在决定对单一的桥梁进行改造、加固之前。

③ 在定期检查难以判明损坏原因、程度及整座桥的技术状况时。

④ 桥梁技术状况为四类者。

病害的确切原因和程度，确定桥梁技术状态，以采取相应的加固、改造措施。一般在下列四种情况下做特殊检查：

① 在地震、洪水、滑坡、泥石流、超重车辆行驶、行船或重大漂浮物撞击之后。

② 在决定对单一的桥梁进行改造、加固之前。

③ 在定期检查难以判明损坏原因、程度及整座桥的技术状况时。

④ 桥梁技术状况为四类者。

2. 桥梁检测项目

(1) 经常性检查的项目

桥梁经常性检查的项目见表3.42。

桥梁经常性检查的项目 **表3.42**

序号	检查项目
1	桥面是否平整，有无损坏
2	桥面泄水管是否损坏、堵塞
3	桥面是否清洁，有无杂物堆积、杂草生长、蔓延
4	栏杆、引道、护栏是否断裂、撞坏、锈蚀
5	伸缩缝是否堵塞、破损、失效
6	锥坡、翼墙有无开裂、坍裂、沉陷
7	交通信号、标志(桥梁荷载标志)、照明设施是否完好
8	其他显而易见的损坏

(2) 定期检查的项目

① 桥面铺装：是否有坑槽、开裂、车辙、松散、不平、桥头跳车现象等。

② 人行道、栏杆：人行道有无开裂、断裂、缺损；栏杆是否有松动、撞坏、锈蚀和变形等。

③ 伸缩缝：是否破损、结构脱落、淤塞、填料凹凸、跳车、漏水等。

④ 排水设施（防水层）：桥面横坡、纵坡是否顺适，有无积水；泄水管有无损坏、堵塞，泄水能力情况；防水层是否工作正常，有无渗水现象等。

⑤ 梁式桥上部结构：主梁支点、跨中、变截面处有无开裂，最大裂缝值；梁体表面有无空洞、蜂窝、麻面、剥落、露筋；有无局部渗水现象；横隔板是否开裂、焊缝是否断裂；钢结构锈蚀、变形情况等。

⑥ 圬工拱桥上部结构：主拱圈是否开裂、渗水、砂浆松动、脱落变形；拱脚是否开裂；腹拱是否变形、错位；立墙、立柱有无开裂、脱落；侧墙有无鼓肚、外倾等。

⑦ 双曲拱桥上部结构：拱脚有无压裂；拱肋 1/4 处、3/4 处、顶部是否开裂、破损、露筋、锈蚀；拱脚与拱波结合处是否开裂；波间砂浆是否脱落、松散；横隔联系是否开裂、破损等。

⑧ 支座：位移是否正常；橡胶支座是否老化、变形；钢板滑动支座是否锈蚀、干涩；各种支座固定端是否松动、剪断、开裂等。

⑨ 桥墩：墩身是否开裂，局部外鼓，表面风化、剥落、空洞、露筋；是否有变形、倾斜、沉降、冲刷、冲撞损坏情况等。

⑩ 桥台：是否开裂、破损，台背填土是否有裂缝、挤压、受冲刷等情况。

翼墙：是否开裂，有无前倾、变形等。

锥坡：是否破损、沉陷、开裂、冲刷、滑移等。

照明：桥上照明情况是否正常等。

河床及调治构造物：河床是否变迁；有无漂浮物堵塞河道；调治构造物是否发挥正常作用，有无损坏、水毁等。

(3) 需特殊检查的项目

桥梁需特殊检查的项目见表 3.43。

(4) 桥梁永久性控制检测项目

桥梁永久性控制检测项目见表 3.44。

(5) 桥梁特殊检查的一般途径

特殊检查一般由现场检查和实验室测试分析两大部分构成，其一般途径见表 3.45。现场检查可分为一般检查和详细检查两个阶段，一般检查通常像定期检查那样对结构及其附属设施的所有构件或部位进行视觉检查和彻底、系统的检查，记录所有缺损的部位、范围和程度。一般检查的结果是决定是否进行详细检查的依据，详细检查主要是对一些重点部位或典型桥梁采用一些专门技术和检测设备进行深入而细致的检测。

一般检查途径：结构历史与现状调查—检查规划—现场检查、实验室测试分析—检查结果评定—检查报告与维修加固方案。

桥梁特殊检查的一般途径及检测内容见表 3.45。

桥梁特殊检查的项目 **表 3.43**

<table>
<tr><th colspan="2" rowspan="2">需特殊检查的项目</th><th colspan="5">检查的项目</th></tr>
<tr><th>洪水</th><th>滑坡</th><th>地震</th><th>超重车辆行驶（改造前）</th><th>撞击</th></tr>
<tr><td rowspan="2">1. 在地震、洪水、滑坡、泥石流、超重车辆行驶、行船或者重大漂浮物撞击之后。
2. 在决定对单一的桥梁进行改造、加固之前</td><td>上部</td><td>栏杆损坏；桥体位移和损坏落梁、排水设施失效</td><td>因桥台推出而压屈</td><td>落梁、支座损坏、错位</td><td>梁、拱、桥面板裂缝、支座损坏、承载力测定</td><td>被撞构件及联系部位破坏、支座破坏</td></tr>
<tr><td>下部</td><td>因冲刷而产生的沉陷和倾斜</td><td>桥台推出、胸墙破坏</td><td>沉陷、倾斜位移、圬工破坏、抗震墩破坏</td><td>墩台裂缝沉陷</td><td>墩台位移</td></tr>
<tr><td colspan="2">3. 在定期检查难以判断损坏原因、程度及整座桥的技术状况时。
4. 桥梁技术状况为四类者</td><td colspan="5">1. 结构验算、水文验算；
2. 静载、动载试验；
3. 用精密仪器对病害进行现场调查和试验分析。
(1)混凝土裂缝外观及显微调查、混凝土碳化鉴定、氯化试验、湿度调查、强度测试、结构分析；
(2)钢筋位置、锈蚀状态调查；
(3)预应力钢筋现状及灌浆管道状况、空隙情况调查；
(4)桥面防水层状况调查；
(5)桥面铺装状况调查</td></tr>
</table>

桥梁永久性控制检测项目 **表 3.44**

检测项目		检测点	检测方法
1	墩、台身、锁塔锚碇高程	墩、台身底部（距地面或者长水位 0.5～2m）、桥台侧墙尾部顶面和锚碇的上下游各 1～2 点	水准仪
2	墩、台身、锁塔锚碇倾斜	墩、台身底部（距地面或者常水位 0.5～2m 内）上、下游两侧各 1～2 点	垂线法或测斜仪
3	桥面高程	沿行车道两边（靠近缘石旁），按孔跨中、$L/4$、支点等不少于 5 个位置（10 个点）。测点应固定于桥面板上	水准仪
4	拱桥桥台、吊桥锚碇水平位移	在拱座、锚碇的上下游两侧各一点	经纬仪
说明	(1)上下行分离式桥按两座桥分别设点； (2)倾斜度测点应用上下相距 0.5～1m 的两点标记检测； (3)永久性测点宜用统一规格的圆头锚钉在铝板上用钢印编号，或靠地固定于被测部位上； (4)所有测点的位置和编号，以及检测数据必须在桥梁总体图和数据表中进行并归档		

桥梁特殊检查的一般途径 **表 3.45**

项　目	检查资料及内容
桥梁基本数据与试验资料的收集	1. 桥梁设计、施工、监理以及历次检查与试验资料。 2. 历年养护、维修与加固或改建资料
桥梁快速观察、检查	桥梁目前主要存在的问题、病害、限载、限速情况
动态调查	1. 桥梁病害历史演变过程（即病害史）。 2. 使用中的特别事件和限载、限速的原因。 3. 交通状况，包括日平均交通量、高峰时的交通量、交通量的季节性变化，交通类型等。 4. 其他相关事项，如今后的规划改建需求、水文、地质、气候环境等

3. 特大跨径钢结构悬索桥检查项目、方法及内容

(1) 主桥工程钢箱梁的检查

1) 关键位置焊缝检查

① 关键位置的焊缝检查包括以下方面:

② 吊耳板与防水板间的角焊缝;

③ 吊耳加劲板与上斜腹板间的角焊缝;

④ 板面板与横隔板的双侧角焊缝;

⑤ 底板与侧板折角处横隔板的搭接焊缝;

⑥ 板面板与U肋的角焊缝;

⑦ 板面板与桥底板的纵向对接焊缝;

⑧ 板面板的焊缝应结合桥面铺装裂缝进行检查;当铺装层沥青混凝土出现裂缝时,相应地应对裂缝发生区域的焊缝尤其是桥面板与U肋间的焊缝作仔细检查。

(2) 钢结构焊缝探伤

超声波探伤检查按钢材产地国家标准,如长江江阴大桥主桥钢箱梁和主梁所用钢材,包括钢板、球扁钢等均由英国英钢联供货,故超声波探伤检查执行英国标准BS 3923,磁粉探伤执行Bs 6072,射线探伤执行BS 2600,也可参照执行国家现有相关标准。为保证探伤结果准确,应委托专业单位有资质的人员承担,并应出具正式结果报告。

利用安装于塔身上的全站仪随时检测主梁的挠度变形情况,确保主航范围内的通航净空的要求,保证通航和桥梁的安全。一旦出现大于计算最大挠度值时,应及时作出限制交通的安排。

(3) 钢箱梁涂层的劣化检查

钢箱梁涂层的维护,需要专人进行维修涂装前的检查。这种检查一般分为:定期检查、大修前检查等。根据检查结果,进行涂膜劣化等级的评定,并制订相应的涂膜维修涂装计划。

① 定期检查

检查频率一般为3年1次。

检查内容如下:

外观检查:通过目测、手摸并借助于放大镜、观察涂层表面的损伤情况。

硬度检查:用巴柯尔硬度计测试涂膜硬度保持情况,或用少量溶剂擦拭表面,观察涂层是否变软。

针孔测试:采用放电式针孔探测仪,检查涂膜表面损坏位置。

厚度检测:采用电磁测厚仪,检查涂膜厚度变化情况等。

② 大修前检查

大修前检查指的是大桥在经历了几年的运营(接近防腐涂层设计寿命)时,涂层表面已出现大面积的严重损坏,而且各项涂膜劣化等级(包括粉化、起泡、裂纹、脱落、生锈)全面出现4级损坏,而决定对大桥涂层作分梁段的逐一重新涂装时的检查。

检查内容有:涂膜色泽、机械损伤、粉化、起泡、裂纹、脱落、生锈,针孔测试、硬度测试、厚度测试以及其他项目。

4. 主桥工程主缆的检查

(1) 外观检查

① 检查缠丝外表面的油漆，若发现漆膜损坏（如开裂、碎片或剥落）或钢丝锈蚀，应予清洗后重新油漆。

② 若发现缠绕钢丝已严重破坏，如出现锈蚀或断丝严重的部位，在征得主管部门同意后，打开缠绕丝，将主缆暴露出来进行深入地检查。

③ 对锚室内的索股进行目视检查，查看有无钢丝松弛、鼓丝和断丝。对锚头、锚板、拉杆和连接器的涂装进行检查，查看是否有损坏现象。

④ 对鞍罩内的主缆进行检查，检查锌填块的滑移情况，及时清理钢丝表面的锈蚀和灰尘。检查鞍罩密封门的密封情况、缆套端口及缆套上、下部分之间密封条的老化情况。

(2) 主缆索股端部内力和拉杆延伸量测试

主缆索股端部内力是通过锚头与锚板将拉力传给拉杆再传到锚体，测定索股端部内力，可采用以下三种方法：

① 靠结构监控系统设在锚杆上的应力传感仪直接测定拉杆力。

② 用随机振动方法测定锚跨索股自振频率再换算索股拉力。

③ 用液压千斤顶测定拉杆拉力。

三种测试方法中，第一种作为常规检查；第二种作为定期检查每年一次，检查发现锚固系统异常时，需进行特殊检查；对检查中发现拉力异常的索股，再用第三种方法校核。

(3) 索股锚固端检查

索股锚固端包括锚头、锚板、螺杆、螺母以及连接器和预应力锚具。锚固端的检查包括外观检查和受力检查。外观检查包括表面油漆脱落、锈蚀，以及位置改变等；受力检查包括螺母松动、螺杆及索股内力等。

(4) 主缆垂直检查

检测主缆跨中高程，先测出各跨主缆跨中顶面高程，再实测竖向缆径，然后推算出主缆轴心高程。具体测量用全站仪进行，测出各跨主缆跨中顶面高程、塔顶纵向偏移以及平均气温（对于中跨为两塔顶、塔底及跨中5点平均值，对于边跨为塔顶、塔底、锚及跨中4点平均值）。测得的高程，经温度、塔顶偏移及地球曲率修正后再与设计数值比较。

(5) 主缆表面涂膜检查

第1年内检查主缆最低点部位（即跨中）和两端，观察是否有涂膜起泡或脱落；第3、6、8、10年内检查整个主缆涂膜是否有起泡、开裂、脱起、粉化或生锈；第11年及以后的每年内检查整个主缆涂膜是否有起泡、开裂、脱起、粉化或生锈；第8、10年内及以后的每年内检查漆膜外观装饰效果，决定是否需重涂面膜。主缆表面涂膜检查见表3.46。

主缆表面涂膜整体性检查部位及检查次数 **表3.46**

部位	第3年	第3～10年	第11年以后
主缆	1次	2年1次	1年1次
索夹	1次	3年1次	1年1次
主缆护栏	1次	3年1次	1年1次
吊杆上锚头	1次	3年1次	1年1次

一般性检查借助高倍望远镜，对主缆表面涂膜状况每年观察两次，具体安排在每年的1月份和7月份，并做好记录。每次检查可选择有代表性的区域，如主缆两端最低点、最高点及数个中间部位。一般性检查时如发现涂膜有轻微劣化，按《铁路钢桥涂膜劣化评定》TB/T 2486在劣化等级2级以下时，可暂不作维修；对2级以上涂膜劣化，应向主管部门报告，并结合整体性检查的情况，决定是否进行维修。

5. 主桥吊索系统检查

（1）吊索外观检查

① 应定期对吊索锚头、叉耳、销子等进行检查。如发现油漆有损坏的地方，需及时进行修补；有锈蚀的地方，应在除锈之后补漆。

② 利用吊索检修车检查吊索PE套的完好情况，如发现有破损、开裂等现象，应及时通知生产厂家来进行修补。检查PE套的滑移情况，并做好详细记录，一旦发现PE套有从锚杯中拉出的现象，应及时采取临时防护措施，并尽快通知生产厂家来现场进行修补。

③ 目视检查叉耳与箱梁吊耳板、叉耳与索夹耳板之间填封料的完好情况，特别是叉耳与锚杯螺纹连接处的填封料是否完好，如发现破损、剥落、开裂等现象，应及时用合适的材料进行修补，以防止水渗入引起锈蚀。

④ 检查吊索的振动情况（可通过加速仪监测）。检查减振架是否有锈蚀，如有，则应在除去锈蚀后重新涂装；如发现减振架出现疲劳断裂，应及时更换。

⑤ 检查索夹和索股螺杆的外涂装，如发现有油漆开裂、剥落现象，应清除干净后重新涂装；如有锈蚀发生，应在除锈后进行油漆修补。

⑥ 检查上、下半索夹之间缝隙的填封料及索夹端部的填封料是否完好，如发现开裂、剥落现象，应将受损的填封料清除干净，并重新填封。

（2）吊索内力测试

应定期测试吊索内力变化情况，测试结果交由被委托的单位分析评估。吊索内力测定方法有两种：一种是利用结构监控系统中所布置的吊索锚头压力，对某些吊索进行定期检测；另一种是使用环境随机振动测量方法，由自振频率计算吊索内力。

（3）振动检查

可用肉眼观测，亦可使用加速度仪测定振幅和频率。振动检查还应检查振动产生的不良效果以确定是否采取制振措施。

6. 主桥工程鞍座的检查

（1）主缆与鞍座的相对位移

1）检查部位：主鞍两端、散索鞍入端。

2）相对滑移的检查方法：

① 大桥正式交付运营前，在检查部位处做出标记环线。

② 标记环线应垂直于该处主缆的中心线，标记线宽5mm，并沿主缆外层钢丝做成整环。全桥各处的标记环线应在同一天的凌晨2：00～5：00内一次做出。

③ 标记线可用醇酸调和漆绘制，颜色为大红色。涂漆前，绘线处主缆表面应用稀料清洁干净。

④ 绘出标记环线后，记录主缆横截面典型位置。

⑤ 每月检查一次各处标记环线上的钢丝有无相对位移，并记录发生位移钢丝的位置

及相对位移。

7. 鞍座螺杆、锚栓紧固状态

（1）检查部位

主鞍；鞍槽口拉杆；中、边跨鞍体对合螺栓；背索锚梁固定螺栓；挡块固定螺栓；限位长拉杆螺栓；压梁固定螺栓；地脚螺栓。

（2）检查方法

① 用扭矩扳手或张拉千斤顶检查。

② 以上各处检查部位每半年检查一次并做记录。

（3）鞍座内密封状况

检查主鞍罩内、锚碇锚室内密封状况。测定相对湿度，受检部位内的相对湿度应小于40%。若测得的相对湿度不小于40%，则应调整相应部位除湿系统的设定值。

此项检查每月进行一次并做记录。

8. 主桥下部结构检查

（1）定期检查

塔和锚的定期检查可2～3年安排一次，对主要部位安排详细的检查。检查内容如下：

① 主塔有无异常沉降、倾斜，塔身、横梁系梁和锚固处有无开裂和锈蚀。

② 锚碇及锚杆有无异常拨动、滑移，锚碇混凝土是否开裂、渗水。

③ 主鞍座、散索鞍座和锚杆固定处界面混凝土，是否存在开裂和裂纹。

④ 塔、锚混凝土表面（含主塔承台、塔座和系梁）是否有裂缝、渗水、表面风化剥落、露筋、空洞和钢盘锈蚀，是否有硅碱反应引起的龟裂现象。

⑤ 锚室盖板在跨中是否有开裂和变形，两端锚固是否可靠。

⑥ 锚碇周围的回填和各排水设施是否有沉降、滑移和断裂。

定期检查后除当场填写有关表格、数据，记录各部件缺损状况外，应做出技术状况评估。对缺损部位，应判断缺损原因，制定维修计划，确定维修的范围和方式，对难以判断损坏原因和程度的部件，应提出专门检查要求。

（2）重点检查

1）主塔（含承台、塔座、系梁）

① 塔柱和各道横梁的相交处、塔柱根部、塔冠鞍座底部混凝土。

② 横梁跨中、钢箱梁支座处混凝土。

③ 后浇筑混凝土段。

检查以上部位的裂缝、挠度和变形。

2）锚碇

① 截面尺寸变化处，后浇筑段的界面处。

② 主缆索股锚固处混凝土，散索鞍处混凝土。

③ 锚室盖板在跨中、支点和$L/4$处。

检查以上部位的裂缝、变形、压碎或拉脱。

思考题

1. 危险房屋的定义及鉴定目的和鉴定依据？

2. 危房处理措施？
3. 房屋危险性鉴定程序与评定方法？
4. 房屋危险性查勘内容和顺序？
5. 砌体结构构件危险性鉴定包括哪些内容？
6. 钢结构危险构件评定标准？
7. 房屋危险性鉴定综合评定原则？
8. 可靠性鉴定包含哪些鉴定业务？
9. 当结构或结构构件出现什么状态时应制定为超过承载能力极限状态？
10. 使用性鉴定的裂缝界限值与安全性的裂缝界限值有什么区别？

第 4 章　加固原则与方法

4.1　加固原则

4.1.1　方案制定的总体效应原则

制定建筑物的加固方案时，除考虑可靠性鉴定结论和委托方提出的加固内容及项目外，还应考虑加固后建筑物的总体效应。例如，对房屋的某一层柱子或墙体的加固，有时会改变整个结构的动力特性，从而产生薄弱层，对抗震带来很不利的影响。再如，对楼面或屋面进行改造或维修，会使墙体、柱及地基基础等相关构件承受的荷载增加，因此制定加固方案时，应全面详细分析整个建筑结构的受力情况。

4.1.2　材料的选用和强度取值原则

加固设计时，原结构材料强度按如下规定取用；如原结构材料种类和性能与原设计一致，按原设计（或规范）值使用；当原设计无材料强度资料时，可通过实测评定材料强度等级，再按现行规范取值。

加固材料的要求，加固用钢材一般选用Ⅰ级或Ⅱ级钢；加固用水泥宜选用普通硅酸盐水泥，强度等级不应低于 32.5 级；

加固用混凝土强度等级，应比原结构的混凝土强度等级高一级，且加固上部结构构件的混凝土强度等级不应低于 C20，加固用混凝土中不应掺入粉煤灰、火山灰和高炉矿渣等混合材料；

加固所用的粘结材料及化学灌浆材料的粘结强度，应高于被粘结结构混凝土的抗拉强度和抗剪强度，一般宜采用成品。当工程单位自行配置时，应进行试配，并校验其与混凝土间的粘结强度。

4.1.3　荷载计算原则

加固构件承受的荷载，应作实地调查后取值。一般情况下，当原结构是按《工业与民用建筑结构荷载规范》取值时，鉴定阶段对结构的验算仍按原规范取值；一经确定需要加固时，加固验算应按《建筑结构荷载规范》的规定取值，其中未作规定的永久荷载，可根据情况进行抽样实测后确定，抽样数不少于 5 个，以其平均值的 1.1 倍作为荷载标准值。工艺荷载和吊车荷载等，应根据使用单位提供的数据取值。

4.1.4　承载力验算原则

进行承载力验算时，结构的计算简图应根据结构的实际受力状况和结构的实际尺寸确定，构件的截面面积应采用实际有效截面面积，即应考虑结构的损伤、缺陷、锈蚀等不利影响。验算时，应考虑结构在加固时的实际受力程度及加固部分的受力滞后特点以及加固部分与原结构协同工作的程度。对加固部分的材料强度设计值进行适当折减，还应考虑实际荷载偏心、结构变形、局部损伤、温度作用等而造成的附加内力。当加固后使结构重量增大时，尚应对相关结构及建筑物的基础进行验算。

4.1.5 与抗震设防结合的原则

我国是地震多发的国家，6 度以上的地震区几乎遍及全国各地。1976 年以前建造的建筑物，大多没有考虑抗震设防，1989 年以前的抗震规范也只规定了 7 度以上的地震区才设防，为了使这些建筑物遇地震时具有相应的安全储备，制定承载能力和耐久性加固、处理方案时，应与抗震加固方案结合提出。

4.1.6 其他原则

对于由高温、腐蚀、冻融、振动、地基不均匀沉降等原因造成的结构损坏，应在加固设计中提出相应的处理对策，随后进行加固。

结构的加固应综合考虑其经济性，尽量不损伤原结构，并保留有利用价值的结构构件，避免不必要的结构拆除或更换。

4.2 加固的常用方法

4.2.1 增大截面法

增大截面法是用增大结构构件截面尺寸进行加固。它不仅可以提高被加固构件的承载力，而且还可增加刚度，使正常使用阶段的性能在某种程度上得到改善。这种加固方法广泛用于加固混凝土结构中的梁、板、柱和钢结构中柱及屋架（补焊型钢）以及砖墙、砖柱（增设砖或混凝土扶壁柱或混凝土围套）等。这种方法会减少使用空间。当在梁板上作混凝土后浇层时，还会增加结构自重。

4.2.2 外包钢加固法

外包钢加固法是一种在结构构件（或杆件）四周包以型钢进行加固的方法，分干外包钢和湿外包钢两种形式。这种方法可以在基本不增大构件截面尺寸情况下提高构件承载力，增加延性和刚度，适用于混凝土柱、梁、屋架和砖混结构窗间墙以及烟囱等结构构件和构筑物的加固。但这种方法用钢量较大，加固维修费用较高。

4.2.3 预应力加固法

预应力加固法是一种采用外加预应力钢拉杆（分水平拉杆、下撑式拉杆和组合式拉杆或撑杆）对结构进行加固的方法。这种方法在几乎不改变使用空间的条件下，提高结构构件的承载力。预应力能消除或减缓后加杆件的应力滞后现象，使后加杆件有效地参与工作。预应力产生的负弯矩可以抵消部分荷载弯矩，减小原构件的挠度，缩小原构件的裂缝宽度，甚至可以使裂缝完全闭合。因此，预应力加固法广泛用于混凝土梁、板等受弯构件以及混凝土柱（用预应力顶撑加固）的加固。此外，还可用于钢梁及钢屋架的加固。预应力加固法是一种加固效果好而经济的方法，很有发展前途。其缺点是增加了施加的工序和设备。

4.2.4 改变受力体系加固法

改变受力体系加固法是通过增设支点（柱或托架）或采用托梁拔柱的办法去改变结构的受力体系（计算简图）的方法。增设支点可以减少结构构件计算跨度，降低计算弯矩，大幅度提高结构构件的承载力，减小挠度，缩小裂缝宽度。当增设的支点施加预应力时，效果更佳。增设支点多用于大跨度结构，但这种方法会影响使用空间。

托梁拔柱是在不拆或少拆上部结构的情况下，拆除、更换或接长柱子的一种处理方法，多用于要求改变使用功能或增大空间的老厂改造。

对于原由多跨简支梁构成的公路或铁路桥梁及吊车梁等结构，也常采用在梁上增配负弯矩钢筋，补浇混凝土后浇层的加固方法加固。即把原来的单跨简支梁变为多跨连续梁，改变梁的受力状态，提高其承载力。

在钢结构中，也常用改变受力体系的方法，使部分杆件内力降低，提高结构的承载力。例如，在钢屋架平面外采用增设支撑桁架、连杆、支点等方法，使屋架由平面结构变为空间结构；又如，把梁柱的连接由铰接改为刚接等。

4.2.5 外部粘钢加固法

外部粘钢加固法是用胶粘剂把钢板粘贴在构件外部进行加固的方法。常用的胶粘剂以环氧树脂为主配成。这种加固方法的优点是施工工期短，施工时可以不动火，加固后几乎不改变构件的外形和使用空间，却能大大提高结构构件的承载力和正常使用阶段的性能。

采用外部粘钢加固法时，通常是将钢板粘于梁底受拉区，以提高梁的承载力。当在梁侧粘贴钢板时，还可提高梁的斜截面承载力。这种方法常被用来加固承受静力作用下的混凝土（或型钢）受弯、受拉构件。但它要求环境温度不高于60℃，相对湿度不大于70%，并要求无化学腐蚀影响。粘贴钢板对施工工艺要求较高。

4.2.6 化学灌浆法

化学灌浆法是用压送设备将用化学材料配置的浆液灌入混凝土构件裂缝的一种修补方法。因灌入的浆液与混凝土较好地粘结并增强构件的整体性，所以它可恢复构件使用功能，提高耐久性，达到防锈补强的目的。

化学浆液有两种，一种是以环氧树脂为主而配成的环氧树脂浆液。它具有强度高、粘结力强、收缩小的特点，一般用于修补0.2～0.5mm宽度的裂缝。另一种是以甲基丙烯酸甲酯为主配置的甲液。它具有可灌性好的特点，能灌入0.05mm宽的细微裂缝中，一般用来修补裂缝宽度在0.2mm以下的裂缝。

化学灌浆法常被用来修补因裂缝而影响使用功能的结构，如水池、水塔、水坝等，也用来修补混凝土梁、板、柱等构件以及因钢筋锈蚀导致结构耐久性降低的构件。

4.2.7 水泥灌浆或喷射修补法

水泥灌浆法是用压力设备把水泥浆压入结构构件裂缝，使其结合的一种修补方法。用于水泥灌浆的浆液强度应大于构件的砂浆强度，所以用灌浆法修补的结构承载力可以恢复如初，且较经济，缺点是需要专门的设备，这种方法主要用于因地震、温度、沉降等原因引起的墙体修补。

喷射修补法是用压缩气体将水泥砂浆或细石混凝土喷射到受喷面上并凝固成新的喷射层的加固方法。喷射层能保护、参与甚至代替原结构工作，从而达到恢复或提高结构的承载力、刚度和耐久性等加固效果。喷射修补法因喷射层与原结构的粘结力强，施工方便，所以在加固工程中应用十分广泛，缺点是需要专门设备。这种方法常用于：①弱混凝土的局部或全部更换；②在板、梁等构件下面增补混凝土；③增大砖墙、柱、衬砌等结构构件断面；④增设防水抗渗层；⑤更换及增厚保护层混凝土；⑥填补混凝土和修补砖石结构中的孔洞、缝隙及混凝土墙的麻面等。

4.2.8 地基基础的加固方法

地基基础的加固方法可分为基础加宽、加深及加固，桩式托换，地基处理等。

加宽基础的方法有直接加宽、抬墙梁加大基底面积和增设筏板基础等。这些方法施工简便，无需专门设备，常用于地基承载力不足及直接增层时的基础加固。当地基中有膨胀土或局部软弱土层等情况时，可分段挖去原地基土，新做混凝土墩或砖墩以加深基础。如果基础出现开裂，刚度或强度不足，可采用化学灌浆法、混凝土围套加固法或加厚基础法加固基础。桩式托换是用增设桩的办法来托换原基础。托换桩的承载力一般都较大，可用于承载力严重不足以及外套框架增设层法的基础。地基处理的方法有石灰桩挤密地基和灌浆法加固地基土两种，后者由于灌浆材料价格较高，因此通常用于加固 3～5mm 的地基处理。

4.3 房屋结构加固

4.3.1 砌体结构加固

近些年来，我国低烈度区经常有较强地震发生，使不少砌体房屋严重破坏。砌体结构是学校、办公、居住等建筑结构中普遍存在的结构形式，尤其是在低烈度地区，所以，加强砌体加固抗震在低烈度区十分重要。

通常砌体结构是由混凝土砌块、黏土砖等构成的墙体结构。因为砌体是脆性材料，它的抗剪、抗拉强度都比较低，因此抗震性能很差，历次国内外强地震中，其结构的破坏率非常高。因其延性较差、材料脆弱，如果为Ⅵ度的地震烈度，砌体结构会开始产生破坏，对于施工质量差或设计不合理的房屋，会产生裂缝。如果Ⅶ～Ⅷ度地震发生的时候，该结构墙体会出现很多裂缝，一些砌体房屋甚至还会倒塌，因而砌体结构是加固的主体结构。

当裂缝是由于强度不足引起的，或已有倒塌的预兆时，必须采取加固措施。砌体结构常用的加固方法有以下几种：

1. 扩大砌体的截面加固

这种方法适用于砌体承载力不足但裂缝比较轻微，要求扩大面积不是很大的情况。一般的墙体、砖柱均可以采用此法。加大截面的砖砌体中砖的强度等级与原砌体相同，砂浆的等级比原砌体中的等级提高一级，且最低不低于 M2.5.

（1）新、旧砌体结合方法

加固后可考虑新旧砌体共同工作，这就要求新旧砌体有良好的结合。为了达到共同工作的目的，常采用两种方法：

① 新旧砌体咬槎结合：如图 4.1（*a*）所示，在旧砌体上每隔 4～5 皮砖，剔去旧砖成 120 mm 深的槽，砌筑扩大砌体时应将新砌体与之仔细连接，新旧砌体成锯齿形咬槎，可保共同工作。

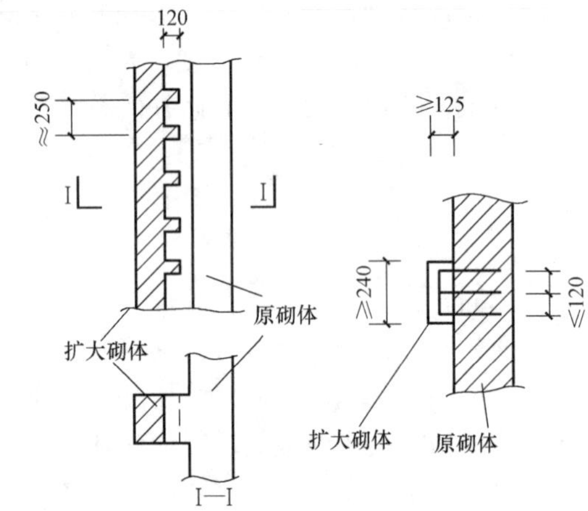

(*a*) (*b*)

图 4.1 扩大砌体加固

② 钢筋连接：在原有砌体上每隔 5～6 皮砖在灰缝内打入 $\phi6$ 钢筋，也有用冲击钻在砖上打洞，然后用 M5 砂浆裹着插入 $\phi6$ 钢筋，砌新砌体时，钢筋嵌于灰缝之中，如图 4.1（*b*）所示。

无论是咬槎连接还是插筋连接，原砌体上的面层必须剥去，凿口后的粉尘必须冲洗干净并湿润后再砌扩大砌体。

2. 外加钢筋混凝土加固

该法属于复合截面加固法的一种。其优点是施工工艺简单、适应性强，砌体加固后承载力有较大提高，并具有成熟的设计和施工经验；适用于柱、带壁墙的加固；其缺点是现场施工的湿作业时间长，对生产和生活有一定的影响，且加固后的建筑物净空有一定的减小。具体方法如图 4.2～图 4.4 所示。

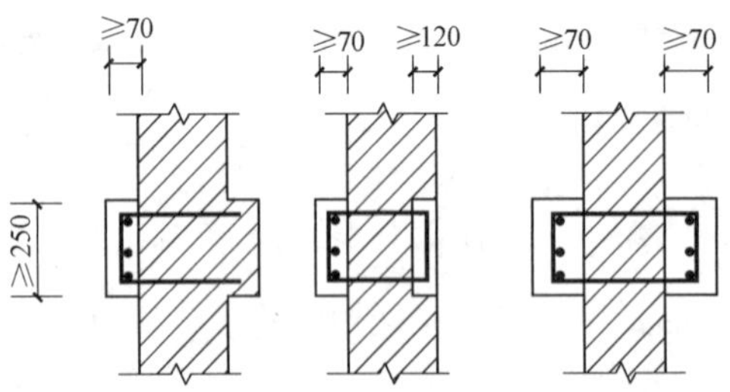

(*a*) (*b*) (*c*)

图 4.2 墙体外贴混凝土加固

（*a*）单面加混凝土（开口箍）；（*b*）单面加混凝土（闭口箍）；（*c*）双面加混凝土

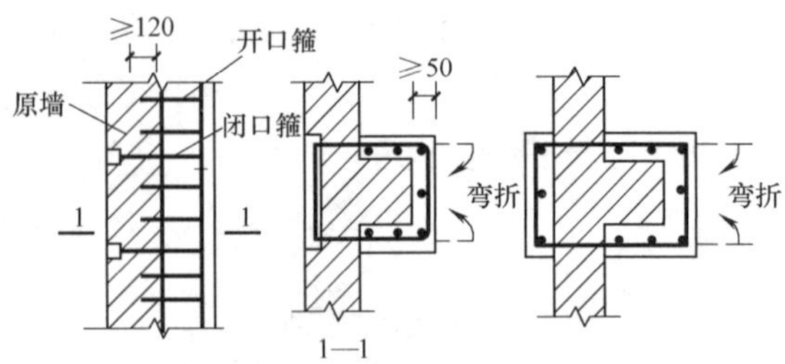

(*a*) (*b*)

图 4.3 用钢筋混凝土加固砖壁柱

（*a*）单面加固；（*b*）双面加固

3. 水泥灌浆法

水泥灌浆主要分为两种：重力灌浆法和压力灌浆法。

（1）重力灌浆法

利用浆液自重灌入砌体裂缝中以达到补强的目的。重力灌浆法的施工要点：

① 清理裂缝，形成灌浆通路；

② 表面封缝，用1∶2水泥砂浆（内加促凝剂）将墙面裂缝封闭，形成灌浆空间；

③ 设置灌浆口，在灌浆入口处凿去半块砖，埋设灌浆口；

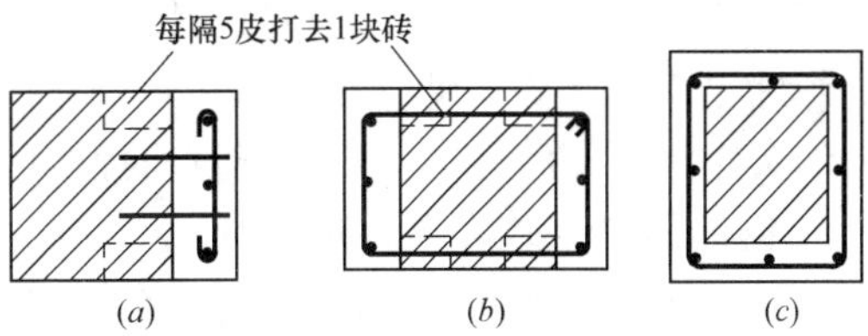

图4.4 外包混凝土加固砖柱
（a）单侧加固；（b）双侧加固；（c）四周外包加固

④ 冲洗裂缝，用灰水比为1∶10的纯水泥浆冲洗并检查裂缝内浆液流动情况；

⑤ 灌浆，在灌浆口灌入灰水比为3∶7或2∶8的纯水泥浆，灌满并养护一段时间后拆除灌浆口再继续对补强处局部养护。

（2）压力灌浆法

应用灰浆泵把浆液压入裂缝中以达到补强的目的。这种方法已在北京、天津、上海等地使用，并通过试验证明修补效果良好。

4. 外包钢加固法

外包钢加固具有快捷、高强的优点。用外包钢加固施工快，且不需要养护期，可立即发挥作用。外包钢加固可在基本上不增大砌体尺寸的条件下，较多地提高结构的承载力。用外包钢加固砌体，还可大幅度地提高其延性，在本质上改变砌体结构脆性破坏的特性。

外包钢常用来加固砖柱和窗间墙。具体做法是首先用水泥砂浆把角钢粘贴于被加固砌体的四角，并用卡具临时夹紧固定，然后焊上缀板而形成整体。随后去掉夹具，外面粉刷水泥砂浆，既可平整表面，又可防止角钢生锈，对于宽度较大的窗间墙，如墙的高宽比大于2.5时，宜在中间增加一缀条，并用穿墙螺栓拉结，参见图4.5。外包角钢不宜小于∟50×5，缀板（条）可用35mm×5mm或60mm×12mm的钢板。注意，加固角钢下端

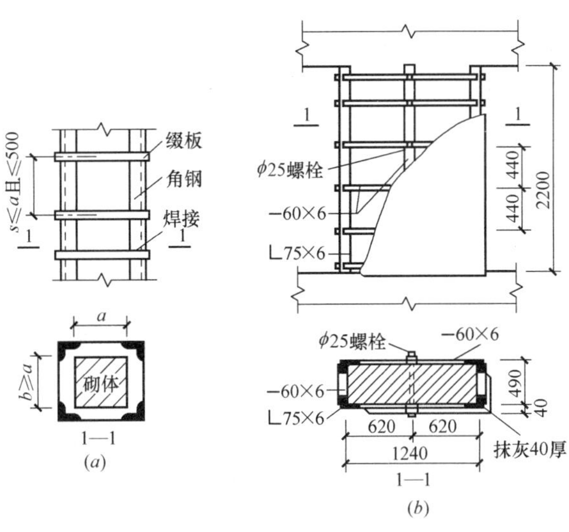

图4.5 外包钢加固砌体结构
（a）外包钢加固砖柱；（b）外包钢加固窗间墙

应可靠地锚入基础，上端应有良好的锚固措施，以保证角钢有效地发挥作用。

经外包钢加固后，砌体变为组合砖砌体，由于缀板和角钢对砖柱的横向变形起到了一定的约束作用，使砖柱的抗压强度有所提高。

5. 钢筋网水泥砂浆层加固

钢筋水泥砂浆加固墙体是在墙体表面去掉粉刷层后，附设由 $\phi4\sim\phi8$ 组成的钢筋网片，然后喷射砂浆（或细石混凝土）或分层抹上密缀的砂浆层。这样使墙体形成组合墙体，俗称夹板墙。夹板墙可大大提高砌体的承载力和延性。钢筋网水泥砂浆加固的具体做法可参见图 4.6。

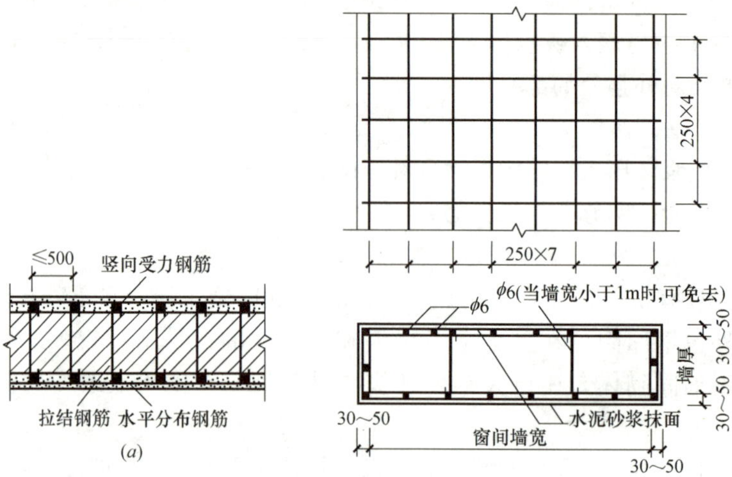

图 4.6　钢筋网砂浆加固砌体

(*a*) 加固整片墙体；(*b*) 加固窗间墙

钢筋网水泥砂浆面层厚度宜为 30～45 mm，若面层厚度大于 45 mm，则宜采用细石混凝土。面层砂浆的强度等级一般可用 M7.5～M15，面层混凝土的强度等级宜用 C15 或 C20。面层钢筋网需用 $\phi4\sim\phi6$ 的穿墙拉筋与墙体固定，间距不宜大于 500 mm。

受力钢筋宜用 HPB235（Ⅰ级）钢筋，对于混凝土面层也可采用 HRB335（Ⅱ级）钢筋。受压钢筋的配筋率，对砂浆面层不宜小于 0.1%；对于混凝土面层，不宜小于 0.2%；受力钢筋直径可用 $\geqslant\phi8$ 的钢筋，横向钢筋按构造设置，间距不宜大于 20 倍受压主筋的直径（即 500 mm），但也不宜过密，应大于或等于 120 mm。横向钢筋遇到门窗洞口，宜将其弯折 90°(直钩) 并锚入墙体内。

喷抹水泥砂浆面层前，应先清理墙面并加以润湿。水泥砂浆应分层抹，每层厚度不宜大于 15 mm，以便压密压实。原墙面如有损坏或酥松、碱化部位，应拆除后修补好。

钢筋网砂浆面层适宜于加固大面积墙面。但不宜用于下列情况：

① 孔径大于 15 mm 的空心砖墙及 240 mm 厚的空斗砖墙；

② 砌筑砂浆强度等级小于 M0.4 的墙体；

③ 墙体严重酥松或油污、碱化层不易清除，难以保证面层的粘结质量。

钢筋网面层加固后的砌体也是组合砌体。

6. 增加圈梁、拉杆

（1）增设圈梁

若墙体开裂比较严重，为了增加房屋的整体刚性，则可以在房屋墙体一侧或者两侧增设钢筋混凝土圈梁，也可以采用型钢圈梁。钢筋混凝土圈梁采用的混凝土强度等级为C15～C20，截面至少120mm×180mm，圈梁配筋可采用4ϕ10～4ϕ14，箍筋钢筋ϕ5～ϕ6@200～250mm，每隔1.5～2.5m（应有牛腿或螺栓）锚固件等伸进墙内与墙拉结好，并承受圈梁自重。浇筑圈梁时应将墙面凿毛、润水，以加强粘结。具体做法如图4.7所示。

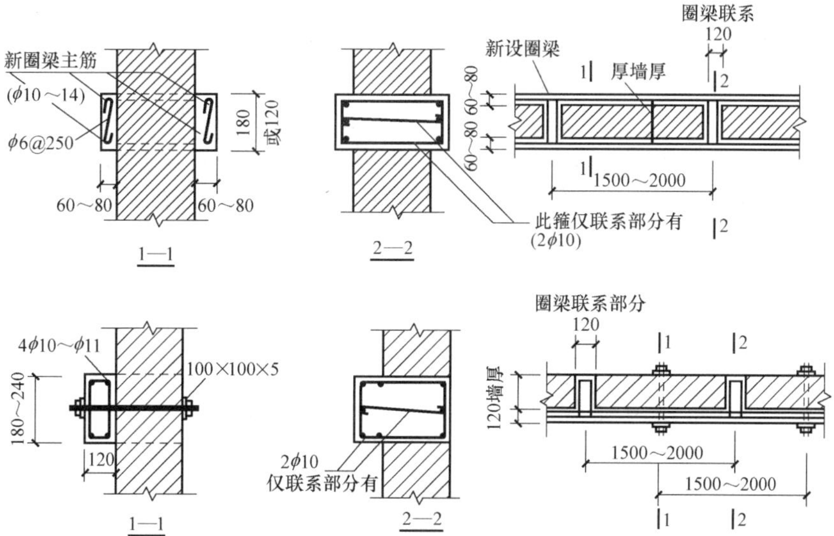

图4.7 加固砌体的圈梁

（2）增设拉杆

墙体因受水平推力、基础不均匀沉降或者温度变化引起的伸缩等原因而发生外闪，或者因墙体产生较大裂缝或使外纵墙与内横墙拉结不良而裂开，可以增设拉杆。如图4.8所示。拉杆可用圆钢或型钢。

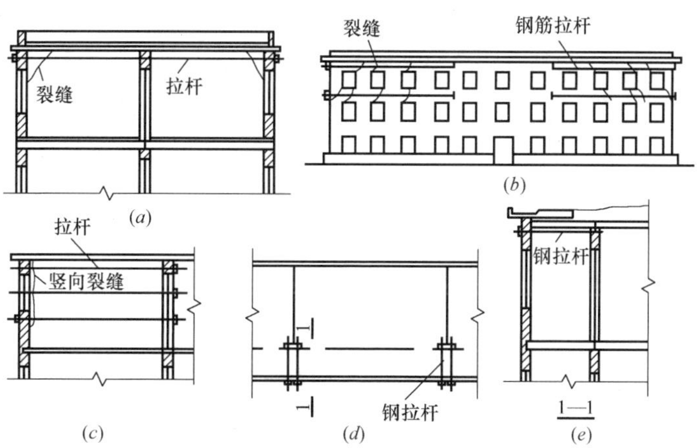

图4.8 增设拉杆加固

采用钢筋拉杆宜通长拉结，并沿墙两边设置，较长的拉杆中间应加花篮螺丝，以便拧紧拉杆，拉杆接长应采用焊接。露在墙外的拉杆或垫板螺帽，可适当做建筑处理，拉杆和垫板都要涂防锈漆。

增设拉杆的同时也可同时增设圈梁，以增强加固效果，并且可将拉杆的外部锚头埋入圈梁中。

7. 其他加固方法

因砌体破损的情况各有不同，加固砌体也应视具体情况采用不同的方法。除了上述几种主要的加固方法以外，还有不少其他方法。

如门窗上的过梁为砌体过梁，因为某种原因产生了裂缝，这时可改为加筋砌体过梁或者增设钢筋混凝土过梁。

又如，大梁下的砌体产生裂缝是由于局部承压不足产生的，则可以托梁加垫。

当某墙体局部破损严重，难以加固时，可以拆除部分墙体，改用混凝土柱。

不论采用何种加固方法，当拆除某部分墙体时，应该采取临时加固措施，以避免在加固过程中产生破坏。

8. 砌体结构加固工程案例

（1）工程概况

某小学属于抗震工程，包括北教学楼、南教学楼、食堂、学生宿舍、实验楼共五个单体建筑工程，总加固建筑面积为 9920.8m^2，其中南教学楼 3234.12m^2、北教学楼 3204.86m^2，建设年代约 1960～1962 年。结构形式为砖混结构，无地下室，南北教学楼地上均为三层，建筑高度 11.70m，建筑层高 3.9m，外墙厚 370mm、内墙厚 240mm。楼面及屋面均为装配式楼面。横墙最大开间为 9.9m。

（2）校舍现状及采用加固方法

结构体系不合理

南北教学楼为单跨悬挑结构，横墙较少且间距较大，纵墙上门窗开洞较多，建筑的抗震性能较差；结构的变形和不均匀沉降较大；楼梯间设置在建筑两端或拐角处，平面刚度分布不均匀。采取加固方法：

a. 对未满足抗震及受压要求的墙体进行贴混凝土板墙加固及钢绞线-聚合物砂浆面层加固处理；

b. 横墙较少、间距较大的房间增设横墙，以增加横向刚度，形成刚性体系；

c. 加强在尽头、拐角的楼梯间四角构造柱及圈梁、增强相邻墙体刚度和承载力。

（3）整体性连接构造不足

该工程楼面板、屋面板多数采用预制板，整体性较差，连接部位普遍存在裂缝现象，面层脱落严重；南北教学楼未设置构造柱及圈梁；墙体之间、墙体与楼板之间连接性较差。采取加固方法：

① 采用楼板边缘用角钢相互进行连接加固；

② 对构造柱设置不符合鉴定要求时，内纵墙与横墙处增加构造柱提高原结构的抗震能力。当墙体为钢筋混凝土板墙加固，且在墙体交接处增设相互可靠拉结的配筋加强带时，不另设构造柱；

③ 墙体之间、墙体与楼板之间连接性较差的增设穿板、穿墙拉结钢筋。

（4）易损易倒塌部件连接措施不足

女儿墙、烟囱无锚固、无拉结措施；墙体局部尺寸如承重窗间墙距离、承重外墙至门窗洞距离偏小；梁、板等。构件墙上支承长度不足。采取加固方法：

① 窗间墙宽度过小不满足抗震能力的，窗间墙采取混凝土板墙加固；

② 支承大梁等的墙段抗震能力不满足要求的，增设组合柱、钢筋混凝土柱子或板墙加固；

③ 拆除原突出屋面部分的废弃砖烟囱。出屋面的无拉结的女儿墙，采用型钢、钢拉杆加固。

4.3.2 钢结构的加固

随着科技的发展，新型材料的运用越来越广泛，以钢结构为主体的建筑，成为发展的主流，近年来，钢结构更加广泛应用于公共建筑中，我国目前不仅能生产各种类型的建筑钢材，同时钢材生产的新技术、新工艺、新产品也日益增多，如彩钢压型板、彩钢复合板、彩钢扣板、拱形厂房及彩钢制品等的生产，使建筑结构充满现代气息，实践证明钢结构建筑在我国更具有广阔的发展前景。

钢结构在具有强度高、延性好、重量轻等一系列不可替代优点的同时，也存在着易锈及防火性能差的弱点。调查研究表明，大气中的水分在钢材上形成的水膜是引起腐蚀的主要因素，而大气相对湿度及侵蚀性介质和二氧化碳的含量则是影响腐蚀的重要因素。在常温下，一般钢材的腐蚀临界湿度为60％～70％——即大气相对湿度超过此临界值，钢材的腐蚀速度会成倍甚至几倍的增加。而大量钢结构所处环境是含二氧化硫，有时建筑物所处环境湿度达90％以上，或有多种侵蚀介质作用。需对钢结构构件进行加固和检测，保证钢结构构件的使用安全性能，或满足因为生产工艺改变构件仍能满足使用要求。

钢结构需加固补强的常见原因有以下几点：

（1）由于设计或施工中造成钢结构缺陷，使得结构或局部的承载能力达不到设计要求，如焊缝长度不足，杆件切口过长，使截面削弱过多等；

（2）结构经长期使用，出现不同程度的锈蚀、磨损或节点受削弱等，达不到设计要求；

（3）由于使用条件发生变化，结构上荷载增加，原有结构不能适应；

（4）使用的钢材质量不符合要求；

（5）意外自然灾害对结构损伤严重；

（6）由于地基基础下沉，引起结构的变形和损伤；

（7）有时出现结构损伤事故，需要修复。如果损伤是由于荷载超过设计值或者材料质量低劣，或者是构造处理不当，那么修复工作也带有加固性质。

1. 钢结构的加固方法

调整荷载、改变结构计算图形、加大原结构构件截面和连接强度、阻止裂纹扩展等。当有成熟经验时，亦可采用其他加固方法。

（1）改变结构计算图形。改变结构计算图形是指采用改变荷载分布状况、传力途径、节点性质和边界条件，增设附加杆件和支撑、施加预应力、考虑空间协同工作等措施对结构进行加固。改变结构计算图形的一般加固方法有：

① 对结构可采用：增加支撑形成空间结构并按空间结构验算；加设支撑增加结构刚度，或者调整结构的自振频率等以提高结构承载力和改善结构动力特性；增设支撑或辅助杆件使结构的长细比减少以提高其稳定性；在排架结构中重点加强某一列柱的刚度，使之承受大部分水平力，以减轻其他柱列负荷；在塔架等结构中设置拉杆或适度张紧的拉索以加强结构的刚度。如图 4.9 所示。

② 对受弯杆件可采用：改变荷载的分布，例如将一个集中荷载转化为多个集中荷载；改变端部支承情况，例如变铰结为刚结；增加中间支座或将简支结构端部连接成为连续结构；调整连续结构的支座位置；将结构变为撑杆式结构；施加预应力等改变其截面内力的方法进行加固。

(2) 加大构件截面：采用加大截面加固钢构件时，所选截面形式应有利于加固技术要求并考虑已有缺陷和损伤的状况。

(3) 加固连接：钢结构连接方法，即焊缝、铆钉、普通螺栓和高强度螺栓连接方法的选择，应根据结构需要加固的原因、目的、受力状况、构造及施工条件，并考虑结构原有的连接方法确定。钢结构加固一般宜采用焊缝连接、摩擦型高强度螺栓连接（图 4.10），有依据时可采用焊缝和摩擦型高强度螺栓的混合连接。当采用焊缝连接时，应采用经评定认可的焊接工艺及连接材料。

图 4.9　设置拉杆加固

图 4.10　设置高强度螺栓连接

(4) 裂纹的修复与加固：结构因荷载反复作用及材料选择、构造、制造、施工安装不当等产生具有扩展性或脆断倾向性裂纹损伤时，应设法修复。在修复前，必须分析产生裂纹的原因及其影响的严重性，有针对性地采取改善结构实际工作或进行加固的措施，对不宜采用修复加固的构件，应予拆除更换。

2. 钢结构工程加固案例

(1) 工程概况

某单层轻型钢结构厂房，跨度为 90.5m+44.3m+90.5m+50.5m，檐口最高标高为 20.5m，基底标高为负 0.7m，基本风压为 0.5kN/m，基本雪压为 0.8kN/m，抗震设防裂度为 6 度，地震基本加速度值为 0.05g。基底下铺砌毛石垫层，基础采用钢筋混凝土结构。厂房主体结构采用三角形钢架承重，屋面钢板系统中檩条采用 C 型钢和彩钢板，檩条间距为 1.8m。由于实际生产需要，现需要对厂房进行加固与改造，目标是增设一个 5t 承重量的小型吊车，以满足新的生产器械的运作。在改造过程中并对原有的钢结构不规范的地方进行加固。通过实地勘测，发现该厂房存在以下几点问题：厂房内部分排架柱已经出现局部扭曲，无内柱：柱与柱之间未设置支撑设备；屋架之间未设置水平支撑；屋面钢板系统檩条之间未构建支撑系统。

（2）加固设计

上述钢结构厂房出现了许多支撑系统未设立的问题，导致这些不规范问题出现的原因正是由于缺乏合理系统的设计，这就更加突出了设计阶段工作的重要性。下面将针对上述问题进行具体的加固优化设计。

① 屋盖系统

a. 选择方案

目前屋盖系统缺乏支撑，应对的方案一般有两种：第一，拆卸重建，将厂房屋面上的彩钢板拆卸下来，采用混凝土屋面板构建屋盖系统，板与板之间同样采用细石混凝土缝合，混凝土板与屋梁之间采用焊接技术连接，混凝土板之间不能采用泡沫作为隔热层，可使用铺小石子的油毡层作为隔热防水层；第二，在原有设施的基础上增设支撑系统。就加固完成后屋盖系统的整体性能而言，方案一肯定是要优于方案二的，采用混凝土大型屋面结构能够有效地传递屋面荷载，增加屋面系统的稳定性。但是牵一发而动全身，重建屋盖系统，势必要对其他受力体系造成影响，甚至连其他系统也需要重建。而采用方案二，不仅减少了对正常生产和其他受力系统的影响度，而且节省成本，所以屋盖系统的加固方案采用在原有设施基础上增设支撑系统。

b. 具体设计

在原有设施基础上增设支撑系统，首先，应该要在屋面檩条间增设拉条、斜拉条和檩条撑杆，组成稳定的受力系统。其中拉条材料采用圆钢，通过螺栓与檩条连接，增设在距檩条上翼缘 1/3 腹板高度的范围内，使拉条能够产生一个扭转力矩，在檩条出现扭转时可以起到稳定檩条的作用；撑杆通过拉条外套圆钢管组成，置于屋脊和檐口处支撑起分压作用；斜拉条的增设是为了在屋盖系统中形成几何不变体系，进一步增加系统的稳定性。其次，还应该在屋架间增设水平支撑和系杆，起到水平传递风雪荷载的作用，水平支撑采用圆钢管沿厂房纵向设置，系杆采用交叉单角钢，防止屋架的侧移。

c. 仿真检验

在设计完成后施工之前，为了进一步检验并完善设计，通过 SAP2000 软件对加固设计进行仿真。首先根据厂房的实际结构，通过软件构造生产厂房的 3D 模型，再在模型上增设拉条、斜拉条和檩条撑杆，最后在各种荷载情况下测试加固设计的应用情况。结果显示，该种加固设计可以满足既定的需求，且可以承担各种荷载的压力。

② 柱间支撑

a. 方案设计

柱间支撑的作用是保证厂房在纵向方向上的荷载传递，以增加空间体系的稳定性，故柱间支撑应在每一个纵向柱子的中部和端部起到第二榀框架间设立。在本案例中柱间支撑采用单阶柱，为了与屋盖系统的水平支撑形成有效的空间体系，每一个纵向柱子需要设置 3 道上段柱和下段柱柱间的单阶柱。为使两个柱肢受力均匀，每个单阶柱都将采用双片支撑。由于上段柱的柱距与柱间支撑的高度比大于 2.5，所以上段柱采用八字形支撑，下段柱采用十字形交叉支撑，这样使得柱间的受力传递比较容易，结构也较为简单。

b. 计算与仿真检验

柱间支撑的仿真检验主要是构建不同的荷载模型，测试在不同的荷载情况下柱间支撑是否能够稳固钢结构厂房，有效承载纵向的荷载。由于荷载的出现往往不止一种，故应用SAP2000软件分析柱间支撑的荷载能力时，将风荷载、雪荷载、积灰荷载、永久荷载、水平地震等进行组合，收集柱间支撑在不同模型下的变形和位移数据。仿真结果显示，在12种不同模型组合下柱间支撑的最大水平位移出现在纵向和横向风荷载的情况下且只为32.1mm，这个数值远远小于规范所规定的位移值，故该种加固设计也可满足需求。

③ 排架柱

a. 方案选择

在本案例中，勘测显示排架柱在据地面1m的位置出现了局部受撞击的现象，随着时间潜移默化的影响，将会不断降低其承载能力和空间体系的稳定性。对该排架柱加固的方案有以下四种：另增设支撑构件，从外部辅助支撑排架柱，该方案的缺点在于会减小厂房的利用空间，给生产带来不便；采用器械托住屋梁，更换排架柱，该方案的缺点更为明显，托梁的施工工序较外部支撑更为复杂，且排架柱只是局部受损，更换颇为浪费；在排架柱四周加注混凝土，能够有效地增加承载能力，但对排架柱的刚度和节点板的焊缝影响较大；在排架柱的四周加焊钢板，相比于混凝土来说，施工较为简单且周期短，避免了混凝土的调配和凝固过程，对于刚度和节点板的影响也可以忽略不计。通过对这几种方案优缺点的分析，结合本案例实际情况，将采用第四种方案进行加固。

b. 设计与仿真

通过对受损排架柱的测量，决定采用10mm厚的Q235钢板和焊脚尺寸为6mm侧面角焊缝。通过SAP2000软件仿真测试，在长时间的荷载情况下，排架柱的承载能力与稳定性都满足需求，而且钢板的使用对生产工作的影响也是可以忽略的。

4.3.3　混凝土结构的加固

钢筋混凝土结构在长期的自然环境和使用环境作用下，加之设计、施工、监理、养护等工作存在不足，使结构的功能在使用过程中逐渐减弱。构筑物不但要做好前期的设计，还要科学评估结构损伤的客观规律和程度，从而采取有效措施保证结构在使用过程中的安全及耐久性。

混凝土结构加固分为直接加固与间接加固两大类，设计时可根据实际条件和使用要求选择合适的方法和配套技术。

1. 直接加固一般方法

（1）加大截面加固法

加大截面加固法是在钢筋混凝土梁外部外包混凝土（通常是在梁的受压区增加混凝土现浇层，受拉区增加配筋量），增大构件截面积和配筋量，增加截面有效高度，从而提高钢筋混凝土梁的正截面抗弯、斜截面抗剪能力和截面刚度，起到加固补强的作用。

该法施工工艺简单、适应性强，并具有较成熟的设计和施工经验，但现场施工的湿作业工作量大，养护时间较长，对生产和生活有一定的影响，而且加固后构件的截面增大，对建筑物的净空和外观有影响。如图4.11所示。

（2）置换混凝土加固法

置换混凝土加固法是剔除部分陈旧的混凝土，置换成新混凝土，新混凝土的强度等级应比原梁构件提高一级。适用于钢筋混凝土梁的局部加强处理，有时也用于受压区混凝土强度偏低或有严重缺陷的钢筋混凝土梁的加固。如图 4.12 所示。

图 4.11 加大截面加固法

图 4.12 置换混凝土加固法

该法的优点与加大截面法相近，而且构件加固后不影响结构原先的净空，能恢复结构原先的外观。但也同样存在加大截面法加固梁。施工的湿作业时间长、养护时间较长，而且剔除陈旧混凝土的工作量大，容易伤及原构件的钢筋，所以在施工过程中对原构件可能造成的屈服、疲劳、失稳等破坏状态要进行全面严密的评估。

(3) 粘结外包钢加固法

粘结外包型钢加固法是把型钢（钢板）包在被加固梁构件的外边，即采用环氧树脂化灌浆等方法把型钢与被加固钢筋混凝土梁粘结成一整体，使钢材与原梁构件整体工作共同受力。加固后的混凝土梁构件，由于受拉、受压区钢材截面积增大，从而正截面承载力和截面刚度都有大幅度提高。如图 4.13 所示。

该法也称湿式外包钢加固法，受力有保证、施工简便、现场工作量较小，但用钢量较大，且不宜在无防护的情况下用于 600℃以上高温场所。适用于使用上不允许显著增大原构件截面尺寸，但又要求大幅度提高承载力的混凝土构件加固。

(4) 粘钢加固法

外部粘钢加固法是在钢筋混凝土梁承载力不足区段（正截面受拉区、正截面受压区或斜截面）表面用特制的建筑结构胶粘贴钢板，使其整体工作共同受力，以提高混凝土梁承

图 4.13 粘结外包钢加固法

图 4.14 粘钢加固法

载力的一种加固方法。该方法的实质是一种体外配筋，提高原构件的配筋量，从而相应提高构件的刚度、抗拉、抗压、抗弯和抗剪等方面的性能。

该法施工快速、现场无湿作业或仅有抹灰等少量湿作业，对生产和生活影响小，且加固后对原结构外观和原有净空无显著影响，但加固效果在很大程度上取决于胶粘工艺与操作水平。适用于承受静力作用且处于正常湿度环境中的受弯或受拉构件的加固。如图 4.14 所示。

(5) 粘贴纤维增强塑料加固法

外贴纤维加固是用特制胶结材料把纤维增强复合材料贴于被加固梁构件的相应区域，使它与被加固构件截面共同工作，达到提高构件承载能力的目的。目前常用粘贴碳纤维复合材料的方法来加固。

该方法除具有粘贴钢板相似的优点外，还具有耐腐蚀、耐潮湿、几乎不增加结构自重、耐用、维护费用较低等优点，但需要专门的防火处理，适用于各种受力性质的混凝土结构构件和一般构筑物。此法可用于各种受力性质的钢筋混凝土构件和一般构筑物构件。如图 4.15 所示。

(6) 绕丝加固法

直接在构件外绕高强钢丝（钢绞线），该方法的优缺点与加大截面法相近。适用于混凝土结构构件斜截面承载力不足的加固，或需要对受压构件施加横向约束力的场合。在加固防腐要求较高的构件时，利用镀锌钢绞线和防腐砂浆组成的复合材料对混凝土构件进行补强，两种材料在加固中起着不同作用，防腐高强钢丝起到抱箍的作用，防腐砂浆起到锚固钢丝和保护层作用，使其共同工作整体受力，以提高构件的承载力。如图 4.16 所示。

图 4.15 粘贴纤维增强塑料加固法

图 4.16 绕丝加固法

这种方法实际是一种体外配筋，通过提高构件的配筋率，从而相应提高构件的承载能力，所以被广泛地应用在钢筋混凝土建筑物的加固处理及水中钢筋混凝土结构的防渗漏、防腐蚀加固处理。

2. 间接加固的一般方法

(1) 预应力加固

①预应力水平拉杆加固

钢筋混凝土受弯构件，上缘受压，下缘受拉。由于预应力水平拉杆的预应力和新增外部荷载的共同作用，拉杆内产生轴向拉力。该力通过拉杆锚固端偏心传递到原构件上，在原构件中产生偏心受压作用，此时该作用力在原构件上的基本形态成下缘受压、上缘受拉趋势。该作用克服了部分外荷载产生的弯矩，减少了外荷载效应，从而提高了构件的抗弯能力。同时，由于拉杆传给构件的压力作用，构件裂缝发展得以缓解、控制、斜截面抗剪承载力随之提高。值得重视的是由于水平拉杆的作用，原构件的截面应力特征由受弯变成了偏心受压，所以加固后构件的承载力主要取决于原构件在压弯状态下的承载力。如图 4.17 所示。

② 预应力撑杆加固

钢筋混凝土受弯构件，在相应区域使用撑杆，通过施加预应力强迫撑杆受力，影响并改变原结构内力分布，从而降低结构原有应力水平并提高结构的承载能力。采用预应力加固的特点是通过预应力手段强迫后加部分受力，改变原结构的内力分布，降低原结构的应力水平，使一般加固方法中所特有的应力应变滞后现象得以完全消除，具有加固、卸载和改变结构内力的三重效果，后加部分和原有结构能够较好地共同工作，结构承载能力能够得到较大的提高。常用于大跨度以及处于高应力、高应变状态下的大型钢筋混凝土构件的加固。如果 4.18 所示。

预应力加固法的优点是改变了原结构内力分布，降低原构件的应力水平，消除新加杆件与原来构件的应力应变滞后现象，能较大幅度地提高结构整体承载力。缺点是加固后对原结构外观有一定影响，对环境温度有一定要求，在生产性热源且原结构表面温度经常大于 600℃的环境中使用时，其防护处理较困难，造价较高；另外对于混凝土收缩变大的结构，造成后加部分的预应力损失较大，故不宜采用。

图 4.17 预应力水平拉杆加固

图 4.18 预应力撑杆加固法

(2) 增设支承加固法

增设支承加固法是在需要加固的结构构件中增设支承，减少受弯构件计算跨度，从而减少作用在被加固构件上的荷载效应，达到提高结构构件承载力水平的目的。常用于对使用条件和外观要求不高的场所。如图 4.19 所示。

该法简单可靠，受力明确，易拆卸，易恢复原貌。缺点：严重损害原建筑物的原貌和使用功能，并可能减小使用空间，所以宜用于条件许可的钢筋混凝土结构加固。

3. 其他加固方法

其他一些常用的加固方法：锚栓锚固法，它适用于混凝土强度等级为 C20～C60 的混凝土承重结构的改造、加固，但不适用于已严重风化的结构及轻质结构；高强钢丝绳网片—复合砂浆外加层加固法，该方法与绕丝加固法相似，只是它采用的是高强钢丝绳网

图 4.19　增设支承加固法

图 4.20　锚栓锚固法

片，对防止砂浆或混凝土的开裂效果较好；辅助结构加固法，该方法是采用另制的辅助构件，如型钢、钢桁架或钢筋混凝土梁，部分或全部分担被加固梁的荷载，从而提高整体承载力。如图 4.20 所示。

4. 混凝土结构加固配套技术

（1）托换技术

托换技术系托梁或桁架拆柱或墙、托梁接柱和托梁换柱技术的概称，属于综合性技术。由相关结构加固、上部结构顶升与复位以及废弃构件拆除等技术组成；适用于已有建筑物的加固改造；与传统做法相比，具有施工时间短、费用低、对生活和生产影响小等优点，但对技术要求较高，需由熟练工人来完成，才能确保安全。

（2）植筋技术

植筋技术系一项对混凝土结构较简捷、有效的连接与锚固技术。可植入普通钢筋，也可植入螺栓式锚筋，已广泛应用于已有建筑物的加固改造工程，如：施工中漏埋钢筋或钢筋偏离设计位置的补救，构件加大截面加固的补筋，上部结构扩跨、顶升对梁、柱的接长，房屋加层接柱和高层建筑增设剪力墙的植筋等。如图 4.21 所示。

（3）裂缝修补技术

根据混凝土裂缝的起因、性状和大小，采用不同封护方法进行修补，使结构因开裂而降低的使用功能和耐久性得以恢复的一种专门技术。适用于已有建筑物中各类裂缝的处理，但对受力性裂缝，除修补外，尚应采用相应的加固措施。如图 4.22 所示。

图 4.21　植筋技术

图 4.22　裂缝修补技术

(4) 碳化混凝土修复技术

碳化混凝土修复技术系指通过恢复混凝土的碱性或增加其阻抗而使碳化造成的钢筋腐蚀得到遏制的技术。

(5) 混凝土表面处理技术

混凝土表面处理技术系指采用化学方法、机械方法、喷砂方法、真空吸尘方法、射水方法等清理混凝土表面污痕、油迹、残渣以及其他附着物的专门技术。

(6) 混凝土表层密封技术

混凝土表层密封技术系指采用柔性密封剂充填、聚合物灌浆、涂膜等方法对混凝土进行防水、防潮和防裂处理的技术。如图 4.23 所示。

图 4.23 混凝土表层密封技术

5. 混凝土结构加固方案优选

混凝土构筑物因出现功能性改变，如接建、增加荷载等或出现质量问题（如配筋不足、灾后修补、混凝土强度不够等），都需要进行加固。其加固施工及加固方案的制定尤为重要，对于需要加固的构筑物，应根据构筑物的不同情况制定不同的加固方案。方案的确定要遵循安全、经济、快捷、施工方便的原则，只有这样，加固工程才能收到良好的社会效益和经济效益。

一般来说，加固工程常采用的方法有加大截面加固法、外包钢加固法、预应力加固法和增设支承加固法等。但是随着科学技术的不断进步，应用新技术、新材料、新工艺进行工程加固的方法，如化学灌浆法、粘钢锚固法、碳纤维加固法应运而生，并广泛应用于各类加固工程中。具体哪个方案最能体现加固工程所要求的短、平、快、省的特点，应根据需要加固的结构构件情况，综合分析确定加固方案。加固方案的优选，重点要考虑是否具有可施工性，不管哪种加固方法，最终要施工能得以实施才能实现加固的目的。每种方法都有优缺点，应根据不同工点的需求，确定出经济实用、安全美观的加固方法。

6. 混凝土结构工程加固案例

(1) 工程概况

某厂一栋住宅楼为 1995 年建的设置有架空层的 6 层砖混结构。楼板大部分采用预制板，基础为钢筋混凝土筏片基础，在正常使用过程中发现一层现浇板、圈梁有裂缝存在，经检测该建筑多处构件混凝土强度达不到设计要求，破损严重，已构成局部危房。根据业主要求，需对此建筑物的一层及基础进行加固处理，以保证其正常使用。

(2) 加固设计方案的选择

加固设计方案的选择要遵循安全、经济、快捷、施工方便的原则。就梁的加固而言，常用的混凝土加固设计方案有：加大截面法、预应力加固法、粘贴钢板法、粘贴碳纤维片材法等。本工程在考虑加固方案时做过多种比较，若采用加大截面法需要支模，打穿楼板浇筑混凝土，给施工带来很大的困难，对建筑的使用空间也有一定的限制，故不采用。由于该厂房混凝土强度等级偏低，现有混凝土加固方法中施工比较方便的“粘钢法”与“碳纤维加固法”也均无法采用；而预应力加固法技术要求较高，成本也不低，也不采用。针对以上特点，决定采用置换混凝土加固法，即更换圈梁混凝土，从根本上解决混凝土强度不足的问题，可以达到良好的加固效果。

（3）置换混凝土法加固方案

① 混凝土置换体系

本工程考虑采用由钢板、钢管、钢筋及千斤顶组成的传力体系，再现浇混凝土。原圈梁混凝土凿除后放置的构架来代替，起到承重和传力的作用。该方法是分段实施的，当一段安装好替换材料后，再挖另一段，待原圈梁全部被替换后，放置钢筋，间断处配置箍筋，然后浇筑混凝土。该加固方法安装较为简单，传力较为明确，技术可靠性强，经济效益显著。

② 材料的选用

根据《混凝土结构加固设计规范》要求，圈梁现浇混凝土采用 YZJ-4 聚丙烯混凝土，强度等级为 C25。钢筋按现行国家标准《钢筋混凝土用热轧带肋钢筋》GBI 499 等的规定抽取试件进行力学性能检验，其质量必须符合有关标准及设计规定。在该受力体系中，在没有浇筑混凝土的情况下，上部荷载主要是通过预制圈梁中的钢管和钢筋来传力的，此时体系中的钢板主要受剪，而在与钢管及钢筋接触处剪应力最为集中，为了保证施工安全，必须对钢板厚度进行设计。

（4）施工技术

① 施工工序

结合本工程具体特点，在圈梁置换混凝土施工时宜按照下列工序进行：结构受力状态计算→结构位移控制的仪器仪表设置→结构卸除荷载→剔除圈梁混凝土→界面处理→钢筋修复配置→支模→浇筑混凝土→养护→拆模→检查验收→拆除卸荷结构。

同时应对原结构在施工过程中的受力状态进行验算、观察和控制，以确保置换界面的混凝土不会出现拉应力，并且尽可能使纵筋的应力为零。

② 施工工艺

a. 清理加固场地，在离墙边 500 mm 处采用顶撑将搁置在需加固圈梁上的预制板顶牢。

b. 圈梁施工前对圈梁进行放线，按圈梁轴线依次每隔净距 360 mm 挖宽 360 mm 的孔洞，随即安装预制圈梁件。安放后的预制圈梁件与顶板之间通过预制件自身预紧受力。

c. 当一段长度的墙体预制圈梁安装好后，再挖剩余的宽 360 mm 洞四周砖砌的原圈梁体，安装预制圈梁件，然后检查钢筋锈蚀情况。若钢筋锈蚀严重，必须更换，对轻微锈蚀的钢筋可进行除锈，以保证钢筋的整体性。在孔洞间安放箍筋，随即浇筑混凝土。新混凝土采用 YZJ-4 聚合物混凝土，保证 3d 强度达到 C25，以便尽快拆模。

d. 浇筑时对孔洞四周砌体充分湿水，并注意对两次浇筑混凝土的结合面进行刷毛，浇筑时采用振动棒振捣，确保密实。圈梁顶部浇筑应仔细操作，保证混凝土密实，与上部砌体共同承力。

e. 圈梁更换结束后，务必浇水养护，并用砂浆将圈梁部位粉刷与原砂浆层相平。

f. 当圈梁混凝土达到 70%强度后，便可逐步拆除楼板顶撑。

置换混凝土法在工程结构加固中对解决混凝土强度等级偏低的结构已得到了广泛地应用，从近几年的施工实践证明，该项技术可靠性强，经济效益显著。2006 年 6 月颁布的国家标准《混凝土结构加固设计规范》和目前已经通过了专家评审的《建筑结构加固工程施工质量验收规范》已将置换混凝土加固方法列入其中，这将对今后应用此类方法的加固设计施工带来进一步的指导和规范作用。

4.3.4　古建筑加固

1. 我国古建筑的特点

我国虽有悠久的历史，但保留下来上千年的古建筑为数不多，而西方国家两千年以上的建筑仍有不少保存完好。这种情况在很大程度上是因为其结构不同——我国建筑为木结构，而西方国家建筑为砖石结构所致。

木材除易燃外，还有一个致命的弱点，就是容易腐朽和虫蛀。我国传统建筑多以木材作骨架，所以在维护古建筑、新建仿古建筑时，对木材的防腐处理至关重要。

我国古建筑历经数千年发展，具有极高历史和艺术价值，它不仅是中华民族的宝贵财产，也是世界建筑艺术的瑰宝。尽管历尽沧桑，许多珍贵的古建筑毁于天灾人祸，但现存不少遍布全国的古建筑，认真保护这份遗产，有计划地进行维修与加固，是我们业内人员的职责。

几千年来中国建筑大至宫殿、庙宇，小至仓房、民居，尽管规模不同，质量有别，但从总的发展趋势看。一直沿用以木构架为主体的发展方向，成为我国古建筑的主流，在世界建筑中堪称独树一帜的建筑体系。

我国古建筑普遍采用木结构，因地理环境和生活习惯的不同，发展至今，有抬梁、穿斗和井干等不同形式。其中，抬梁式结构占主要地位。这种抬梁结构的基本形式是用立柱和横梁组成构架。数层重叠的梁架逐层缩小，逐级加高，直至最上的一层梁上立脊瓜柱。各层梁头上和脊瓜柱上承托檩条，又在檩条间密排许多椽子，构成屋架，成为完整独特的木构架体系。建筑物屋面的全部重量由木构架承担，其中任何一种木构件发生损坏都会不同程度影响到结构强度。

使用榫卯组合木构架也是中国古建筑的一大特点。从现存若干明、清建筑物来考察，它们已历经数百年的考验，因地震或自身载荷而损坏者甚少，充分显示了木构架榫卯结构的严谨可靠。古建筑维修中发现，榫卯结构的损坏大多是由于木材干缩、开裂和腐朽等原因造成脱榫。因此，榫卯结合部位木材含水率的控制和防腐处理，相对来说更为重要。

我国古建木结构中的斗拱，在世界建筑中是独一无二的。从实用观点讲，斗拱最初是用以承托梁枋，还用于支撑屋檐。后来又进一步发展，广泛地用于构架各部的节点上，成为不可缺少的构件。现存著名的唐代建筑五台县佛光寺大殿，辽代建筑蓟县独乐寺观音阁、应县木塔，明代建筑昌平区长陵大殿和清代建筑故宫太和殿等，都是应用这种结构方式的范例。

以木构架为主的中国建筑体系，平面布局的传统习惯是以“间”为单位，构成单座建筑，再以单座建筑组成庭院，进而以庭院为单位，组成各种形式的组群，成为统一多元的群体布局。

我国古代建筑经过历代工匠的长期继承和发展，创造了绚丽多彩的艺术形象。

木结构中，借助于木构架与各种构件的组合，艺术加工，使功能、结构和艺术形式达到协调统一的效果，梁、枋、斗拱、雀替、门窗、博风、门簪、天花、藻井等，都是具有一定功能的结构部分。经过巧妙的艺术处理，大多以艺术品的形象出现在建筑物上。

为了防止雨水淋湿墙壁，侵蚀基础，很早以前，屋顶就采用较大的挑檐。屋顶是中国古建筑的冠冕。为了适应功能和审美要求，屋顶的结构和式样不断发展，丰富多彩。在古建筑的养护实践中发现，屋顶椽子、望板是较易发生腐朽的部位，特别是当泥灰背和瓦件漏雨的情况下，椽子、望板更容易发生腐朽，并且这种腐朽常常会危及相邻的檩、枋。维修中现在常用的做法是椽子、望板一定要做好防腐处理，苫背前，望板表面再涂一层防腐油。

2. 古建筑维修中应了解的问题

我国以木结构为主体的古代建筑，经历了数百年，甚至上千年的风风雨雨的考验，有些完整地保存至今，成为我国宝贵的文化遗产。但是，木材受环境因素等影响，容易发生腐坏。加之保管使用不当，更加速腐坏，而人为的因素，更会给古建筑造成不可弥补的破坏。因此，我国古建筑面临巨大的维修任务。

关于古建筑维修，2013年6月29日第十二届全国人民代表大会常务委员会第三次会议修改的《中华人民共和国文物保护法》第十四条规定：古建筑“在进行修缮、保养、迁移的时候，必须遵守不改变文物原状的原则。”

根据这一原则，在具体操作时要注意做到下述几点：

（1）有统一规定的，一定要按照统一规定做，没有统一规定的，要按当地常见的做法做。

（2）若建筑物没有被修缮过的记录，在修缮中应尊重和保持原状，不能改动；若建筑物经后人修缮改变了原有传统做法和制式，重修时要尽可能地予以纠正，以使其符合原状。

（3）不同地区，不同时代的古建筑，都有各自不同的手法和风格，维修时要尊重当地的技术传统和建筑物的时代特色。

在科学技术高度发达的今天，在古建筑维修中，新技术、新材料的应用必将日益深入和广泛。

利用现代科学手段，如X射线、超声波和激光等，对大木件做无损探伤，已能精确地测定构件损害的部位、大小和损害程度等。用X射线照相技术甚至可以确定某些木材害虫的种类。一些物理手段已成功地用于木结构和木质文物的杀菌和杀虫。

高分子材料用于腐朽和虫蛀木结构的加固，在国外，早在19世纪末已实验性地做了些工作，至20世纪50年代，已开始被广泛地应用。而我国仅在20世纪70年代初才正式地用于实践。实践证明，用高分子材料加固木结构，省时、省力、节约开支，加固后，强度高于原来木材强度，而且加固部位还具有防腐、防蛀的效果，实乃事半功倍的方法。在古建筑维修中值得大力推广。

木材的化学防腐处理是古建筑维修中面临的迫切问题。

由于历史局限，我国古代建筑木结构没有做化学防腐处理。我国古代工匠尽管在施工中采取特殊的通风防潮措施，特别是选用了耐腐、耐蛀的树种，使得有些建筑物虽历千年而不腐，但毕竟木材的腐朽和虫蛀很难避免。同时，我国现在森林资源严重匮乏；用于古建筑、可供选择的耐腐树种已经不多，实际上，大量在使用的是不耐腐的白松和落叶松。因此，维修中化学防腐处理绝对不容忽视。

近年来，我国一些地方或园林，作为旅游景点，新建了一批仿古建筑，由于使用了不耐腐的树种，有的甚至使用了含有大量幼龄材的速生树种，在没有做任何防腐处理，且含水率过高（有的高达30%以上）的情况下做了油饰，使得这样一些建筑物在3到5年间陆续发生了严重的腐朽，有些甚至已成危房。

目前，古建木结构的防腐处理已日益受到有关方面的重视。1993年竣工的、举世瞩目的布达拉宫维修工程，以及稍后的塔尔寺维修工程，都运用了现代化的化学防腐处理。北京市园林局下属的颐和园和地坛公园等的维修工程，使用了现代化防腐处理和化学加固的方法，确保了维修工程的质量，将成倍地延长建筑物的使用寿命。

3. 立柱和梁架维修

立柱和梁架是整个木结构的重要构件，起着支撑整座建筑物的作用。它们的腐朽、虫蛀和损坏变形会严重地影响木结构的强度，从而危及整座建筑物的安全。因此，在相关参考资料并不鲜见的情况下，仍有必要对这两部分的维修方法参照有关文献从新的角度做一简要介绍，以进一步提高维修质量，延长木构件的使用年限。

4. 立柱的维修

立柱的主要功能是支撑梁架。年长日久，立柱受环境影响和生物损害，往往会出现开裂和腐朽，柱根更容易腐朽。尤其是包在墙内的柱子，由于缺乏防潮措施，有时整根柱子腐朽，严重的会丧失承重能力。柱子的损害情况不同，处理方法也应有所不同。如图4.24和图4.25所示。

图4.24　立柱的维修

图4.25　立柱的维修

① 局部腐朽的处理：柱子表面局部腐朽，深度不超过柱子直径1/2，在尚未影响立柱强度时，一般采用挖补和包镶的做法。

挖补时，先将腐朽部分剔除干净，最大限度地保留柱身未腐朽部分。剔除部分应成标准的几何形状，将洞内木屑杂物剔除干净，用防腐剂喷（或涂）至少3遍。嵌补木块与洞的形状尽量吻合。嵌补前，补块也要用防腐剂处理。嵌补木块用胶粘结或用钉钉牢。

如果柱子腐朽部分较大，面积在柱身周围一半以上，或柱身周围全腐朽部分沿柱周截一锯口，剔除柱周腐朽部分，再将周围贴补新木料。剔除腐朽部分后的槽口和嵌补的新木料均应做防腐处理。补块较短的，胶粘或钉牢。较长的需加铁箍1～2道。箍的宽窄、厚薄根据具体情况决定。铁箍要嵌入柱内，以便油饰。

② 开裂的处理：木材在干燥过程中常会产生开裂。如果立柱原制时含水量过高，在使用中会产生纵向裂缝。对于细小轻微的裂缝（裂缝宽度在0.5cm以内），可用环氧树脂腻子堵封严实。裂缝宽度超过0.5cm，可用木条粘牢补严，操作与挖补方法相同。如果裂缝不规则，需用凿铲等制成规则的几何形槽口，以便于嵌补。同样，要做好新、旧木料的防腐处理，木材上裂缝是真菌孢子很好的存留地，为此，更应做好防腐处理。

裂缝宽度在3cm以上，深度不超过直径的1/4时，在嵌补顺纹通长木条后，还应加铁箍1～4道。若裂缝超出以上范围或有较大的斜纹裂缝，影响柱子的承重时，应考虑更换新柱。

③ 高分子材料浇铸加固，化学加固是大量实践证明为行之有效的木结构维护方法。柱子由于受白蚁危害，往往外皮完好，内部已成中空，或由于原建时选料不当，使用了心腐木材，时间一久，便会出现柱子的内部腐朽。一般外皮基本完好的柱子均可以采用化学加固的方法。常用的高分子材料有不饱和聚酯和环氧树脂。

整柱浇铸时，原与柱子关联的梁枋榫卯等应事先用油纸包好，以避免榫卯与柱子粘牢，影响以后的修缮。

④ 部分严重腐朽的处理：柱子在使用过程中，往往会发生部分的严重腐朽，腐朽深度超过圆柱直径的1/2或全部。这样的情况大多发生在柱脚和上部与梁枋榫卯的结合处，而其他部分立柱材质仍然完好，此时宜采取墩接的方法。

⑤ 柱子的墩接方法有多种，不管使用哪种方法，在墩接过程中，对新旧木料均应严格按照规程做好化学防腐处理。特别是对保留的旧柱子部分。在具体施工中，往往不能将腐朽部分全部截去，而保留了内部腐朽的一部分旧柱子。对这部分柱子，除了必要的喷涂防腐剂外，还要做内部吊瓶防腐处理。如图4.26所示。

墩接时要注意：

图4.26　柱子的墩接

a. 尽量将腐朽部分截掉，不得已而保留的轻微腐朽部分应妥善做好相应的防腐处理，以杀死原腐朽木材中残留的菌丝。

b. 接头部位截面尽量吻合，墩接时用环氧树脂胶粘牢，或用铁钉或螺栓紧固。粗大的柱子外面可再做铁箍，铁件应涂防锈漆。

c. 墙内檐柱墩接时，除做好必要的防腐处理外，应再涂防腐油1～3道。

⑥ 柱子全部严重腐朽的处理：当整根立柱从上至下全部严重腐朽，已失去承重能力，而梁架尚属完好时，为避免大落架、大拆卸，可采取抽换柱子的方法。

柱子抽换前，首先应把柱子周围（如坎墙、窗扇、抱框及与柱子有关联的枋子榫卯等）清理干净。然后，切实支好戗杆，使原有柱子不再承受荷重。将旧柱子撤下，把新柱子换上，就位、立直。

更换的新柱子在制作完成后，抽换前，应认真做好防腐处理。抽换过程中难免会有小的修改。修改过程破坏了原来木材上的防腐层，则修改处应做好补充的防腐处理。新柱子贴墙处应涂防腐油。

5. 梁架的维修

我国古代建筑的大木构架承受着屋顶的全部重量。木结构受着物理、化学和生物等因子的影响，不可避免地会发生损害，使承载能力降低。久而久之，梁架就会发生变形、下沉、腐朽、破损等情况。特别是木材的腐朽，更加速了梁架的损坏。因此，采取必要的防腐措施，应列为梁架修缮中重要的一环。

① 劈裂的处理：梁、枋、檩等构件的劈裂主要是由于木材本身的性质决定的。木件制作时，含水率过高，上架后木件干燥过程中难免产生开裂，影响构件的强度。修缮时应根据不同情况，采取不同的加固措施。

轻微的劈裂可直接用铁箍加固，铁箍的数量和大小根据具体情况酌定。一般采用环形，接头处用螺栓或特制大帽钉连接。断面较大的矩形构件可用 U 形铁兜拌，上部用长脚螺栓拧牢。如图 4.27 所示。

如果裂缝较宽、较长，在未发现腐朽的情况下，可用木条嵌补，并用胶粘牢。若同时发现腐朽，则应采用挖补的方法或用环氧树脂浇铸加固，在浇铸前务必要把腐朽部分清除干净。

据资料介绍，顺纹裂缝的深度和宽度，在不大于构件直径的 1/4，长度不大于木件本身长度的 1/2；矩形构件的斜纹裂缝不超过 2 个相邻的表面，圆形构件的斜纹裂缝不大于周长的 1/3 时，可采用上述方法处理。裂缝超过这一限度，则应考虑更换构件。如图 4.28 所示。

图 4.27 木结构加固

图 4.28 木结构加固

② 包镶梁头：梁头暴露在室外，很容易因漏雨受潮，发生腐朽。当腐朽并未深及内部时，可采用包镶法处理。包镶时，先将梁头腐朽部分砍净、刨光，用木板依梁头尺寸包镶，胶粘，钉牢。最后镶补梁头面板。整个过程中，均应按要求做好新、旧木料的防腐处理。也可以采用环氧树脂浇铸的方法，做法是先将腐朽部分砍净剔光，用胶合板依梁头大小钉成模板，并预留浇铸孔。若梁头仅为非承重部分，可用锯末作填充料。在更

换新制大梁时，有时由于断面尺寸不够大，也可采用包镶梁头的方法，使其能与原有其他梁头取得形式上的统一。如果腐朽严重，深及大梁内部影响承重时，则应考虑更换大梁。

③ 构件拔榫、滚动等的处理：我国古建筑大木构架均采用榫卯结合，往往由于年久失修，受各种因素，如地基下沉，柱脚腐朽或构件制作不精。由于榫卯结合不紧密等的影响导致整个建筑物的倾斜，构件也常伴有松散、拔榫、滚动等现象，对此，亦应采取相应措施。

对于非腐朽因素造成的问题可参考有关资料按常规方法拨正和紧固。由于腐朽造成的损坏则必须采用相应的防腐措施。

如桁条榫子腐朽，可将朽榫锯掉，在截平后的原榫位，剔凿一个较浅的银锭榫口，再选用纤维韧性好，不易劈裂的木块新做一个两端都呈银锭榫状的补榫。将较短的榫嵌入新剔的卯口，做好防腐处理，胶粘，钉牢，归位，插入原桁条搭接。也可以用环氧树脂做成补榫粘结。

桁条的局部腐朽采用挖补方法处理。

④ 梁的加固：由于角梁所处的位置，易受风雨侵蚀，很容易发生腐朽和开裂。由于檐头沉陷，角梁也常伴随出现尾部翘起或向下溜窜等现象。如图 4.29 所示。

图 4.29　角梁的加固

加固修补方法是将翘起或下窜奋拉头的角梁随着整个梁架拨正时，重新归位安好，在老角梁端部底皮加一根柱子支撑，新加柱子要做外观处理。

角梁头腐朽，可采用接补法处理，做法与柱子的墩接法相同。如果仔角梁腐朽大于挑出长度的 1/5 时，应做整根更换。

梁尾劈裂，加固时可用胶粘补，再在桁的外皮加铁箍 1 道，抱住梁尾，用螺栓贯穿，将老角梁与仔角梁结合成一体。

⑤ 椽子与飞椽：由于屋面漏雨等原因，椽子也很容易发生腐朽、劈裂和折断。通常采用加附椽子的方法做加固处理。当屋面上大多数椽子完好，只有个别几根需要更换，因受条件限制，又不易抽换时，可复制 1～2 根新椽子，顺原椽身方向插进去，搭在上、下桁上，钉牢。

如椽子腐朽、折断过多，则应考虑挑修屋面，普遍更换椽子。新制椽子由于体积较小，宜用浸泡法做防腐处理。建议使用 4%的苯酚溶液，浸泡 24h。根据木材树种和含水率的不同，可适当增减浸泡时间，原则是保证达到最低吸药量——4kg（干药）/m^3（木材）。

由于所处的部位，飞椽也是很容易腐朽的构件。维修实践证明，往往是在椽子尚大多完好的情况下，飞椽已成严重腐朽，需要更换。

连檐瓦口是由几段木料连接而成，由于受风雨侵蚀，常会发生腐朽、弯折和扭翘等，同时，在挑顶维修时，这些小件很难保持完好，往往都有损坏，一般都要换新料，更换前则需与飞椽和椽子等一并做防腐处理。

6. 工程实例

(1) 工程概况

经初始调查，某清真寺寺门为三层飞檐式门楼，两端为双龙捧寿封火墙，门壁两侧镶有壁花及阿拉伯文字屏，主体建筑礼拜大殿为中国宫殿式，分卷棚、正殿、窑殿 3 部分，勾连搭相接，建筑面积 398m^2，可供 500 人同时礼拜。礼拜正殿屋盖为重檐梁架木结构，屋脊高度为 5.2m，砌筑墙厚最大值 0.5m。寺内残碑记载，清真寺“肇自前明永乐年间”。清乾隆五十七年（1792 年）重修时捐助穆斯林有 222 户，可知当时樊城回民已复不少。清道光二十三年（1843 年），同治六年（1867 年）均有重修，期间作为寺院使用。“文革”中曾遭破坏，1982 年政府拨款予以全面维修。近年来开斋节人流量较大，亟待全面加固修缮。但是，由于该古建筑年代久远，无地质勘察报告，原建筑、结构设计图纸和检测资料缺失，对此类历史悠久、具有文物保护价值的建筑物，进行鉴定、加固、维修困难重重。因此检测鉴定工作方案拟定为：以鉴定标准为依据，用裂缝测宽仪、激光测量仪、全自动数字回弹仪、全站仪、锤子等设备，对其地基基础、墙体、木柱、木梁、屋架等进行实地勘测、检查和分析。

(2) 现场详细勘察

① 地基基础

结合《文物保护法》的规定，不便于对地基基础破坏性开挖检测，参照附近老城区，场地土类型为软弱土，持力层承载力较低 $f_{ak}=80$kPa，中压缩性土。重点检查了基础与承重结构连接处的现状，发现散水勒脚有开裂、排水不畅、地基浸泡等状况，基础局部受腐蚀、酥碎而折断，导致上部墙体裂缝、柱倾斜等现象。

② 砌体结构构件

外墙局部墙厚 0.5m，青砖和黏土砖石灰砂浆砌筑。外观检查发现部分砌体风化、墙体开裂、倾斜，外墙面粉刷层脱落。限于当时的技术水平，砌体强度及砂浆饱满度很低，无抗裂及构造措施，结构延性差，抗不均匀沉降所产生的附加应力及温度应力能力差。

现场重点检测了外部承重墙体的裂缝和倾斜度。经检查表明：实测承重外墙倾斜偏差达 15mm，承重墙多处出现明显竖向或斜向裂缝，最宽处达 12.5mm。

(3) 木结构构件

通过检测屋盖系统结构构造，查明 5-10/J-M 轴为三角形木屋架，矢高 1.6m，上弦杆为 100mm×150mm，下弦杆为 150mm×200mm，木桁条断面为 ϕ100～150 mm，等距搁置。木结构材质，年代久远，部分木柱、木梁有老化、空鼓、腐朽、虫蛀、胀裂等现象，其中 8/L 轴处木梁板局部下挠 94mm。

(4) 原因分析

该寺由于建造年代较早，受外界因素及自身因素的影响，如散水开裂、自然排水、基础下卧层浸水松软，地基局部出现不均匀沉降、墙体局部开裂倾斜，木结构屋架腐朽、虫蛀、瓦屋面局部下陷，木柱、木梁局部空鼓、虫蛀，木檩板局部油漆脱落、松动、破损、塌陷以及老化，个别杆件明显有白蚁侵蚀痕迹，危及安全使用。导致墙体开裂和倾斜的主要因素细分为：

① 地基承载力不满足上部荷载要求，且持力层为中压缩性土，沉降量较大；

② 周围邻近建筑（如回民小学教学楼）地基施工时的影响；

③ 室外散水勒脚开裂，排水不畅致地基浸泡；

④ 临汉江边，早晚温差较大，温度应力的影响。

（5）鉴定结论

依据国家行业标准《危险房屋鉴定标准》JGJ 125—2016 之规定及评定原则，结合房屋历史状态、环境影响、发展趋势及构件损坏程度、数量比例、可修复性等，综合评定该房为 C 级，即局部承重构件承载力不能满足要求，不能确保住用安全，构成局危房。

（6）加固处理建议

为保障房屋使用安全，结合《文物保护法》的规定，根据《市危险房屋管理暂行办法》第八条之规定，按以下处理意见，迅速采取措施，及时修缮加固处理：

① 地基、基础加固：分别采用水泥灌浆法和增加基底截面法。

② 砌体结构加固：所有裂缝均采用注浆封闭，部分外墙内侧增加 60mm 厚钢筋混凝土，砖砌圆形拱采取钢丝网加固防塌落。

③ 木结构加固：按照古建筑木结构修旧如旧的原则，先对各木构件进行白蚁灭治，再采用碳纤维粘贴法加固梁柱节点、化学灌浆法加固腐朽柱脚、附加钢连接件法加固个别变形过大构件等措施。

④ 其他：应拆除周围搭建的房屋，修缮散水、排水沟，确保不滞水、渗透、浸泡地基持力土层；外墙面粉刷层照原样修复；增加檐口出挑长度，防止雨水飘入室内。

具体详细的加固修缮施工方案，应由有设计资质的部门，出具正式施工图设计，并由有资质的施工单位实施，施工过程中应加强对该房屋的观察。

该房屋历经百年，受外界和自身的影响，地基、基础、墙体、木构件、屋盖等均存在安全隐患，应该按照“修旧如旧”的原则进行加固、补强处理，使清真寺作为市级文物保护建筑，延长使用年限。事实表明，将碳纤维加固法与木结构加固技术相结合，能使古建筑满足新的使用要求，也能很好地保持古建筑原貌。

4.3.5　火灾后建筑结构加固

火创造了人类文明，推动了社会变革，但火灾也给人类带来了极大的危害，造成巨大的经济损失和人员伤亡，甚至造成严重的政治影响。火灾一旦发生，无疑使建筑物遭到破坏。受火灾破坏的建筑物能否继续使用，好多仅凭经验主观判断，加以修复加固或推倒重建。这种以主观经验性的修复措施，其结果有三种情况：①措施得当。当主观判断与客观相一致时，满足建筑物修复要求；②措施过头。当主观判断与客观不一致，并过于保守时，造成人力、财力的浪费，而且影响建筑物的使用功能和使用时间；③措施不当。当主观判断不到位，修复措施不力，致使受损构件承载力不足，留下事故隐患。

这三种情况，后两类较普遍，而第一类情况也缺少科学性。为此，如何科学地判断火灾后结构的受损程度，确定其残余承载力和合理加以修复加固，成了各国建筑结构和消防科研人员和工程技术人员共同关心的课题。

建筑物在发生火灾后，应尽快进行火灾调查，统计直接经济损失和恢复建筑物的使用功能。要恢复建筑物的使用功能，就必须科学地判断建筑物结构的受损程度，确定合理的结构修复加固方案，以达到减少火灾损失的目的。

目前对火灾后建筑结构的处理，大体有以下四种情况：

（1）由受灾单位和火灾统计部门根据建筑物的造价，按有关规定折旧计算火灾损失。至于建筑物（梁、柱、楼板、砖砌体、钢结构）到底损失多少？是否影响使用？如何加固？一般都由受火灾的单位聘请当地建筑设计部门的结构工程技术人员根据现场情况，凭经验确定。

（2）由受火灾的单位聘请有关测试单位，根据常规的测试方法（如回弹仪等测试仪器）测出火灾后的混凝土强度变化来确定有关加固方案。

（3）有的受火灾单位或建筑设计部门，存在宁“左”勿“右”得盲目加固。

（4）对于火灾面积大且受损严重的结构，受火灾单位或受聘测试单位和建筑设计单位，由于缺乏科学的受损判断依据，不能或不敢确定修复加固方案，导致某些建筑物既不拆除又不敢使用而长期废置。

以上情况表明，开展火灾后结构受损程度的科学诊断和修复加固研究，是火灾工程中修复加固的需要，是受火灾单位的急需技术。

1. 修复加固特点及基本原则

火灾对建筑物的损害是相当严重的。火灾后结构的损伤程度与火灾持续时间、火灾温度及受火灾建筑的结构类型有关。在科学诊断火灾建筑结构损伤程度的基础上，对受损结构的修复加固方法。

（1）修复加固处理特点

火灾损伤结构的修复加固处理比普通工程事故加固处理和旧建筑加固处理要复杂，具体反映在如下几方面：

① 火灾损伤建筑结构的诊断工作与修复加固设计工作是不可分割的一个整体。修复加固设计人员应是参与诊断工作的技术人员。这是因为火灾对建筑物的损害相当复杂，不亲临受灾现场，就难以详细了解构件的损伤情况，也就无法对火灾损伤结构提出合理的修复加固处理方法。

② 火灾损伤建筑结构的修复施工，必须在诊断及设计人员的指导下完成。因为火灾对结构的损伤是不均匀的，即使是同一构件的不同部位。受火灾损伤的程度也是不同的。在进行修复加固设计时很难做到对所有受损构件均提出详尽的修复加固方法，因此实际修复加固施工时应有诊断及修复加固设计人员到现场进行施工技术指导。同时，在对烧酥层的处理时也要求诊断及修复加固设计人员到现场确定构件各部位烧酥层的凿除深度。

修复加固设计人员到施工现场还可监测、检查原有构件的节点及构件性能，及时发现和处理各种隐患。

③ 火灾损伤结构诊断与处理工作的关键是施工质量。在修复加固施工过程中，每道施工工序均须经设计人员验收，合格后方可进行下道工序的施工。

（2）修复加固设计基本原则

① 火灾损伤结构的修复加固设计的基本原则如下：

a. 修复加固设计应简单易行、安全可靠、经济合理。

b. 修复加固工作是在原有建筑上进行，因此应选择施工方便的修复加固方法。

c. 在制定修复加固设计方案时还应考虑加固时和加固后建筑物的总体效应。例如：

按所选择的加固方案施工的过程中是否会对其他构件产生不利影响。因为施工过程中，拆卸危险构件和凿除烧酥层时的敲击振动常常会使相邻构件损伤程度增加；对某些构件加固后是否改变建筑物的动力特性而影响整幢建筑物的抗震性能；对上层结构加固后，荷载增加下层结构及地基基础等是否能承受所增加的荷载；修复加固设计时应尽量保留原有构件，减少拆除工程量。加固方案选择时需作相应的技术经济比较，以选择最佳的方案。

② 修复加固设计时要尽量保证加固措施能与原结构共同工作。

③ 加固材料的选择和取值应满足下列原则：

a. 加固用钢材一般选用Ⅰ级或Ⅱ级钢；

b. 加固用水泥宜选用普通硅酸盐水泥，强度等级不应低于32.5级；

c. 加固用混凝土强度等级应比原结构混凝土强度等级提高一级，且不宜低于C20级；

d. 粘结材料及化学灌浆材料的粘结强度应高于被粘结构混凝土的抗拉强度和抗剪强度。

④ 荷载取值。根据结构使用功能，按《建筑结构荷载规范》规定取值。特殊情况下可根据甲方要求或作实地调查取值。实地调查采取抽样实测的方式，抽样数不得少于5个，取其平均值的1.1倍作为荷载标准值。

2. 修复加固的施工顺序

火灾后对受损结构修复加固的施工顺序如下：

(1) 根据结构受损程度，按设计要求在梁和板底部设置安全支撑，以免在修复加固的施工过程中构件受损程度发展甚至断裂、倒塌；

(2) 铲除板底原粉刷层、凿除板底烧酥层，进行烧伤层处理及截面复原工作；

(3) 铲除梁、柱原粉刷层、凿除其烧酥层，进行烧伤层处理及截面复原工作；

(4) 对柱进行结构加固施工；

(5) 对主梁进行结构加固施工；

(6) 对连系梁进行结构加固施工；

(7) 对楼板进行结构加固施工；

(8) 对梁、柱、楼板底面、墙面作水泥砂浆粉刷；

(9) 建筑装潢施工。

3. 混凝土结构表面烧伤层处理

遭受火灾的混凝土构件表面存在混凝土烧酥、爆裂、剥落、露筋、开裂等损伤，对这类结构表面烧伤层的修复加固需按结构烧损程度进行表面处理。对轻度受损构件，火灾后仅需进行烧伤层处理；对中度、严重受损构件，先进行烧伤层处理，然后进行结构加固。烧伤层处理主要包括烧酥、爆裂、剥落层处理和裂缝处理两方面工作。

(1) 受损混凝土结构加固技术

① 加大截面加固法

加大截面加固法的施工是与火灾烧疏层的处理同时进行的。根据火灾损伤结构的特点，加固混凝土梁、板结构时宜采用将加固受力钢筋与原构件受力钢筋用短筋焊接方式的加大截面法；加固混凝土柱时宜采用围套形式的加大截面法。

② 预应力加固法

预应力加固法起到加固与卸荷合二为一的作用。即原结构所承受的荷载通过预应力手段部分地转移到新加的预应力筋或预应力撑杆上去，做到新旧结构协同工作。同时，由于预应力的反拱作用，可使原结构的裂缝宽度减小或部分闭合。提高结构的耐久性。这对火灾损伤的混凝土结构是有利的。预应力加固法中的张拉方式有千斤顶张拉、电热张拉和横向收紧法张拉等，它们各有优点。如图 4.30 所示。

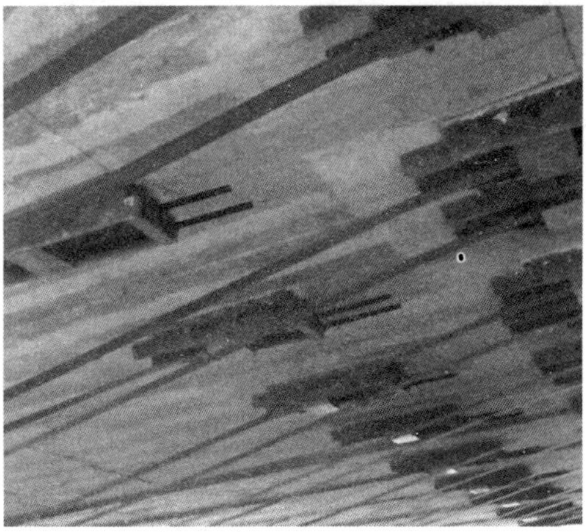

图 4.30 预应力加固法

③ 外部粘钢加固法

外部粘钢加固法是一种加固受弯及受拉构件的简易方法。但是，由于火灾损伤混凝土构件与普通损伤构件不同，在火灾损伤结构加固处理中采用外部粘钢加固法应遵循如下原则：

a. 受损一般的混凝土梁，可将钢板粘结于梁两侧或梁底进行加固；

b. 外部粘钢加固法加固预应力多孔板时可将钢板粘结于板的板面支座处，将原简支板改变受力条件形成连续板，从而达到加固目的；

c. 当外部粘钢加固法用于加固损伤比较严重的混凝土梁时，须与预应力加固等方法相结合，将钢板粘结于混凝土梁的受压区，而用预应力加固等方法加固受拉区。因为，受火灾损伤比较严重的梁的受拉区混凝土强度损失较大，若用粘钢加固法加固梁的受拉区则加固效果不佳。

④ 喷射混凝土加固法

喷射混凝土在工艺、材料及结构性能方面与普通现浇混凝土相比有许多特点。例如，喷射混凝土施工不需要模板，混凝土的浇灌与捣固合二为一，因此特别适用于火灾后混凝土结构烧疏层处理。如图 4.32 所示。

图 4.31 外部粘钢加固法

图 4.32 喷射混凝土加固法

4. 受损砖砌体结构加固技术

砖砌体结构在火灾作用下的损伤主要是由于粉刷层剥落和砂浆强度下降导致的砖砌体承载力降低。所以火灾损伤砖砌体的加固相对说来要简单一些。

（1）表面烧伤层处理

砖砌体结构受火灾温度作用后，粉刷层受损呈现剥落、爆裂，因此表面烧伤层的处理方法是：首先铲除烧酥的外粉刷，用凿子凿去烧酥的砌筑砂浆；然后用压力水冲洗，用

1∶3水泥砂浆勾缝、补平砌筑缝的砂浆；最后粉25mm厚的1∶3水泥砂浆面层。

（2）受损墙体加固

火灾后砖砌墙体加固的常用方法为双面钢丝网夹板墙加固。该方法可提高受损墙体的抗压和抗剪承载能力。

（3）受损砖柱加固

外包角钢加固砖柱；

加大截面法加固砖柱；

加大截面法加固砖柱的一般做法是在砖柱的四周配置受压纵向钢筋，然后用水泥砂浆或混凝土包住砖柱的四周，扩大砖柱的截面面积。

5. 受损钢结构加固技术

火灾后钢结构的损伤主要反映在钢结构的变形及材料强度降低两个方面，火灾造成钢结构房屋及构件变形是相当严重的。在火灾温度作用下，钢屋架及钢梁等水平构件将会因材料强度降低、高温软化、承受不了原有荷载而产生过大的挠度，该挠度并不会因火灾后冷却而减小。同时，由于钢结构的变形也会导致部分钢结构节点的连接损坏。

由于火灾作用的不均匀性，钢结构房屋的各柱的受火温度有差别。柱的温度变形常常各不相同，这就造成了钢结构房屋的倾斜。并且钢柱的变形形成的房屋倾斜也不会因火灾后冷却而自动恢复。

试验表明；火灾后钢材的强度将有不同程度降低。由于钢构件强度降低、结构变形及节点连接损伤，将导致钢结构承载力降低。

火灾损伤钢结构的修复加固工作首先是进行结构变形的复原，然后是加强承载力的加固。

钢结构火灾变形的复原方法一般为千斤顶复原法。具体步骤为：

（1）首先测定钢结构的变形量，确定复原程度；

（2）确定千斤顶作用位置及千斤顶数量；

（3）安装千斤顶；

（4）操作千斤顶，将钢结构变形顶升复位；

（5）进行承载力加固，加固结束后再拆除千斤顶。

下面介绍钢结构主要构件承载力加固方法。

6. 钢结构节点连接损伤的加固

焊接加固法是节点加固的主要方法，具体可分为下列几种：

（1）补焊短斜板法

当原腹杆的连接强度不足时，可用补焊短斜板进行加固，一般要求短斜板与节点板间的焊缝强度是该短斜板与腹杆连接焊缝强度的1.5倍。

（2）加长焊缝法

当原节点没有满焊时，可以直接对原焊缝进行加长。

（3）增大节点板法

新增的节点板应牢靠地焊接在原节点板上。这种方法不仅可用于原杆件节点焊缝补强，而且还可用于新补加杆件锚固，便于新加杆件与节点板的焊接。

（4）加厚原有焊缝法

当原焊缝较薄且质量较好，焊缝长度大于或等于 100mm（焊缝总长度在 400mm 以上）时，可采用对原焊缝加厚的办法加固。但施焊次序必须从原焊缝受力较低部位开始。

7. 钢屋架加固

火灾后钢屋架承载力加固与普通损伤的钢屋架加固类同。常用的钢屋架加固方法如下：

（1）体系加固法

体系加固法是指设法把屋架与屋架、屋架与墙体、屋架与其他构件连系起来，或增设屋架支点，以形成一个空间的，或连续的，或混合型的结构承重体系，达到提高屋架承载力的目的。体系加固法又分增设支撑或支点加固法和改变支座连接加固法两种。

① 增设支撑或支点加固法

当屋架刚度不足或支撑体系不完善时，大多采用增设支撑或支点的办法加固。这种加固方法具有如下优点：提高屋架结构的空间刚度；减小屋架结构失稳的可能性；当支撑设置得当时，使平面结构变为空间结构，改变结构构件的受力状态，提高结构承载力；调整结构自振频率，提高结构抗震性能，当厂房的长度不大时，在屋架与山墙间设置连杆，将部分水平力传递到山墙。

②改变支座连接加固法

改变支座的连接方法，可改善屋架杆件的受力状态，加强协同工作能力。改变支座连接加固法能降低大部分杆件的内力，但也可能改变个别杆件的受力特征，使其应力增加。因此，对改变支座连接后的结构应重新进行内力计算，并验算各杆件承载力。

（2）整体加固法

整体加固法是指通过增设加固构件，使屋架自身的承载力得到提高的加固方法。

（3）杆件加固法

杆件加固法是指对屋架中强度不足的个别杆件进行加固的方法。

（4）钢梁加固

钢梁遭受火灾后承载力降低的加固，一般采用补焊钢板的加大截面法。补焊钢板后新旧结构共同工作（补焊钢板需乘上 0.95 的应力滞后修正系数），可按《钢结构设计规范》最新《钢结构设计规范》GB 50017—2014 进行钢梁承载力复算。

（5）受损钢柱加固

受损钢柱加固的方法主要有：外包混凝土加固法和增补型钢加固法。现仅对外包混凝土加固法作简要介绍。

受火灾损伤的钢柱承载力不足时，通常采用外包混凝土加固法对钢柱进行加固。这种方法施工方便，钢柱四周外包混凝土对原钢柱能起到保护作用，缺点是自重增加较多，对多层钢结构柱的加固不太适用。

外包混凝土加固法的要点如下：

① 外包的混凝土中应配置纵向受压钢筋，纵向受压钢筋至少 4ϕ12，箍筋至少为 ϕ6@200；

② 外包混凝土的边缘至钢柱光面边的距离应大于 50mm，至钢柱凸缘面间的距离应大于 25mm；

③ 外包混凝土中的纵向受压钢筋应与柱顶及柱底结构要有可靠的连接。

采用包外混凝土加固法加固的钢柱实际已变为劲性混凝土柱。因此，加固后柱的截面承载力验算可以用劲性混凝土柱的设计计算方法进行。

8. 工程实例

（1）工程概况

某在建商城为地下1层、地上5层（局部6层）框架结构，地下室层高4.8m，一～五层为标准层，层高4.5m，建筑面积40656m^2。该工程主体施工至四层部分柱商品混凝土浇筑完毕时，在三、四层发生火灾，燃烧时间约110min，当时环境温度为6℃左右。起燃物为堆放在楼面的塑料模壳、木材等，由于三层顶（楼板结构形式为密肋梁板）未拆模，从而造成大面积未拆的塑料模壳起火。火灾后三、四层大面积柱、梁、板构件受到不同程度损伤。

（2）结构检测

根据燃烧时间及现场通风情况，先利用ISO 834火灾时间-温度曲线公式计算火灾温度，再结合火灾现场商品混凝土构件外观情况综合判定火灾温度，最后根据火灾温度进行分区。经判定，本次火灾温度为400～1000℃。

采取剔凿法检测构件烧损层厚度，并采用超声法检测火灾后构件内部商品混凝土质量状况，综合判定烧损层厚度，然后根据烧损层厚度及构件表面特征进行烧损等级分类，构件烧损等级分布图及烧损等级分类标准略。

采用钻芯法钻取芯样对构件商品混凝土强度进行检测，从而判定火灾后构件（除烧损层外）商品混凝土强度；对构件过火钢筋进行取样试验，检测钢筋屈服强度、抗拉强度、延伸率，对钢筋强度丧失程度进行评估。

经检测，构件商品混凝土抗压强度略受影响，柱可按31.3MPa，梁、板可按30.8MPa进行结构分析；过火钢筋除个别屈服强度或延伸率不满足规范要求外，绝大部分满足规范要求，可按规范规定强度进行计算，但对过火变形钢筋加固时应另行处理。

（3）加固设计方案

① 加固设计方案的目的及原则

加固设计目的：使结构功能恢复至原设计要求，保证其在设计使用年限内安全、可靠。加固设计原则：

a. 安全可靠、简单易行、经济合理；

b. 充分发挥火灾后构件剩余承载力，尽量多地保留原结构，尽量减少拆除工程及结构加固修复新增的荷载，同时考虑施工的方便及可操作性；

c. 针对构件烧损程度、构件重要性，分别采取不同的加固修复方案。

②加固设计方案的制定

按结构火灾损伤程度由轻到重分级，柱、梁分为A、B、C、D、E共5级，密肋梁板分为A、B、C、D四级。根据烧损等级按上述加固设计原则分别对各类构件进行相应的加固修复设计。根据构件检测结果，钢筋强度未受影响，而商品混凝土强度有减低，评估为30.8～31.3MPa，以下加固计算商品混凝土强度取C30（注：原设计为C35）。将三层构件商品混凝土强度等级取C30采用PKPM设计软件对原结构进行整体计算分析，结果为：三层构件除少数主梁受弯承载力稍有不足之外（约差5%），其余均满足承载力要求，但烧损后构件有效截面减小，须进行加固及修复补强处理。因此，本方案根据损伤程度分为两大类：对 A、B、C 级损伤较轻的构件，因过火时间短，商品混凝土强度不受影响或影响很小，仅考虑作修复补强处理；而对 D、E 类火灾损伤较重的构件则采取加固处理，即加固后构件承载力应大于或等于原设计 C35 时的承载力。

③ 框架柱加固设计方案

抹 M15 高强度等级水泥砂浆修复补强 A、B 级柱，即将商品混凝土表面烧损层剔除掉，用清水冲刷干净，刷界面剂，然后抹高强度等级水泥砂浆，浇水养护；抹 C35 高强灌浆料砂浆修复补强 C 级柱，即将商品混凝土表面烧损层剔除，用清水冲刷干净，刷界面剂，然后抹高强灌浆料砂浆，浇水养护；四层 D、E 级柱因只浇筑了部分柱，梁、板尚未施工，可采用拆除商品混凝土保留钢筋重新浇筑 C35 商品混凝土方案。

三层 D、E 级柱，采用预应力撑杆和灌注 C35 高强灌浆料商品混凝土加固的方法。即先将商品混凝土表面烧损层剔除掉，然后将预应力撑杆（由四根角钢组成）安装在柱的两侧，进行张拉加固，最后在角钢与柱之间空隙内灌注高强灌浆料，浇水养护。

采用预应力撑杆加固，一方面可以增加柱承载力，另一方面可以降低新浇筑商品混凝土与原商品混凝土的受压应力差，有利于两部分商品混凝土共同作用。

4.4 桥梁加固

4.4.1 桥梁结构裂缝的修补

1. 修补裂缝的常用方法

裂缝是普通钢筋混凝土桥梁中主要受力结构普遍存在的一种病害现象。一般裂缝有两种类型：一是由于结构本身的强度或刚度不足，在外荷载作用下产生的裂缝；二是由于施工质量不好而出现的收缩裂缝。不管哪种，当裂缝宽度超过一定宽度时（一般为 0.3 mm）对结构有一定危害，容易使钢筋锈蚀，减少钢筋面积，降低与混凝土的粘结力，进一步降低桥梁的承载力，加快碳化剥落等病害。最终导致结构受力性能恶化，影响到桥梁的承载能力和使用寿命，所以，应及时进行裂缝修补。

（1）表面封闭修补法

表面封闭修补法，即采用抹浆、凿槽嵌补、喷浆、填缝的方法使表面裂缝封闭。

（2）压力灌浆修补法

压力灌浆系指施加一定的压力，将某种浆液灌入结构物内部裂缝中去，以达到封闭裂缝，恢复并提高结构强度、耐久性和抗渗性能的一种修补方法。此法一般用于裂缝多且深入结构内部或结构有空隙的修补场合。

压力灌浆按灌浆材料的不同，可分为三类：

① 水泥、石灰、黏土灌浆。灌浆材料为：纯水泥；水泥砂浆；水泥黏土；石灰；石灰黏土；石灰水泥等。

② 化学灌浆。灌浆材料为：水玻璃类；木质素类；丙烯酰胺类；丙烯酸盐类；聚氨酯类；环氧树脂；甲基丙烯酸酯类等。

③ 沥青灌浆。由于压灌浆液的种类很多，用途也有所不同，因此仅就修补桥梁结构裂缝中应用较多的化学灌浆作重点叙述，其中采用环氧树脂灌浆材料及甲基丙烯酸酯类

（即甲凝）材料进行修补的结构物裂缝效果最佳，应用也较广泛。

2. 化学灌浆修补法

采用化学灌浆修补混凝土结构所出现的裂缝，能恢复结构的整体性和使用功能，已是国内外桥梁维修加固中广泛应用的技术。但对于结构承载力不足引起的裂缝除采用化学灌浆修补法处理外，尚应采取其他相应的加固补强措施去提高桥梁的承载能力，才能确保桥梁结构安全可靠。

（1）灌浆材料规定与要求

混凝土结构裂缝修补用的化学灌浆材料应符合下列要求：①浆液的黏度小，可灌性好；②浆液固化后的收缩性小，抗渗性好；③浆液固化后的抗压、抗拉强度高，有较高的粘结强度；④浆液固化时间可以调节，灌浆工艺简便；⑤浆液应为无毒或低毒材料。

化学灌浆材料主要有环氧树脂和甲基丙烯酸酯类材料，在工程应用时浆液应进行试配，其可灌性和固化时间应满足设计、施工要求。

环氧树脂灌浆材料和甲基丙烯酸酯类灌浆材料的组成原材料质量均应符合有关规定要求。

水泥浆、水泥砂浆的配方应先进行试配，并检验其抗压、抗拉、抗弯强度。

4.4.2　桥面补强层加固桥梁

1. 桥面补强层加固法

（1）加固的目的

桥面补强层加固法是在桥面经过一定的处理后（一般先凿除原桥的沥青混凝土和普通混凝土），重新浇筑一层钢筋混凝土补强层（如内掺钢纤维则更好），使其与原桥跨结构形成组合结构。利用梁体截面的加高，达到增大主梁有效高度和抗弯能力、拉压截面，以及改善行车条件、桥梁横向分布荷载能力的目的，从而提高桥梁的承载能力。

（2）桥面板及加固补强层的作用

公路桥梁的桥面行车道板与铺装层，都直接承受车辆荷载的作用，应力集中显著。加上行车道板计算跨径较小，所受的应力变化和冲击影响也较大。

由于桥梁承载能力不可避免地取决于横向分布荷载的能力，而桥面沿宽度分布荷载的能力，取决于纵、横向的相对抗弯刚度和抗扭强度，现有的许多中小跨径旧桥的桥面板一般设计为独立承受部分车辆荷载的构件，且采用小的横隔梁，使之存在固有的强度缺陷。由于横向刚度差，当桥梁超载时，桥面板由于挠曲开裂而首先损坏。另外，对于桥梁的承载能力来说，荷载的位置也是重要的，最佳的分布通常发生在荷载对称于纵向中心线。然而，由于横向体系不是无限刚性的，直接位于车辆下的纵向杆件较边杆件承受较大比例的荷载。

桥面板是桥梁的主要构件中承受荷载和应力最大的构件之一，因而也是最早和最易出现破坏的结构。常见的病害有：磨耗、裂缝、露筋、锈蚀、剥离，严重时出现碎裂、脱落、洞穴和沉陷等。

在旧桥面板上，或是在凿除了原桥面铺装层后，重新加铺一层钢筋混凝土补强层，既能修补已出现的裂缝、碎裂等病害，又能增强梁板的抗弯能力，改善铰接梁板的荷载横向分布，从而提高桥梁的承载能力。

2. 钢纤维补强混凝土

钢纤维混凝土（Steel Fibre Reinforced Concrete，简称 SFRC）是近 20 年迅速发展起来的一种新型复合材料，是在普通混凝土中渗入乱向分布的短钢纤维与混凝土的共同作用，两者各施所长，显著地提高了混凝土的各项性能指标。不仅提高了混凝土的抗拉、抗折、抗剪强度，而且由于它的阻裂性能使原来本质上是脆性材料的混凝土呈现出很高的抗裂性、延性和韧性。

4.4.3 外包混凝土加固桥梁

1. 加固类型及适用范围

外包混凝土加固法又称为加大截面加固法，它是增大构件的截面和配筋，用以提高构件的强度、刚度、稳定性和抗裂性，也可用来修补裂缝等。梁式桥和拱式桥等旧桥均可采用该方法加固。

根据被加固构件的受力特点和加固目的要求、构件部位与尺寸、施工方便等可设计为单侧、双侧或三侧加固，以及四周外包加固。根据不同的加固目的和要求，又可分为加大断面为主加固，和加配钢筋为主的加固，或者两者同时采用的加固。加大截面为主的加固，为了保证补加的混凝土正常工作，亦需适当配置构造钢筋。加配钢筋为主的加固，为了保证配筋的正常工作，需按钢筋的间距和保护层等构造要求决定适当增大截面尺寸。加固中应将新旧钢筋以焊接，或用锚杆联结补强钢筋和原构件，同时将旧混凝土表面凿毛清洗干净，确保新旧混凝土良好结合。

外包混凝土加固法使用普通混凝土，强度等级不低于 C20 号，当加固层较薄，钢筋较密时，可用细石子混凝土，在条件许可的情况下亦可采用钢纤维混凝土加固，配置的钢材除普通钢筋外还可采用型钢和钢板等。

外包混凝上加固法的缺点是现场湿作业工作量大，养护期较大，并对结构外观和净空有一定的影响。

2. 施工要求

（1）外包混凝土加固旧桥的施工过程，应遵循下列工序和原则：

① 为了加强新、旧混凝土的结合，应对原构件混凝土存在的缺陷清理至密实部位，并将构件表面凿毛，要求打成麻坑或沟槽，沟槽深度不宜小于 6mm，间距不宜大于箍筋的间距或 200mm；

②当采用三面或四面外包方法加固旧桥构件时，应将构件的棱角敲掉，同时应除去浮渣、尘土；

③ 原有混凝土表面应冲洗干净，浇筑混凝土前，原混凝土表面应以水泥浆等界面剂进行处理，以加强新、旧混凝土的结合。

（2）对原有和新设受力钢筋应进行除锈处理；有条件时，在受力钢筋施焊前采取卸荷或支顶措施，并逐根分区分段分层进行焊接，以减少原受力钢筋的热变形，使原结构的承载力不致遭受较大影响。

（3）外包混凝土加固法施工不如整浇混凝土构件方便，必须采取措施，保证模板搭设、钢筋安置以及新混凝土的浇筑和振捣的质量，以达到混凝土密实要求。同时，应加强新浇混凝土的养护，养护期最好达 14d 以上。

4.4.4 锚喷混凝土加固桥梁

（1）锚喷混凝土定义

"锚喷混凝土"实际上由两部分组成，首先是将锚杆锚入拟补强部位结构内，挂设补强钢筋网，然后再喷射一定厚度的混凝土，形成与原结构共同承受外载作用的组合结构。所以，锚喷混凝土是借助喷射机械，利用压缩空气将新混凝土混合料，通过管道高速喷射到已锚固好钢筋网的受喷面上，待其凝结硬化形成一种钢筋混凝土。锚喷混凝土不需振捣，而是在高速喷射时，由水泥与骨料的反复连续撞击而使混凝土压密，同时又可采用较小的水灰比（常为0.4～0.45），使其与混凝土、砖石、钢材产生较高的粘结强度，所以新旧混凝土结合面上能够传递拉应力和剪应力。

（2）锚喷混凝土的特点

锚喷混凝土在施工工艺、材料及结构等方面与普通现浇混凝土相比有许多特点，例如：不用或只用单面模板，混凝土混合料的运输、浇灌和捣固结合为一道工序；可通过输料软管在高空、深坑或狭小的工作区间向任意方位施作薄壁的或复杂造型的结构；设备与工序简单、占地面积小、机动灵活、节省劳动力，具有广泛的适应性。用于旧桥加固补强时，还具有施工快速简便、经济可靠、不中断交通等特点。

锚喷混凝土在施工时，可在混合料中加入各种外加剂和外掺料，大大改善喷射混凝土的性能，例如：加入速凝剂，则喷射混凝土具有凝结快（2～4min初凝，10min以内终凝）、早期强度高（一昼夜使普通混凝土提高2～4倍）的特点。

喷射混凝土混合料时，由于高速高压作用，喷射出的混凝土能射入宽度2mm以上的裂缝，并与被加固的结构紧密结合，形成整体共同工作，阻止原结构继续变形位移和开裂。

锚喷混凝土加固桥梁的实质就是增大受力断面和补强钢筋、加强结构的整体性，使其能承受更大的外荷载。其中增设的外强钢筋主要是帮助原结构承受拉应力，同时成为新增混凝土部分的骨架；喷射混凝土的作用则是将补强钢筋与原结构联结组成整体受力结构，并与锚杆一起在结合面上传递拉应力和剪应力。

4.4.5 贴钢法加固桥梁

贴钢法加固桥梁一般采用环氧树脂或建筑结构胶将钢板、钢筋或玻璃钢等抗拉强度高的材料粘贴在钢筋混凝土受弯构件表面，使之与结构物形成整体，从而取得提高构件的抗弯、抗剪能力，以及减少裂缝扩展的效果。该加固方法具有施工简便，粘钢所占空间小，不减小桥梁净空，加固施工周期短，消耗材料少，粘钢加固部位、范围与强度可视设计构造需要灵活设置，并可在不影响或少影响交通的情况下施工。所以，贴钢法是常用的旧桥加固技术。

1. 粘贴钢板加固法

采用环氧树脂系列粘结剂将钢板粘贴在钢筋混凝土结构物的受拉缘或薄弱部位，使之与原结构物形成整体共同受力，以提高其刚度，改善原结构的钢筋及混凝土的应力状态，限制裂缝的进一步发展，从而达到加大补强、提高桥梁承载能力，是粘贴钢板加固法的目的。

2. 粘贴钢板加固设计

首先，应对桥梁存在的病害与产生缺陷的原因进行分析，当确定采用粘贴钢板进行加固后，根据病害与缺陷的所在部位，确定钢板的规格和粘贴部位和形式。一般将钢板粘贴在被加固的桥梁结构受力部位的外边缘，以便充分发挥粘贴的钢板强度与作用，同时封闭粘贴部位的裂缝和缺陷，约束混凝土变形，从而有效地提高被加固构件的刚度和抗裂性。设计时，可根据需要与可能在不同的部位粘贴钢板，有效地发挥粘钢构件的抗弯、抗剪、抗压性能。

（1）为了提高桥梁结构的抗弯能力，一般在构件的受拉缘的表面粘贴钢板，使钢板与原结构形成整体来受力，此时以钢板与混凝土粘结处的混凝土局部抗剪强度控制设计。合理与安全的设计应控制在钢板发生屈服变形前，粘结处混凝土不出现剪切破坏。

（2）当桥梁结构的主拉应力区斜筋不足，为了加固和增加结构的抗剪强度时，可将钢板粘贴在结构的侧面，并垂直于剪切裂缝的方向斜向粘贴（斜度一般为45°～60°），以承受主拉应力。

（3）补强设计时，钢板可作为钢筋的断面来考虑，将钢板换算成钢筋，原有构件承受恒载与活载，增加的钢板承受原有构件承受不了的那部分活载。

（4）在构件设计时，加固用的钢板可按实际需要采用不同的形状，但钢板的厚度必须比计算出的厚度大些。用于抗弯能力补强的钢板尺寸应尽可能薄而宽、厚度一般为4～6mm，较薄的钢板可有足够的弹性来适应构件表面形状。用于抗剪能力提高的钢板厚度宜厚点，可依设计而定，一般采用10～15mm。

（5）设计钢板长度时，应将钢板的两端延伸到低应力区，以减少钢板锚固端的粘结应力集中，防止粘结部位构件出现裂缝或粘贴钢板被拉脱现象的发生。

（6）粘钢法加固桥梁，如何确保钢板和外加固构件形成整体受力是加固成功与否的关键，所以，在补强设计时，除应考虑钢板具有足够的锚固长度、粘结剂具有足够的粘结强度和耐久性外，为避免钢板在自由端脱胶拉开，端部可用夹紧螺栓固定，或设置U形箍板、水平锚固板等，并在钢板上按一定的距离用螺栓固定，确保钢板与混凝土之间的粘结力抗拉和抗剪的需要.

4.4.6 体外预应力加固桥梁

钢筋混凝土梁式桥通常包括简支梁（T形梁、少筋微弯板组合梁、π形梁及板梁等）、悬臂梁和连续梁等。当其存在结构缺陷，尤其是承载力不足或需要提高荷载等级，即需要对桥梁主要受力结构进行加固时，可在梁体外部（梁底与梁两侧）设置钢筋或钢丝束，并施加预应力，以改善桥梁的受力状况，达到提高桥梁承载能力的目的。

（1）加固方法与机理

对于需要加固的钢筋混凝土梁式桥，常在梁底或梁侧下部增设预应力加劲钢丝索或预应力粗钢筋补强，并分别锚固在梁的两端，通过设置一定的联结构件使预应力拉杆（钢丝索或粗钢筋）与梁体构成一个桁架体系，成为一次超静定结构，从而抵消部分恒载应力，起到卸载作用，进而达到较大幅度地提高桥梁的承载能力的目的。

体外预应力加固法比梁底增焊（或粘贴）钢筋（或钢板）的加固方法相比，不需清凿混凝土保护层，且损伤梁体程度小，加固时不影响或少影响交通，能恢复或提高桥梁的荷载等级，经济效果较明显。但对于梁体外的预应力筋和有关构件，应采取切实有效的防护措施，否则在温度、腐蚀等外界条件作用下，容易造成预应力筋断裂，从而使加固工作失败。

体外预应力加固法适用于中小跨径梁式桥梁，对于较大跨径的桥梁，采用本方法加固时，宜同时配合其他加固方法进行综合加固，以达到较好的加固效果。

（2）加固类型与特性

体外预应力加固梁式桥，实际上亦是改变了梁体原有受力体系的加固方法。所以，根据加固对象的不同，该加固法又可分为预应力拉杆加固法和预应力撑杆加固法。其中，预应力拉杆加固法主要用于受弯构件，而预应力撑杆加固法适用于提高轴心受压以及偏心受压钢筋混凝土柱的承载能力，例如排架桩式桥墩、桥台以及拱桥的柱式腹拱墩。

根据被加固结构受力要求不同，预应力拉杆加固法又分为三种，即水平拉杆、下撑式拉杆和组合式拉杆。水平拉杆适用于正截面受弯承载力不足的加固，同时可减小梁的挠度，缩小原构件的裂缝宽度。下撑式拉杆适用于斜截面受剪承载力、正截面受弯承载力均不足的受弯构件加固，同时又可减小梁的挠度，缩小原构件的裂缝宽度。组合式拉杆一般用两根水平拉杆、两根下撑式拉杆，适用于正截面受弯承载力严重不足而斜截面受剪承载力略为不足的加固，同时亦可减小受弯构件的挠度，缩小原构件的裂缝宽度。

4.4.7 碳纤维布加固桥梁

工程材料的进步及新材料的出现历来是土木结构工程发展的先驱和动力。碳纤维材料的出现和成功，以及其被应用于土木工程的加固与补强上，使土木工程加固技术研究更上一个台阶。碳纤维是一种新型建材，因其质轻、耐腐蚀、片材很薄、抗拉强度高而被广泛应用。碳纤维布（片）加固法亦被视为梁式桥加固补强、提高承载能力，尤其是当高度受限制时的首选加固方法，其施工工艺也很简单。

思考题

1. 砌体结构的加固方法有哪些？
2. 钢结构需加固补强的常见原因有几点？
3. 混凝土结构的加固方法有哪些？
4. 简述古建筑木结构的加固原则以及整个木结构的重要构件的加固方法。
5. 简述火灾后建筑结构修复加固特点及基本原则。
6. 什么是体系加固法？

第 5 章　鉴定与加固程序及数据分析

5.1　业务承接

房屋安全鉴定是一项技术性、专业性强的工作，有其规律性，只要按照鉴定的原则，掌握鉴定报告的编制要点，就不难对所鉴定的房屋出具公平公正的安全鉴定报告。

一般性的签订业务首先填写《房屋鉴定委托合同书》，包括明确的鉴定内容，再初步确定鉴定时间，然后签订合同，由委托人确认。如涉及司法鉴定，先由法院确定鉴定单位，再由当事人和鉴定单位协商鉴定费用和具体事项，最后由法院委托鉴定单位对存在司法纠纷的房屋进行鉴定。

5.2　鉴定程序

房屋安全鉴定程序是保证鉴定质量的很重要的一个环节。房屋安全鉴定程序可以根据鉴定项目的不同而进一步细化，详见图 5.1。

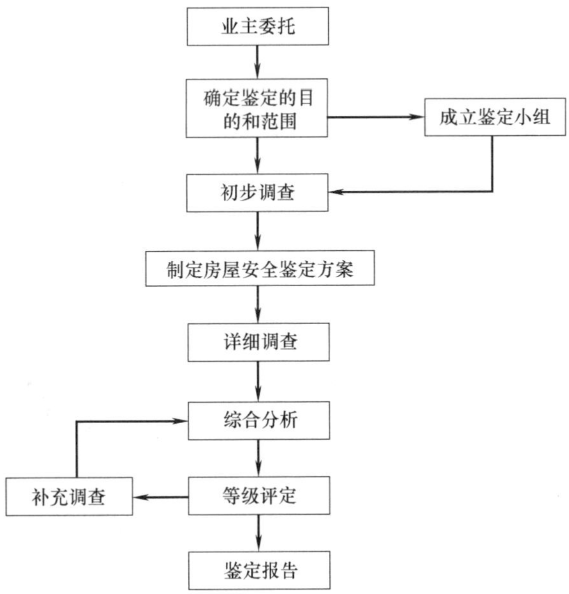

图 5.1　房屋安全鉴定程序框图

5.2.1　确定鉴定目的和范围

建筑物的所有者和管理者提出鉴定的目的、范围和内容要求，委托鉴定单位或以鉴定单位为主成立的专业鉴定组进行鉴定。为了将鉴定合同定得明确合理，鉴定单位往往要将一些属于初步调查的预备性调查工作，包括现场视查、了解建筑物的概况、存在问题、征求有关人员的意见，以及明确鉴定的目的、范围和内容等提前到签订合同以前进行。

受理房屋安全鉴定委托时，鉴定机构应根据委托内容查验下列证件，并复印留存：

（1）房屋产权证或所有权有效证明；

（2）房屋租赁合同；

（3）业主、仲裁或审判机关出版的房屋安全鉴定委托书、已发生法律效力的裁定书、判决书等。

查验证件是鉴定程序中值得注意的事项，在区别建筑是否违章有着重要意义。还有查验证件有利于鉴定工作的顺利开展。如相关人提出房屋安全鉴定时，应征得产权人或使用人的同意，避免纠纷发生。

（4）鉴定机构应指导委托人正确填写《房屋鉴定委托合同书》，委托书填写内容应与委托人持存合法证件的相应内容一致。委托人为单位的，委托书应加盖单位公章；委托人为个人的，应有委托人签字或加盖私章。

由于鉴定类别不同，鉴定内容可以结合项目实际情况进行调整，但不得随意简化或漏项。房屋安全鉴定工作的主要内容包括：初步调查、制定房屋安全鉴定方案、详细调查、结构和构件检测、结构验算、鉴定评级、编制房屋鉴定报告等。

接受鉴定委托，不仅要明确鉴定目的、范围和内容，同时还要按规定要求做好初步调查，特别是对比较复杂的工程项目更要做好初步调查工作，才能制定出符合实际要求的鉴定方案。

5.2.2 初步调查

初步调查的目的是简要了解建筑物现状和历史，为进一步详细调查做准备。初步调查一般进行包括资料搜集和现场调查工作，最后填写初步调查表。

（1）资料收集应包括工程地质勘察报告、设计文件（含建筑、结构设计图或竣工图，设计变更通知书等）、竣工验收技术资料（含隐蔽工程验收记录）、曾有过的房屋检测或安全鉴定报告及结构安全等方面问题的记录和处理情况。

资料收集的目的在于评价结构体系是否合理，结构布置方案是否合理，结构在遭受偶然出现的荷载时是否牢固，现浇混凝土结构的防裂构造措施是否合理等。

图5.2 现场调查Ⅰ

图5.3 现场调查Ⅱ

（2）现场调查工作主要包括房屋使用历史的调查和房屋使用状况调查，详见图 5.2、图 5.3。

1）房屋使用历史的调查应包括施工、维修与加固、用途变更与改扩建、使用条件变更以及受灾害等情况。

调查之目的在于评估资料的可信度，判断施工质量是否可控。针对施工资料是否完整，前后是否一致，是否连贯，是否存在不合理的修改；重点评估影响结构承载力的关键资料如钢筋、钢材及水泥的出厂质量报告、合格证，送样抽检报告；地基基础检测检验项目是否完整，检测方法是否合理、可靠，检验数量是否足够，施工组织设计方案是否完整合理。

2）房屋使用状况调查包括房屋的实际状况、使用条件、内外环境、房屋下部不良地质构造影响及当前存在的问题等。

5.2.3 制定房屋安全鉴定方案

房屋安全鉴定方案应根据委托方提出的鉴定原因、范围、目的和国家相关检测鉴定技术标准、规范，经初步调查后综合确定，并及时告知委托人。房屋安全鉴定方案包括下列主要内容：

（1）房屋概况：包括房屋结构类型、建筑面积、层数、高度、设计、施工单位、建造年代等；

（2）鉴定类别；

（3）鉴定目的范围和内容；

（4）鉴定依据：主要包括鉴定所依据的标准及有关的技术资料；

（5）检测项目、检测方法以及检测的数量；

（6）鉴定工作进度计划；

（7）委托方应提供的资料及须配合的内容。

5.2.4 详细调查

详细调查的内容包括细部检查、材料检测、结构试验、计算分析等。在详细调查实施之前，应制定详细调查方案，列出检测、检查的部位、数量，准备现场记录用的表格。检测记录结构构件的变形，如构件破损特征、裂缝宽度和分布、挠度、倾斜、构件几何尺寸、砖墙风化腐蚀深度、砂浆饱满度等等；检测记录材料性能，如混凝土强度、碳化深度、保护层厚度、钢筋锈蚀程度、砌体强度等；调查记录结构荷载，如有无后期屋面增加保温、防水层，地面超厚装修，改变用途的活荷载变化等；进行环境调查，主要是烟气成分，室内温湿度、局部高温、积水、渗漏，机械振动等等；进行地基基础调查，首先根据地面上结构变

图 5.4 详细调查

形，判断是否有地基不均匀沉降、周期性的胀缩变化，然后决定是否进行基础开挖检查或地质勘察。

详细调查以下内容需要重点关注：结构构件现状查勘、整体结构调查、地基基础工作状况查勘、结构构件检测等。

（1）房屋结构构件现状查勘，包括结构形式、结构布置和构造、构件及其连接等，应重点查勘结构构件缺陷及损伤（如变形、裂缝等）。

（2）结构整体调查，主要是核实了解用途及确定验算结构的荷载和荷载效应，包括结构上的直接作用（荷载）和间接作用（如地基变形、混凝土收缩、温度变化或地震等引起的作用），必要时应测试结构荷载的作用或作用效应。

（3）地基基础工作状况查勘，主要是测量地基变形及其在上部结构中的反应，根据沉降观测资料和上部结构的工作状态分析判断基础的工作状态。必要时可开挖检查基础的裂缝、腐蚀和损坏情况等。对邻近有地下工程施工的房屋，还应调查地基土质分布情况、基坑支护方案、地下水等情况。

（4）结构构件检测，包括构件尺寸及几何参数检测、建筑变形检测及材料力学性能检测三部分。

详细调查是鉴定的关键，不应有疏漏，否则影响鉴定结论，其工作内容可根据实际鉴定需要进行选择。工程鉴定实践表明，搞好现场详细调查与检测工作，才能获得可靠的数据、资料，是下一步综合分析与评定的基础，确保其质量，是决定鉴定工作好坏的关键。各类查勘记录必须妥善保管，现场照片要齐全，便于鉴定分析和鉴定报告的审核。

5.2.5 综合分析

综合分析是系统评估被测房屋安全状况的重要保证。

1. 根据详细调查的情况，综合分析包括检测结果分析、结构构件承载力验算、房屋存在问题的原因分析等；

2. 检测结果分析，应符合国家或行业现行相关检测技术标准、规范的要求，当检测数据异常时，其判断和处理应符合国家现行有关标准的规定，不得随意舍弃数据；

3. 结构构件承载力验算时，应遵守下列规定：

（1）结构构件验算采用的结构分析方法应符合国家规范；

验算采用的结构分析方法应结合实际情况，按以下原则进行操作：

① 加建、改建和改变使用功能的房屋结构分析因已改变房屋设计条件，宜采用现行设计规范为依据。

② 仅评定原结构质量宜采用原设计规范为依据，但应结合现行设计规范查找房屋结构存在缺陷的部位。

（2）结构构件验算使用的验算模型，应与实际受力与构造状况相符；

（3）结构分析采用的构件材料强度标准值，若原设计文件有效，且不怀疑结构有严重的问题或设计、施工偏差，可取原设计值，否则应根据现场检测确定；

（4）结构分析所采用的计算软件应满足相关技术要求；

（5）结构分析应考虑结构工作环境和损伤对结构构件和材料性能的影响，包括构件裂缝对其强度的影响、高温对材料性能的影响等；

(6) 构件和结构的几何尺寸参数应采用实测值，并应考虑锈蚀、腐蚀、腐朽、虫蛀、风化、局部缺陷或缺损以及施工偏差的影响；

(7) 当结构受到地基变形、温度和收缩变形、杆件变形等作用，且对其承载力有明显影响时，应考虑由之产生的附加内力；

(8) 当需判定设计责任时，应按原设计计算书、施工图及竣工图，重新进行复核。

4. 当结构构件不具备条件验算时，可通过现场荷载试验评估结构承载力和使用性能。

5. 房屋存在问题的原因分析应详尽明晰、科学客观，如结构构件的缺陷、损伤及承载力不足，要详尽分析产生的原因和对结构性能的影响。

5.2.6 鉴定评级

按照国家现行标准，对民用建筑的鉴定分为安全性鉴定、正常使用性鉴定与可靠性鉴定，可靠性鉴定包括了安全性鉴定与正常使用性鉴定。对工业建筑直接进行可靠性鉴定，对危险房屋进行综合性鉴定。鉴定评级需要注意以下几点：

1. 房屋等级评定应按符合现行规范的鉴定标准进行，评定程序不得简化，评定的等级应符合相应鉴定标准的分级标准要求，且同一份鉴定报告不能采用两种以上的鉴定标准编写。

2. 可靠性鉴定其评定等级应按构件、子单元、鉴定单元三个层次进行。

3. 房屋危险性评定，应以整幢房屋的地基基础、结构构件的危险程度及影响范围进行评级，结合房屋历史现状、环境影响以及发展趋势，全面分析，综合判断。

4. 房屋专项鉴定应根据委托要求进行鉴定，房屋等级评定应符合相关鉴定标准的要求。

5.2.7 编制鉴定报告

鉴定工作完成后，应及时出具鉴定报告，并对鉴定报告承担法律责任。鉴定报告编写除遵守国家鉴定标准外，还应符合鉴定报告编写要求。鉴定报告是鉴定工作的最终成果，是具有法律效力的技术文书，须认真重视。

房屋安全鉴定报告内容可根据鉴定类别及实际情况进行选取，但不能漏项或随意编造。内容应包括：

(1) 房屋概况；

(2) 鉴定目的、内容和范围；

(3) 鉴定依据；

(4) 现场检测数据、结构承载力复核结果；

(5) 房屋损坏原因分析；

(6) 鉴定评级、鉴定结论、处理建议；

(7) 检测报告及相关图纸等资料。

5.2.8 工程实例

1. 房屋概况

(1) 受某业主委托，对某小区某栋的西南端阳台栏板开裂受损进行结构安全鉴定。此栋楼系楼层砖混结构住宅楼，为南北朝向，建于 1995 年。由某城镇开发公司开发，某设计院设计，某施工单位进行施工。

（2）该住宅楼房屋采用钢筋混凝土条形基础，基础持力层为第④层粉质黏土层，基础埋深为 1.95～3.9m。上部结构情况为：240mm 厚标准砖实砌墙体，预制多孔楼盖，仅厕所及阳台的楼盖部位采用现浇钢筋混凝土；层层设置圈梁，房屋转角及楼梯间四角部位均设置构造柱；现浇钢筋混凝土楼梯，木门钢窗，普通水泥楼（地）面。

（3）住宅楼房屋西南面的阳台为转角 L 形悬挑板式阳台（平面布置见图 5.5），悬挑长度 1.44m、0.92m，板厚 100～120mm，抗倾覆拖板长 1.38m，混凝土强度为 C20；阳台悬挑板内钢筋布置情况为：板面受力筋 ϕ10@130（悬挑 1.44m 部分）、ϕ8@200（悬挑 0.92m 的部分），分布筋均为 ϕ6@200，L 形转角部位设置 3 根 ϕ10 放射筋，钢筋等级为Ⅰ级。阳台栏板采用现浇钢筋混凝土墙（高 1050mm，厚 70mm）。

采用钢筋扫描仪进行检测，实配钢筋情况与设计配筋基本一致。

2. 鉴定依据

《危险房屋鉴定标准》JGJ 125—2016；

《建筑结构荷载规范》GB 50009—2012；

《混凝土结构设计规范》GB 50010—2010；

此栋住宅楼设计图纸。

3. 检查情况

经现场查勘，该住宅楼西南角转角阳台的主要情况如下：

（1）各户室转角阳台栏板墙从转角向东、向北 1.4～1.8m 的范围内，均不同程度出现纵向贯通性裂缝；阳台转角处楼面板顺墙方向有希裂缝，且阳台转角悬挑端部明显下挠，标高偏低，各悬挑阳台板的根部未出现开裂；

（2）各户阳台栏板墙与房屋外墙连接部位均出现竖向脱开裂缝，上宽下窄，最大缝宽为 5mm；

（3）三楼住户阳台栏板墙外侧粉刷（70mm 厚）及马赛克饰面层大面积剥落；

（4）现浇阳台抗倾覆拖板与预制多孔板楼盖交接处，有明显的拼板裂缝及渗漏现象；

（5）四层、五层住户在阳台端部摆放橱柜等家具，三层住户在内侧栏板墙上粘贴瓷砖，阳台楼面铺设地砖，原阳台栏板墙镂空部分采用红砖封堵，增大阳台荷载。

4. 结构承载力验算

（1）验算依据：根据现场实际检查检测情况、图纸资料、《建筑结构荷载规范》GB 50009—2012 以及国家现行规范中的相关条款。

（2）验算条件：选取悬挑阳台 1m 宽板带，悬挑板根部板厚 120mm，悬挑长度 1.44m、0.92m，拖板长 1.38m；悬挑板受力筋：在悬挑长度 0.92m 出受力钢筋为 ϕ8@200，在悬挑长度 1.44m 处受力钢筋为 ϕ10@130，转角部位为 3 根 ϕ10 间距 130mm 的放射筋，分布筋均为 ϕ6@200，混凝土强度为 C20，钢筋级别 HPB235 级。现浇混凝土栏板高 1.05m，厚 70mm。材料强度及构件截面尺寸等均按设计图纸进行取值。

（3）验算结果：阳台转角处悬挑板的实际配筋仅为设计配筋量的 37.5%，不满足承载力需求；悬挑长度 1.44m 的板配筋仅为设计配筋量的 75%，且挠度过大，不满足《混凝土结构设计规范》GB 50010—2010 第 3.3.2 条要求；依据《危险房屋鉴定标准》JGJ

125—2016 第 4.5.4 条 $R/\gamma_0 S<0.85$ 的评判标准，阳台构件为危险构件。

5. 鉴定分析

根据现场检测与验算结果，原因分析如下：

（1）设计：该楼建成 20 多年，原设计规范要求与现行的规范相差甚远，且拖板长度远小于外悬挑板长度，抗倾覆构造措施不足。本次查勘发现拖板处拼接缝以及转角阳台栏板墙产生较明显竖向贯通竖向裂缝，均因悬挑板产生较大挠度所致。此外，悬挑板转角处仅配筋 3 根 ϕ10，不满足承载力要求，是导致转角处产生顺墙体方向竖向裂缝的主要原因，如图 5.5 所示。

原设计中仅在 A 轴和 2 轴板面分别设置 2ϕ10、2ϕ14 加强钢筋，由于转角部分（A 点附近）计算长度为悬挑板转角部分的对角线长度，比非转角部分板的计算长度要长，加上房屋内外装修后，栏板墙荷载加大，转角部分（A 点附近）挠度为非转角部分挠度的 3.34 倍，阳台楼面不均匀的下挠使栏板墙产生拉应力，从而出现竖向贯通裂缝。另外，现浇混凝土栏板与砖墙交接处的锚固做法，设计图中没有要求，阳台栏板墙与外墙交接处缺乏有效拉结，容易因为阳台下挠产生拉裂。

（2）施工：阳台栏板墙粉刷层太厚，做粉刷层时基层处理不到位，黏结力太差，经长期户外温湿度的影响，栏板外饰面与基层之间逐渐松动，出现温度裂缝。另外，阳台栏板墙在漏空部位应力集中，也极易产生开裂。

（3）使用原因：住户在阳台使用时，在靠近阳台悬挑部栏板墙附近，堆放杂物，增加了荷载，超过原设计要求，部分住户还拆除了阳台上的门连窗，除削弱了墙体强度不利于整体承载之外，还降低了阳台的抗倾覆能力。

6. 鉴定结论

此栋住宅楼西端住户的转角阳台，因设计标准与现行规范要求差距太远，原设计有欠妥之处，尤其转角处放射筋设置太少，不满足承载力要求；栏板墙与外墙无锚固拉结措施；阳台栏板墙面层粉刷过厚，基层处理不到位；以及住户在使用过程中，在阳台堆放物品过多，增加了阳台荷载或拆改阳台门连窗，削弱了墙体对悬挑阳台的抗扭、抗倾覆能力。目前，悬挑阳台及栏板墙已经属于危险构件，存在安全隐患，不能满足安全使用要

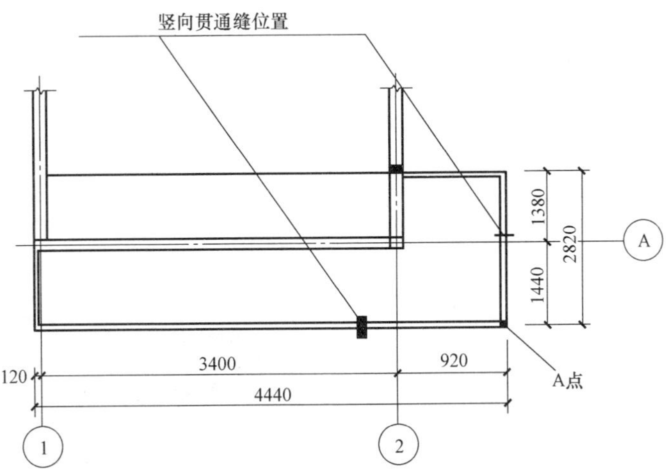

图 5.5　阳台栏板竖向贯通缝位置示意图

求，必须采取措施。

7. 处理意见

鉴于阳台构件的险情，应委托有资质的设计单位进行加固设计，提高其承载力和抗倾覆能力，确保阳台的使用安全。

5.3　鉴定数据分析与管理

5.3.1　鉴定人员操守

为确保鉴定结论科学、公正，鉴定行为必须规范。

1. 从事房屋安全鉴定的单位，应当依照有关规定配备鉴定专业技术员和设备。

2. 进行房屋安全鉴定必须有两名以上（含两名）有鉴定资格的人员参加，并在报告中注明岗位证书编号。

3. 鉴定报告编写人、审核人、审定人应严格区分，各签名栏应亲笔签名，确保鉴定报告质量。

4. 鉴定报告发出前须加盖鉴定单位的房屋安全鉴定专用章。

5. 经鉴定属于危险房屋的，应及时发出危险房屋鉴定报告，同时将鉴定报告副本按要求报送房屋所在地的房屋安全行政主管部门，以备对危险房屋将产生的公共安全问题进行紧急处理；同时向房屋所有人或使用人发出危险房屋通知书。

5.3.2　查勘、检测数据分析

现场查勘时，应携带记录本、照相机、卷尺、小锤、小刀、螺丝刀、望远镜、放大镜等工具。还应注意自身安全及环境安全，做好调查记录。记录时可采用图例及简洁符号，以提高效率。

1. 查勘中的准确判断

(1) 承载力缺陷：主要表现为裂缝，如次梁支座集中力作用下的主梁裂缝（图 5.6）、梁端的 45°抗剪斜裂缝、梁跨中的竖向抗弯裂缝、墙体的 45°斜裂缝或交叉裂缝（图 5.7）。

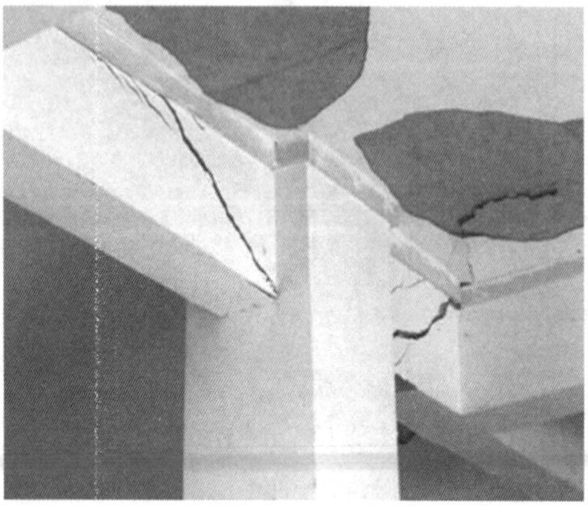

图 5.6　主梁裂缝

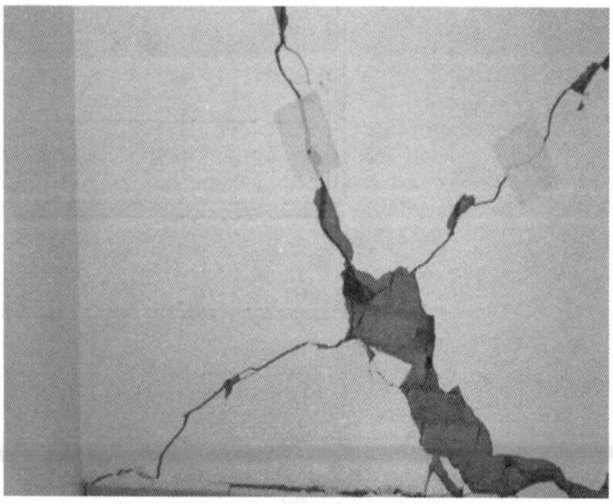

图 5.7　墙体交叉裂缝

(2) 构造缺陷：如女儿墙缺少构造柱容易产生构造裂缝（图 5.8）、墙体中间缺构造柱或圈梁易产生构造裂缝等（图 5.9）。

图 5.8 女儿墙构造裂缝

图 5.9 构造裂缝

(3) 裂缝缺陷：主要与变形、承载力、构造有关。由外荷载、沉降、温度、收缩、化学反应等原因引起，按裂缝方向、形状有：斜向裂缝、横向裂缝、纵向裂缝、水平裂缝、垂直裂缝、龟裂以及放射性裂缝等，按裂缝深浅有表面裂缝、深裂缝和贯穿裂缝等。

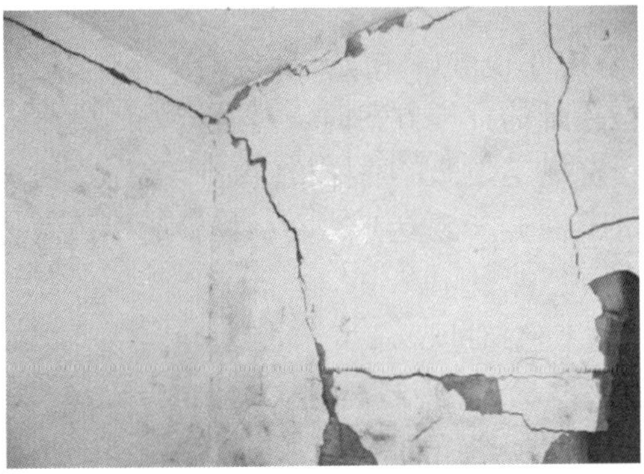

图 5.10 裂缝缺陷 Ⅰ

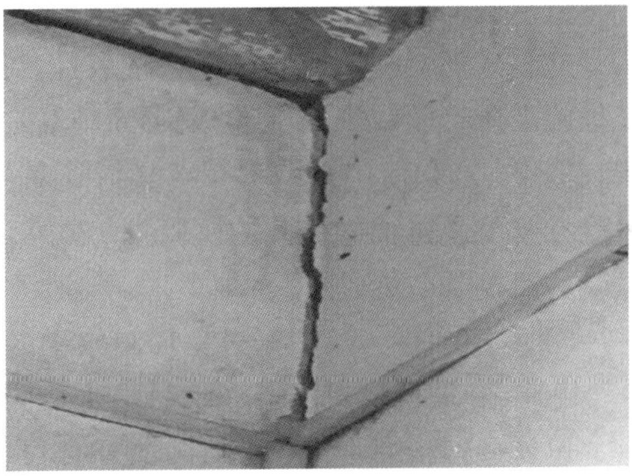

图 5.11 裂缝缺陷 Ⅱ

(4) 变形缺陷：主要表现为裂缝和使用缺陷。地基基础沉降引起进深或贯通裂缝多为斜裂缝，使用中对地面产生压力导致地基变形等。

图 5.12 基础沉降引起的墙体开裂

图 5.13 基础沉降引起的外墙底部开裂

(5) 使用功能缺陷：多数由不合理的施工和装修过程造成，改变了原来的承重结构体系导致房屋承载力不足而开裂等等。

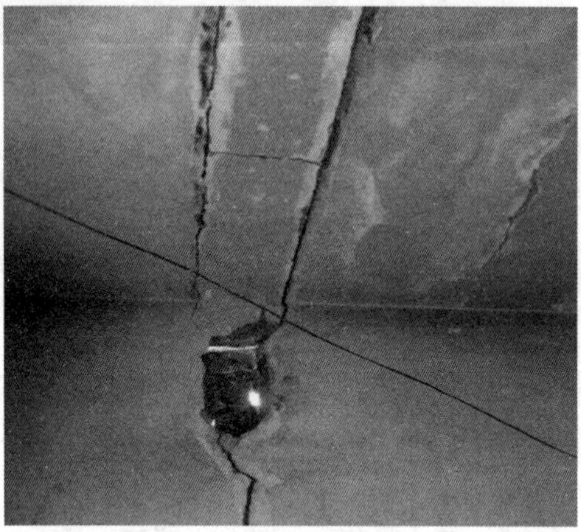

图5.14　使用功能缺陷Ⅰ

图5.15　使用功能缺陷Ⅱ

2. 检测数据分析

(1) 检测取样

检测数据必须具备完整性、代表性，围绕危险构件和重点部位开展检测工作。《建筑工程施工质量验收统一标准》GB 50300在制定检验批的抽样方案时，对生产方风险（或错判概率α）和使用方风险（或漏判概率β）有一定规定，即：抽样检验必然存在这两类风险，要求通过抽样检验的检验批100%合格既不合理也不易达到，在抽样检验中，两类风险一般控制范围是：

① 主控项目：对应于合格质量水平的α和β均不宜超过5%；

② 一般项目：对应于合格质量水平的α不宜超过5%，β不宜超过10%。

也就是说检验批允许存在不合格测试值，对于既有房屋的检测值，应采用结构工作状态进行综合分析，准确理解分析检测数据，对不合格检测数据是否属于危险点应该有综合、全面的认识和理解。

(2) 检测数据分类、整理

检测试验数据一般情况下存在误差，误差分为系统误差、随机误差和差错误差。观察值与真值之间的方向偏离是系统误差，之间无方向的微小偏离是随机误差，人员粗心大意的差错是差错误差。

数据分析是运用数学方法，对检测、检查、试验、度量所取得的数据进行归类、分析、计算等处理，找出现状与异常值、孤立值关系，从而给出正确的被检测结果及评价。

首先，将检测结果转变为数学模型：

试验的一般模型：

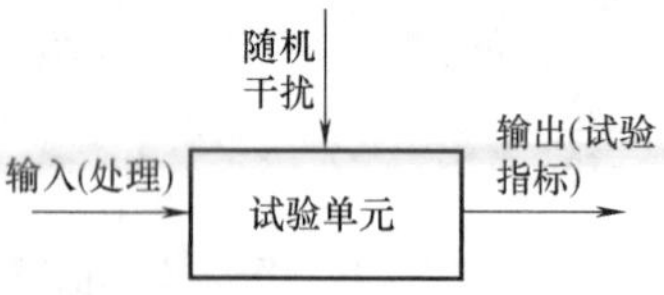

试验的数学模型：

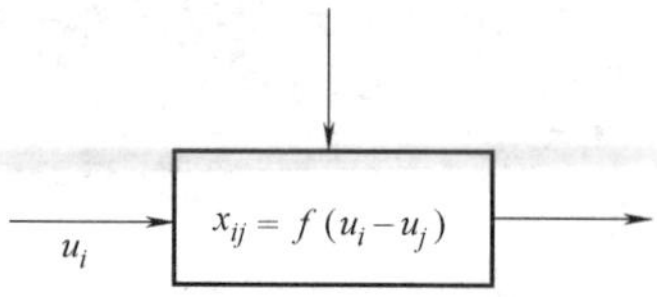

然后，将样本和总体建立数学关系（详见图 5.16）；

最后，进行正态分析的概率计算，进行异常值、孤立值与现状对比分析，可以通过图 5.17 以及以下公式进行计算：

$$p(x)=\frac{1}{\sqrt{2\pi}\sigma}e^{-\frac{(x-\mu)^2}{2\sigma^2}}$$

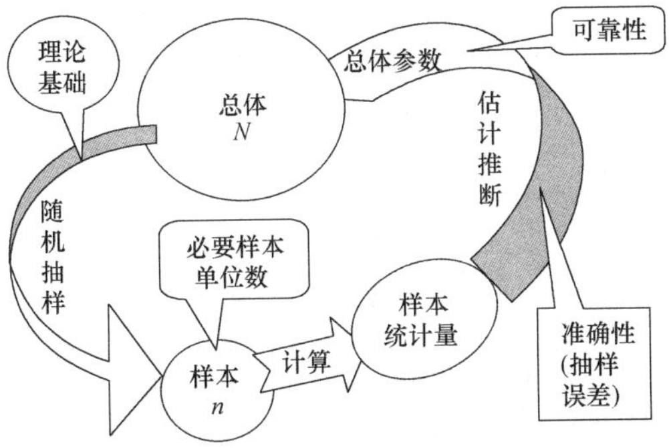

图 5.16 总体与样本关系图

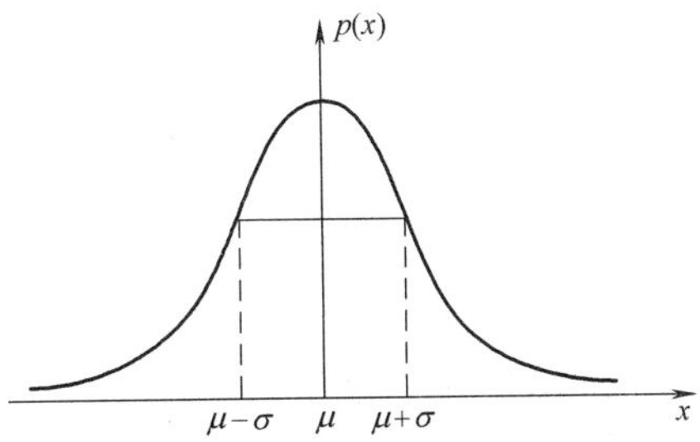

图 5.17 正态分布曲线

（3）检测数据分析

判断异常值有两种方法：物理判断（检测过程中异常现象或可疑数据可以剔除，并注明原因）和统计判断（区间外的异常值删除）。

① 异常值、孤立值与现状对比分析

在普通混凝土回弹法检测数据处理中，先将测区的 16 个回弹值删除 3 个最大和 3 个最小值，取余下 10 个值进行修正，再利用标准差计算换算平均值，最后推定混凝土强度。其中剔除 3 个最大和 3 个最小值就是异常值，在这六个值中有些特别大或小的就是孤立值。

当测区数太少时，取测区中的最小值。

② 危险点与不合格值的区分

在房屋危险性鉴定中，地基基础或结构构件发生危险的判断上，应考虑它们的危险是孤立的还是相关的，当构件的危险是孤立的，则不构成结构系统的危险，当构件是相关的时，则应联系结构危险性评定其范围。

③ 评定分析

危房评定是按检测结果中危险构件百分数的隶属度进行评定，可靠性鉴定是按检测结果验算承载能力的作用抗力系数进行评定。

3. 记录标准化

查勘检测记录要详尽、清晰、可靠，不得随意更改，确需更改时必须行杠改法。检测数据整理后要复核原始记录。

（1）现场查勘的数据记录，应采用图示描述；

（2）对于整理后的数据记录，应附原始记录；

（3）重点记录房屋缺陷、破坏现状、主要构件尺寸；

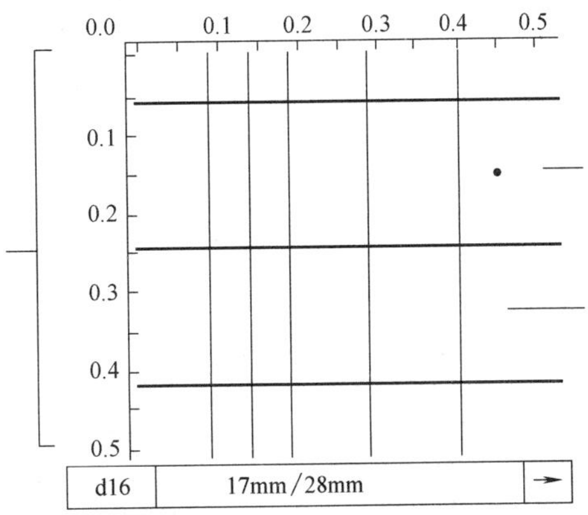

图 5.18 钢筋扫描示意图

(4) 检查数据在现场复读、校对、复核；

(5) 查勘记录必须有委托人或当事人亲笔签字；

(6) 现场照片及录像要有全面、具体，有助于分析和回忆；

(7) 检测数据的记录、整理、归档实行标准化。

4. 示例：构件检测记录

(1) 扫描示意图

用钢筋扫描仪在楼板底部扫描钢筋分布情况，并输出扫描示意图。

(2) 现场照片

房屋出现损坏的部位要进行拍照留影，必要时在鉴定报告中引用，以作为评定结论的重要依据。

图 5.19 鉴定现场照片Ⅰ

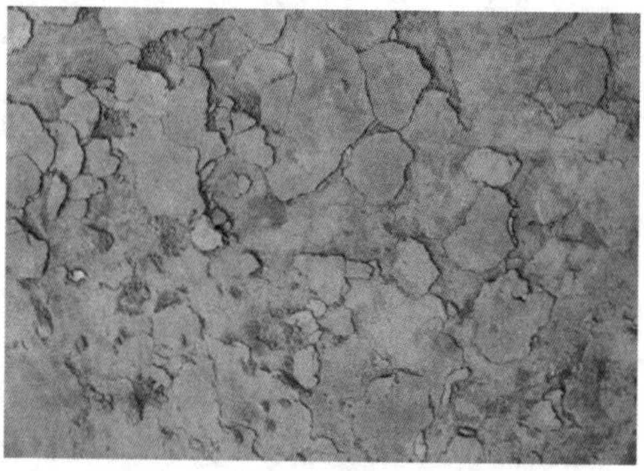

图 5.20 鉴定现场照片Ⅱ

(3) 裂缝示意图：

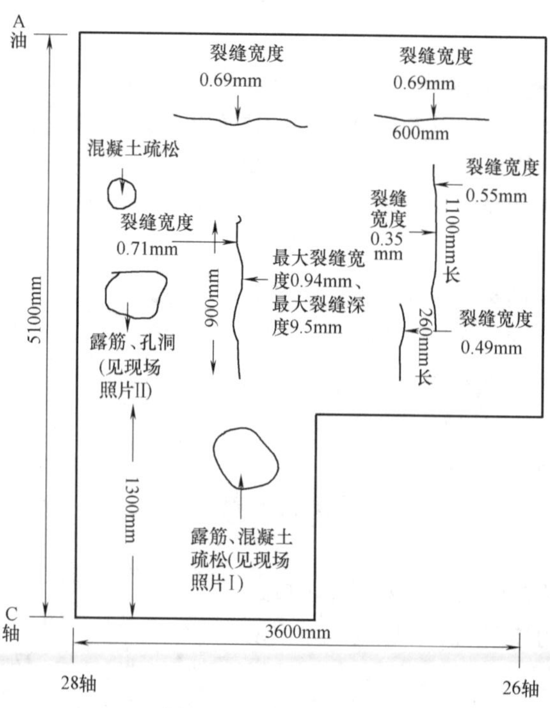

图 5.21 裂缝示意图

（4）房屋平面展开图

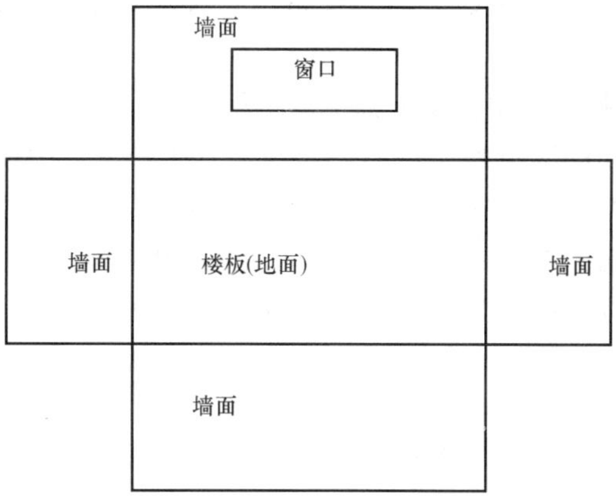

图 5.22 房屋平面展开图

5.3.3 鉴定结论的标准用语

1. 总体要求

（1）鉴定结论用语要精准、一目了然，不能将鉴定分析放在其中。

① 直接给出结论：如由于承载力不足导致的损坏。

② 间接给出结论：如施工周边房屋鉴定，原房屋已出现温度裂缝，主要原因是温度变化导致材料出现裂缝，次要原因是相邻房屋施工振动导致裂缝进一步发展。

③ 没有结论：如地质灾害导致房屋损坏，地基未稳定或未处理前不能对房屋鉴定评级，需要继续观察，或稳定后按原设计进行复核。

（2）对检测鉴定结论不符合要求（可靠性或抗震鉴定）的建筑物，视不符合的程度给出限制使用、局部加固、整体加固等处理建议。

（3）当局部承载构件承载力不足时，采用加固局部构件的处理方案，避免导致结构刚度或强度突变。

（4）当抗震承载力不满足要求，应从提高建筑的整体抗震能力上提出加固方案，明确加固位置。

（5）不具备加固使用价值时，应建议拆除。

结论应评定建筑物的安全性等级、安全状况类别，并注明正常使用条件下的下次安全检查时间。应要求在使用中注意观察，建立正常的检查制度，在使用期内进行建筑结构的常规检查、检测。

2. 各类型鉴定结论

（1）房屋完损性鉴定

如：依照建设部颁布的《房屋完损等级评定标准》，评定该房屋为基本完好房。房屋按现状可继续安全使用，损坏部位宜作维修处理。

（2）房屋危险性鉴定

危房处理有观察使用、处理使用、停止使用、整体拆除四种。

① 观察使用。采取适当安全技术措施后，尚能短期使用，但需继续观察的房屋。

② 处理使用。采取适当安全技术措施后，可解除危险的房屋。

③ 停止使用。已无修缮价值，暂时不便拆除，又不危及相邻建筑和影响他人安全的房屋。

④ 整体拆除。危险且无修缮价值，需立即拆除的房屋。

如：依照建设部颁布的《危险房屋鉴定标准》JGJ 125—2016，房屋整体危险性评定为C级（或D级），即为“局部危房”（或“整幢危房”），房屋应作处理使用。

当危险房屋等级评定为C级或D级时，应及时提出处理建议，包括危险性提示。属于历史风貌保护类或文物类的危险房屋，一般情况下不应提出拆除重建类的处理建议。

（3）房屋可靠性鉴定

如：“依照《民用建筑可靠性鉴定标准》GB 50292—2015的要求，该房屋的安全性等级评定为D_{su}级，正常使用性等级评定为C_{ss}级，可靠性等级评定为Ⅳ级，即可靠性极不标准对Ⅰ级的要求，已严重影响整体承载能力和使用功能，应及时对房屋做加固处理。”

（4）房屋抗震鉴定

如：“该房屋的抗震鉴定结果表明，房屋的抗震措施、抗震承载力均满足7度重点设防类（乙类）建筑抗震设防要求。依据《建筑抗震鉴定标准》GB 50023—2009的规定，综合评定该房屋满足七度重点设防类（乙类）建筑的抗震设防要求，后续使用年限50年。”

（5）火灾后建筑结构鉴定

如：“根据房屋构件的详细鉴定评级结果，对该房屋被评为b、c 、d级的各层柱、梁、板构件应根据《火灾后建筑结构鉴定标准》CECS 252：2009的分级标准和处理意见（详见后附详细鉴定评级说明）进行维修或加固处理。”

5.3.4　鉴定资料管理

鉴定机构应建立健全鉴定项目资料管理制度，确保鉴定项目资料的完整。每项鉴定完成应及时将相关资料按项目装订成册一并归档。

1. 鉴定机构必须建立鉴定项目管理台账并装订成册，鉴定资料主要包括下列内容：

（1）鉴定合同或委托书；

（2）委托人提供的重要资料复印件；

（3）编制完整、签发手续齐全的鉴定报告原件；

（4）现场查勘记录、影像资料和委托检测的报告书；

（5）承载力复核验算资料。

2. 对危险房屋，鉴定资料还应保存房屋的外观照片、危险部位的损坏照片。

3. 归档资料的整理、程序、方法能作为档案资料的保管人。手续等均应符合档案管理的有关规定。鉴定人不能作为档案资料的保管人。

5.4　鉴定路径

鉴定思路乃鉴定者对鉴定项目的现状、委托人的要求、整体检测鉴定工作脉络的构思。是在核对图纸资料及现场调查的基础上，初步分析结构缺陷所在的过程中逐渐形成的。

鉴定思路的清晰、准确与否，对鉴定工作质量至关重要，因为它把握全局，涉及对结构缺陷的判断是否准确、完整，从而影响所确定的检测项目、部位及数量是否合理，进而影响鉴定结论的准确、完整。如果鉴定思路有误，就有可能在分析缺陷原因及危害性时出现误判、漏判，最终使鉴定结论不完整，产生遗漏和错误，甚至导致对结构重大险情处理不当或不及时，发生因鉴定责任而酿成事故，造成人员伤亡及经济损失。而鉴定者的水平往往就体现在对鉴定思路的准确把握上，即是否能找准结构缺陷的根本原因。

5.5 加固程序

已有房屋加固与改造远比建新的建筑结构复杂，它不仅因为长期使用存在各种各样的安全隐患，而且受到建筑物原有条件的种种限制。引起这些问题的原因也是错综复杂的，除此之外，原有房屋所使用的材料因为年代不同可能与现状相差甚远。综合以上的各种情况，我们必须谨慎的选取房屋加固的方案，严格遵守加固原则和工作程序。

建筑物结构的加固一般经过如图 5.23 所示的工作程序。

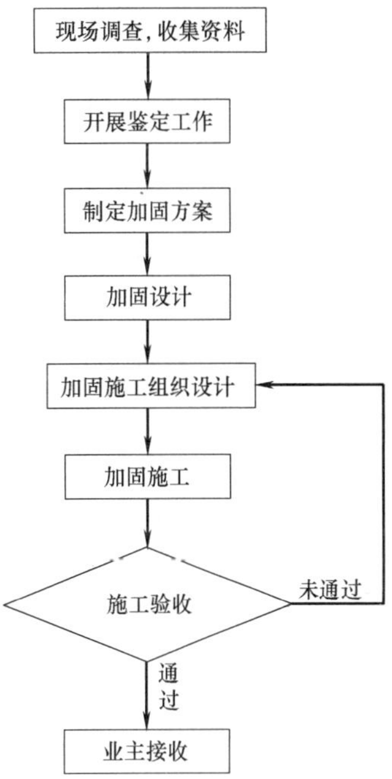

图 5.23　加固程序框图

5.5.1 开展鉴定工作

房屋安全鉴定是已有建筑物加固的基础，也是保证加固工程质量重要的一个环节，如果结构某些部位的实际强度没有测准，薄弱环节未能找到，一些细部构造没有掌握，就可能使加固工作事倍功半，甚至发生安全事故，房屋结构的安全鉴定步骤如下：

1. 对已有建筑物进行宏观调查；

2. 根据建筑物现状及用户的要求，确定鉴定的项目以及内容；

3. 运用前面章节介绍的方法对目标进行实地检测。实地检测的内容包括：结构形式、截面尺寸、受力状况、计算简图、材料强度、外观情况、裂缝位置和宽度、挠度大小、纵筋和箍筋的配置及构造以及钢筋的锈蚀、混凝土碳化、地基沉降和墙体开裂等情况；

4. 根据实际测量的强度进行理论分析计算，得到该建筑物的承载指标和耐久性等级；

5. 依据监测数据以及与评定标准进行比较，得出该建筑物的安全鉴定结论。

5.5.2 制定加固方案

加固方案的合理与否，不仅仅是影响加固结构的质量安全，而且还可能浪费资金，所以，对于已有建筑物加固方案的选择关系到加固的效果。比如：

1. 结构构件的承载力足够，但是其刚度不足时，应该优先选用增设支点或者增大梁板结构构件的截面尺寸，以提高其刚度和改变自振频率；

2. 对于承载力足够的构件，但是裂缝过大，如果是采用纵筋的加固方法是不合适，因为增加纵筋不会减小已有的裂缝，而有效的方法是采用外加预应力钢筋的方法，或者是外加预应力支撑，或者改变受力体系；

3. 对于承载力不足而实际配筋已达到超筋的结构构件，仍在受拉区增配钢筋是起不到加固作用的。

合理的加固方案不仅仅要达到好的加固效果，而且还要对使用功能影响小，技术可靠，施工方便，经济合理，外观整齐。

5.5.3 加固设计

建筑物的加固设计，包括被加固构件的承载力验算、施工图绘制以及构件处理三部分工作组成。

在承载力验算过程中，我们应该注意：

1. 考虑结构的损伤、锈蚀、缺陷等不利影响，所以构件的截面面积应采用实际有效截面面积；

2. 考虑结构在加固时的实际受力以及加固部分应力滞后的特点；

3. 考虑实际荷载偏心、结构变形、局部损伤、温度作用等引起的附加应力；

4. 考虑加固部分与原结构协同工作的程度，并对加固部分的材料强度设计值进行相应的折减；

当加固后使结构的自重增大时，还要对相关承重构件（柱子和基础等构件）进行验算。

结构计算简图应该根据结构的实际受力情况和实际尺寸确定。

另外，加固设计过程中另一重要的任务就是选择加固材料和做法。在通常情况下，对维修材料的要求和对新建材料的要求是不一样的，设计人员必须考虑多种加固材料本身的可靠性以及加固材料与原材料兼容的问题，并且还需考虑材料对施工成本、施工速度的影响。

5.5.4 加固施工组织设计

加固工程施工组织设计应考虑到以下的情况：

1. 受生产设备、原有结构和管道、构件的制约；

2. 应该在不停产或者尽量少停产的情况下进行施工；

3. 施工现场狭窄、场地拥挤；

4. 施工时，如果拆除和清理的工作量较大，施工需要进行分段和分期处理。

另外，由于大多数加固工程的施工是在负荷或者部分负荷的情况下进行的，因此施工安全非常的重要。施工前可卸除一部分外部荷载，并且需要支撑，以减小原结构构件中的应力。

5.5.5 加固施工及验收

1. 加固工程施工

已有建筑物的加固改造施工是一项技术性很强的工作，不是任何施工单位都能胜任的。为了保证加固设计意图的全面实现，施工单位除了要有安全信誉之外，还应有加固专业工程经验和专业资质。

通常情况下在施工过程操作规程以及施工规范。在施工阶段的前期，在拆除原有废旧构件或者清理原有构件的时候，应特别注意观察有无与原检测情况不相符合的地方。工程技术人员应该亲临现场，随时观察有无意外情况的发生，如果发生意外，应立即停止施工作业，并采取妥善的措施。在补加固件时，应该注意新旧构件结合部位的黏结或者连接质量。

建筑物的加固施工工程应该快速完成，以减少给用户带来的不便和避免发生意外的情况。

2. 加固工程验收

加固工程竣工以后，应该由使用单位或者主管部门组织专业技术人员按照既定的标准进行验收，为了保证验收的效果，对一些重要的结构部件或者施工质量不易达到要求的区域，还要采取必要的检验手段来对加固效果进行检验。如果验收不合格，施工单位应该返工，直至验收合格为止。

5.5.6 工程实例

1. 工程概况

某办公楼为 4 层砖混结构，层高 3.3m；砌体材料为 MU10 黏土砖、M5 混合砂浆；楼面做法自上而下依次为：20mm 厚水泥砂浆压实抹光，50mm 厚水泥炉渣垫层，100mm 厚 C20 钢筋混凝土楼板。

由于历史原因，从第 1～3 层与第 4 层分别由两个单位进行管理，其中第 1～3 层在 2009 年由其管理单位进行了装修；2010 年整座楼改由一个单位进行统一管理后，业主决定对第 4 层也进行装修（其中包括在楼面增铺地砖），同时对原办公室进行此调整，决定在第 4 层增设 3 个开间的档案室（图 5.24），在第 3 层的端部的大房间沿轴增设一道隔墙，将其改成两件办公室。

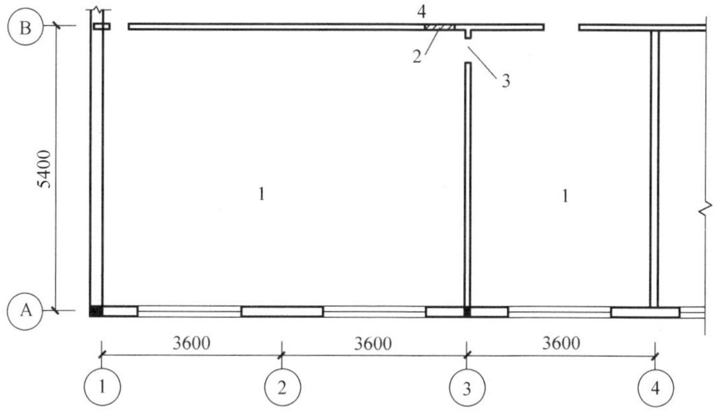

图 5.24　新增档案室平面示意图

1—新增档案室；2—封闭原门洞；3—新开门洞；4—走廊

根据业主对办公楼的改造要求和对档案室的使用要求，按所有楼面增加 0.7kN/m² 的

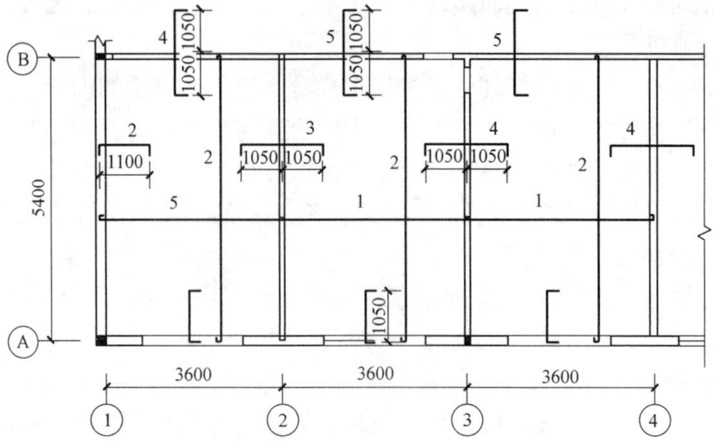

图 5.25　原设计第 4 层楼板局部结构配筋示意图

1—ϕ8@150；2—ϕ8@200；3—ϕ10@100；4—ϕ8@100；5—ϕ8@130

恒荷载、档案室楼面增加 3.5kN/m^2 的活荷载并对第 4 层楼板进行验算，验算结果：新增档案室楼板、梁受弯承载力严重不足，其他房间的楼板结构基本能满足要求，因此必须对新增档案室的楼板结构进行加固。图 5.25 为原设计第 4 层楼板局部结构配筋图示意，其中 L-5 截面尺寸为 250mm×450mm，梁底配筋 2Φ20+1Φ18，梁顶配筋 2Φ12，箍筋 ϕ8@150。

2. 制定加固方案

在加固设计之前，业主提出了三点要求：在确保安全的前提下，注意节约；要尽快将第 3 层端部大房间分隔为两间大办公室，以解决办公用房紧张的矛盾；加固后档案室的楼面标高应与现有的楼面标高保持一致。因此加固方案的选择应该首先要围绕这三点进行。

(1) 楼面现浇板的加固方案

经过综合考虑，决定采用增大截面的方法对现浇板进行加固，及铲除砂浆面层以及垫层后，在原现浇板顶浇筑 70mm 厚的钢筋混凝土叠合层，通过增加截面高度（跨中）或同时增设受拉钢筋（支座）实现对现浇板的加固。这样可以提高现浇板的承载能力，同样也能保证加固后的档案室楼面标高与其他房间保持一致。

(2) L-5 的加固方案

经验算，L-5 的斜截面受剪承载力的富余量比较大，因此，对其加固时仅考虑正截面受弯承载力，并确保挠度计算与抗裂计算满足要求，因此，初步拟定了四个加固方案。

方案 1，梁底黏钢板法。由于当地的施工单位都没有采用过这种加固方法，而且当底的检验监督部门尚未开展此种加固方法的检验，因此如果采用这种方案，必须请外地的施工单位进行施工，试件也要送到外地去检验，既不经济，工期也可能被延误，因此放弃此种方案。

方案 2，结合现浇板的加固，通过在梁顶浇筑 70mm 厚钢筋混凝土叠合层，增大梁截面面积，从而完成对 L-5 的加固。但是计算结果表明，加固后的 L-5 其受弯承载力仍不能满足要求，故此方案仍然不可行。

方案 3，在方案 2 的基础上，同时在梁底增浇一定高度的混凝土，并配置适量受拉钢筋，以期达到进一步增加 L-5 的正截面承载力的目的。经过计算可得，此方案对于提高 L-5 的正截面受弯承载力有较为明显的效果，例如，当梁底仅增浇 80mm 厚的混凝土并增配 3Φ14 的钢筋时，受弯承载力即满足要求。若采用此方案，第 3 层大房间需要进行湿作业施工，容易破坏墙面以及板底粉刷，且梁底新增混凝土养护时间较长，底膜支撑也不能过早地拆除，不能满足业主的要求，因此该方案也是不可行的。

方案 4，考虑到 L-5 要增设一道隔墙，同时加固前 L-5 亦可卸去大约 70%的设计荷载，这就使得跨中增设支点的方法对 L-5 的加固成为可能。由于第 3 层大房间楼板也设有一根梁，为减少对于此梁的影响，采用图 5.26 所示的三角形钢桁架对 L-5 进行支撑加固。加固前、后 L-5 及其支撑桁架的内力见图 5.27 及图 5.28。

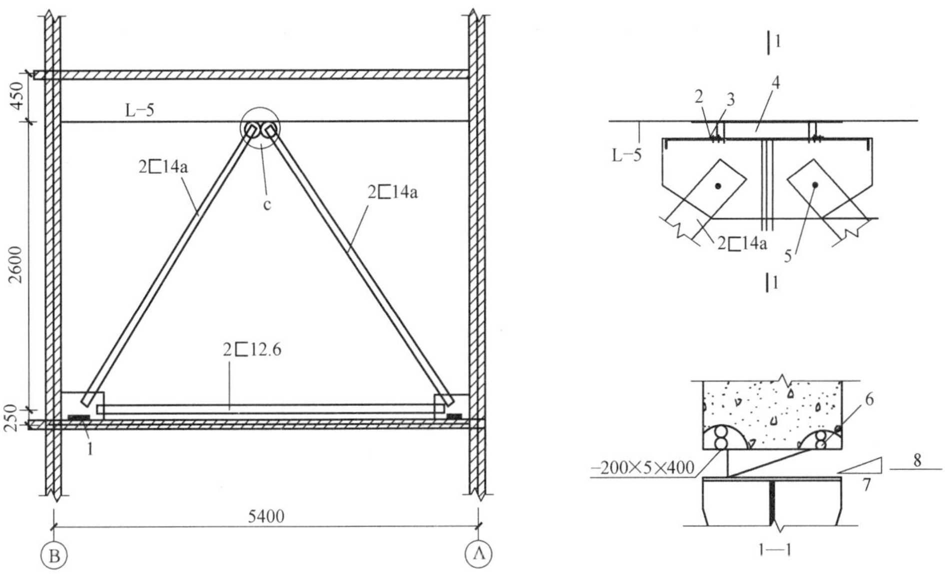

图 5.26 用三角形桁架对 L-5 进行支撑加固

1—8M16 膨胀螺栓；2—焊接倒 T 形钢；3—左右各 4M10 螺栓；4—楔形垫铁；5—M12 普通螺栓；6—Φ25 短钢筋；7—楔形垫铁；8—锤击

显然，加固后的 L-5 在截面增大的情况下，所受的弯矩值却有所减小，虽然跨中所受的剪力有所增大，但是经过计算，其斜截面的受剪承载力满足要求，而且由于原设计中 L-5 的各项指标都能满足要求，因此加固后的 L-5 正截面受弯承载力、挠度、裂缝宽度也能满足要求。此外，对钢桁架中各杆件及其支座下进行验算，所以本方案的安全性也是能得到保证的。当钢支撑安装完毕以后，可立即用双层 60mm 厚的成品增强石膏板拼成隔墙（将钢桁架夹在其中），刮完腻子粉、粉刷涂料以后即可用作办公室了，工期较方案 3 明显缩短。

经过上述分析，决定采用方案 4 对 L-5 进行加固。

3. 现浇板的加固设计及其构造措施

（1）新、旧混凝土结合面的受剪承载力计算

加固后的现浇板在收到剪力作用时，结合面往往会产生较大的剪应力，新、旧混凝土能否整体工作，关键在于结合面能否有效承担并传递剪应力。因此，当采用增加截面法对

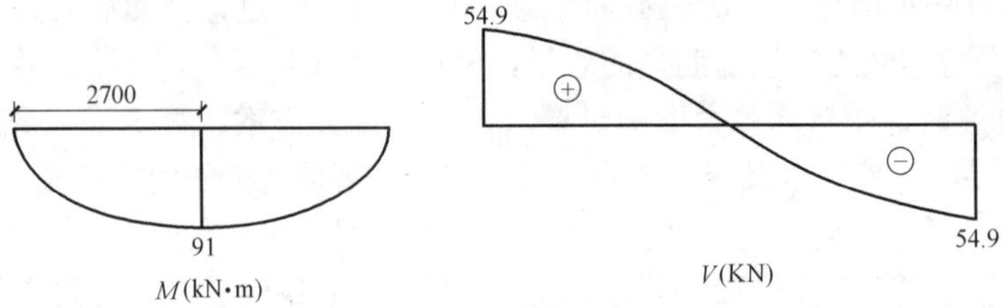

图 5.27　加固前 L-5 内力示意图

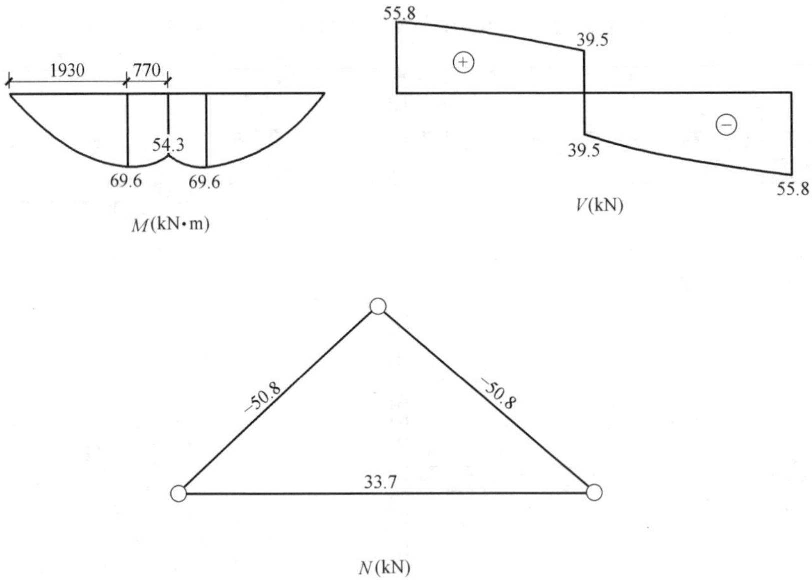

图 5.28　加固后 L-5 内力示意图

现浇板进行加固的前，既要采取措施增强结合面粘结力，又要对结合面进行受剪承载力计算。万墨林等在《混凝土结构加固技术》一书中提出，当混凝土强度等级为 C20 时，结合面的混凝土粘结抗剪强度设计值为 $f_v=0.29$MPa。取Ⓐ～Ⓑ轴线间跨中 1m 宽连续板作为计算单元，计算剪力取第一内支座左侧的剪力设计值 $V_{max}=5ql/8=29.94$kN，则结合面处的剪应力 $\tau=V_{max}S/(Ib)=0.26$MPa，即 $\tau<f_v$，满足要求。由于此截面的计算剪力最大，故加固后现浇板新、旧混凝土结合面的受剪承载力均满足要求。

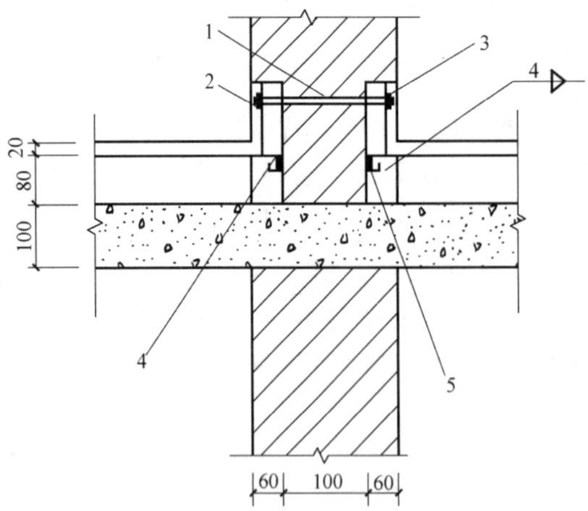

图 5.29　内墙支座做法

1—M12 螺栓，水平间距@300；
2—L 45×4，长 180mm，@300；3—螺帽拧紧后焊牢；
4—1 Φ 12，与L 45×4 角钢焊接；5—－60×5，通长设置

(2) 现浇混凝土强度等级的确定及其配筋计算

采用弹性理论，按外墙简支、内墙固

接的双向板计算加固后的现浇板。由于现浇板的施工阶段所受荷载接近甚至小于原设计荷载，因此可不进行施工阶段的承载力的验算；另外考虑到混凝土加固后的受弯构件发生破坏时，受拉钢筋均能达到屈服强度，而且楼面卸荷程度又比较高，因此，可简化为按一次受力的组合截面进行计算，计算过程从略。计算结果：现浇混凝土强度等级为C30，固接支座新增负筋为 ϕ6@100。

（3）构造措施

为了保证加固后的现浇板的整体性和连续性，在新浇的混凝土顶部设置通长的双向 ϕ6@200 的钢筋，固接支座另增 ϕ6@200 的钢筋（伸出墙或 L-5 两侧各 1m）；内墙支座采取了图 5.29 所示的做法，即墙下两侧分别剔开 60mm×180mm 的通长砖槽，浇筑 C30 细石混凝土，在外墙支座处，于墙下剔开 60mm×60mm 的槽，插入板筋后一并浇筑混凝土。

4. L-5 的加固计算及构造措施

L-5 的加固计算按增设了支点且二次受力的受弯构件分三步进行：首先，计算卸荷后、加固前 L-5 的内力；其次，将已卸去的荷载全部加在设置了钢桁架支撑后的 L-5 上，采用图乘法，按照静定组合结构计算其与钢桁架的内力；最后，将前面两项的内力进行叠加，即为 L-5 最终所受内力。在计算中发现，卸荷量越大，增设支点加固效果也就越明显，计算结果见图 5.27。

成功加固 L-5 的关键，很大程度上取决于支撑桁架与 L-5 的支点处理与构造措施。该工程在支撑桁架结点顶部设置了楔形垫块，以确保支撑顶紧梁底，在支座结点对应的楼面用切割机切开宽 250mm、长 600mm 的装修面层，剔除垫层并用环氧砂浆找平，以确保支座直接坐在钢筋混凝土梁上；为了加强 L-5 与其顶面叠合层混凝土的粘结力，在叠合层增设 2Φ12 的纵向钢筋，凿开梁顶保护层后，每隔 450mm 设置一对 2Φ12 的弯起短筋，将新、旧钢筋焊在一起。

5. 主要的施工技术要求

（1）彻底铲除需加固的现浇板顶部的砂浆面层及其下的水泥焦渣垫层，清除干净以后，先加固 L-5，待完成以后方可对现浇板进行加固。在对 L-5 的加固过程中，不允许在清扫干净的现浇板上堆放施工机械、建筑材料、建筑垃圾等重物。

（2）对三角形桁架中的钢构件，在拼装前应该彻底除锈并刷两遍防锈漆。

（3）在安装钢支撑的过程中，对原 2 层档案室楼面应采取保护措施，避免重物砸坏地板以及洒落焊渣烧灼地板。

（4）支撑的安装顺序及主要过程：①按设计图纸放线、定位；②将支撑桁架上部节点板范围的内的梁底抹灰凿去，露出梁底角部钢筋（尽量避免破坏梁两侧的抹灰），双面焊接Φ25 的短筋（按梁底箍筋间距分段焊接），然后用环氧砂浆补平剔开的梁底角部；③将两块倒 T 形钢焊于钢板底部；④拧紧 M10 螺栓，通过上面两根倒 T 形钢将支撑桁架的上部节点板固定在梁底钢板上；⑤在进行②～④步骤的同时，可将下部两支座节点板安装好、固定好，并将下弦的 2[12.6 焊于支座节点板上；⑥根据实测的上、下节点板上预留孔（孔径为 15mm）的孔距，在[14a 上定位钻孔（孔径为 15mm）；⑦拧紧 M12 螺栓，将两侧斜压杆（各 2[14a）固定于上、下结点板上；⑧设置两个楔形垫铁（见图 5.26 的 1-1 剖面），锤击挤紧支撑后，将两块垫铁焊牢，再将垫铁与梁底钢板及支撑的上节点板焊接（锤击过程中，应在顶部节点板的平面外设置临时支撑，以防钢桁架倾倒）；⑨将两侧斜压杆（各 2[14a）分别与上、下节点板焊接。至此，完成支撑安装。

在图 5.29 中，墙体两侧如果同时剔槽，墙体厚度仅为 120mm，其高厚比将超过允许值。因此，应先在墙体一侧剔开通槽，浇筑细石混凝土，养护 3d 以后（抗压强度可达到设计强度的 30%～40%，已超过砌体抗压强度设计值很多，因此可按 180mm 厚的墙体进行高厚比及承压计算，计算结果满足要求），再在另一侧剔开通槽并浇筑混凝土。为减少混凝土的收缩，确保通槽内混凝土与墙体紧密接触，混凝土内掺加 10%的 UEA 膨胀剂。

（5）当浇筑完成墙体两侧通槽内的混凝土后，即可在原现浇板顶绑扎新增钢筋，准备浇筑 C30 细石混凝土；浇筑前应确保原现浇板顶已凿毛，并用水冲洗干净，然后涂刷一道素水泥浆。

（6）对板面新浇混凝土应至少养护 7d，方可在其上铺设地砖。

6. 注意事项

（1）结构的加固设计，往往受到使用条件、施工技术、施工工期以及技术经济成本等成本等因素的制约，在确定加固方案时，应从全局考虑，综合比较，以选出最佳的方案。

（2）必须是加固后的新、老混凝土紧密结合，以保证传力可靠和变形协调。

思考题

1. 房屋安全鉴定有哪些程序？
2. 房屋安全鉴定方案包括哪些内容？
3. 结构构件现状查勘属于鉴定程序中哪一部分？这部分还包括哪些内容？
4. 结构分析方法应按照什么原则操作？
5. 在综合分析中的结构构件承载力验算时，应该遵守哪些规定？
6. 受理房屋安全鉴定委托时，鉴定机构应根据委托内容应查验哪些相关证件？
7. 房屋安全鉴定方案如何制定？
8. 简述鉴定思路的含义及其重要性。
9. 现场查勘需要携带什么工具？在查勘时需要注意些什么？
10. 在查勘的判断中，有哪些情况可以确定承载力缺陷？哪些情况为构造缺陷、裂缝缺陷、变形缺陷？
11. 检测取样的抽样检验过程中，合格质量水平的 α 和 β 控制范围是多少？
12. 鉴定机构必须建立鉴定项目管理台账并装订成册，那么鉴定资料一般由哪些文件组成？
13. 房屋加固工作程序的内容是什么？
14. 说说都有哪些合理经济的加固方案？
15. 在加固工程设计的承载力验算过程中应该注意的内容是什么？

第 6 章　检测仪器性能及使用

6.1　概述

房屋安全鉴定主要通过无损方法对房屋结构进行检测，从而采集结构性能的参数。混凝土的无损检测技术，是指在不影响结构受力性能或其他使用功能的前提下，直接在结构上通过测定某些物理量，推定混凝土的强度、均匀性、连续性、耐久性等一系列性能的检测方法。该方法具有以下特点：

（1）不破坏被检测构件，不影响其使用性能；

（2）可在构件上直接进行表层或内部检测；

（3）能获得破坏试验不能获得的信息；

（4）可在同一构件上进行连续测试和重复测试，检测结果有可比性；

（5）测试快速方便，费用低廉；

（6）间接检测，检测精度相对低一些。

常用的无损检测仪器有：回弹仪、超声波仪、钢筋扫描仪、裂缝测宽仪、裂缝测深仪等。以下将对各种常用仪器的性能及使用方法进行介绍。

6.2　钢筋位置测定仪

6.2.1　简介

钢筋位置测定仪（以下简称钢筋仪）可用于现有钢筋混凝土工程及新建钢筋混凝土结构施工质量的检测：确定钢筋的位置、布筋情况，已知直径检测混凝土保护层厚度，未知直径同时检测钢筋直径和混凝土保护层厚度，路径扫描功能。此外，也可对非磁性和非导电介质中的磁性体及导电体的位置进行检测，如墙体内的电缆、水暖管道等。该仪器是一种具有自动检测、数据存储和输出功能的智能型无损检测设备。

6.2.2　主要功能

1. 检测混凝土结构中钢筋的位置及走向；
2. 检测钢筋的保护层厚度（已知直径）；
3. 同时估测钢筋的直径和保护层厚度；
4. 检测某一测面下钢筋的保护层厚度，并显示网格图像；
5. 检测某一测线下钢筋的保护层厚度，并显示剖面图像；
6. 探头自校正功能；

7. 检测数据的存储、查看功能；

8. 数据传输功能。

6.2.3 主要特点

1. 进行钢筋精确定位，检测钢筋直径和保护层厚度；

2. 仪器具有的网格和剖面扫描功能，精确检测钢筋的保护层厚度；

3. 多重钢筋定位方式：有报警提示声、黑色指示条、厚度和信号值四种方式用于钢筋的精确定位；

4. 传感器平行放置钢筋上方，一种检测姿态，同时估测钢筋直径和保护层厚度，无需交换检测姿态，可以实现快速检测钢筋直径和保护层厚度；

5. 钢筋直径和保护层厚度的检测精度高；

6. 能够直观显示钢筋的网格和剖面图像；

7. 软件界面简洁，操作简单。

6.2.4 工作原理

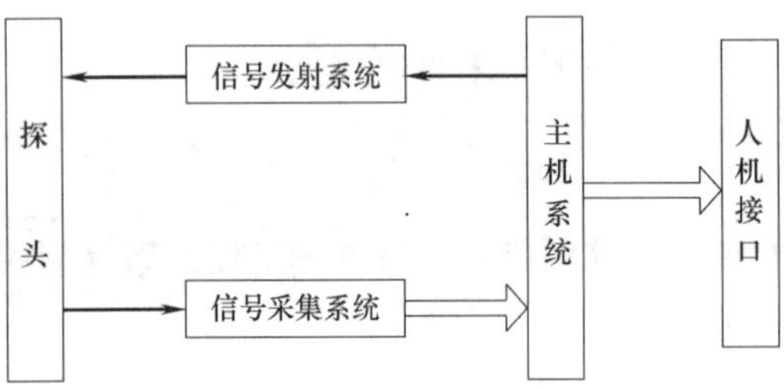

图 6.1 工作原理框图

由主机系统、信号发射系统、信号采集系统、探头以及人机接口等五大部分组成，如图 6.1 所示。信号发射系统在主机的控制下，产生一定频率的激励信号激励探头，探头感应被测钢筋，输出的信号经信号采集系统转换为数字信号，送入主机系统进行处理，判定钢筋的位置和保护层厚度以及钢筋的直径。

智能化设计使仪器具有自动校正、自动适应环境等特点，与国内外同类仪器相比，具有检测精度高、操作简单、存储容量大、界面人性化等优点。

6.2.5 仪器组成

如上图所示，仪器组成包括主机、两根信号线、探头、扫描小车等。

注意事项：

1. 避免进水；

2. 避免高温（>50℃）；

3. 避免靠近非常强的磁场，如大型电磁铁、大型变压器等；

4. 仪器长时间不使用时，请取出电池，避免电池泄漏对电路造成损坏；

5. 每次进入检测状态时，系统自动重新校正探头，这时应把探头拿到空中或远离金属等导磁介质；

6. 检测表面要尽量平整，以提高检测

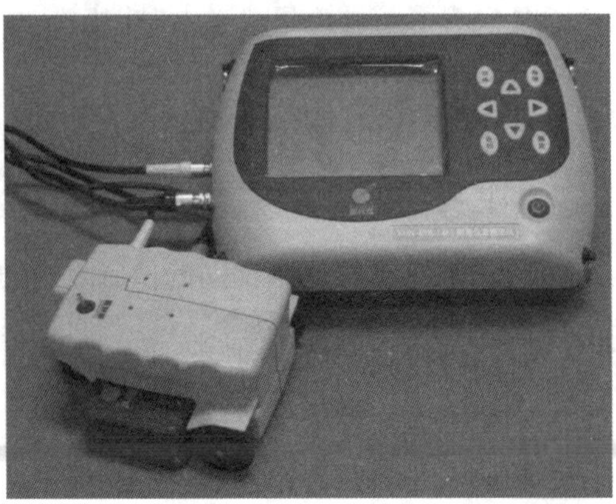

图 6.2 仪器组成

精度，避免出现误判的情况；

7. 检测过程尽量保持匀速移动探头，避免在找到钢筋以前向相反的方向移动，即在找到钢筋以前避免往复移动探头，否则容易造成误判；

8. 探头移动速度不应大于 20mm/s，否则容易造成较大的检测误差甚至造成漏筋；

9. 如果连续工作时间较长，为了提高检测精度，应注意每隔 5 分钟左右将探头拿到空气中远离钢筋，键复位一次，消除各种误差（对检测结果有怀疑时，可以复位以后再检测）；

10. 在用已知钢筋直径检测保护层厚度，为保证保护层厚度检测的准确性，用户应设置与实际钢筋直径相符的钢筋直径值。因为不同直径的钢筋对探头的响应不同，所以用不同钢筋直径设置值来检测同一钢筋，其检测结果会有一定差异；

11. 注意扫描小车的方向，避免向相反的方向移动，否则容易造成误判。

6.2.6 单根钢筋定位和保护层厚度及钢筋直径检测

1. 已知钢筋直径测保护层厚度：

（1）将仪器取出，连接好探头。

（2）打开仪器电源，根据设计资料将钢筋直径设定为已知直径数值，和本次检测的工程编号。

（3）将探头拿到空中，远离金属（至少距离金属 0.5m），进行键复位操作，消除环境引入的影响。

（4）根据设计资料或经验确定钢筋走向，如果无法确定，应在两个正交方向多点扫描，以确定钢筋位置，如图 6.3 所示。

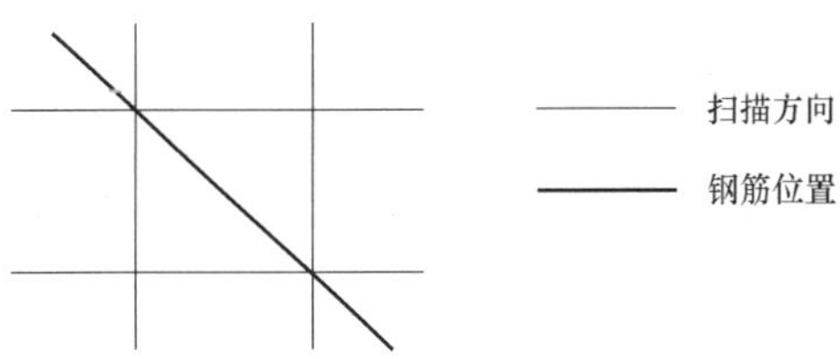

图 6.3

将探头放置在被检测体表面，探头平行钢筋、沿钢筋走向的垂线方向匀速移动探头，速度应小于 20mm/s。当探头到达被测钢筋正上方时，仪器发出鸣声，提示此处下方有钢筋，自动显示保护层厚度值，此时将检测结果存入当前设置的工程编号中。在相反方向的附近位置慢慢往复移动探头，同时观察屏幕右侧的两位数字值，出现最小值且信号值最大时的位置即是钢筋的准确位置，钢筋的中心和探头上菱形图案中心重合。

当保护层厚度值大于一定值时，探头检测信号比较微弱，此时为了减少误判，一般程序不对钢筋位置自动判定，需要用户根据当前值的变化规律来判定钢筋位置，我们将这种判定方式称为数值判定。观察屏幕右侧显示的两位小字体数值，当该值由大变小时，表示探头在逐渐靠近钢筋，继续移动探头，当该数字值开始由小变大时，表示探头在逐渐远离钢筋，在相反方向的附近位置慢慢往复移动探头，出现数字最小值且信号值最大时的位置即是钢筋的准确位置。

2. 未知钢筋直径检测保护层厚度和钢筋直径

本仪器可以在未知钢筋直径时，同时检测钢筋直径和其保护层厚度，步骤如下：

（1）根据设计资料或经验确定钢筋走向，如果无法确定，应在两个正交方向多点扫

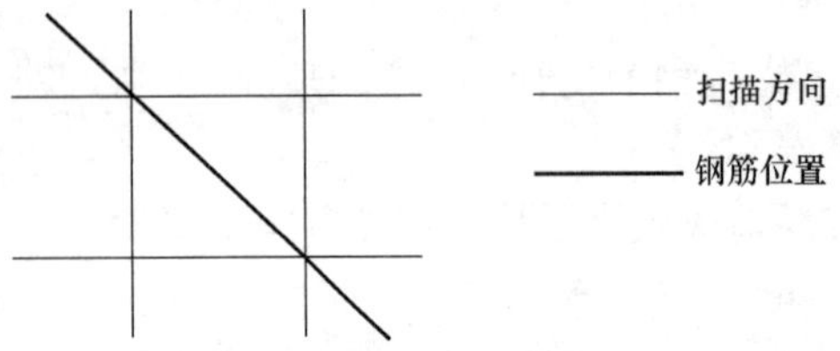

图 6.4

描，以确定钢筋位置，如图 6.4 所示。

（2）将探头放置在被检测体表面，探头平行钢筋、沿钢筋走向的垂线方向匀速移动探头，速度应小于 20mm/s。当探头到达被测钢筋正上方时，仪器发出鸣声，提示此处下方有钢筋，在相反方向的附近位置慢慢往复移动探头，同时观察屏幕上的信号值，最大值的位置即是钢筋的准确位置，保持探头位置不动，稍等一会儿，就可检测出被测钢筋的直径和保护层厚度，相应以大字体显示在钢筋直径和保护层厚度右侧的位置，将检测结果存入当前设置的工程编号中。

6.2.7　多根钢筋定位和保护层厚度检测

多根钢筋一般多采用多根并排钢筋（主筋）加箍筋的布筋方式（如梁、柱等）或网状布筋方式（如板、墙等）。

1. 网格钢筋的检测

（1）根据需要尺寸选择相应的功能，根据设计资料将钢筋直径设定为已知直径数值，如不知钢筋的直径则为默认值，设置本次检测的工程编号。

（2）根据设计资料或经验确定钢筋走向，如果无法确定，参照钢筋检测方法测出网格状钢筋的横、纵筋的走向及位置。

（3）将小车和探头放置在被检测体表面，探头平行被测钢筋匀速移动，速度应小于 20mm/s，首先检测网格的纵筋，测点应选择在网格横筋交点之间的位置，以避开网格横筋对被测纵筋的影响，手握小车从左至右平移（速度不超过 20mm/s），屏幕上显示有一小黑方块从左至右水平移动，听到报警声后，探头探测到有钢筋且以垂直 X 轴直线的形式显示在屏幕上，同时厚度下方显示当前被测钢筋的保护层厚度，继续向右平移小车，当距离（小车所走过的距离长度）为≥500/1000/2000 时，有连续报警声提示，接着测网格的横筋，同样测点应选择在网格纵筋交点之间的位置，以避开网格纵筋对被测横筋的影响，手握小车从上至下平移（注意小车的方向），屏幕上显示有一小方块亦从上至下移动，听到报警声后，探测到的钢筋以平行 X 轴直线的形式显示在屏幕上，同时厚度下方显示当前被测钢筋的保护层厚度，继续向下平移小车，当距离（小车所走过的距离）≥500/1000/2000 时，有连续报警声提示，将检测结果存入当前设置的工程编号中。

2. 剖面钢筋的检测

根据设计资料或经验确定钢筋走向，如果无法确定，先用仪器的钢筋定位功能分别测出钢筋的走向及位置。将小车和探头放置在被检测体表面，探头平行与被测钢筋匀速移动，速度应小于 20mm/s，检测垂直于小车运动方向的钢筋，同时屏幕上显示有一小黑方块从左至右移动，听到报警声后，探测到的钢筋以小黑方块的形式显示在屏幕上，同时厚度下方显示当前被测钢筋的保护层厚度，继续向右平移小车，当小车所走过的距离≥500/1000/2000 时，有连续报警声提示，这时，按存储键将检测结果存入当前设置的工程编号中。

6.2.8 钢筋检测方法

实际钢筋混凝土结构中，一般多采用多根并排钢筋（主筋）加箍筋的布筋方式（如梁、柱等）或网状布筋方式（如板、墙等），而且钢筋在混凝土中的埋藏位置一般不能预先确定。所以，为了提高检测效率和检测精度，我们需要遵循一定的原则。

1. 获取资料

获取被测构件的设计施工资料，确定被测构件中钢筋的大致位置、走向和直径，并将仪器的钢筋直径参数设置为设计值。如上述资料无法获取，将钢筋直径设置为默认值，用网格扫描或剖面扫描和直径测试功能来检测钢筋直径和其保护层厚度。

2. 确定检测区

根据需要在被测构件上选择一块区域作为检测区，尽量选择表面比较光滑的区域，以便提高检测精度。

3. 确定主筋（或上层筋）位置

选择一个起始点，沿主筋垂向（对于梁、柱等构件）或上层筋垂向（对于网状布筋的板、墙等）进行扫描，以确定主筋或上层筋的位置，然后平移一定距离，进行另一次扫描，如图 6.5 所示，将两次扫描到的点用直线连起来。注意：如果扫描线恰好在箍筋或下层筋上方，如图 6.6 所示；则有可能出现找不到钢筋或钢筋位置判定不准确的情况，表现为重复扫描时钢筋位置判定偏差较大。此时应将该扫描线平移两个钢筋直径的距离，再次扫描。

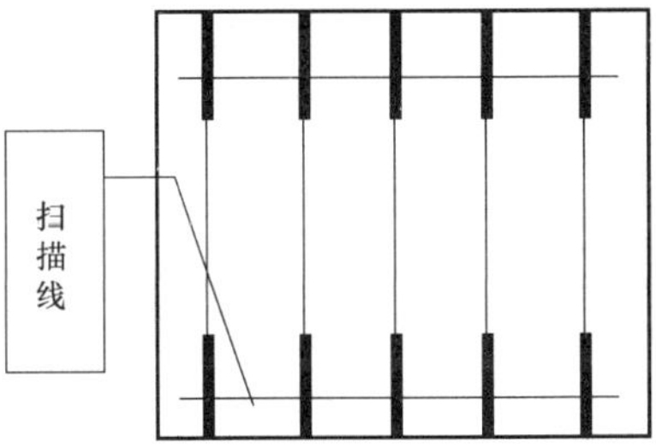

图 6.5

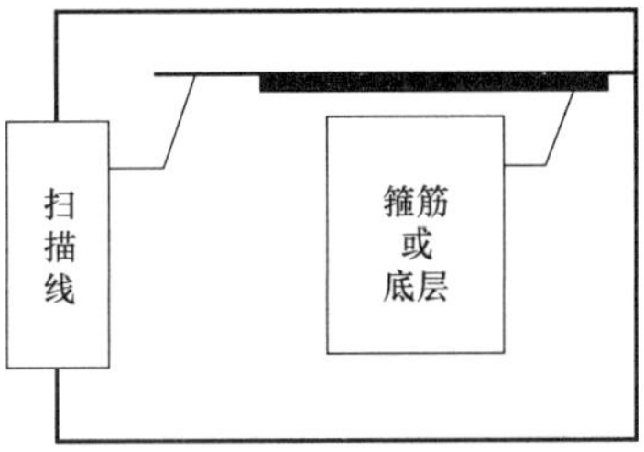

图 6.6

4. 确定箍筋（或下层筋）位置

在已经确定的两根钢筋的中间位置沿箍筋（或下层筋）垂向进行扫描，以确定箍筋（或下层筋）的位置，然后选择另两根的中间位置进行扫描，如图 6.7 所示，将两次扫描到的点用直线连接起来。

5. 检测保护层厚度和钢筋直径

（1）已知钢筋直径检测保护层厚度

设置好编号和钢筋直径参数，在两根箍筋（下层筋）的中间位置沿主筋（上层筋）的垂线方向扫描，确定被测主筋（上层筋）的保护层厚度；在两根主筋（上层筋）的中间位置沿箍筋（下层筋）的垂线方向扫描，确定被测箍筋（下层筋）的保护层厚度。注意设置相应的网格钢筋状态。

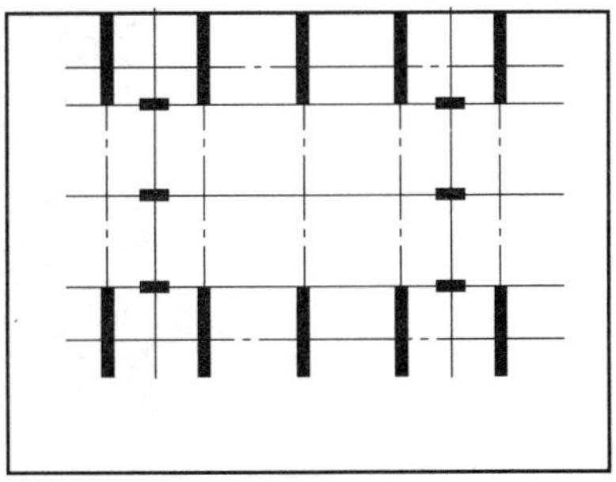

图 6.7

（2）未知钢筋直径检测保护层厚度和钢筋直径

在两根箍筋（下层筋）的中间位置探头平行于钢筋沿主筋（上层筋）的垂线方向扫描，确定被测主筋（上层筋）的精确位置，然后将探头平行放置在被测钢筋的正上方，检测钢筋的直径和该点保护层厚度，在两根主筋（上层筋）的中间位置沿箍筋（下层筋）的垂线方向扫描，确定被测箍筋（下层筋）的精确位置，然后将探头平行放置在被测钢筋的正上方，设置相应的网格筋状态，检测钢筋的直径和该点保护层厚度。

6.3　裂缝深度测试仪

6.3.1　概述

裂缝深度测试仪是应用声波绕射原理测量混凝土裂缝深度的智能仪器，同时也可测量超声波在混凝土中的传播速度，测试原理如图 6.8 所示。发射和接收换能器分别置于裂缝两侧，发射换能器发出的声波绕过裂缝下缘到达接收换能器。设定发射、接收换能器间距 L，测量绕射波的传播时间 t 和传播速度 v，可以计算出裂缝的深度 h。

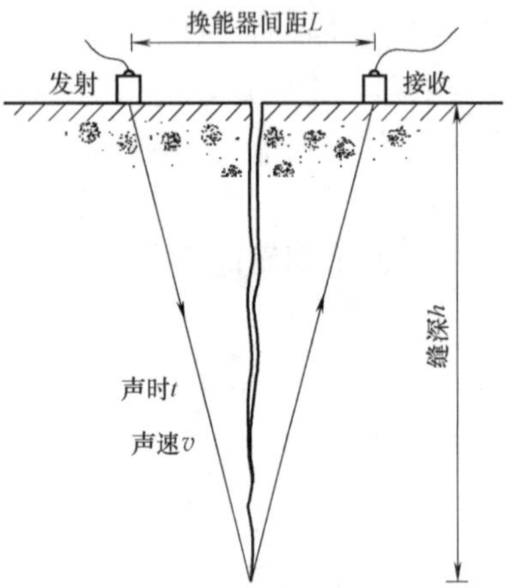

图 6.8　声波绕射法测量混凝土裂缝深度原理示意图

裂缝深度测试仪智能化程度高，直接显示裂缝深度，具有数据存储、查看、传输功能。

仪器组成包括主机、发射与接收换能器、换能器支架、信号线两根，耦合剂，如图 6.9 所示。

注意事项：

1. 避免进水；
2. 避免高温（>50℃）；
3. 避免靠近强磁场，如大型电磁铁、大型变压器等；
4. 仪器长时间不使用时，请取出电池，避免电池泄漏对电路造成损坏。

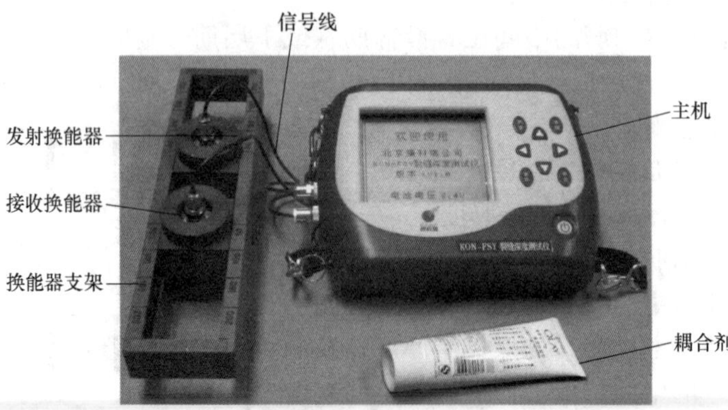

图 6.9　仪器组成

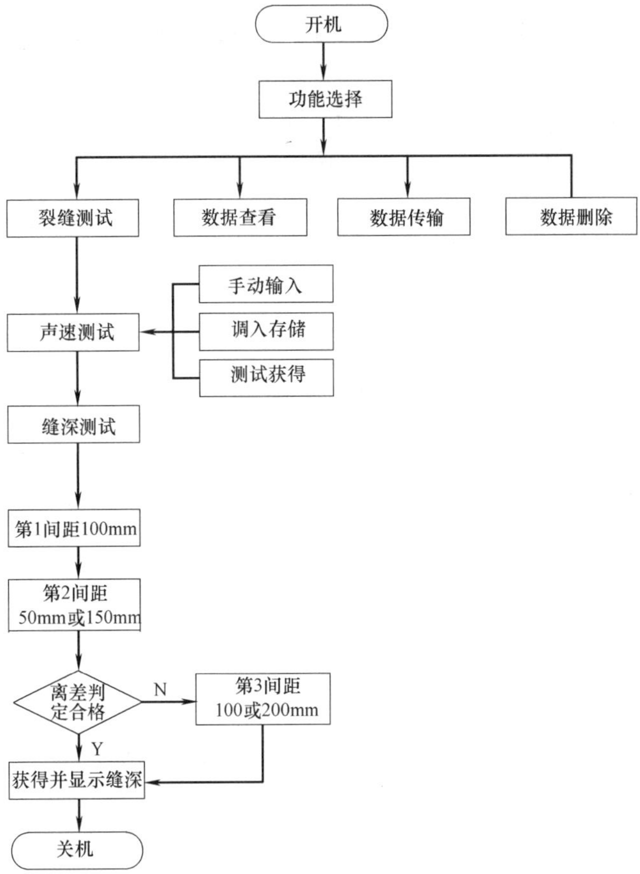

图 6.10　测试流程

6.3.2　测试步骤

裂缝深度测试包括两部分：第一，测试或调取声速值；第二，测试并评定裂缝深度。具体步骤如下：

1. 测试或调取声速值

有两种方式获取声速值，根据具体情况选择其中之一：

方式 1：测试声速

（1）将一对换能器分别移动到支架上标示为 200 处，支架的标示数字代表换能器声辐射面的内间距（mm）；

（2）在换能器的声辐射面上涂抹少量耦合剂，在被测裂缝附近的无缝区手持换能器支架，施加压力，使换能器紧密贴紧混凝土表面，二者之间的空隙被耦合剂的膏体充填，排除空气，达到良好声耦合的目的；可获得被测裂缝部位的声速值；

方式 2：人工置入已知声速或经验声速。

2. 裂缝深度测试

（1）在被检测裂缝上确定缝深测试点，做测点编号标记；

（2）将一对换能器分别移动到支架上标示为 100 处，按第一种换能器间距（100mm）

进行缝深测试，支架中心（支架底部中间透明有机玻璃板的中心）对准被测裂缝测点的精确位置上，保证换能器与混凝土表面耦合良好，完成第一种间距的测试；

（3）第一间距的测试完成后，屏幕自动提示第二间距的标示（50或150），按提示的标示间距，将换能器分别移动到支架上的相应位置，按上述方法完成第二间距的测试；

（4）少数情况下屏幕提示需要进行第三间距（100或200）的测试，方法同上。

6.4 钢筋锈蚀仪

6.4.1 概述

钢筋锈蚀仪，用于无损测量混凝土结构中钢筋的锈蚀程度。本仪器主要利用电化学测定方法对混凝土中钢筋的锈蚀程度进行无损测量，具有锈蚀测量、数据分析、结果存储与输出等功能，是一种便携式、测量精确、使用方便的智能化钢筋锈蚀测量仪。

1. 主要功能

（1）无损检测混凝土中钢筋的锈蚀程度；

（2）测量数据的存储、查看、删除功能；

（3）向机外数据处理软件传输测量数据。

2. 主要特点

（1）测试操作简便，读数快而准，结果以数字或图形方式显示；

（2）钢筋锈蚀程度分9级灰度或色彩图形显示；

（3）测量数据可以选串口或USB口方式传输到PC机数据处理软件进行分析；

（4）软件界面简洁，操作简单，强大的分析处理功能，可直接生成检测报告；

（5）永久性铜-硫酸铜参比电极，测试前后不必更换硫酸铜溶液。

3. 工作原理

混凝土中钢筋的锈蚀是一种金属铁氧化的电化学过程，钢筋锈蚀使钢筋形成局部电池，而在钢筋周围形成电位差，钢筋锈蚀仪工作原理是测量混凝土表面相对于钢筋的电位或测量表面的电位梯度，根据钢筋锈蚀产生的电位大小或形成的电位梯度大小判断钢筋是否锈蚀或锈蚀程度。

4. 使用前的准备工作

（1）先找到钢筋并用粉笔标出位置与走向，钢筋的交叉点即为测点（图6.12），为了加强润湿剂的渗透效果，缩短润湿结构所需要的时间，采用少量家用液体清洁剂加纯净水的混合液润湿被测结构。

（2）凿开一处混凝土露出钢筋，并除去钢筋锈蚀层，把连接黑色信号线的金属电极夹到钢筋上，黑色信号线的另一端接锈蚀仪“黑色”插座，红色信号线一端连电位电极，另一端接锈蚀仪“红色”插座（图6.13）。

5. 注意事项

（1）避免进水，避免高温（>50℃）。

（2）使用完毕，无需倒掉电极内液体，可永久使用。

（3）避免靠近非常强的磁场，如大型电磁铁、大型变压器等。

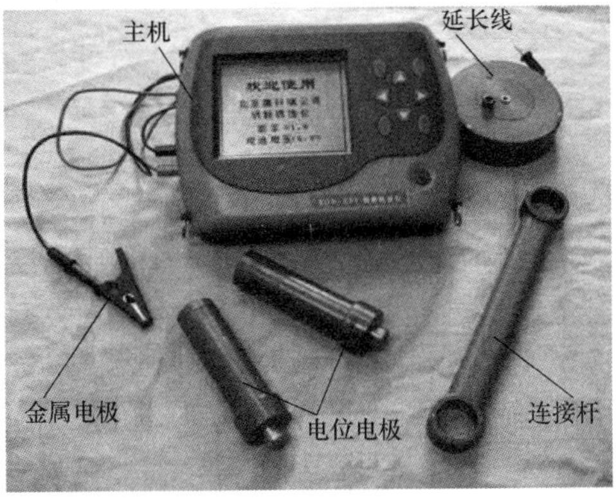

图 6.11 仪器组成

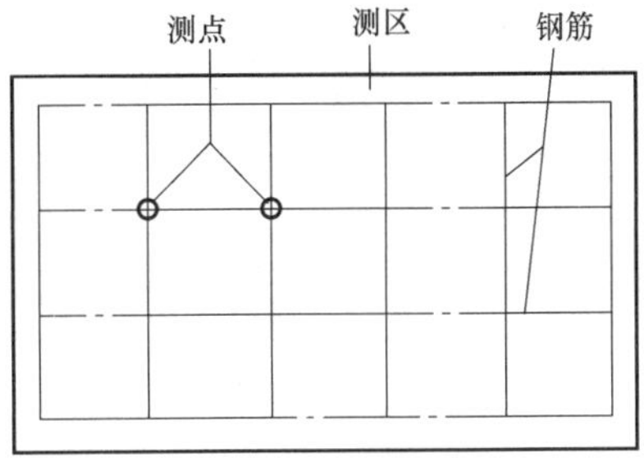

图 6.12 测区和测点布置

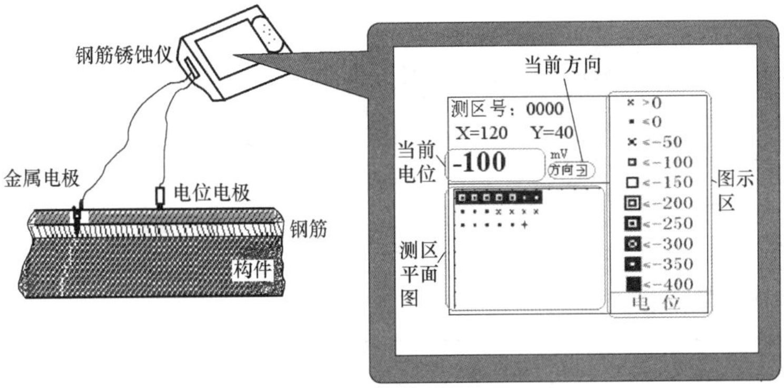

图 6.13 钢筋锈蚀仪测量方式示意图

6.4.2 锈蚀判断标准

目前，国内外的钢筋锈蚀仪厂家较多，具体的操作方法可参考仪器说明书。对于钢筋锈蚀程度的判断，不同规范的标准也略有不同，以下介绍部分常用规范的判断标准。

1. 钢筋电位与钢筋锈蚀状态判别，依据 GB/T 50344—2004《建筑结构检测技术标准》。

建筑结构检测技术标准 **表 6.1**

序号	钢筋电位状态(mV)	钢筋锈蚀状态判别
1	−350～−500	钢筋发生锈蚀的概率 95%
2	−200～−350	钢筋发生锈蚀的概率 50%，可能存在坑蚀现象
3	−200 或高于 −200	无锈蚀活动性或锈蚀活动性不确定，锈蚀概率 5%

2. 钢筋电位梯度与钢筋锈蚀状态判别，依据《德国标准》、《中国冶金部部颁标准》中的电位梯度判别标准。

德国标准 **表 6.2**

序号	钢筋电位状态(mV)	钢筋腐蚀状态判别
1	低于−350	90%腐蚀
2	−200～−350	不确定

续表

序号	钢筋电位状态(mV)	钢筋腐蚀状态判别
3	高于－200	90%不腐蚀
4	在沿钢筋混凝土表面上进行电位梯度测量，若两电极相距≤20cm 时能测出 100～150 电位差来，则电位低的部位判作腐蚀	

中国冶金部部颁标准　　表 6.3

序号	钢筋电位状态(mV)	钢筋腐蚀状态判别
1	低于－400mV	腐蚀
2	－250～－400	有腐蚀可能
3	0～－250mV	不腐蚀
4	两电极相距 20cm，电位梯度为 150～200 时，低电位处判作腐蚀	

3. 钢筋电位与钢筋锈蚀状态判别，依据 JGJ/T 152—2008

混凝土中钢筋检测技术规程　　表 6.4

序号	电位电平(mV)	钢筋锈蚀性状
1	＞－200	不发生锈蚀的概率＞90%
2	－200～－350	锈蚀性状不确定
3	＜－350	发生锈蚀的概率＞90%

6.5　回弹仪

6.5.1　概述

回弹仪用于建筑结构中硬化混凝土抗压强度的非破损检测评定。其中回弹法检测混凝土强度是采用回弹仪进行混凝土强度测定，属于表面硬度法的一种。回弹仪可以与其他仪器一同进行测试，综合判定混凝土的强度，如超声回弹综合法检测混凝土强度。如下图所示，仪器组成包括主机、信号线、机械回弹仪等。

其原理是回弹仪中运动的重锤以一定冲击动能撞击顶在混凝土表面的冲击杆后，测出重锤被反弹回来的距离，以回弹值作为与强度相关的指标，从而推定混凝土强度的一种方法。混凝土表面硬度是一个与混凝土强度有关的量，表面硬度值随强度的增大而提高，采用具有一定动能的钢锤冲击混凝土表面时，其回弹值与混凝土表面硬度也有相关关系。所以，混凝土强度与回弹值存在相关关系。回弹法由于其操作简便、经济、快速，在国内外得到广泛的应用。

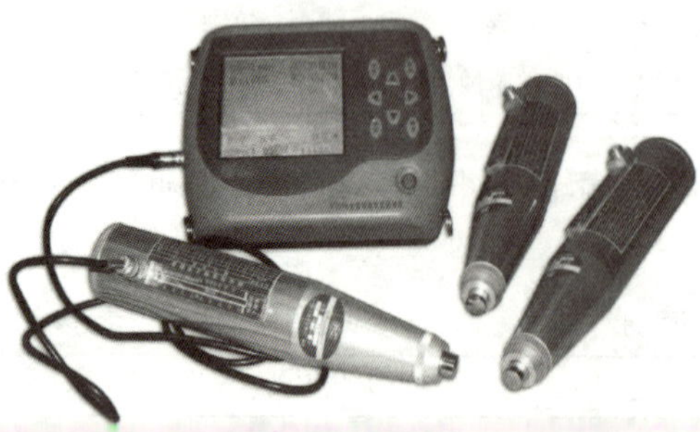

图 6.14　仪器组成

6.5.2 测试步骤

1. 现场试验

（1）当了解被检测的混凝土构件情况后，需要在构件上选择及布置测区。如取一个构件混凝土作为评定混凝土强度的最小单元，至少取10个测区。但对长度小于3m，宽度小于0.6m的构件，其测区数量可适当减少，但不应少于5个。测区的大小以能容纳16个回弹测点为宜，一般选取测区尺寸为200mm×200mm。

（2）测区表面应清洁、平整、干燥，不应有接缝、饰面层、粉刷层、浮浆、油垢、蜂窝麻面等。必要时可采用砂轮清除表面杂物和不平整处。

（3）测区宜均匀布置在构件或结构的检测面上，相邻测区间距不宜过大，当混凝土浇筑质量比较均匀时可酌情增大间距，但不宜大于2m；

（4）测试时回弹仪应始终与测试面相垂直，并不得打在气孔和外露石子上。每一测区的两个测面用回弹仪各弹击8点，如一个测区只有一个测试面，则需测16个点。同一测点只允许弹击一次，测点宜在测试面范围内均匀分布，每一测点的回弹值读数准确至一个刻度，相邻两测点的净距一般不小于20mm，测点距构件边缘或外露钢筋、钢板的间距不得小于30mm；

（5）每弹击一次，回弹仪自动记录数据。根据设定的弹击次数，回弹仪自动停止并转向下一测区试验；

（6）回弹完后即测量构件的碳化深度，用冲击钻在测区表面钻直径为15mm的孔洞，其深度应大于混凝土的碳化深度。清除洞中的粉末和碎屑后（注意不能用液体冲洗孔洞），立即用1%的酚酞酒精溶液滴在孔洞内壁的边缘处，碳化部分的混凝土不变色，而未碳化部分的混凝土会变成紫红色，然后用钢尺测量出碳化深度值，应准确至0.5mm。

（7）一般一个测区选择1～3处测量混凝土的碳化深度值，当相邻测区的混凝土质量或回弹值与它基本相同时，那么该测区的碳化深度值也可代表相邻测区的碳化深度值，一般应选不少于构件的30%测区数测量碳化深度值。

2. 验结果整理与分析

（1）当回弹仪水平方向测试混凝土浇筑侧面时，应从每一测区的16个回弹值中剔除3个最大值和3个最小值，取余下的10个回弹值的平均值作为该测区的平均回弹值，计算公式为：

$$R_{\mathrm{m}}=\frac{\sum_{i=1}^{10}R_i}{10} \tag{6.1}$$

式中 R_{m}——测区平均回弹值，精确至0.1；

R_i——第 i 个测点的回弹值。

（2）测区混凝土强度值换算值

测区混凝土强度换算值是指将测得的回弹值和碳化深度值换算成被测构件的测区的混凝土抗压强度值。构件第 i 个测区混凝土强度换算值（$f^{\mathrm{c}}_{\mathrm{cu},i}$），根据每一测区的平均回弹值（$R_{\mathrm{m}}$）及平均碳化深度值（$d_{\mathrm{m}}$），查阅由统一曲线编制的“测区混凝土强度换算表”得出；有地区或专用测强曲线时，混凝土强度换算值应按地区或专用测强曲线换算得出。

(1) 结构或构件的测区混凝土强度平均值可根据各测区的混凝土强度换算值计算。当测区数为 10 个及以上时，应计算强度标准差。平均值和标准差应按下列公式计算

$$m_{f_{cu}^c}=\frac{\sum_{i=1}^{n}f_{cu,i}^c}{n} \tag{6.2}$$

$$S_{f_{cu}^c}=\sqrt{\frac{\sum_{i=1}^{n}(f_{cu,i}^c)^2-n(m_{f_{cu}^c})^2}{n-1}} \tag{6.3}$$

式中 $m_{f_{cu}^c}$——构件测区混凝土强度换算值的平均值（MPa），精确至 0.1MPa；

n——对于单个检测的构件，取一个构件的测区数；对批量检测的构件，取被抽检构件测区数之和。

$S_{f_{cu}^c}$——构件检测混凝土强度换算值的标准差（MPa），精确至 0.01MPa

(2) 结构或构件的混凝土强度推定值（$f_{cu,e}$）是指相应于强度换算值总体分布中保证率不低于 95%的结构或构件中的混凝土抗压强度值，应按下列公式确定：

① 当该构件测区数少于 10 个时

$$f_{cu,e}=f_{cu,min}^c$$

式中 $f_{cu,min}^c$——构件中最小的测区混凝土强度换算值。

② 当构件测区混凝土强度值中出现小于 10MPa 时：

$$f_{cu,e}<10.0\text{MPa}$$

③ 当该构件测区数不少于 10 个或按批量检测时，应按下列公式计算：

$$f_{cu,e}=m_{f_{cu}^c}-1.645S_{f_{cu}^c}$$

(3) 对于按批量检测的构件，当该批构件混凝土强度标准差出现下列情况之一时，则该批构件应全部按单个构件检测：

① 当该批构件混凝土强度平均值小于 25MPa 时：$S_{f_{cu}^c}>4.5$MPa；

② 当该批构件混凝土强度平均值不小于 25MPa 时：$S_{f_{cu}^c}>5.5$MPa。

6.6 全站仪

6.6.1 概述

全站仪的全称为全站型电子检测仪，它由光电测距仪、电子经纬仪和数据处理系统组成。在一个测距上，同时能自动测距、测角，并能自动计算出测定点的高程、坐标。最为先进的是通过传输的接口把全站仪现场采集的数据终端与计算机、绘图机连接起来，配以数据处理软件和绘图软件，来实现测图自动化。

全站仪有整体式和分体式两种。分体式全站仪的照准部和电子经纬仪是分开的，在测距是安装在电子经纬仪上，不测距时卸下装入箱中；整体式全站仪使用起来比较方便，他的照准头与电子经纬仪的望远镜结合在一起，形成一个整体。

全站仪的结构分为光电测量系统和控制系统。测量过程中的控制系统是键盘，测量人员可通过按键调用内部指令，指挥仪器的测量工作过程和进行数据处理。以上系统通过

I/O 接口接入总线与数字计算机连接起来。

6.6.2 建筑倾斜测试步骤

全站仪的功能很多，可以测量结构物的形状、监测结构变形与位移状况，还可以测量结构物的倾斜情况。现在简要介绍测斜的方法。

(1) 在检测建（构）筑物主体的最低和最高处各选择 1 个点。

(2) 利用全站仪的无棱镜模式，测得最低和最高两个测点的三维坐标，按式（6.4）计算，可测得建（构）筑物主体的倾斜率

$$i=\tan\alpha=\Delta D/H \tag{6.4}$$

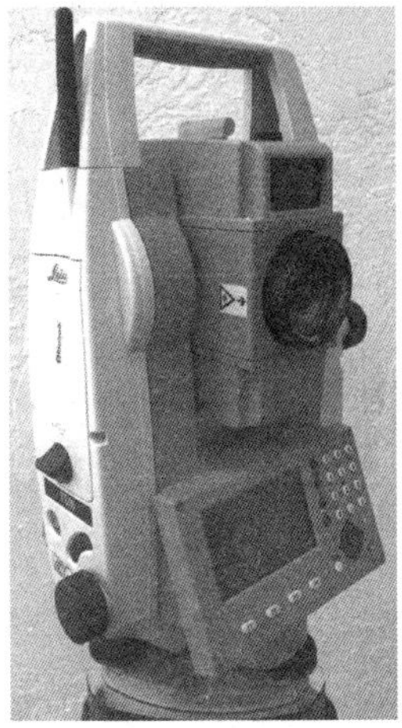

图 6.15 全站仪组成

式中 i——主体的倾斜率；

ΔD——建（构）筑物顶部观测点相对于底部观测点的偏移值（m）；

H——建（构）筑物的高度（m）；

α——倾斜角（°）。

(3) 若建（构）筑物主体已经出现倾斜或严重病害，则可在最低和最高处安装棱镜或发光片进行监测。

(4) 若建（构）筑物主体已经出现多处开裂或已经不是一个整体结构，可在多个方向或沿竖向的多个断面布置测点，形成多个方向折断线图形，更好地拟合结构变形。

6.7 应变计及采集仪

6.7.1 概述

通过量测结构应变，可以了解结构受力情况。当前主流的应变计主要为电阻式应变计（片）和振弦式应变计，采集仪主要分为单点式和多点式，可用于结构承载力检测和受力监测。

6.7.2 电阻应变片

电阻应变片是应用电阻丝的电阻率随丝的变形而变化的关系，即金属丝的应变能力，把力学参数（如压力、荷载、位移、应力或应变）转化成比例的电学参数。在测量应变时，应变片用粘合剂粘贴在结构，结构或杆件受荷载作用产生变形，贴在结构或杆件上的应变片的敏感元件随着发生变形，此时应变片的电阻值也将随着产生微小变化。通过测量电桥可以使微小电阻变化转换成电压或者电流的变化，再经过电子放大器放大，并根据某一比例常数关系，将其变换成被测结构或杆件的应变值而显示或记录下来。用来完成上述工作的仪器称为电阻应变仪。

电阻应变片按其构造、制造工艺以及材料可分为丝栅式、箔片式和半导体式三类。

1. 丝栅式应变片

此类应变片有圆角线栅式（U 形丝式），见图 6.16；和直角线栅式（短接式），见图 6.17。

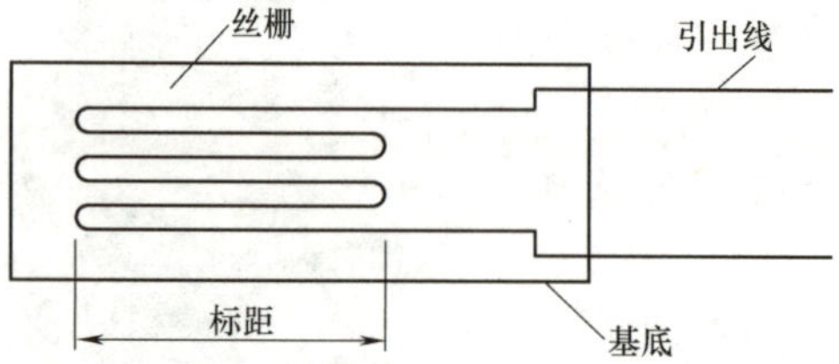

图 6.16　圆角线栅式电阻应变片

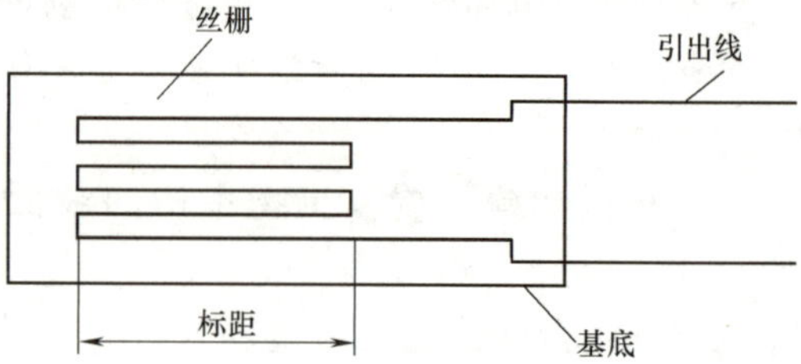

图 6.17　直角线栅式电阻应变片

圆角线栅式易于制造，但横向效应大。直角线栅式横向效应小，但不适宜做动应变测量。

2. 箔片式应变片

此类应变片是在镍铜或镍铬箔片的一面涂胶，形成胶基底，采用光刻腐蚀技术制成。由于敏感栅断面平而薄的矩形截面，表面积大，因而粘贴牢固，减少零点漂移，并且散热条件好，允许通过较大的电流，提高了测量的灵敏度。但纵横向丝是整体的，在纵横丝交接处抗剪能力强、耐疲劳。箔片式应变片外形见图 6.18 和图 6.19。

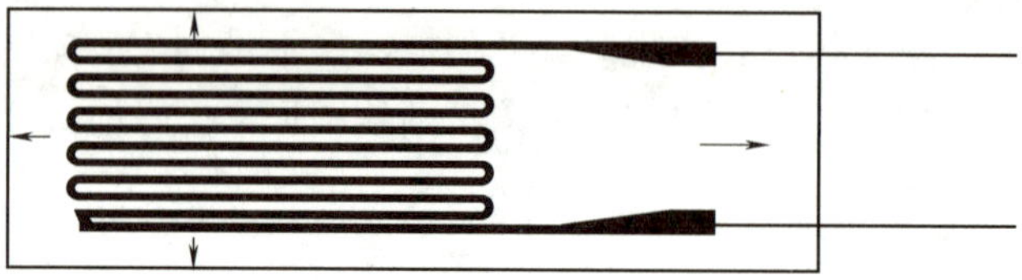

图 6.18　箔式电阻应变片外形 1

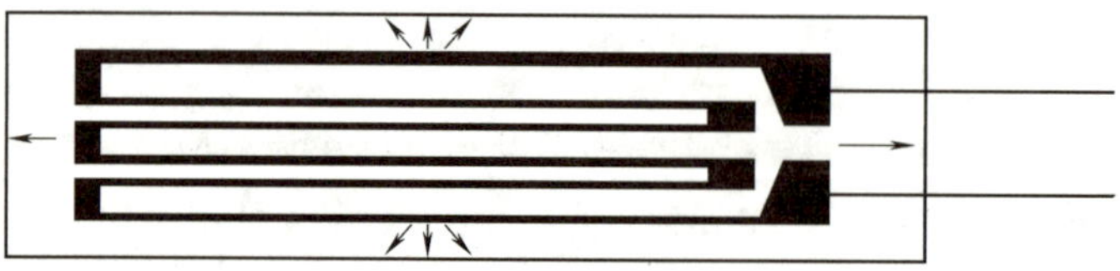

图 6.19　箔式电阻应变片外形 2

3. 半导体应变片

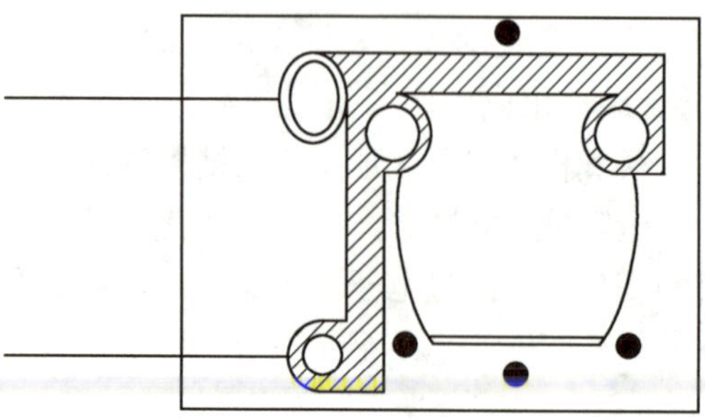

图 6.20　半导体应变片外形

此类应变片是利用半导体材料（锗和硅）的压阻效应制成的。夹在两层绝缘材料间的是一片轴线和晶轴方向一致的单晶片，当其晶轴方向受力作用时，电阻值就会改变。它的灵敏系数比金属栅应变片大几十倍，且其机械滞后和横向效应也小。缺点是温度变化对它的电阻值与灵敏系数影响较大，稳定性差。测量较大应变时，它的非线性度大。半导体应变片外形见图 6.20。

4. 电阻应变片的选择

在结构力学性能鉴定检测工作中，一般根据结构或构件的应力状态、材质特点等进行电阻应变片的选择，具体选择方法如下：

（1）对于应变梯度较大、材质均匀的结构和构件，应先用小标距电阻应变片；对于应力分布变化缓慢、材质不均匀的结构和构件，应选用大标距电阻应变片。如对于钢桥宜选用标距为 5～20mm 的电阻应变片；而混凝土桥则应选用标距大于粗骨料直径 4～5 倍的长标距（40～150mm）电阻应变片。

（2）若是一维应力，则应选用单轴电阻应变片；若是二维应力，当主应力方向已知时，可使用直角应变花，见图 6.21；如主应力方向未知时，必须使用多轴应变花，见图 6.22。

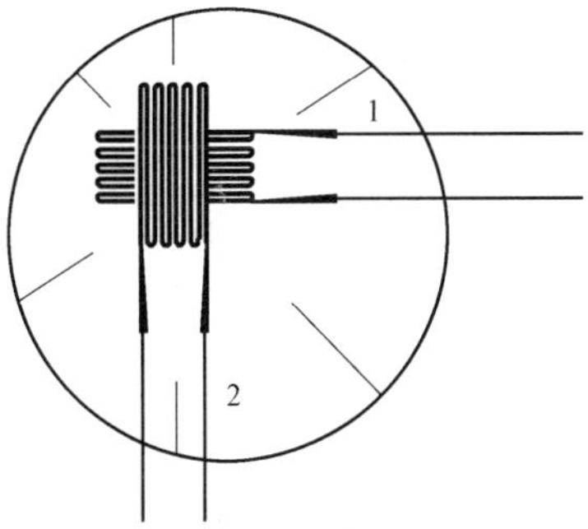

图 6.21 直角应变花

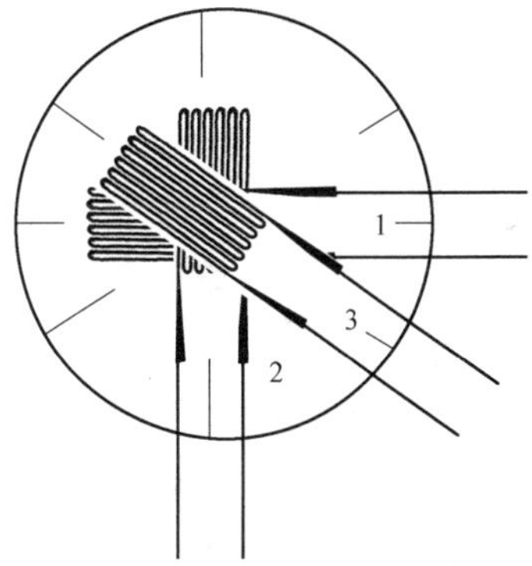

图 6.22 多轴应变花

6.7.3 钢弦式传感器及其接收仪

钢弦式传感器是以被张紧的钢弦作为敏感元件，利用其固有频率与张拉力的函数关系，根据固有频率的变化来反映外界作用力的大小。钢弦式传感器的结构及工作原理如图 6.23 所示。

1. 钢弦式应变计

钢弦式应变计由于其独特的优点，应用范围十分广泛，既可用于结构的应变测试，也可用于荷载、位移等的测试。

2. 埋入式应变计

埋入式应变计又称为埋入式应变传感器，多埋入混凝土、钢筋混凝土等结构中。主要用于结构内部的应变（应力）的长期观测；也可用于病害结构，采取凿孔（槽）埋入混凝土中，观测病害的发展情况。埋入式混凝土应变计为薄壁圆筒结构，可根据不同的混凝土强度等级选用不同规格的

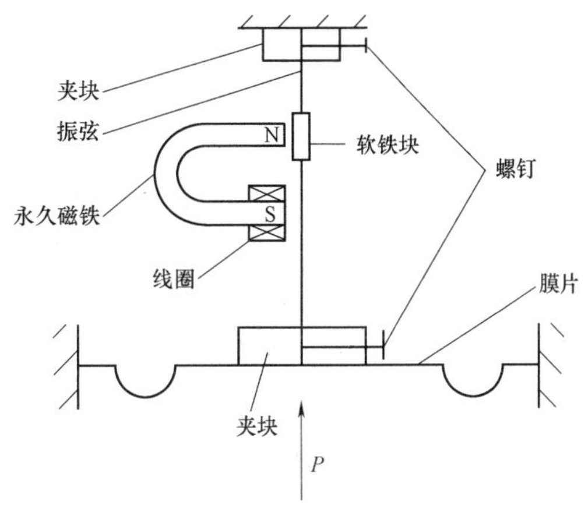

图 6.23 钢弦式传感器结构原理

应变计，以使两者合理匹配，避免超载损坏应变计或灵敏度太低影响测量精度。目前，国产的埋入式应变计有 JXH-2 型、MHY-150 型等。其中 JXH-2 型的最大量程可达 1500$\mu\varepsilon$、MHY-150 型的最大量程可达到 800$\mu\varepsilon$。

3. 表面式应变计

表面式应变计安装在结构的表面，用于结构表面应变或混凝土结构裂缝发展的检测。国产的表面应变计有 JXH-3 型以及 JBY-100 型等。JXH-3 型的量程范围为－300～1000$\mu\varepsilon$，JBY-100 型的量程范围为－500～1000$\mu\varepsilon$。

4. 钢筋应力计

钢筋应力计也称钢筋应力传感器，常用于量测钢筋混凝土结构中的钢筋应力。常见型号有 JXG-1 型、JXG-2 型、GY-80 型等。其中 JXG-1 型的量测范围为－100～200MPa（负值表示压应力），JXG-2 型的量测范围为－170～350MPa，GY-80 型的量测范围为－100～200MPa。钢筋计常见规格有 ϕ12、ϕ14、ϕ16、ϕ18、ϕ20、ϕ22、ϕ25、ϕ28、ϕ30、ϕ32、ϕ36mm 等。

6.7.4 静态电阻应变仪

目前常用的静态电阻应变仪根据功能和性能，分为手动式简易静态电阻应变仪和静态应变测量系统。

1. 手动式简易静态电阻应变仪

此种电阻应变仪，主要特点是功能单一、操作简便、便于携带。但因无自动扫描功能，测点转换为人工手动，所以不易做多点测量；无自动平衡功能，初始平衡需人工调整，测量效率低；无计算机控制和处理，故无法进行现场数据处理和计算。因此，此种电阻应变仪只适用于小型结构或构件做测点较少的性能鉴定检测。

常用的手动式简易静态电阻应变仪有：北京基康生产的 405 型数字静态应变仪。本仪器是一款手动平衡及转换的静态电阻应变仪，适用于应变测点较少的静态鉴定检测。

2. 静态应变测量系统

静态应变测量系统的主要特点是：主机内嵌入或连接有计算机，整个测量过程有计算机进行程序控制，可多点（可达 1000 点）自动扫描、自动平衡和数据自动采集处理；可通过计算机进行各种设置，自动完成初始值、长导线、灵敏度系数的修正；可现场完成多种计算和分析；直接显示或打印测量结果和计算结果。因此，此类静态应变测量系统适用于大型结构力学性能鉴定检测及多测点静载试验鉴定检测。

常用的静态应变测量系统有：

1. 江苏靖江市东华测试技术开发有限公司生产的 DH3815 静态应变测试系统。本套系统是由计算机控制操作，能完成多测点（最多 960 个测点）的应变能力测试和分析。

2. 北京基康生产的 Micro40 静态数据采集模块。本仪器是可笔记本电脑控制操作的测试系统，也可自行采集，其性能稳定、坚固耐用、扩展性强，适用于长期监测。

3. Datataker 公司的数据采集仪型号众多，功能强大，可以适合多种传感器的数据采集，而且，既可用笔记本控制，又可实现无人值守采集，现场采集和长期监测均可适用。

6.8 金属超声波探伤仪

6.8.1 概述

金属超声波探伤仪是一种便携式工业无损探伤仪器，它能够快速、便捷、无损伤、精确地进行工件内部多种缺陷（包括纵向裂纹、横向裂纹、疏松、气孔、夹渣等）的检测、定位、评估和诊断。既可以用于实验室，也可以用于工程现场。

超声波在被检测材料中传播时，材料的声学特性和内部组织的变化对超声波的传播产生一定的影响，通过对超声波受影响程度和状况的探测了解材料性能和结构变化的技术称为超声检测。超声检测方法通常有穿透法、脉冲反射法、串列法等。

6.8.2 测试步骤

1. 查看所需探伤钢板的厚度

2. 选择探头

小于13mm钢板选择双晶直探头，大于13mm钢板选择单晶直探头。

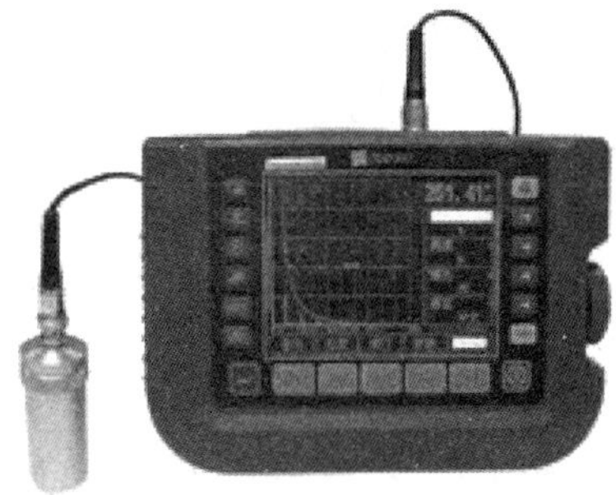

图6.24 仪器组成

3. 仪器校准

（1）单晶直探头校准

① 设定大概的声速值（5920m/s）；

② 调节闸门逻辑为双闸门模式；

③ 将探头耦合到一与被测材料相同且厚度已知的试块上；

④ 移动闸门A的起点到一次回波并与之相交，调节闸门A的高度低于一次回波最高幅值至适当位置，闸门A不能与二次回波相交；

⑤ 移动闸门B的起点到二次回波并与之相交，调节闸门B的高度低于二次回波最高幅值至适当位置，闸门B不能与二次回波相交；

⑥ 调节声速，使得状态行显示的声程测量值（S）与试块实际厚度相同，此时，所测得声速就是这种探伤状态下的准确声速值；

⑦ 设定闸门为单闸门方式，即设为进波报警或失波报警逻辑，此时声程测量的就是一次回波处的声程；

⑧ 调节探头零点，使得状态行的声程测量值（S）与试块的已知厚度相同，此时所得到的探头零点就是该探头的准确探头零点。

（2）双晶直探头校准

① 在收发组内设置双探头模式；

② 依照当前测试任务和选用探头设置好声程、收发组各功能项目；

③ 将探头耦合到标定试块上，调节基本组中的探头零点直到标定回波接近要求的位置，同时二次回波也在显示范围之内；

④ 调节增益值直到幅值最大的回波接近全屏高度；

⑤ 在闸门组内打开双闸门；

⑥ 在设置功能组选择前沿测量方式；

⑦ 移动闸门A的起点到一次回波并与之相交，闸门A不能与二次回波相交；

⑧ 移动闸门B的起点到二次回波并与之相交，闸门B不能与一次回波相交；

⑨ 调整声速值，直至显示出标定试块的厚度值；

⑩ 设定闸门逻辑为单闸门方式，此时声程测量的就是一次回波处的声程；

⑪ 调节探头零点，使得状态行的声程测量值与试块的已知厚度相同。

4. 仪器灵敏度调节

选择试块：所选的标准试块的厚度必须与被检测钢板厚度相近。

（1）标准试块上找出第一次缺陷回波最高的点。

（2）第一次缺陷反射波高调整到满刻度的50%。

（3）钢板厚度大于3倍近场时，可用钢板大平地来调节。灵敏度调节完成后再增益2dB。

5. 缺陷的测定与评定

（1）在检测过程中，发现下列情况应记录

① 缺陷第一次反射波波高大于或等于满刻度的50%。

② 当底面第一次反射波波高未达到满刻度时，缺陷第一次反射波波高与底面第一次反射波波高之比大于或等于50%。

③ 当底面（或板端波）第一次反射波波高低于满刻度的50%。

（2）缺陷的边界或指示长度的测定方法

① 检验出缺陷后，在周围进行检验已确定缺陷的延伸。

② 利用半波高度法确定缺陷的边界或指示长度。

③ 确定缺陷的边界或指示长度时，移动探头将底面第一次反射波升高到检验灵敏条件下荧光屏满刻度的50%。此时探头中心点即位缺陷边界点。

（3）缺陷指示长度的评定规则

单个缺陷按其表现的最大长度作为缺陷的指示长度，若指示长度小于40mm时，则其长度可不作记录。

（4）单个缺陷指示面积的评定规则

① 单个缺陷按其表现的面积作为该缺陷的单个指示面积。

② 当多个缺陷的相邻间距小于100mm或间距小于相邻缺陷（以指示长度来比较）的指示长度（取其较大值）时，其各块缺陷面积之和也作为单个缺陷的指示面积。

（5）缺陷密集度的评定规则

在任一1m×1m的检验面积内，按缺陷面积占的百分比来确定。

6.9　混凝土碳化深度尺

6.9.1　概述

混凝土碳化深度测量尺一种混凝土碳化深度测量尺，尺身上有以mm为单位的刻度，尺框套装于尺身，尺框上固定有游标，游标刻度与尺身刻度的对比观测值精度为

0.01mm，尺身的横截面呈长方形，其端头单侧收缩为有尖状顶面的测头，该测头一侧边与尺身平直，在尺框邻接测头直边的一侧固接一量爪，该量爪的工作面与尺身垂直；本实用新型可以很准确地测量混凝土的碳化深度，测量分度值小，量程大，操作简单，测量结果准确。不仅可以用于混凝土强度的检测，也可用于混凝土耐久性和腐蚀深度的检测。

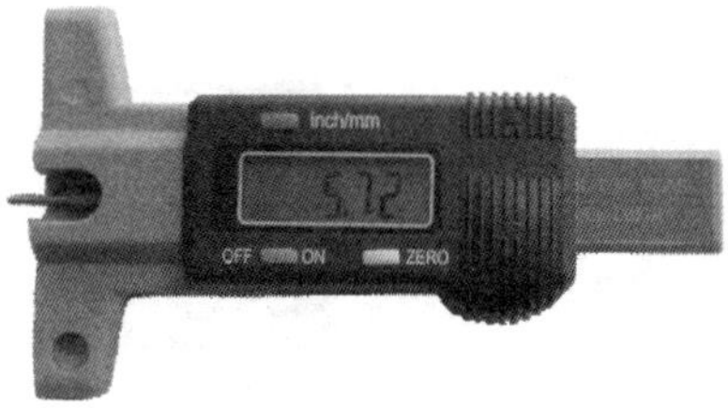

图 6.25 仪器组成

6.9.2 测试步骤

1. 测量准备

① 首先把随机配备的酚酞粉末与酒精按 1∶100 的比例配成碳化试剂；

② 然后在混凝土表面打一个深约 1cm 的孔洞，使其内部裸露，用洗耳球吹去灰尘粉末；

③ 用针管、滴管等器械把试剂喷洒在孔洞破损处。

2. 混凝土碳化深度尺校准

① 将仪器底座平放于校准块的平面上，刻度尺上的指针应指向读数“0”。

② 按动校准块的圆弧端，将校准块背面转到上面。把仪器底座平放于校准的上台阶平面，指针顶住下台阶平面，此时刻度尺上的指针应指向读数“8”。

③ 当不符合上述 1 或 2 条时，应送回弹仪检定单位鉴定合格后可使用。

3. 混凝土碳化深度尺测量操作

① 测量时应将仪器的底座平面贴紧孔洞的一侧平整的混凝土表面上，当孔洞周围的混凝土不平整时，应用砂轮磨平，以免造成测量误差。

② 挪动仪器位置使触针上下移动直至停留在未变颜色和变红色的交界处。

③ 当触针停留在孔洞壁被测位置时，指针在刻度尺上指示一刻度，即为碳化深度值，读数精确至 0.5mm。

④ 当条件不利于读数时，可锁住指针，将仪器移至他处读数。

6.10 激光测距仪

6.10.1 概述

激光测距仪，是利用激光对目标的距离进行准确测定的仪器。如图 6.26 所示激光测距仪在工作时向目标射出一束很细的激光，由光电元件接收目标反射的激光束，计时器测定激光束从发射到接收的时间，计算出从观测者到目标的距离。激光测距仪重量轻、体积小、操作简单速度快而准确，其误差仅为其他光学测距仪的五分之一到数百分之一。

激光测距仪是利用激光对目标的距离进行准确测定的仪器。激光测距仪在工作时向目标射出一束很细的激光，由光电元件接收目标反射的激光束，计时器测定激光束从发射到接收的时间，计算出从观测者到目标的距离。

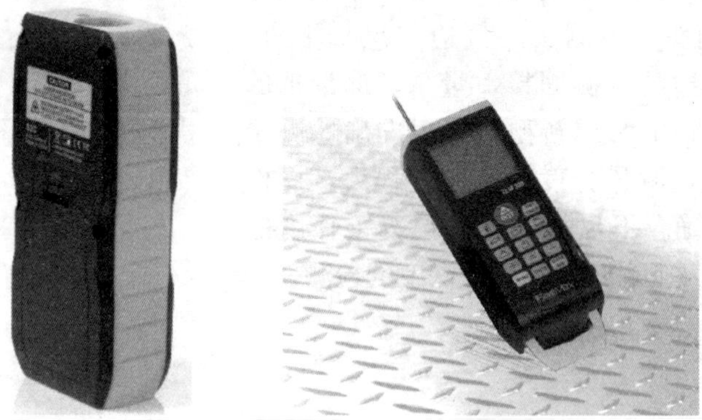

(a) (b)

图6.26 仪器组成

1. 利用红外线测距或激光测距的原理

测距原理基本可以归结为测量光往返目标所需要时间，然后通过光速 $c=299792458\text{m/s}$ 和大气折射系数 n 计算出距离 D。由于直接测量时间比较困难，通常是测定连续波的相位，称为测相式测距仪。当然，也有脉冲式测距仪，典型的是 WILD 的 DI-3000。需要注意，测相并不是测量红外或者激光的相位，而是测量调制在红外或者激光上面的信号相位。

2. 测物体平面必须与光线垂直

通常精密测距需要全反射棱镜配合，而房屋量测用的测距仪，直接以光滑的墙面反射测量，主要是因为距离比较近，光反射回来的信号强度够大，且一定要垂直，否则返回信号过于微弱将无法得到精确距离。

6.10.2 测试步骤

（1）轻触启动/测量键，开启测距仪。

（2）按需要以加或减键更换测量基准边（只对单次测量有效），A—前沿；B—仪器支架；C—后沿。

（3）用激光瞄准目标，再次轻触启动/测量键，纪录测量值。

（4）测量完毕，按下清除键直到初始画面出现。同时按下加和减键关闭测距仪。

（5）90秒无工作指令的情况下，测距仪会自动关机。

（6）利用标准距离可对测距仪进行自校，并可通过 Offset 菜单项进行修正。

6.10.3 日常维护

（1）经常检查仪器外观及时清除表面的灰尘脏污、油脂、霉斑等。

（2）清洁目镜、物镜或激光发射窗时应使用柔软的干布。严禁用硬物刻划，以免损坏光学性能。

（3）本机为光、机、电一体化高精密仪器，使用中应小心轻放，严禁挤压或从高处跌落，以免损坏仪器。

6.11 水准仪

水准仪的功能是精确地提供一条水平视线，从而可以测量地面两点之间的高差。按水准仪结构分类，水准仪分为光学水准仪和电子水准仪。光学水准仪又分为微倾式水准仪、自动安平水准仪。水准仪的型号依次为 DS_{05}、DS_1、DS_3，“D”“S”分别是“大地测量”、“水准仪”的汉语拼音的第一个字母，下标数字表示这些型号的仪器每千米往返测高差中数的中误差。DS_{05}、DS_1 型属于精密水准仪，主要用于国家一、二等水准和特种工程测量。DS_3 型为普通水准仪，是目前普遍使用的一种仪器。

6.11.1 光学水准仪

光学水准仪的外观如图 6.27 所示，一般由望远镜、水准器和基座 3 个部分组成。望远镜由物镜、目镜、调焦镜和十字丝分划板四部分组成，如图 6.28 所示，其主要作用是精确瞄准目标。水准器是一封闭的玻璃圆盒，玻璃圆盒内有一个水准气泡，圆盒顶面的玻璃内表面研磨成球面，球面的正中刻有圆圈，如图 6.29 所示。当气泡中心与球面圆圈的中心重合时，表示视线大致水平。基座主要由轴座、脚螺旋和底板组成。仪器的上部通过竖轴插入轴座中，形成一体。竖轴在轴座内可以转动。三脚架的中心连接螺旋旋入底板，把基座固定在脚架上。旋转脚螺旋，可调节仪器上部的水平状态。

(a)

(b)

图 6.27 光学水准仪

(a) DS_3 普通光学水准仪；(b) 精密光学水准仪

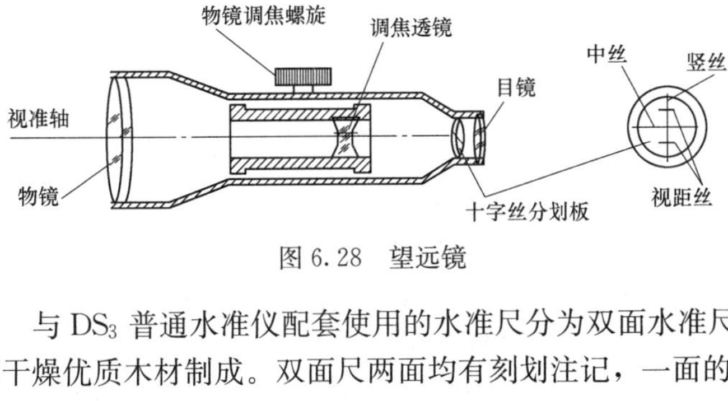

图 6.28 望远镜

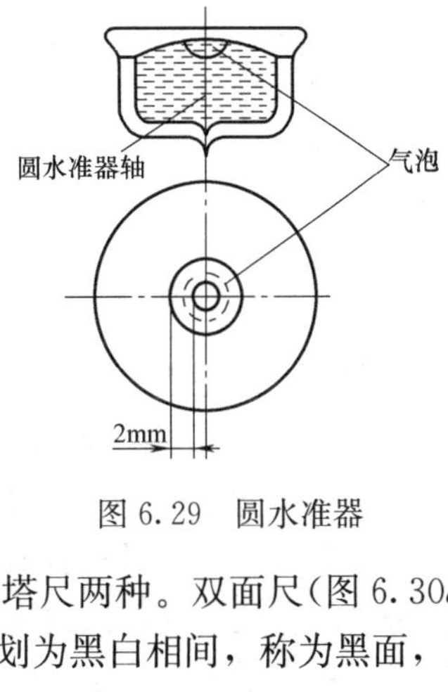

图 6.29 圆水准器

与 DS_3 普通水准仪配套使用的水准尺分为双面水准尺和塔尺两种。双面尺(图 6.30a)用干燥优质木材制成。双面尺两面均有刻划注记，一面的分划为黑白相间，称为黑面，尺

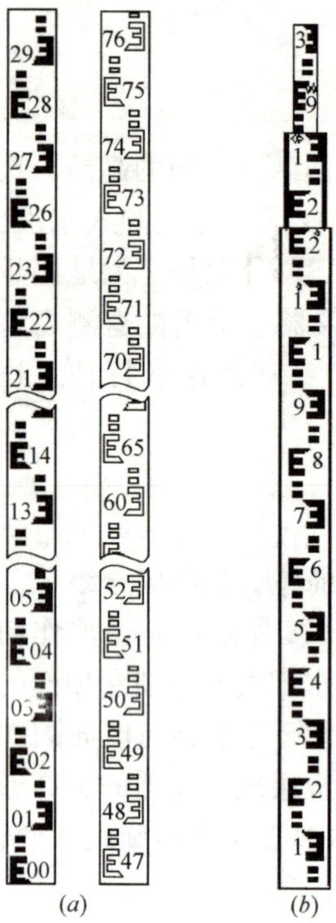

图 6.30　普通水准尺

底的注记从 0 开始。另一面的分划是红白相间，称为红面，尺底的注记从常数 K 开始。一对双面尺的 K 值分别取 4.687m 和 4.787m，配对使用，这样有利于校核读数。

塔尺（图 6.30b）可伸缩，长度为 3～5m，尺面注记与双面尺的黑面相同。由于尺段的接头处容易磨损而产生误差，因此只能用于精度较低的高程测量。

与精密水准仪配套使用的水准尺为铟瓦水准尺，又称为精密水准尺。将铟瓦合金带以一定的拉力引张在木质尺身的沟槽内，分划标在铟瓦合金带上，分划的数字注记在木质尺面上。精密水准尺的分划为线条式，与普通水准尺不同，其分划值有 10mm 和 5mm 两种（图 6.31）。10mm 分划的精密水准尺如图 6.31a 所示。铟瓦合金带上有两排分划，右边一排注记从 0～300cm，称为基本分划；左边一排注记从 300～600cm，称为辅助分划。同一高度的基本分划与辅助分划相差一个尺常数 301.55cm。尺常数用以检查读数误差。这种形式的水准尺与 Wild N_2、Wild N_3 型精密水准仪配套使用。

5mm 分划的精密水准尺（图 6.31b）与 DS_1 型精密水准仪配套。尺面上有两排分划，彼此错开 5mm，左边一排分划为奇数，右边一排为偶数。左边注记分米数，右边注记米数，3m 尺的注记是从 0.1～5.9m，分划注记值是实际数值的 2 倍。用此种水准尺测得的高差除以 2 才是实际高差。

图 6.32a 是徕卡公司 NA2 水准仪望远镜目镜与测微器读数显微镜视场。读数前转动测微手轮用楔形丝夹住某一分划，然后读数。如图 6.32（a）所示，由目镜视场内水准尺和十字丝影像读得厘米数为 77，由测微器视场内测微尺影像读得尾数为 556（0.556cm），图中基本分划的全部读数为 77.556cm。该仪器为自动安平、正像望远镜。水准尺注记数字是正写。

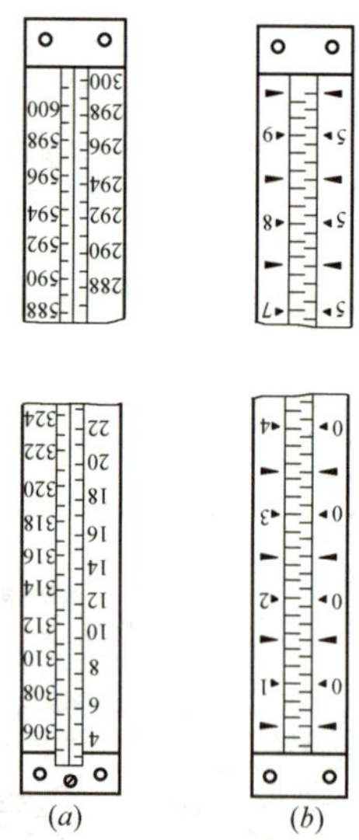

图 6.31　精密水准尺

图 6.32b 是北京测绘仪器厂 DS_1 型水准仪的读数视场。精平后，把楔形丝夹住某一分划（图中为 197），然后读数。全部读数为 197.150cm。由于尺子的注字比实际长度大一倍，因此实际读数应为 197.150÷2＝98.575cm。

6.11.2　电子水准仪

电子水准仪是能进行水准测量的数据采集与处理的新一代水准仪：这类仪器采用条纹编码水准尺和电子影像处理原理，用 CCD 行阵传感器代替人的肉眼，将望远镜像面上的标尺显像转换成数字信息，可自动进行读数记录。电子水准仪可视为 CCD 相机、自动安平式水准仪、微处理器的集成。其和条纹编码尺组成地面水准测量系统。

第一台电子水准仪于 1990 年问世。电子水准仪在人工完成安置与粗平、瞄准与调焦

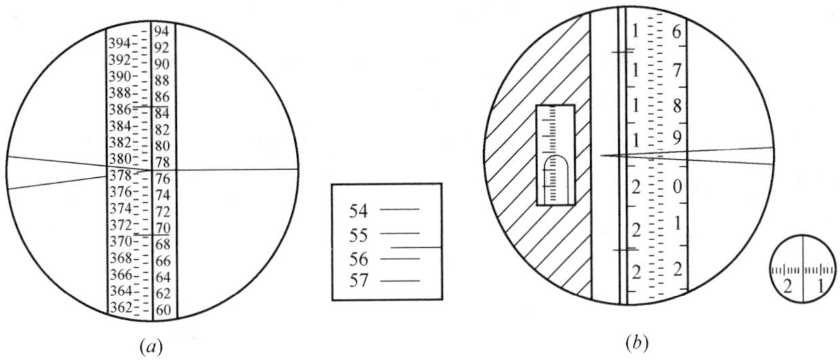

图 6.32 精密水准仪读数视场

后，自动读取中丝读数与视距，数据直接存储在介质上。电子水准仪具有速度快、精确度高、使用方便、劳动强度低的优点，为水准测量作业的自动化和数字化提供了基础。

电子水准仪数字图像处理的方法有相关法、几何位置测量法、相位法等。下面以相关法为例说明基本原理。

电子水准仪使用的水准尺是条形编码水准尺，整个水准尺的条码信号存储在仪器的微处理器内，作为参考信号。瞄准后，仪器的 CCD 传感器采集到中丝所瞄准位置的一组条码信号，作为测量信号。运用相关方法可对两组信号进行分析、运算，得出中丝读数和视距，在仪器显示屏上直接显示。

瑞士徕卡公司生产的 DNA03 电子水准仪采用相关法实现编码求值：它与因瓦钢条码尺配合使用时，测量精度为 0.3mm/km，最大视线长度距为 60m。其中销往中国市场的 DNA03（图 6.33）的显示界面全部为中文，同时内置了适合中国测量规范的观测程序。

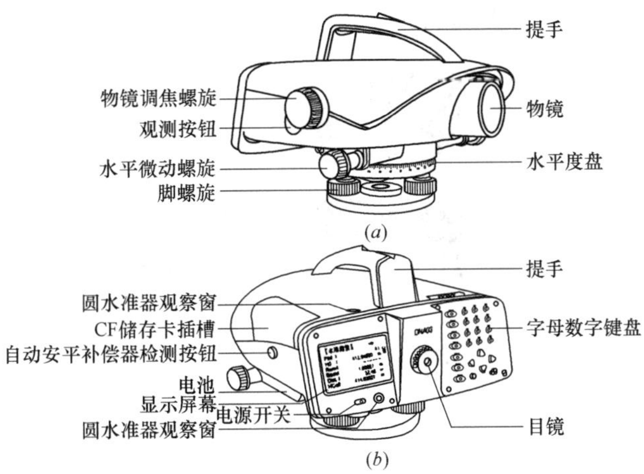

图 6.33 徕卡 DDNA03 电子水准仪

6.12 全站仪

电子全站仪主要由电子经纬仪、光电测距仪和微处理机组成，它可在一个测站上同时测角和测距，并能自动计算出待定点的坐标和高程。由于仪器安置一次便可完成一个测站上的所有测量工作，故被称为“全站仪”。

电子全站仪外业采集的测量数据可通过机内存储器自动存储，作业完成后用通讯电缆将主机与计算机连接，将数据传输至计算机，由数据处理软件对数据进行处理。最后通过绘图仪应用绘图软件绘出地形图，实现测图的自动化。

电子全站仪按结构可分成组合式全站仪和整体式全站仪。组合式全站仪的特点是电子经纬仪和光电测距仪既可组合在一起，又可分开使用。而整体式全站仪的特点是电子经纬仪和测距仪共用一个望远镜并安装在同一外壳内，成为一个完整的整体，不能分离。当前生产的全站仪大多是整体式全站仪（图 6.34）。

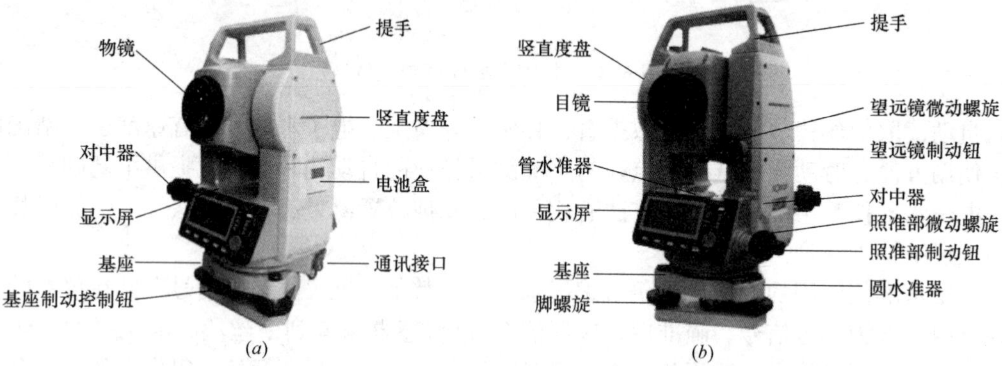

图 6.34　整体式全站仪

图 6.35 是整体式全站仪的反光棱镜及照准觇牌。反光棱镜用三脚架或对中杆安置在测点上，测量时应整平对中。距离测量时，仪器应照准反光镜的中心；水平角测量时，用十字丝的竖丝或十字丝的交点照准中间三角形的角尖 A 点；竖直角测量时，用十字丝的中丝照准两侧三角形的角尖 B 点和 C 点。

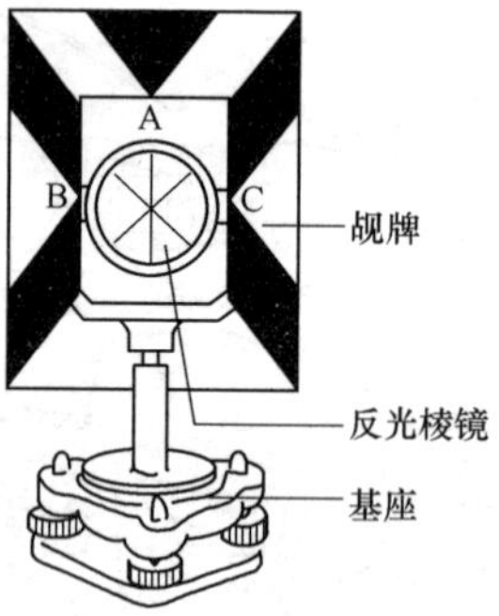

图 6.35　反光棱镜及觇牌

第 7 章　鉴定机构及鉴定文书

7.1　房屋安全鉴定机构及鉴定文书

7.1.1　机构管理

我国从事房屋安全鉴定的机构有三种类型：

一是各地房地产行政主管部门下属的房屋安全鉴定机构。

二是房屋安全鉴定业务已向社会放开，除职能部门如房管局下属房屋安全鉴定机构外，也允许其他社会力量（包括科研、检测、设计单位及民营企业，但有关的技术条件较低）参与。

第三种是房屋安全鉴定业务面向社会有条件放开，允许有较高技术条件的科研机构、检测机构等单位从事房屋安全鉴定业务。

今后政府对房屋鉴定的管理则着重于市场监管。依靠行业组织加强对房屋鉴定行为的规范和自律。

7.1.2　人员管理

鉴定机构的专业技术人员必须实行合理配置，要符合开展的业务范围。

鉴定人员应保持相对的稳定，除复杂问题需要专家论证，不允许临时拼凑。鉴定人员必须持证上岗，技术不过关人员应离岗再培训，经考核达标后方能重新上岗。取得上岗证的鉴定人员，每年都应参加继续教育培训。

7.1.3　房屋安全鉴定机构管理

房屋安全鉴定专业技术含量较高，公平性、公正性和专业性必须重视，建设部对房屋安全鉴定机构设置有明确规定：鉴定机构必须具有独立法人身份，并对鉴定行为承担相应的民事和行政责任。民事责任要求鉴定机构按照国家有关规范、技术标准，充分发挥专业技术水平，公正公平出具鉴定报告。同时对行政事业性单位鉴定机构不作为追究行政责任。这是行政事业性鉴定机构有别于鉴定企业经营行为。

从事房屋安全鉴定的单位，应当严格按照鉴定业务规范和标准从事鉴定活动并出具报告。进行房屋安全鉴定工作时，现场需有两名以上持证房屋安全鉴定人员参加，并出示证件，对复杂特殊的鉴定项目，鉴定单位可另外聘专家或聘请相关部门派员参与鉴定。鉴定报告应当加盖专用章，并及时送达鉴定委托人。鉴定单位应当对鉴定报告承担相应的法律责任。

7.1.4　计量仪器与设备要求

从事鉴定工作过程，使用仪器、设备必须规范。制定严格的仪器、设备使用管理制度，遵循国家计量法的要求，确保仪器、设备的完好率和准确率，使检查数据真实有效。严格执行仪器、设备检定和校验，保证正常使用。

7.2　建筑工程质量鉴定文书编制规定

7.2.1　规定一

第一条　为规范建设工程质量鉴定文书编制工作，提高鉴定文书质量，制定本规定。

第二条　本规定适用于一般工业与民用建筑工程质量鉴定文书编制。司法鉴定文书格式除应符合本规定外，还应符合司法鉴定文书规范要求。

第三条　建筑工程质量鉴定文书是在工程质量检测鉴定过程中形成的按一定规格体例编写的文书。

第四条　建筑工程质量鉴定文书的编制必须执行国家工程建设的政策和法令，应符合国家、行业及地方工程建设标准和规范；必须使用统一术语和法定计量单位。

第五条　建筑工程质量鉴定文书一般由封面、正文和附件组成。附件资料可采用表格式或拟制式，鉴定文书正文一般采用拟制式。

7.2.2　规定二

第六条　鉴定文书封面应写明类别、编号、项目名称、地址及相关主要信息、鉴定机构名称、鉴定文书制作日期；封二应写明目录、鉴定机构地址及联系电话。需要声明的，其内容也可放在封二。

第七条　鉴定文书的正文应根据检测分析资料进行编制，必须经过严格校审，避免错、漏，应当做到：

（一）观点明确，表述准确，结构严谨，条理清楚，直述不曲，字词规范，标点正确，篇幅力求简短；

（二）内容应简洁明了，计算、汇总数据过程尽可能在附件中表达，表格排版时应避免跨页；

（三）引用的工程建设标准和规范的名称，应当在第一次出现时注明全称和编号，在第二次出现时可只用编号；

（四）结构层次序数，第一层为“一、”，第二层为“（一）”，第三层为“1.”，第四层为“（1）”。

第八条　鉴定文书一般包括如下内容：

（一）工程概况或建筑物概况；

（二）检测鉴定目的、范围及依据；

（三）检测鉴定项目与内容；

（四）检测检查、检测结果；

（五）结构复核、验算结果；

（六）综合分析、鉴定评级；

（七）鉴定结论；

（八）处理建议；

（九）附件。

第九条 鉴定文书正文应满足下列要求：

（一）要对检测项目分类和对检测数据汇总；

（二）应对引起工程质量（事故）原因进行分析，能分清问题的性质、类别及危害程度；

（三）对工程质量问题进行定性、定量分析和评级时，应该引用工程建设标准、规范和法规有关条文；

（四）达到委托鉴定目的要求，鉴定结论应与鉴定目的相适应。

7.2.3 规定三

第十条 鉴定文书的附件资料包括各种检测（测试）报告、现场记录、验算分析等资料。鉴定文书附件是鉴定文书的组成部分，应当附在鉴定文书正文之后，且应列出附件目录或资料清单。

第十一条 检测的形式可分为现场检测和室内测试，出具检测报告应符合下列要求：

（一）应预先编制检测方案；

（二）应符合相关检测标准要求；

（三）应符合计量认证要求；

（四）符合《广东省建筑工程竣工验收技术资料统一用表》的格式；

（五）涉及在广东省内项目应出具公正数据的检测项目要加盖检测机构公章或者检测专用章和计量认证章。

第十二条 现场检测记录应符合下列要求：

（一）填写工程基本信息，注明采用的检验方法；

（二）记录内容与相关标准或设计要求宜采用对照表示法；

（三）以图形、表格形式记录时至少有两个人签名；

（四）以录像或照片的记录，应保持原始记录状态。

第十三条 结构验算分析应符合下列要求：

（一）结构计算时，计算步骤要有条理，引用数据要有依据，采用计算图表及计算公式应注明来源或出处；

（二）当采用计算机计算时，应注明所采用的计算软件名称、代号及版本；

（三）结构计算（复核）报告经计算、校对、审核人签字；

（四）结构计算（复核）报告必须有注册结构工程师签字。

7.2.4 规定四

第十四条 鉴定文书制作应符合下列格式要求：

（一）使用A4规格纸张打印制作；

（二）封面：封面上部写明鉴定文书类别的标题：一般用小1号宋体，加黑，居中排列；封面中部写明工程名称、工程地点、委托单位，用3号仿宋体，居中排列；封面下部写明鉴定机构名称、日期，用3号仿宋体，居中排列；

（三）正文标题：写明委托鉴定事项；

（四）编号：写明鉴定机构缩略名、专业缩略语、年份及序号；

（五）正文字体及行距：正文的标题采用小2号黑体，居中排列；编号为5号宋体，居右排列；一级标题采用3号黑体（需要时二级标题可采用4号黑体），文内4号采用仿宋体，阿拉伯数字用新罗马字体；两端对齐，段首空2字，行距一般为1.5倍；表格中的字及其附注的字可用五号字。日期、数字等均采用阿拉伯数字标识；

（六）在正文每页页眉的右上角注明正文的共几页、第几页；

（七）正文应由批准人、审核人、校对人、编写人签字，不得有涂改。签字区可设在封二或者正文的落款处。

（八）正文制作日期处应盖报告专用章，并加盖骑缝章。

鉴定文书一般应发出一式三份（特殊情况按委托要求发出份数）。

7.3 鉴定报告实例

房屋可靠性鉴定报告

××鉴字［201×］

委 托 单 位：________________

房 屋 地 址：________________

鉴 定 日 期：________________

报告编写人：________________

技术负责人：________________

报告签发人：________________

××公司

二○一×年×月××日

报告编制声明

重要声明：

1. 本鉴定报告换页、涂改或剪贴后无效。
2. 报告无房屋安全鉴定专用章无效。
3. 复印报告未重新加盖备案章无效。
4. 本报告无鉴定人、编写人、审核人、签发人签字无效，并须在公司名处加盖鉴定机构鉴定专用章方为有效。
5. 本鉴定报告的有效期，是指鉴定报告最大有效时限，房屋最大有效时限依据鉴定结论在正常使用和正常维护条件下适用的。
6. 如对本鉴定报告有异议，请在报告发出 20 天内向本单位发出书面复议申请。
7. 本鉴定报告不作房屋产权证明。
8. 本鉴定报告不作提取公积金证明。

备案证书编号：　　公司地址：××××××××　　联系电话：××××××××

房屋结构安全鉴定报告

<table>
<tr><td>委托单位</td><td colspan="4"></td><td>联系人</td><td colspan="2"></td></tr>
<tr><td>房屋地址</td><td colspan="4"></td><td>联系电话</td><td colspan="2"></td></tr>
<tr><td>结构形式</td><td>框架结构</td><td colspan="2">总层数</td><td></td><td>建筑年代</td><td colspan="2">2000 年后</td></tr>
<tr><td>鉴定部位</td><td>整幢</td><td colspan="2">建筑面积</td><td>约 2209.15m^2</td><td>委托日期</td><td colspan="2"></td></tr>
<tr><td>用　途</td><td>教学楼</td><td colspan="2">建筑高度</td><td>16.10m</td><td>鉴定日期</td><td colspan="2"></td></tr>
<tr><td>鉴定类别</td><td colspan="4">结构可靠性鉴定</td><td>鉴定等级</td><td colspan="2">Ⅱ级</td></tr>
<tr><td>鉴定结论</td><td colspan="7">综上所述，依照《民用建筑可靠性鉴定标准》GB 50292—2015，该房屋的可靠性等级评定为Ⅱ级，可靠性不符合本标准对Ⅰ级的要求，尚不显著影响整体承载功能和使用功能</td></tr>
<tr><td>处理建议</td><td colspan="7">详见报告第 8 点内容</td></tr>
<tr><td rowspan="3">现场鉴定人员</td><td>姓名</td><td colspan="2">技术职称</td><td colspan="2">执业注册证号</td><td colspan="2">签名</td></tr>
<tr><td></td><td colspan="2"></td><td colspan="2"></td><td colspan="2"></td></tr>
<tr><td></td><td colspan="2"></td><td colspan="2"></td><td colspan="2"></td></tr>
<tr><td>编写人</td><td></td><td colspan="2"></td><td colspan="2"></td><td colspan="2"></td></tr>
<tr><td>审核人</td><td></td><td colspan="2"></td><td colspan="2"></td><td colspan="2"></td></tr>
<tr><td>签发人</td><td></td><td colspan="2"></td><td colspan="2"></td><td colspan="2"></td></tr>
<tr><td colspan="8">（公章）
二〇××年×月××日</td></tr>
</table>

附件一 民用建筑可靠性鉴定的分级标准
附件二 现场检测照片
附件三 第二结构层平面布置图
附件四 混凝土构件抗压强度检测报告
附件五 营业执照和备案证书

一、房屋概况

该教学楼位于××××，据悉该房屋建于2000年后，为4层框架结构，主体结构采用钢筋混凝土柱、梁、板承重，180mm厚砖墙围护，现该房屋作教学楼使用，建筑面积约2209.15m^2。

该房屋坐东向西，外墙贴马赛克饰面，内墙为混合砂浆批荡、扫白，室内地面铺耐磨砖。

该房屋平面形状为多边形，轴线总长度为51.50，总宽度为14.50m，建筑面积约2209.15m^2，共四层，总高为16.10m。

二、勘查及鉴定方案

1. 收集调查：收集相关地质资料、设计图纸、施工资料及调查建筑物的使用历史等；

2. 结构基本情况勘查：结构形式、结构布置、建筑层数、梁柱截面尺寸等和原有设计施工图纸与现场现状实际测量的各相关数据进行对比复核，并以作为该房屋现状结构复核计算的依据；

3. 结构使用条件勘查：楼面荷载、分隔墙布置、现状使用环境等；

4. 地基基础勘查：地基变形、上部结构反应（有无倾斜、有无墙体开裂等）；

5. 上部结构表面现状勘查：结构构件有无破损、有无明显的挠度变形，梁柱板及填充墙有无可见裂缝，裂缝的类型、分布、形状、大小等；

6. 材料性能检测：对结构构件的混凝土抗压强度采用抽芯法检测，对结构构件的配筋进行开凿检查以及采用扫描型钢筋位置测定仪扫描检查；

7. 根据现场采集的相关结构数据，复核计算房屋现状结构，依据相关规范确定结构安全等级并提出相应的意见。

三、检测方法

（一）检测方法

为了解该房屋现时的结构质量安全程度，于××年××月××日受申请人委托我单位对该房屋进行建筑物的结构可靠性鉴定。接受委托后，我公司派出以两名鉴定员为主的检查勘察队伍于××年××月××日对该建筑物进行现场勘查、收集资料等。

根据《民用建筑可靠性鉴定标准》GB 50292—2015、《建筑结构检测技术标准》GB/T 50344—2004，结合详细的房屋结构现状勘查，制定本次的检测方法如下：

（1）地基基础检测：结合对室内外地坪和相关墙体的外观状况检查，判断建筑物地基基础是否稳定正常。

（2）结构布置图测绘：对该建筑物整体结构的布置和受力体系进行测绘。

（3）采用电子经纬仪测量建筑物的倾斜情况，查明此房屋是否发生明显的局部不均匀沉降。

（4）采用钻芯法检测混凝土构件的强度，采取随机抽测的原则，抽检数量满足规范的要求。

（5）采用光学仪器和显微镜，对结构构件的挠度变形和开裂状况进行检查和统计。

（6）现场对建筑物的内外砖砌墙、屋顶女儿墙、门窗过梁等构件的使用状况以及屋面防水状况进行检查。

（二）检测检查设备

钢筋位置测定仪、电子经纬仪、钻芯机、裂缝显微镜、线锤、卷尺、游标卡尺等。

四、鉴 定 依 据

（一）本报告编写依据

1.《民用建筑可靠性鉴定标准》GB 50292—2015

2.《建筑结构检测技术标准》GB/T 50344—2004

3.《混凝土结构现场检测技术标准》GB/T 50784—2013

4.《建筑变形测量规范》JGJ 8—2007

5.《混凝土中钢筋检测技术规程》JGJ/T 152—2008

6.《钻芯法检测混凝土强度技术规程》CECS 03：2007

7.《建筑结构荷载规范》GB 50009—2012

8.《混凝土结构设计规范》GB 50010—2010

9.《建筑地基基础设计规范》GB 50007—2011

10. 国家现行相关系列的设计规范和标准

11. 委托方提供的设计图纸

五、房屋现状调查及结构检测

（一）房屋原始资料

表 5-1

提供的图纸和资料	
岩土工程勘察报告	无(√)，有( )　勘察单位:不详
原设计建筑施工图	无(√)，有( )　设计单位:不详
原设计结构施工图	无(√)，有( )　设计单位:不详
原设计其他专业施工图纸	无(√)，有( )　设计单位:不详
施工过程的质量保证资料	无(√)，有( )　施工单位:不详
委托方仅提供该房屋原设计建筑、结构图，但无签名及盖章，未能提供其他施工资料和竣工验收资料等其他资料	

(二) 房屋使用历史

表 5-2

使用历史(根据委托方提供及现场了解)	
用途变更	无(√),有( ) 备注:
改建扩建	无(√),有( ) 备注:
加 层	无(√),有( ) 备注:
灾 害	无(√),有( ) 备注:
使用条件改变	无(√),有( ) 备注:

(三) 房屋基本现状勘查结果

1. 房屋基本资料

表 5-3

占地面积	约 533.5m²		建筑面积	约 2209.15m²
平面形状	多边形		长× 宽	约 51.50m×约 14.50m
建筑高度	约 16.10m		女儿墙高度	0.50m
总层数	四层		层 高	首层至四层均为 3.9m
结构最大跨度	横向 8.5m 、纵向 4.5m			
房屋用途	教学楼			
墙体材料	普通砖			
主体结构形式	框架结构			
抗震设防烈度	6 度		抗震等级	四级
楼面使用荷载	设 计	—	现状调查	<2.0kN/m²
主要结构构件实测尺寸(mm)	框架柱	主要有 350mm×450、350×350mm 截面		
	框架梁	主要有 250mm×700mm、200mm×600mm 截面		
	次梁	主要有 180mm×350mm、180mm×250mm 截面		
	板厚	实测平均板厚约 103mm		
基础形式	—			
使用环境	目前工作环境为常温、正常湿度、无腐蚀			
变形情况	通过现场勘察,未发现建筑物基础有不均匀沉降的迹象			

2. 上部检查情况

(1) 首层

1) 西起第一间房

① 西墙与梁接合处有一条水平分离裂缝,缝宽约 0.2mm,通长。

② 北墙西跨窗洞东、西上角与梁接合处有一条水平分离裂缝,缝宽约 0.2mm,通长。

③ 东墙与梁接合处有一条水平分离裂缝,缝宽约 0.2mm,通长。

2) 西起第二间房

① 四周墙体中部批荡有脱灰现象。

② 北墙西跨窗洞东上角、西上角均有一条水平裂缝,缝宽约 0.2mm,通长。

3）西面楼梯间

东墙、西墙下部批荡均有脱灰现象。

4）西起第三间房

北墙东跨窗洞东、西上角与梁接合处均有一条水平分离裂缝，缝宽均约 0.2mm，缝长约 0.3～0.4m。

5）西起第四间房

北墙西跨窗洞东、西上角与梁接合处均有一条水平分离裂缝，缝宽均约 0.2mm，通长。

6）首层拦河

① 东起第一条柱对出拦河有一条竖向裂缝，缝宽约 2～5mm，通长。

② 拦河东端与主体房屋接合处有一条竖向分离裂缝，缝宽约 30mm，通长。

③ 东起第一、二条柱间拦河有一条呈“人”形裂缝，缝宽约 2～20mm，通长。

④ 东起第二、三条柱间下部有一条水平裂缝，缝宽约 3mm，缝长约 4.5m。

7）西起第五间房

① 北墙西跨东端与柱接合处有一条竖向分离裂缝，缝宽约 1mm，缝长约 2m。

② 北墙西跨西侧批荡有大面积起泡、脱灰现象。

（2）二层

① 东起第一间、第三间、第五间房：均未发现有明显的开裂和变形等损坏现象。

② 东起第二间房：南墙东西向梁身有一条竖向裂缝，缝宽约 0.3mm，缝长约 0.5m。

③ 东起第四间房：北墙窗洞西侧批荡有脱灰现象。

④ 南拦河北侧批荡有大面积渗水痕迹，发黑、龟裂现象。

（3）三层

南面拦河北侧批荡有大面积渗水痕迹，发黑、龟裂、脱灰现象。

1）西起第一间房

未发现有明显的开裂和变形等损坏现象。

2）西起第二间房

① 东、西墙与梁接合处有一条水平分离裂缝，缝宽约 0.2mm，通长。

② 北墙批荡有局部脱灰现象。

3）西起第三间房：东西向梁身有一条竖向裂缝，缝宽约 0.3mm，缝长约 0.5m。

4）西起第四间房：北墙窗洞周边批荡有大面积脱灰现象。

5）西起第五间房：西墙批荡有大面积起泡、脱灰现象，渗水痕迹。

（4）四层

1）西起第一间房

① 北墙西跨西端与柱接合处有一条竖向分离裂缝，缝宽约 0.3mm，缝长约 2m。

② 北墙西跨东端与柱接合处有一条竖向分离裂缝，缝宽约 1mm，缝长约 1.5m。

③ 北墙窗洞周边批荡有脱灰现象。

④ 东墙批荡有局部龟裂现象。

2）西起第二间房

① 北墙窗洞周边批荡有脱灰现象，有大面积渗水痕迹。

② 东墙批荡中部有龟裂现象。

③ 天花板底西南跨中部批荡有渗水痕迹。

3）西起第三间房：天花板底及四周墙体上部批荡均有大面积火烧痕迹，龟裂现象。

4）西起第四间房

① 东墙与梁接合处有一条水平分离裂缝，缝宽约 0.3mm，通长。

② 南墙东端批荡有龟裂现象。

③ 东西向梁身有一条竖向裂缝，缝宽约 0.3mm，缝长约 0.5m。

5）西起第五间房

① 北墙西跨西端批荡有大面积渗水痕迹，青苔附生现象。

② 北墙窗洞周边批荡有大面积脱灰现象。

③ 西墙与梁接合处有一条水平分离裂缝，缝宽约 0.3mm，通长。

④ 东墙批荡有龟裂现象。

6）走廊

① 西起第三间房对出走廊楼面耐磨砖有空鼓现象。

② 楼上对出走廊楼面有火烧痕迹，耐磨砖有爆裂、空鼓现象。

③ 楼上对出走廊天花板底有火烧痕迹，批荡有大面积龟裂现象。

④ 西起第三间房对出走廊天花板底第四跨中部均有一条南北走向裂缝，缝宽约 0.2mm，缝长约 1m，缝口处有渗水痕迹。

⑤ 西起第四间房对出走廊天花板底东跨有一条南北走向裂缝，缝宽约 0.3mm，缝长约 1.5m，缝口处有渗水痕迹。

⑥ 西起第五间房对出走廊天花板底东跨有一条南北走向裂缝，缝宽约 0.2mm，缝长约 1m。

⑦ 西起第五间房对出走廊天花板底西跨有一条南北走向裂缝，缝宽约 0.3mm，缝长约 1.4m，缝口处有渗水痕迹。

7）南面拦河批荡有大面积渗水痕迹，脱灰、龟裂现象。

（5）东面楼梯间

1）首层梯间：东墙、西墙下部批荡均有渗水痕迹，脱灰现象。

2）首层至二层楼梯间

西墙北端批荡有大面积龟裂、脱灰现象。

3）二层至三层楼梯间

东墙、西墙、北墙批荡均有大面积脱灰现象。

4）三层至四层楼梯间

① 东墙、西墙、北墙批荡均有大面积渗水痕迹，脱灰现象。

② 北墙与梁接合处有一条水平分离裂缝，缝宽约 0.5mm，通长。

③ 东墙、西墙北跨与梁接合处有一条水平分离裂缝，缝宽约 0.5mm，缝长约 1.5m。

④ 西墙南上角与梁接合处有一条水平分离裂缝，缝宽约 0.2mm，缝长约 1.3m。

⑤ 东墙南上角与梁接合处有一条水平分离裂缝，缝宽约 0.2mm，缝长约 1m。

（6）西面楼梯间

1）一层至二层楼梯间：四周墙体批荡均有局部脱灰现象。

2）二层至三层楼梯间：四周墙体批荡均有局部脱灰现象。

3）三层至四层楼梯间

① 四周墙体批荡均有大面积渗水痕迹，起泡、脱灰、青苔附生现象。

② 北墙与梁接合处有一条水平分离裂缝，缝宽约 1mm，通长。

③ 东墙、西墙北跨与梁接合处有一条水平分离裂缝，缝宽约 1mm，通长。

3. 地基基础检测结果

经用线锤对房屋进行垂直度测量，结果如图 5-3 所示。

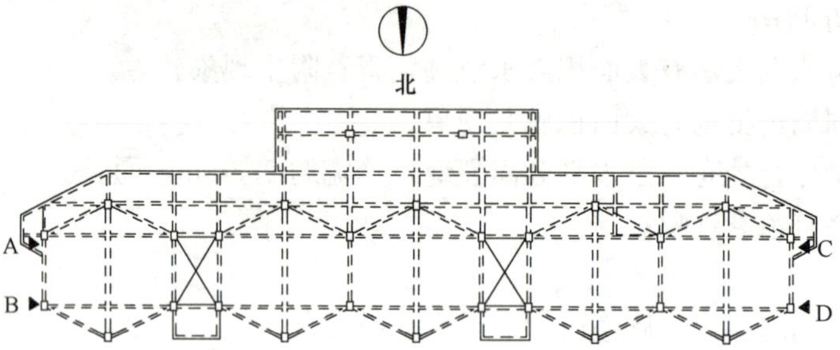

图 5-3　第二结构层平面示意图

（1）A 测点：上测点相对于下测点向东偏 4mm，两测点高差为 5.0m，即倾斜率为 0.080%。

（2）B 测点：上测点相对于下测点向东偏 7mm，两测点高差为 5.0m，即倾斜率为 0.140%。

（3）C 测点：上测点相对于下测点向西偏 3mm，两侧点高差为 5.0m，即倾斜率为 0.060%。

（4）D 测点：上测点相对于下测点向西偏 8mm，两测点高差为 5.0m，即倾斜率为 0.160%。

检测结果表明，房屋整体垂直度各测点均未超出《建筑地基基础设计规范》GB 50007—2011　0.400%规定的要求，未发现房屋地基基础有明显的不均匀沉降迹象。

（四）结构构件截面尺寸及钢筋配置情况检测结果

1. 柱截面尺寸及钢筋配置情况检测结果

表 5-4-1

检测构件	实测截面及钢筋配置			备注
	结构截面尺寸(mm)	主筋(短边、长边)	箍筋(非加密区、加密区)	
首层柱 9×C 轴	350×450	3　22	ϕ8@150～160	—
		3　22	ϕ8@115～120	
首层柱 13×B 轴	350×450	3　22	ϕ8@145～200	—
		3　22	ϕ8@130～140	
首层柱 6×C 轴	350×450	3　22	ϕ8@150～200	—
		3　22	ϕ8@140～150	
首层柱 4×A 轴	350×450	3　22	ϕ8@150～220	—
		3　22	ϕ8@180～200	

续表

检测构件	实测截面及钢筋配置			备注
	结构截面尺寸(mm)	主筋(短边、长边)	箍筋(非加密区、加密区)	
首层柱 1×B 轴	350×450	3 22	ϕ8@155～200	—
		3 22	ϕ8@180～190	
二层柱 3×C 轴	350×450	3 22	ϕ8@140～200	—
		3 22	ϕ8@120～190	
二层柱 4×C 轴	350×450	3 22	ϕ8@150～190	—
		3 22	ϕ8@140～160	
二层柱 8×C 轴	350×450	3 22	ϕ8@170～190	—
		3 22	ϕ8@150～180	
二层柱 11×C 轴	350×450	3 22	ϕ8@140～170	—
		3 22	ϕ8@135～175	
二层柱 13×C 轴	350×450	3 22	ϕ8@135～180	—
		3 22	ϕ8@110～130	
三层柱 13×B 轴	350×450	3 22	ϕ8@140～170	—
		3 22	ϕ8@150～170	
三层柱 9×C 轴	350×450	3 22	ϕ8@120～180	—
		3 22	ϕ8@120～150	
三层柱 6×C 轴	350×450	3 22	ϕ8@150～160	—
		3 22	ϕ8@115～120	
三层柱 9×B 轴	350×450	3 22	ϕ8@145～200	—
		3 22	ϕ8@130～140	
三层柱 1×B 轴	350×450	3 22	ϕ8@150～200	—
		3 22	ϕ8@140～150	
四层柱 13×B 轴	350×450	3 22	ϕ8@150～220	—
		3 22	ϕ8@180～200	
四层柱 11×C 轴	350×450	3 22	ϕ8@155～200	—
		3 22	ϕ8@180～190	
四层柱 8×C 轴	350×450	3 22	ϕ8@140～200	—
		3 22	ϕ8@120～190	
四层柱 4×C 轴	350×450	3 22	ϕ8@150～190	—
		3 22	ϕ8@140～160	
四层柱 1×B 轴	350×450	3 22	ϕ8@170～190	—
		3 22	ϕ8@150～180	

注：1. 表中轴线号为附图轴线号。
　　2. 除注明外，表中截面尺寸含批荡。

2. 梁截面尺寸及钢筋配置情况检测结果

表 5-4-2

检测构件	实测截面及钢筋配置			备注
	结构截面尺寸(mm)	跨中底部钢筋	箍筋(非加密区、加密区)	
第二结构层梁 8×A～B轴	200×600	2 18	ϕ8@140～190	—
			ϕ8@130～150	
第二结构层梁 4×A～B轴	200×600	2 18	ϕ8@145～170	—
			ϕ8@120～150	
第二结构层梁 3×A～B轴	200×600	2 18	ϕ8@130～160	—
			ϕ8@120～150	
第二结构层梁 5×B～C轴	250×700	3 25	ϕ8@140～190	—
			ϕ8@120～140	
第二结构层梁 7×B～C轴	250×700	3 25	ϕ8@150～170	—
			ϕ8@140～170	
第三结构层梁 9×A～B轴	200×600	2 18	ϕ8@130～160	—
			ϕ10@120～150	
第三结构层梁 4×A～B轴	200×600	2 18	ϕ8@160～180	—
			ϕ8@120～150	
第三结构层梁 3×A～B轴	200×600	2 18	ϕ8@140～180	—
			ϕ8@135～150	
第三结构层梁 2×B～C轴	250×700	3 25	ϕ8@140～170	—
			ϕ8@135～160	
第三结构层梁 5×B～C轴	250×700	3 25	ϕ8@140～170	—
			ϕ8@130～160	
第四结构层梁 4×A～B轴	200×600	2 18	ϕ8@140～170	—
			ϕ8@135～160	
第四结构层梁 9×A～B轴	200×600	2 18	ϕ8@150～180	—
			ϕ8@120～150	
第四结构层梁 10×B～C轴	250×700	3 25	ϕ8@130～170	—
			ϕ8@140～165	
第四结构层梁 12×B～C轴	250×700	3 25	ϕ8@150～170	—
			ϕ8@130～150	
第四结构层梁 8～9×E轴	200×600	2 18	ϕ8@140～170	—
			ϕ8@140～160	
屋面层梁 12×B～C轴	250×700	3 25	ϕ8@140～170	—
			ϕ8@160～175	
屋面层梁 12～13×C轴	180×350	2 16	ϕ8@140～170	—
			ϕ8@145～160	

续表

检测构件	实测截面及钢筋配置			备注
	结构截面尺寸(mm)	跨中底部钢筋	箍筋(非加密区、加密区)	
屋面层梁 8×D~E 轴	200×600	2 18	ϕ8@140~165	—
			ϕ8@140~160	
屋面层梁 5×B~C 轴	250×700	3 25	ϕ8@145~170	—
			ϕ8@160~180	
屋面层梁 2×B~C 轴	250×700	3 25	ϕ8@145~160	—
			ϕ8@145~160	

注：1. 表中轴线号为附图轴线号。
2. 除注明外，表中截面尺寸含批荡。

3. 楼板钢筋配置情况检测结果

表 5-4-3

楼层编号	轴线位置及跨度尺寸(mm)	钢筋位置	实测钢筋	备注
B2-1	第二结构层板 7~8×B~C 轴	板底短向	ϕ8@140~170	—
		板底长向	ϕ8@140~170	
B2-2	第二结构层板 4~5×B~C 轴	板底短向	ϕ8@140~160	—
		板底长向	ϕ8@140~170	
B2-3	第二结构层板 2~3×B~C 轴	板底短向	ϕ8@140~170	—
		板底长向	ϕ8@140~170	
B2-4	第二结构层板 9~10×B~C 轴	板底短向	ϕ8@150~150	—
		板底长向	ϕ8@125~170	
B2-5	第二结构层板 11~12×B~C 轴	板底短向	ϕ8@140~170	—
		板底长向	ϕ8@165~175	
B3-1	第三结构层板 2~3×B~C 轴	板底短向	ϕ8@130~185	—
		板底长向	ϕ8@145~170	
B3-2	第三结构层板 5~6×B~C 轴	板底短向	ϕ8@140~170	—
		板底长向	ϕ8@140~170	
B3-3	第三结构层板 7~8×B~C 轴	板底短向	ϕ8@140~160	—
		板底长向	ϕ8@140~170	
B3-4	第三结构层板 10~11×B~C 轴	板底短向	ϕ8@140~170	—
		板底长向	ϕ8@140~170	
B3-5	第三结构层板 12~13×B~C 轴	板底短向	ϕ8@150~150	—
		板底长向	ϕ8@125~170	
B4-1	第四结构层板 4~5×B~C 轴	板底短向	ϕ8@140~170	—
		板底长向	ϕ8@165~175	
B4-2	第四结构层板 1~2×B~C 轴	板底短向	ϕ8@130~185	—
		板底长向	ϕ8@145~170	

续表

楼层编号	轴线位置及跨度尺寸(mm)	钢筋位置	实测钢筋	备注
B4-3	第四结构层板 7～8×B～C 轴	板底短向	ϕ8@140～170	—
		板底长向	ϕ8@140～170	
B4-4	第四结构层板 9～10×B～C 轴	板底短向	ϕ8@140～160	—
		板底长向	ϕ8@140～170	
B4-5	第四结构层板 12～13×B～C 轴	板底短向	ϕ8@140～170	—
		板底长向	ϕ8@140～170	

注：表中轴线号为附图轴线号。

4. 板厚抽检结果

表 5-4-4

构件名称	轴线位置	实测板厚(mm)	表层饰面厚(mm)
B2-1	第二结构层板 7～8×B～C 轴	110	—
B2-2	第二结构层板 4～5×B～C 轴	115	—
B2-3	第二结构层板 2～3×B～C 轴	109	—
B2-4	第二结构层板 9～10×B～C 轴	105	—
B2-5	第二结构层板 11～12×B～C 轴	113	—
B3-1	第三结构层板 2～3×B～C 轴	90	—
B3-2	第三结构层板 5～6×B～C 轴	85	—
B3-3	第三结构层板 7～8×B～C 轴	105	—
B3-4	第三结构层板 10～11×B～C 轴	132	—
B3-5	第三结构层板 12～13×B～C 轴	112	—
B4-1	第四结构层板 4～5×B～C 轴	80	—
B4-2	第四结构层板 1～2×B～C 轴	89	—
B4-3	第四结构层板 7～8×B～C 轴	114	—
B4-4	第四结构层板 9～10×B～C 轴	86	—
B4-5	第四结构层板 12～13×B～C 轴	90	—

注：表中轴线号为附图轴线号。

（五）混凝土构件抗压强度检测结果

采用钻芯法对部分框架柱、框架梁、现浇板的强度进行检测。

1. 柱混凝土强度钻芯法检测结果

表 5-5-1

野外编号	轴线位置	实测强度(MPa)	备注
Z1-1	首层柱 9×C 轴	25.7	—
Z1-2	首层柱 13×B 轴	23.9	—
Z1-3	首层柱 6×C 轴	24.6	—
Z1-4	首层柱 4×A 轴	22.7	—
Z1-5	首层柱 1×B 轴	26.4	—

续表

野外编号	轴线位置	实测强度(MPa)	备注
Z2-1	二层柱 3×C 轴	33.0	—
Z2-2	二层柱 4×C 轴	24.8	—
Z2-3	二层柱 8×C 轴	23.8	—
Z2-4	二层柱 11×C 轴	23.1	—
Z2-5	二层柱 13×C 轴	18.6	—
Z3-1	三层柱 13×B 轴	27.6	—
Z3-2	三层柱 9×C 轴	23.6	—
Z3-3	三层柱 6×C 轴	23.7	—
Z3-4	三层柱 9×B 轴	24.2	—
Z3-5	三层柱 1×B 轴	26.9	—
Z4-1	四层柱 13×B 轴	27.3	—
Z4-2	四层柱 11×C 轴	23.5	—
Z4-3	四层柱 8×C 轴	24.6	—
Z4-4	四层柱 4×C 轴	26.0	—
Z4-5	四层柱 1×B 轴	24.3	—
上述检测结果表明，当抽检的混凝土强度满足《混凝土结构设计规范》GB 50010—2010 的第 4.1.2 条钢筋混凝土结构的混凝土强度等级不应低于 C15；当采用 HRB335 级钢筋时，混凝土强度等级不宜低于 C20			

注：表中轴线号为附图轴线号。

2. 梁混凝土强度钻芯法检测结果

表 5-5-2

野外编号	轴线位置	实测强度(MPa)	备注
L2-1	第二结构层梁 8×A～B 轴	25.7	—
L2-2	第二结构层梁 4×A～B 轴	22.9	—
L2-3	第二结构层梁 3×A～B 轴	24.6	—
L2-4	第二结构层梁 5×B～C 轴	26.7	—
L2-5	第二结构层梁 7×B～C 轴	24.6	—
L3-1	第三结构层梁 9×A～B 轴	24.9	—
L3-2	第三结构层梁 4×A～B 轴	23.0	—
L3-3	第三结构层梁 3×A～B 轴	23.3	—
L3-4	第三结构层梁 2×B～C 轴	24.7	—
L3-5	第三结构层梁 5×B～C 轴	23.7	—
L4-1	第四结构层梁 4×A～B 轴	27.5	—
L4-2	第四结构层梁 9×A～B 轴	24.1	—
L4-3	第四结构层梁 10×B～C 轴	27.1	—
L4-4	第四结构层梁 12×B～C 轴	26.9	—
L4-5	第四结构层梁 8～9×E 轴	23.9	—
WL-1	屋面层梁 12×B～C 轴	18.2	—

续表

野外编号	轴线位置	实测强度(MPa)	备注
WL-2	屋面层梁 12～13×C 轴	25.7	—
WL-3	屋面层梁 8×D～E 轴	26.9	—
WL-4	屋面层梁 5×B～C 轴	29.0	—
WL-5	屋面层梁 2×B～C 轴	28.7	—
上述检测结果表明，当抽检的混凝土强度满足《混凝土结构设计规范》GB 50010—2010 的第 4.1.2 条钢筋混凝土结构的混凝土强度等级不应低于 C15；当采用 HRB335 级钢筋时，混凝土强度等级不宜低于 C20			

注：表中轴线号为附图轴线号。

3. 板混凝土强度钻芯法检测结果

表 5-5-3

野外编号	轴线位置	实测强度(MPa)	备注
B2-1	第二结构层板 7～8×B～C 轴	28.5	—
B2-2	第二结构层板 4～5×B～C 轴	26.6	—
B2-3	第二结构层板 2～3×B～C 轴	29.0	—
B2-4	第二结构层板 9～10×B～C 轴	27.8	—
B2-5	第二结构层板 11～12×B～C 轴	32.9	—
B3-1	第三结构层板 2～3×B～C 轴	25.5	—
B3-2	第三结构层板 5～6×B～C 轴	23.4	—
B3-3	第三结构层板 7～8×B～C 轴	24.2	—
B3-4	第三结构层板 10～11×B～C 轴	24.9	—
B3-5	第三结构层板 12～13×B～C 轴	36.0	—
B4-1	第四结构层板 4～5×B～C 轴	29.9	—
B4-2	第四结构层板 1～2×B～C 轴	40.4	—
B4-3	第四结构层板 7～8×B～C 轴	29.0	—
B4-4	第四结构层板 9～10×B～C 轴	28.3	—
B4-5	第四结构层板 12～13×B～C 轴	24.3	—

注：表中轴线号为附图轴线号。

检测结果分析：

(1) 经用钻芯法随机抽检该房屋柱构件共 20 个（首层至四层各取五个柱构件），所检测的柱试件混凝土抗压强度值为 18.6～33.0MPa，从抽检的 20 个试件中，低于 C20 强度等级的试件有 1 个，约占抽检件数的 5.00%。

(2) 经用钻芯法随机抽检该房屋梁构件共 20 个（二层至屋面层各取五个梁构件），所检测的梁试件混凝土抗压强度值为 18.2～29.0MPa，从抽检的 20 个试件中，低于 C20 强度等级的试件有 1 个，约占抽检件数的 5.00%。

(3) 经用钻芯法随机抽检该房屋板构件共 15 个（二层至四层各取五个板构件），所检测的板试件混凝土抗压强度值为 23.4～40.4MPa，从抽检的 15 个试件中，没有低于 C20 强度等级的试件。

根据混凝土构件抗压强度检测报告，现对首层柱构件混凝土强度等级取 23.9MPa，二层柱取 18.6MPa，三层柱取 23.6MPa，四层柱取 23.5MPa，；二层梁构件混凝土强度等级取 22.9MPa，三层梁取 23.0MPa，四层梁取 23.9MPa，屋面层梁取 18.2MPa；二层板构件混凝土强度等级取 26.6MPa，三层取 23.4MPa，四层板取 24.3MPa。

六、技 术 分 析

（一）结构验算的参数取值

表 6-1-1

上部结构类别	框架结构		基础形式	桩基础
建筑用途	教学楼			
结构内力计算的参数取值（标准值）	恒荷载	楼面	2.0kN/m^2（不包括楼板自重）	
		屋面	2.0kN/m^2（不包括楼板自重）	
	活荷载	楼面	3.0kN/m^2	
		屋面	0.5kN/m^2	
	修正后的基本风压		0.75kN/m^2	
	地震信息	设防烈度	6 度	
		抗震等级	四级	
构件承载力验算的参数取值	混凝土强度等级	柱及梁、板构件混凝土压强取值	首层柱构件混凝土强度等级取 23.9MPa，二层柱取 18.6MPa，三层柱取 23.6MPa，四层柱取 23.5MPa，；二层梁构件混凝土强度等级取 22.9MPa，三层梁取 23.0MPa，四层梁取 23.9MPa，屋面层梁取 18.2MPa；二层板构件混凝土强度等级取 26.6MPa，三层取 23.4MPa，四层板取 24.3MPa	
	钢筋强度 f_y	Ⅰ级	210N/mm^2	
		Ⅱ级	300N/mm^2	
复算板厚取值			抽检按实测板厚，其余按设计板厚	
结构计算分析软件			PKPM 系列软件	
执行规范			国家现行系列结构设计规范	

（二）框架柱承载力验算

根据现场数据计算分析进行复核，框架柱的轴压比满足规范要求，表 6-2-1 给出了部分框架柱轴压比的验算结果。

框架柱轴压比验算结果 表 6-2-1

构件位置		计算轴压比	允许轴压比	是否满足要求
Z1-1	首层柱 9×C 轴	0.49	0.90	满足使用要求
Z1-2	首层柱 13×B 轴	0.25	0.90	满足使用要求
Z1-3	首层柱 6×C 轴	0.59	0.90	满足使用要求
Z1-4	首层柱 4×A 轴	0.33	0.90	满足使用要求
Z1-5	首层柱 1×B 轴	0.26	0.90	满足使用要求
Z2-1	二层柱 3×C 轴	0.27	0.90	满足使用要求
Z2-2	二层柱 4×C 轴	0.24	0.90	满足使用要求

续表

构件位置		计算轴压比	允许轴压比	是否满足要求
Z2-3	二层柱 8×C 轴	0.24	0.90	满足使用要求
Z2-4	二层柱 11×C 轴	0.30	0.90	满足使用要求
Z2-5	二层柱 13×C 轴	0.39	0.90	满足使用要求
Z3-1	三层柱 13×B 轴	0.39	0.90	满足使用要求
Z3-2	三层柱 9×C 轴	0.11	0.90	满足使用要求
Z3-3	三层柱 6×C 轴	0.20	0.90	满足使用要求
Z3-4	三层柱 9×B 轴	0.27	0.90	满足使用要求
Z3-5	三层柱 1×B 轴	0.19	0.90	满足使用要求
Z4-1	四层柱 13×B 轴	0.12	0.90	满足使用要求
Z4-2	四层柱 11×C 轴	0.10	0.90	满足使用要求
Z4-3	四层柱 8×C 轴	0.08	0.90	满足使用要求
Z4-4	四层柱 4×C 轴	0.06	0.90	满足使用要求
Z4-5	四层柱 1×B 轴	0.05	0.90	满足使用要求

注：表中轴线号详见附图轴线号。

根据现场数据计算分析对框架柱的配筋进行复核，结果表明框架柱的承载力满足使用要求，表 6-2-2 给出了部分框架柱实际配筋的验算结果。

部分框架柱配筋的验算结果（mm^2） **表 6-2-2**

构件	轴线位置	柱短向、长向受力方向单边纵筋		是否满足要求	备注
		计算值	实配值		
首层柱	9×C 轴	短向 477 长向 477	短向 1140 长向 1140	满足使用要求	—
首层柱	13×B 轴	短向 477 长向 477	短向 1140 长向 1140	满足使用要求	—
首层柱	6×C 轴	短向 477 长向 477	短向 1140 长向 1140	满足使用要求	—
首层柱	4×A 轴	短向 477 长向 477	短向 1140 长向 1140	满足使用要求	—
首层柱	1×B 轴	短向 477 长向 477	短向 1140 长向 1140	满足使用要求	—
二层柱	3×C 轴	短向 477 长向 477	短向 1140 长向 1140	满足使用要求	—
二层柱	4×C 轴	短向 477 长向 477	短向 1140 长向 1140	满足使用要求	—
二层柱	8×C 轴	短向 477 长向 477	短向 1140 长向 1140	满足使用要求	—
二层柱	11×C 轴	短向 477 长向 477	短向 1140 长向 1140	满足使用要求	—
二层柱	13×C 轴	短向 477 长向 477	短向 1140 长向 1140	满足使用要求	—
二层柱	13×B 轴	短向 477 长向 477	短向 1140 长向 1140	满足使用要求	—

续表

构件	轴线位置	柱短向、长向受力方向单边纵筋		是否满足要求	备注
		计算值	实配值		
二层柱	9×C 轴	短向 477 长向 477	短向 1140 长向 1140	满足使用要求	—
三层柱	6×C 轴	短向 477 长向 477	短向 1140 长向 1140	满足使用要求	—
三层柱	9×B 轴	短向 477 长向 477	短向 1140 长向 1140	满足使用要求	—
三层柱	1×B 轴	短向 477 长向 477	短向 1140 长向 1140	满足使用要求	—
四层柱	13×B 轴	短向 477 长向 477	短向 1140 长向 1140	满足使用要求	—
四层柱	11×C 轴	短向 477 长向 477	短向 1140 长向 1140	满足使用要求	—
四层柱	8×C 轴	短向 477 长向 477	短向 1140 长向 1140	满足使用要求	—
四层柱	4×C 轴	短向 477 长向 477	短向 1140 长向 1140	满足使用要求	—
四层柱	1×B 轴	短向 477 长向 477	短向 1140 长向 1140	满足使用要求	—

注：表中轴线号为附图轴线号。

（三）梁承载力验算

根据现场数据计算分析对框架梁配筋进行复核，结果表明梁构件承载力满足使用要求，表 6-3-1 给出了部分框架梁实际配筋的验算结果。

部分框架梁配筋的验算结果（mm^2） **表 6-3-1**

构件	轴线位置	跨中底筋		箍筋		是否满足要求
		计算	实配	计算	实配	
二层梁	8×A～B 轴	476	509	245	335	满足使用要求
二层梁	4×A～B 轴	300	509	245	314	满足使用要求
二层梁	3×A～B 轴	300	509	245	324	满足使用要求
二层梁	5×B～C 轴	1004	1473	306	335	满足使用要求
二层梁	7×B～C 轴	994	1473	306	324	满足使用要求
三层梁	9×A～B 轴	300	509	245	314	满足使用要求
三层梁	4×A～B 轴	300	509	245	335	满足使用要求
三层梁	3×A～B 轴	300	509	245	296	满足使用要求
三层梁	2×B～C 轴	965	1473	306	335	满足使用要求
三层梁	5×B～C 轴	972	1473	306	347	满足使用要求
四层梁	4×A～B 轴	300	509	245	335	满足使用要求
四层梁	9×A～B 轴	300	509	245	324	满足使用要求
四层梁	10×B～C 轴	913	1473	306	324	满足使用要求
四层梁	12×B～C 轴	901	1473	306	335	满足使用要求

续表

构件	轴线位置	跨中底筋		箍筋		是否满足要求
		计算	实配	计算	实配	
四层梁	8～9×E 轴	240	509	245	314	满足使用要求
屋面梁	12×B～C 轴	703	1473	306	335	满足使用要求
屋面梁	12～13×C 轴	238	402	220	296	满足使用要求
屋面梁	8×D～E 轴	358	509	245	296	满足使用要求
屋面梁	5×B～C 轴	778	1473	306	335	满足使用要求
屋面梁	2×B～C 轴	783	1473	306	324	满足使用要求

注：表中轴线号为附图轴线号。

（四）楼板承载力验算

根据现场数据计算分析对楼板配筋进行复核，结果表明楼板的承载力满足使用要求，表 6-4-1 给出了部分楼板实际配筋的验算结果。

部分楼板配筋的验算结果（mm^2）　　**表 6-4-1**

楼层	轴线位置	跨中底筋		是否满足要求
		计算值	实配值	
二层板	7～8×B～C 轴	短向 359	短向 359	满足使用要求
		长向 302	长向 335	
二层板	4～5×B～C 轴	短向 359	短向 359	满足使用要求
		长向 302	长向 324	
二层板	2～3×B～C 轴	短向 359	短向 359	满足使用要求
		长向 302	长向 335	
二层板	9～10×B～C 轴	短向 359	短向 359	满足使用要求
		长向 302	长向 324	
二层板	11～12×B～C 轴	短向 295	短向 324	满足使用要求
		长向 283	长向 324	
三层板	2～3×B～C 轴	短向 359	短向 359	满足使用要求
		长向 302	长向 324	
三层板	5～6×B～C 轴	短向 295	短向 324	满足使用要求
		长向 283	长向 324	
三层板	7～8×B～C 轴	短向 395	短向 359	满足使用要求
		长向 302	长向 335	
三层板	10～11×B～C 轴	短向 295	短向 335	满足使用要求
		长向 283	长向 324	
三层板	12～13×B～C 轴	短向 261	短向 324	满足使用要求
		长向 244	长向 324	
四层板	4～5×B～C 轴	短向 359	短向 359	满足使用要求
		长向 302	长向 335	

续表

楼层	轴线位置	跨中底筋		是否满足要求
		计算值	实配值	
四层板	1～2×B～C 轴	短向 261	短向 335	满足使用要求
		长向 244	长向 324	
四层板	7～8×B～C 轴	短向 359	短向 359	满足使用要求
		长向 302	长向 335	
四层板	9～10×B～C 轴	短向 359	短向 359	满足使用要求
		长向 302	长向 335	
四层板	12～13×B～C 轴	短向 261	短向 324	满足使用要求
		长向 244	长向 324	

注：表中轴线号为附图轴线号。

（五）层间位移

经对该房屋进行复算，结构的层间最大相对位移满足规范的要求，表明结构具有足够的整体抗侧力刚度，计算结果见表 6-5。

结构的自振周期和层间最大相对位移　　表 6-5

周期(s)			方向	最大层间位移	
T_1	T_2	T_3		计算值	规范要求
1.0722	0.8585	0.8192	X	1/2128	1/550
			Y	1/2439	1/550

七、鉴定结论

根据现场检查及检测结果，按照《民用建筑可靠性鉴定标准》GB 50292—2015，该房屋的可靠性评定如下：

（一）地基基础子单元

未发现房屋地基基础有不均匀沉降的迹象，房屋垂直度未超出规范要求，故地基基础系统安全性评定为 A_u 级；正常使用性评定为 A_s 级。

综合安全性和正常使用性鉴定结果，该房屋地基基础子单元可靠性等级评定为 A 级。

（二）承重结构子单元

1. 柱

部分柱构件批荡有空鼓，经检测及验算结果表明，柱构件承载力满足要求，柱轴压比满足规范要求，故钢筋混凝土柱安全性评定为 A_u 级，正常使用性评定为 A_s 级。

2. 梁

个别梁构件有开裂现象，经检测及验算结果表明，梁构件承载力满足要求，故钢筋混凝土梁安全性评定为 A_u 级，正常使用性评定为 B_s 级。

3. 板

个别天花板底有开裂现象、渗水痕迹。经检测及验算结果表明，板构件承载力满足使用要求，故板安全性评定为 A_u 级，正常使用性评定为 B_s 级。

综合上述，上部承重结构系统安全性评定为 A_u 级，正常使用性评定为 Bs 级，可靠性等级评定为 B 级。

（三）围护结构子单元

个别拦河墙体有开裂现象，部分拦河有渗水痕迹、批荡脱落、青苔附生现象；部分室内墙体有渗水痕迹、批荡龟裂、脱落现象；部分墙体与钢筋混凝土构件有分离裂缝。故围护系统安全性评定为 B_u 级，正常使用性评定为 B_s 级。

综上所述，依照《民用建筑可靠性鉴定标准》GB 50292—2015，该房屋的可靠性等级评定为Ⅱ级，可靠性略低于本标准对Ⅰ级的要求，尚不显著影响整体承载功能和使用功能。

八、处理建议（仅供参考）

建议聘请有资质的设计和施工单位进行修缮，建议采用以下方法对损坏部位进行加固处理：

1. 对宽度≥0.5mm 的墙体裂缝采用高压灌注水泥浆合缝处理，对宽度＜0.5mm 的墙体裂缝作铲补批荡修复处理。

2. 对有墙体裂缝且裂缝宽度≥1mm 的墙体采用码补补强处理。

3. 对梁构件、天花板底有裂缝的部位采用高压灌注改性环氧树脂合缝补强处理。

4. 对墙体批荡有龟裂、脱落及有渗水痕迹的部位铲补批荡修复处理。

5. 对墙体、天花板底有渗水部位重作防水处理。

6. 鉴于该房屋作教学楼使用，使用人不得随意改动房屋承重结构及搭建阁楼。房屋所有人和使用人应加强对房屋的监测，若发现有异常情况应及时采取安全措施，并及时报告有关部门。

备注：

1. 本鉴定报告“建筑面积”仅为被鉴定部分的建筑面积，不作房屋产权证明，本鉴定报告须加盖“房屋安全鉴定专用章”方为有效。

2. 本鉴定报告部分复印无效，完整复印须加盖本单位“房屋安全鉴定专用章”。

3. 本鉴定报告的有效期，是指房屋在正常使用条件下鉴定结论适用的最大时限。

附录　相关标准与规范

一、检测标准

1 《建筑结构检测技术标准》GB/T 50344—2004
2 《混凝土结构现场检测技术标准》GB/T 50784—2013
3 《砌体工程现场检测技术标准》GB/T 50315—2011
4 《钢结构现场检测技术标准》GB/T 50621—2010
5 《建筑变形测量规范》JGJ 8—2007
6 《回弹法检测混凝土抗压强度技术规程》JGJ/T 23—2011
7 《回弹仪评定烧结普通砖强度等级的方法》JC/T 796—2013
8 《贯入法检测砌筑砂浆抗压强度技术规程》JGJ/T 136—2017
9 《钻芯法检测混凝土强度技术规程》CECS 03—2007
10 《超声回弹综合法检测混凝土强度技术规程》CECS 02—2005
11 《超声法检测混凝土缺陷技术规程》CECS 21—2000
12 《既有建筑物结构安全性检测鉴定技术标准》DBJ/T 15—86—2011

二、鉴定标准

1 《民用建筑可靠性鉴定标准》GB 50292—2015
2 《工业建筑可靠性鉴定标准》GB 50144—2008
3 《危险房屋鉴定标准》JGJ 125—2016
4 《房屋完损等级评定标准》(城住字［84］第 678 号)
5 《火灾后建筑结构鉴定标准》CECS 252—2009
6 《建筑抗震鉴定标准》GB 50023—2009
7 《公路工程质量检验评定标准》JTG F8011—2004

三、材料标准

1 《通用硅酸盐水泥》GB 175—2007
2 《钢筋混凝土用钢　第 2 部分：热轧带肋钢筋》GB 1499.2—2007
3 《钢筋混凝土用钢　第 1 部分：热轧光圆钢筋》GB 1499.1—2008
4 《混凝土外加剂应用技术规程》DB11/T 1314—2015

四、相关规范

1 《砌体结构加固设计规范》GB 50702—2011
2 《混凝土结构加固设计规范》GB 50367—2013
3 《钢结构加固技术规范》CECS 77—1996

4 《建筑抗震加固技术规程》JGJ 116—2009

5 《古建筑木结构维护与加固技术规范》GB 50165—92

安全性鉴定分级标准 附表 1

层次	鉴定对象	等级	分级标准	处理要求
一	单个构件或其检查项目	a_u	安全性符合本标准对 a_u 级的要求，具有足够的承载力	不必采取措施
		b_u	安全性略低于本标准对 a_u 级的要求，尚不显著影响承载力	可不采取措施
		c_u	安全性不符合本标准对 a_u 级的要求，显著影响承载力	应采取措施
		d_u	安全性不符合本标准对 a_u 级的要求，已严重影响承载力	必须及时或立即采取措施
二	子单元或子单元中的某种构件集	A_u	安全性符合本标准对 A_u 级的要求，不影响整体承载	可能有个别一般构件应采取措施
		B_u	安全性略低于本标准对 A_u 级的要求，尚不显著影响整体承载	可能有极少数构件应采取措施
		C_u	安全性不符合本标准对 A_u 级的要求，显著影响整体承载	应采取措施，且可能有极少数构件必须立即采取措施
		D_u	安全性不符合本标准对 A_u 级的要求，严重影响整体承载	必须立即采取措施
三	鉴定单元	A_{su}	安全性符合本标准对 A_{su} 级的要求，不影响整体承载	可能有个别一般构件应采取措施
		B_{su}	安全性略低于本标准对 A_{su} 级的要求，尚不显著影响整体承载	可能有极少数构件应采取措施
		C_{su}	安全性不符合本标准对 A_{su} 级的要求，显著影响整体承载	应采取措施，且可能有极少数构件必须立即采取措施
		D_{su}	安全性不符合本标准对 A_{su} 级的要求，严重影响整体承载	必须立即采取措施

使用性鉴定分级标准 附表 2

层次	鉴定对象	等级	分级标准	处理要求
一	单个构件或其检查项目	a_s	使用性符合本标准对 a_u 级的要求，具有正常的使用功能	不必采取措施
		b_s	使用性略低于本标准对 a_u 级的要求，尚不显著影响使用功能	可不采取措施
		c_s	使用性不符合本标准对 a_u 级的要求，显著影响使用功能	应采取措施
二	子单元或子单元中的某种构件集	A_s	使用性符合本标准对 a_u 级的要求，不影响整体使用功能	可能有极少数一般构件应采取措施
		B_s	使用性略低于本标准对 a_u 级的要求，尚不显著影响整体使用功能	可能有极少数构件应采取措施
		C_s	使用性不符合本标准对 A_u 级的要求，显著影响整体使用功能	应采取措施
三	鉴定单元	A_{ss}	使用性符合本标准对 A_{su} 级的要求，不影响整体使用功能	可能有极少数一般构件应采取措施
		B_{ss}	使用性略低于本标准对 A_{su} 级的要求，尚不显著影响整体使用功能	可能有极少数构件应采取措施
		C_{ss}	使用性不符合本标准对 A_{su} 级的要求，显著影响整体使用功能	应采取措施

可靠性鉴定分级标准　　附表 3

层次	鉴定对象	等级	分级标准	处理要求
一	单个构件	A	可靠性符合本标准对 a 级的要求，具有正常的承载功能和使用功能	不必采取措施
		B	可靠性略低于本标准对 a 级的要求，尚不显著影响承载功能和使用功能	可不采取措施
		C	可靠性不符合本标准对 a 级的要求，显著影响承载功能和使用功能	应采取措施
		D	可靠性不符合本标准对 a 级的要求，已严重影响安全	必须及时或立即采取措施
二	子单元或其中的某种构件	A	可靠性符合本标准对 A 级的要求，不影响整体承载功能和使用功能	可能有个别一般构件应采取措施
		B	可靠性略低于本标准对 A 级的要求，尚不显著影响整体承载功能和使用功能	可能有极少数构件应采取措施
		C	可靠性不符合本标准对 A 级的要求，显著影响整体承载功能和使用功能	应采取措施，且可能有极少数构件必须立即采取措施
		D	可靠性不符合本标准对 A 级的要求，已严重影响安全	必须及时或立即采取措施
三	鉴定单元	Ⅰ	可靠性符合本标准对Ⅰ级的要求，不影响整体承载功能和使用功能	可能有极少数一般构件应在安全性或使用性方面采取措施
		Ⅱ	可靠性略低于本标准对Ⅰ级的要求，尚不显著影响整体承载功能和使用功能	可能有极少数构件应在安全性或使用性方面采取措施
		Ⅲ	可靠性不符合本标准对Ⅰ级的要求，显著影响整体承载功能和使用功能	应采取措施，且可能有极少数构件必须及时采取措施
		Ⅳ	可靠性不符合本标准对Ⅰ级的要求，已严重影响安全	必须及时或立即采取措施

计算系数 k 值　　附表 4

n	k 值			n	k 值		
	γ=0.90	γ=0.75	γ=0.60		γ=0.90	γ=0.75	γ=0.60
5	3.400	2.463	2.005	18	2.249	1.951	1.773
6	3.092	2.336	1.947	20	2.208	1.933	1.764
7	2.894	2.250	1.908	25	2.132	1.895	1.748
8	2.754	2.190	1.880	30	2.080	1.869	1.736
9	2.650	2.141	1.858	35	2.041	1.849	1.728
10	2.568	2.103	1.841	40	2.010	1.834	1.721
12	2.448	2.048	1.816	45	1.986	1.821	1.716
15	2.329	1.991	1.790	50	1.965	1.811	1.712

混凝土结构构件承载能力等级的评定　　附表 5

构件类别	$R/(\gamma_0 S)$			
	a_u 级	b_u 级	c_u 级	d_u 级
主要构件及节点、连接	≥1.0	≥0.95	≥0.90	≥0.90
一般构件	≥1.0	≥0.90	≥0.85	≥0.85

钢结构构件承载能力等级的评定 **附表 6**

构件类别	$R/(\gamma_0 S)$			
	a_u 级	b_u 级	c_u 级	d_u 级
主要构件及节点、连接域	≥1.0	≥0.95	≥0.90	≥0.90
一般构件	≥1.0	≥0.90	≥0.85	≥0.85

砌体构件承载能力等级评定 **附表 7**

构件类别	$R/(\gamma_0 S)$			
	a_u 级	b_u 级	c_u 级	d_u 级
主要构件及连接	≥1.0	≥0.95	≥0.90	≥0.90
一般构件	≥1.0	≥0.90	≥0.85	≥0.85

木结构构件及其连接承载能力等级的评定 **附表 8**

构件类别	$R/(\gamma_0 S)$			
	a_u 级	b_u 级	c_u 级	d_u 级
主要构件及连接	≥1.0	≥0.95	≥0.90	≥0.90
一般构件	≥1.0	≥0.90	≥0.85	≥0.85

注：表里的符合含义与等级水平都与混凝土构件的相同。

钢结构受拉构件长细比等级的评定 **附表 9**

构件类别		a_s 级或 b_s 级	c_s 级
重要受拉构件	桁架拉杆	≤350	>350
	网架支座附近处拉杆	≤300	>300
一般受拉构件		≤400	>400

砌体结构构件腐蚀等级的评定 **附表 10**

检查部位	a_s 级	b_s 级	c_s 级
块材	无风化迹象，且所处的环境正常	局部有风化迹象或尚未风化，但所处的环境不良（如潮湿、腐蚀性介质等）	局部或有较大范围已风化
砂浆层（灰缝）	无粉化迹象，且所处的环境正常	局部有粉化迹象，且所处的环境不良（如潮湿、腐蚀性介质等）	局部或有较大范围已粉化

木结构构件挠度等级的评定 **附表 11**

构件类型		a_s 级	b_s 级	c_s 级
桁架（含屋架、托架）		$\leqslant l_0/500$	$\leqslant l_0/400$	$>l_0/400$
檩条	$\leqslant l_0/400$	$\leqslant l_0/250$	$\leqslant l_0/200$	$>l_0/200$
	$\leqslant l_0/400$	$\leqslant l_0/300$	$\leqslant l_0/250$	$>l_0/250$
椽条		$\leqslant l_0/200$	$\leqslant l_0/150$	$>l_0/150$
吊顶中的受弯构件	$\leqslant l_0/400$	$\leqslant l_0/360$	$\leqslant l_0/300$	$>l_0/300$
	$\leqslant l_0/400$	$\leqslant l_0/250$	$\leqslant l_0/200$	$>l_0/200$
楼盖梁、搁栅		$\leqslant l_0/300$	$\leqslant l_0/250$	$>l_0/250$

注：表中 l_0 为构件计算跨度实测值。

木结构构件干缩裂缝等级的评定　　附表 12

检查项目	构件类别		a_s 级	b_s 级	c_s 级
干缩裂缝深度 t	受拉构件	板材	无裂缝	$t \leqslant b/6$	$t > b/6$
		方材	可有微裂	$t \leqslant b/4$	$t > b/4$
	受弯或受压构件	板材	无裂缝	$t \leqslant b/5$	$t > b/5$
		方材	可有微裂	$t \leqslant b/3$	$t > b/3$

注：表中 b 为沿裂缝深度方向的构件截面尺寸。

每种主要构件（一般构件）安全性等级的评定　　附表 13

等级	多层及高层房屋	单层房屋
A_u	在该种构件中，不含 c_u 级和 d_u 级，但一个子单元含 b_u 级的楼层数不多于$(\sqrt{m}/m)$%，第一楼层的 d_u 级含量不多于 25%(30%)，且任一轴线(或任一跨)上的 b_u 级含量不多于该轴线(或该跨)构件数的 1/3(2/5)	在该种构件中，不含 c_u 级和 d_u 级，可含 b_u 级，但一个子单元的含量不多于 30%(35%)，且任一轴线(或任一跨)上的 b_u 级含量不多于该轴线(或该跨)构件数的 1/3(2/5)
B_u	在该种构件中，不含 d_u 级，可含 c_u级，但一个子单元含 c_u 级的楼层数不多于$(\sqrt{m}/m)$%，第一楼层的 c_u 级含量不多于 15%(20%)，且任一轴线(或任一跨)上的 c_u 级含量不多于该轴线(或该跨)构件数的 1/3(2/5)	在该种构件中，不含 d_u 级可含 c_u 级，但一个子单元的含量不多于 20%(25%)，且任一轴线(或任一跨)上的 c_u 级含量不多于该轴线(或该跨)构件数的 1/3(2/5)
C_u	在该种构件中，可含 d_u 级，但一个子单元含 d_u 级的楼层数不多于$(\sqrt{m}/m)$%，第一楼层的 d_u 级含量不多于 5%(7.5%)，且任一轴线(或任一跨)上的 d_u 级含量 1 个(1/3)	在该种构件中，不含 d_u 级(单跨及双跨房屋除外)，但一个子单元的含量不多于 7.5%(10%)，且任一轴线(或任一跨)上的 d_u 级含量不多于 1 个(1/3)
D_u	在该种构件中，d_u 级的含量或其分布多于 c_u 级的规定数	在该种构件中，d_u 级的含量或其分布多于 c_u 级的规定数

注：括号内是一般构件的数据。

结构整体性等级的评定　　附表 14

检查项目	A_u 级或 B_u 级	C_u 级或 D_u 级
结构布置、支承系统(或其他抗侧力系统)布置	布置合理，形成完整系统，且结构选型及传力路线设计正确，符合现行设计规范要求	布置不合理，存在薄弱环节，或结构选型、传力路线设计不当，不符合现行设计规范要求
支承系统(或其他抗侧力系统)的构造	构件长细比及连接构造符合现行设计规范要求，无明显残损或施工缺陷，能传递各种侧向作用	构件长细比及连接构造不符合现行设计规范要求，或构件连接已失效或有严重缺陷，不能传递各种侧向作用
圈梁构造	截面尺寸、配筋及材料强度等符合现行设计规范要求，无裂缝或其他残损，能起封闭系统作用	截面尺寸、配筋及材料强度等不符合现行设计规范要求，或已开裂或有其他残损，或不能起封闭系统作用
结构间的联系	设计合理、无疏漏；锚固、连接方式正确，无松动变形或其他残损	设计不合理，多处疏漏；或锚固、连接不当，或已松动变形，或已残损

各种结构不适于继续承载的侧向位移　　附表 15

<table>
<tr><th rowspan="2">检查项目</th><th colspan="4" rowspan="2">结构类别</th><th>顶点位移</th><th>层间位移</th></tr>
<tr><th>C_u 级或 D_u 级</th><th>C_u 级或 D_u 级</th></tr>
<tr><td rowspan="12">结构平面内的侧向位移（mm）</td><td rowspan="4">混凝土结构或钢结构</td><td colspan="3">单层建筑</td><td>$>H/400$</td><td>—</td></tr>
<tr><td colspan="3">多层建筑</td><td>$>H/450$</td><td>$>H_i/350$</td></tr>
<tr><td colspan="2" rowspan="2">高层建筑</td><td>框架</td><td>$>H/550$</td><td>$>H_i/450$</td></tr>
<tr><td>框架剪力墙</td><td>$>H/700$</td><td>$>H_i/600$</td></tr>
<tr><td rowspan="8">砌体结构</td><td rowspan="4">单层建筑</td><td rowspan="2">墙</td><td>$H\leqslant 7$m</td><td>>25</td><td>—</td></tr>
<tr><td>$H>7$m</td><td>$>H_i/280$ 或 >50</td><td>—</td></tr>
<tr><td rowspan="2">柱</td><td>$H\leqslant 7$m</td><td>>20</td><td>—</td></tr>
<tr><td>$H>7$m</td><td>$>H/350$ 或 >40</td><td>—</td></tr>
<tr><td rowspan="4">多层建筑</td><td rowspan="2">墙</td><td>$H\leqslant 10$m</td><td>>40</td><td rowspan="2">$>H_i/100$ 或 >10</td></tr>
<tr><td>$H>10$m</td><td>$>H/280$ 或 >90</td></tr>
<tr><td rowspan="2">柱</td><td>$H\leqslant 10$m</td><td>>30</td><td rowspan="2">$>H_i/150$ 或 >15</td></tr>
<tr><td>$H>10$m</td><td>$>H/330$ 或 >70</td></tr>
<tr><td colspan="5">单层排架平面外侧倾</td><td>$>H/750$ 或 >30mm</td><td>—</td></tr>
</table>

每种主要（一般）构件使用性等级的评定　　附表 16

等级	多层及高层房屋	单层房屋
A_s	在该种构件中，不含 c_s 级，可含 b_s级，但一个子单元含 b_s 级的楼层数不多于$(\sqrt{m}/m)$%，且一个楼层含量不多于 35%（40%）	在该种构件中不含 c_s 级，可含 b_s级，但一个子单元的含量不多于 40%（45%）
B_s	在该种构件中，可含 c_s 级，但一个子单元含 c_s 级的楼层数不多于$(\sqrt{m}/m)$%，每一个楼层含量不多于 25%（30%）	在该种构件中不含 c_s 级，但一个子单元的含量不多于 30%（35%）
C_s	c_s 级含量或含有 c_s 级的楼屋数多于 B_s 级的规定数	c_s 级含量多于 B_s 级的规定数

结构侧向（水平）位移等级的评定　　附表 17

<table>
<tr><th rowspan="2">检查项目</th><th colspan="2" rowspan="2">结构类别</th><th colspan="3">位移限值</th></tr>
<tr><th>A_s 级</th><th>B_s 级</th><th>C_s 级</th></tr>
<tr><td rowspan="10">钢筋混凝土结构或钢结构的侧向位移</td><td rowspan="2">多层框架</td><td>层间</td><td>$\leqslant H_i/600$</td><td>$\leqslant H_i/450$</td><td>$\leqslant H_i/450$</td></tr>
<tr><td>结构顶点</td><td>$\leqslant H/750$</td><td>$\leqslant H/550$</td><td>$\leqslant H/550$</td></tr>
<tr><td rowspan="2">高层框架</td><td>层间</td><td>$\leqslant H_i/650$</td><td>$\leqslant H_i/500$</td><td>$\leqslant H_i/650$</td></tr>
<tr><td>结构顶点</td><td>$\leqslant H/850$</td><td>$\leqslant H/650$</td><td>$\leqslant H/650$</td></tr>
<tr><td rowspan="2">框架-剪力墙
框架-筒体</td><td>层间</td><td>$\leqslant H_i/900$</td><td>$\leqslant H_i/750$</td><td>$\leqslant H_i/750$</td></tr>
<tr><td>结构顶点</td><td>$\leqslant H/1000$</td><td>$\leqslant H/800$</td><td>$\leqslant H/800$</td></tr>
<tr><td rowspan="2">筒中筒</td><td>层间</td><td>$\leqslant H_i/950$</td><td>$\leqslant H_i/800$</td><td>$\leqslant H_i/800$</td></tr>
<tr><td>结构顶点</td><td>$\leqslant H/1100$</td><td>$\leqslant H/900$</td><td>$\leqslant H/900$</td></tr>
<tr><td rowspan="2">剪力墙</td><td>层间</td><td>$\leqslant H_i/1050$</td><td>$\leqslant H_i/900$</td><td>$\leqslant H_i/900$</td></tr>
<tr><td>结构顶点</td><td>$\leqslant H/1200$</td><td>$\leqslant H/1000$</td><td>$\leqslant H/1000$</td></tr>
</table>

续表

<table>
<tr><th rowspan="2">检查项目</th><th rowspan="2" colspan="2">结构类别</th><th colspan="3">位移限值</th></tr>
<tr><th>A_s 级</th><th>B_s 级</th><th>C_s 级</th></tr>
<tr><td rowspan="4">砌体结构侧向位移</td><td rowspan="2">多层房屋（墙承重）</td><td>层间</td><td>$\leqslant H_i/650$</td><td>$\leqslant H_i/550$</td><td>$\leqslant H_i/550$</td></tr>
<tr><td>结构顶点</td><td>$\leqslant H/750$</td><td>$\leqslant H/550$</td><td>$\leqslant H/550$</td></tr>
<tr><td rowspan="2">多层房屋（柱承重）</td><td>层间</td><td>$\leqslant H_i/600$</td><td>$\leqslant H_i/450$</td><td>$\leqslant H_i/400$</td></tr>
<tr><td>结构顶点</td><td>$\leqslant H/700$</td><td>$\leqslant H/500$</td><td>$\leqslant H/500$</td></tr>
</table>

注：表中 H 为结构顶点高度；H_i 为第 i 层的层间高度。

A 类砌体房屋第一级鉴定　　　　附表 18

<table>
<tr><th>鉴定内容</th><th colspan="4">《建筑抗震鉴定标准》GB 50023—2009 的抗震要求</th><th>说明</th></tr>
<tr><td rowspan="4">房屋层数和高度</td><td colspan="2"></td><td>7 度区</td><td>8 度区</td><td rowspan="4">对于横向抗震墙较少的房屋，层数减少 1 层，高度减少 3m，如果横墙很少，应再减少 1 层</td></tr>
<tr><td colspan="2">墙体厚度≥240mm 时</td><td>层数≤7 层
高度≤22m</td><td>层数≤6 层
高度≤19m</td></tr>
<tr><td colspan="2">墙体厚度=180mm 时</td><td>层数≤5 层
高度≤16m</td><td>层数≤4 层
高度≤13m</td></tr>
<tr><td colspan="4">乙类设防时墙体厚度不应为 180mm</td></tr>
<tr><td rowspan="7">结构体系</td><td colspan="2"></td><td>7 度区</td><td>8 度区</td><td rowspan="3">对于Ⅳ类场地，最大间距应减少 3m</td></tr>
<tr><td rowspan="2">抗震横墙间距</td><td>墙体厚度≥240mm 时</td><td>间距≤15m</td><td>间距≤15m</td></tr>
<tr><td>墙体厚度=180mm 时</td><td>间距≤13m</td><td>间距≤10m</td></tr>
<tr><td colspan="4">房屋的高度与宽度之比：宜≤2.2，且高度不大于底层平面的最大尺寸</td><td>房屋宽度不包括外廊宽度</td></tr>
<tr><td colspan="4">质量和刚度沿高度分布比较规则均匀，立面高度变化不超过一层，同一楼层的楼板标高相差不大于 500mm</td><td></td></tr>
<tr><td colspan="4">楼层质心和计算刚心基本重合或接近</td><td></td></tr>
<tr><td colspan="4">跨度不小于 6m 的大梁，不宜由独立砖柱支承；乙类设防时，不应由独立砖柱支承</td><td></td></tr>
<tr><td></td><td colspan="4">教学楼、医疗用房等横墙较小、跨度较大的房间，宜为现浇或装配整体式楼、屋盖</td><td></td></tr>
<tr><td rowspan="2">材料实际强度等级</td><td colspan="4">普通砖的强度等级不宜低于 MU7.5，且不低于砂浆强度等级</td><td></td></tr>
<tr><td colspan="4">砌筑砂浆强度等级不宜低于 M1</td><td></td></tr>
<tr><td rowspan="4">整体性连接构造</td><td colspan="4">墙体布置在平面内应闭合，纵横墙交接处应可靠连接，烟道、风道等不应削弱墙体</td><td></td></tr>
<tr><td colspan="4">乙类设防时的构造柱设置要求：
1. 应在外墙四角、错层部位横墙与外纵墙交接处、较大洞口两侧、大房间内外墙交接处设置构造柱；
2. 应在楼梯间、电梯间四角设置构造柱；
3. 7 度区五、六层房屋和 8 度区四层房屋：应在隔开间横墙与外墙交接处、山墙与内墙交接处设置构造柱；
4. 8 度区五层房屋：应在内、外墙交接处、局部小墙垛处设置构造柱</td><td>丙类设防时无构造柱设置要求</td></tr>
<tr><td colspan="4">纵横墙交接处应咬槎较好，应为马咬槎砌筑，或设置构造柱时，沿墙高每 10 皮砖或 500mm 应有 2φ6 拉结钢筋</td><td></td></tr>
<tr><td colspan="4">楼盖、屋盖的连接要求：
1. 楼盖、屋盖构件的最小支承长度：预制进深梁：180mm（墙上且需有梁垫）；混凝土预制板：100mm（墙上）、80mm（梁上）；
2. 混凝土预制构件应有座浆，预制板缝应有混凝土填实</td><td>装配式混凝土楼屋盖、木屋盖有圈梁设置要求</td></tr>
</table>

续表

鉴定内容	《建筑抗震鉴定标准》GB 50023—2009 的抗震要求	说明
易局部倒塌的部件	女儿墙、出屋面烟囱、挑檐、雨罩、楼梯间墙体、阳台等易发生局部倒塌部件应结构完整、稳定性足够，墙体局部尺寸满足相关限值要求、连接支承牢固等	
房屋宽度与横墙间距	满足本表以上各项抗震要求后，尚需根据抗震设防烈度、砌筑砂浆实际强度等级，检查房屋实际的横墙间距与房屋宽度是否满足限值要求（限值详见现行《建筑抗震鉴定标准》表 5.2.9-1），如果满足限值要求，则认为满足墙体承载力验算要求、房屋建筑满足抗震鉴定要求	这是验算墙体承载力的简化方法

B 类砌体房屋抗震措施鉴定（第一级鉴定）　　**附表 19**

鉴定内容	《建筑抗震鉴定标准》GB 50023—2009 的抗震要求	说明
房屋层数和高度	要求墙体厚度≥240mm，普通砖的层高宜≤4m 层数≤7 层，高度≤21m（7 度区）； 层数≤6 层，高度≤18m（8 度区）	对于横向抗震墙较少的房屋，层数减少 1 层，高度减少 3m，如果横墙很少，应再减少 1 层
结构体系	抗震横墙间距：间距≤18m（7 度区）；间距≤15m（8 度区）	
	房屋的高度与宽度之比：宜≤2.5（7 度区）；≤2.0（8 度区）	房屋宽度不包括外廊宽度
	纵横墙的布置宜均匀对称，沿平面内宜对齐，沿竖向应上下连续，同一轴线上的窗间墙宽度宜均交	
	8、9 度区，房屋立面高差在 6m 以上，或有错层，且楼板高差较大，或各部分结构刚度、质量截然不同时，宜有防震缝，缝两侧均应有墙体，缝宽宜为 50～100mm	
	房屋的尽断和转角处不宜有楼梯间	
	跨度不小于 6m 的大梁，不宜由独立砖柱支承；乙类设防时，不应由独立砖柱支承	
	教学楼、医疗用房等横墙较少、跨度较大的房间，宜为现浇或装配整体式楼、屋盖	
材料实际强度等级	普通砖的强度等级不宜低于 MU7.5，砌筑砂浆强度等级不应低于 M2.5	
	构造柱、圈梁的混凝土强度等级不宜低于 C15	
整体性连接构造	墙体布置要求：墙体布置在平面内应闭合，纵横墙交接处应咬槎砌筑，烟道、风道、垃圾道等不应削弱墙体，当墙体被削弱时，应对墙体采取加强措施	
	砖砌体房屋构造柱设置要求： 1. 应在外墙四角、错层部位横墙与外纵墙交接处、较大洞口两侧、大房间内外墙交接处设置构造柱； 2. 应在楼梯间、电梯间四角设置构造柱； 3. 7 度区五、六层房屋和 8 度区四层房屋：应在隔开间横墙与外墙交接处、山墙与内墙交接处设置构造柱； 4. 7 度区七层房屋和 8 度区五、六层房屋：应在内、外墙交接处、局部小墙垛处设置构造柱； 5. 构造柱截面应≥240mm×180mm，纵向钢筋宜为 4ϕ12，箍筋间距宜≤250mm，且宜在柱端适当加密。当超过 7 度六层、8 度五层和 9 度时，纵向钢筋宜为 4ϕ14，箍筋间距宜为 200mm； 6. 构造柱与墙连接处宜砌成马牙槎，并沿墙高每隔 500mm 有 2ϕ6 拉结钢筋，每边伸入墙内不宜小于 1m； 7. 构造柱应伸入室外地下不少于 500mm，或锚入基础梁内	外廊式或单面走廊式的房屋和教学楼、医疗用房等横墙较少的房屋，应按增加一层后的房屋层数检查构造柱设置要求。同时具备上述两种情形时，一般按增加一层后的房屋层数检查，但 7 度区三层、8 度区二层以内的房屋需按增加二层后的房屋层数检查

续表

鉴定内容	《建筑抗震鉴定标准》GB 50023-2009 的抗震要求	说明
整体性连接构造	楼盖、屋盖的连接要求： 1. 楼盖、屋盖的梁、屋架应与墙、构造柱、圈梁可靠连接。楼板、屋面板应与构造柱钢筋可靠连接； 2. 各层独立砖柱顶部应在两个方向均有可靠连接； 3. 现浇混凝土楼板、屋面板的最小支承长度：120mm（伸进外墙或不小于 240mm 厚的内墙）；90mm（伸进 190mm 厚的内墙）	现浇和装配整体式混凝土结构房屋可不设圈梁，但坡屋顶屋架房屋应在顶层设置圈梁
局部易倒塌的部件	1. 后砌的非承重墙应与承重墙或柱之间设置拉结钢筋 2ϕ@500m；8 度和 9 度时，在长度大于 5.1m 的后砌非承重墙墙顶，应与梁板有拉结； 2. 预制挑檐、阳台应有可靠锚固和连接，附墙烟囱及出屋面烟囱应在竖向配筋； 3. 门窗洞口不应为无筋砖过梁，过梁支承长度应≥240mm； 4. 凸出屋面的楼梯间、电梯间，构造柱应伸到顶部，并与顶部圈梁连接，内外墙交接处应沿墙高每隔 500mm 有 2ϕ6 拉结钢筋，每边伸入墙内不宜小于 1m。8 度区顶层楼梯间应沿墙高每隔 500mm 有 2ϕ6 通长拉结钢筋； 5. 墙体局尺寸应满足相关限值要求	

A 类钢筋混凝土房屋第一级鉴定　　附表 20

鉴定内容	《建筑抗震鉴定标准》GB 50023—2009 的抗震要求	说明
房屋层数	层数≤10 层	
房屋外观和内在质量	1. 染、柱及其节点的混凝土不开裂或仅有微小开裂，基本没有剥落，钢筋基本无露筋、锈蚀； 2. 填充墙基本没有开裂、没有与框架脱开； 3. 主体结构无明显变形、倾斜或歪扭	
结构体系	框架结构宜为双向框架	
	框架结构不宜为单跨框架（乙类设防时，不应为单跨框架）	
	8 度时，框架柱的弯矩增大系数≥1.1	
	8 度时，平面布置、立面布置应比较规则，楼层刚度分布比较均匀，无砌体结构相连，且抗侧力构件及质量分布基本均匀对称	
	框架柱的截面宽度：≥300mm；≥400mm（8 度Ⅲ及Ⅳ类场地时）	
材料强度	梁、柱、墙实际达到的混凝土强度等级不应低于 C13（7 度时），C18（8 度时）	
框架梁、柱构造配筋要求	柱纵向钢筋的最小总配筋率（%） 中柱和边柱：0.5（6 度乙类、7 度）；0.6（8 度） 角柱和框支柱：0.7（6 度乙类、7 度）；0.8（8 度） 且纵筋直径不宜＜12mm，间距不宜＞300mm	
	梁纵向钢筋的最小配筋率：0.2%和 $45f_t/f_y$ 中的较大值	
	丙类设防时： 柱的箍筋直径：≥6mm 和 1/4 纵筋直径； 柱的箍筋间距≤400mm、截面 b 和 15 倍纵筋直径； 柱端加密区箍筋直径≥6mm、间距≤200mm（7 度Ⅲ及Ⅳ类场地、8 度时） 乙类设防时，柱端加密区的箍筋宜满足： 直径≥6mm、间距≤150mm 及 8 倍纵筋直径（6 度时）； 直径≥8mm、间距≤150mm 及 8 倍纵筋直径（7 度[0.10g]、7 度[0.15g]Ⅰ及Ⅱ类场地时）；	

续表

鉴定内容	《建筑抗震鉴定标准》GB 50023—2009 的抗震要求	说明
框架梁、柱构造配筋要求	直径≥8mm、间距≤100mm 及 8 倍纵筋直径（7 度［0.15g］Ⅲ及Ⅳ类场地时、8 度Ⅰ及Ⅱ类场地时）； 直径≥10mm、间距≤100mm 及 6 倍纵筋直径（8 度［0.30g］Ⅲ及Ⅳ类场地时）； 梁的箍筋直径≥6mm 及 1/4 纵筋直径； 梁的箍筋间距≤200mm（300＜h≤500 时）；≤250mm（500＜h≤800 时） 梁端加密区间距不应＞200mm（8 度设防时）	
墙体与主体结构的连接	填充墙与柱之间沿柱高应设拉筋 2ϕ6@600mm，伸入墙内足够长度	
易局部倒塌的部件	女儿墙、出屋面烟囱、挑檐、雨罩、楼梯间墙休、阳台等易发生局部倒塌部件应结构完整、稳定性足够	

B 类钢筋混凝土房屋抗震措施鉴定（第一级鉴定） **附表 21**

鉴定内容	《建筑抗震鉴定标准》GB 50023—2009 的抗震要求	说明
房屋高度	框架结构：高度≤55m（7 度区）；45m（8 度区）对不规则结构，应适当降低高度	房屋高度指室外地面到主要屋面板板顶的高度
房屋外观和内在质量	1. 梁、柱及其节点的混凝土不开裂或仅有微小开裂，基本没有剥落，钢筋基本无露筋、锈蚀； 2. 填充墙基本没有开裂、没有与框架脱开； 3. 主体结构无明显变形、倾斜或歪扭	
结构体系	框架结构应为双向框架，框架梁与柱的中线宜重合	
	框架结构不宜为单跨框架（乙类设防时，不应为单跨框架）	
	8 度时，框架柱的弯矩增大系数≥1.1	
	8 度时，平面布置、立面布置应比较规则，楼层刚度分布比较均匀，无砌体结构相连，且抗侧力构件及质量分布基本均匀对称。不规则房屋应按规定要求设置防震缝	
	柱的截面宽度：≥300mm 柱的净高与截面高度之比：≥4 梁的截面宽度：≥200mm 梁的截面高宽比：≤4，梁的净跨与截面高度之比：≥4	
轴压比限值	框架柱的轴压比不宜超过： 0.7、0.8、0.9（对应抗震等级一、二、三级） 柱的净高与截面高度之比小于 4 的柱、Ⅳ类场地土上较高高层的柱轴压比应适当减小	
材料强度等级	梁、柱实际达到的混凝土强度等级 不应低于 C20；C30（抗震等级一级时）	
框架梁、柱构造配筋要求（乙类设防时应提高一度确定抗震等级）	柱纵向钢筋最小总配筋率（%）： 中柱和边柱：0.8、0.7、0.6（对应抗震等级一、二、三级） 角柱和框支柱：1.0、0.9、0.8（对应抗震等级一、二、三级） 对于Ⅳ类场地土上较高高层的柱，以上数值应增加 0.1	
	梁端截面顶面、底面的通长钢筋应不小于：2 14（抗震等级一、二级）；2 12（抗震等级三、四级）	
	柱端加密区的箍筋不宜小于： 8@150mm 及 8 倍纵筋直径（抗震等级三级）； 8@100mm 或 10@100mm 及 8 倍纵筋直径（抗震等级二级）；	

续表

<table>
<tr><th>鉴定内容</th><th>《建筑抗震鉴定标准》GB 50023—2009 的抗震要求</th><th>说明</th></tr>
<tr><td rowspan="2">框架梁、柱构造配筋要求（乙类设防时应提高一度确定抗震等级）</td><td>10@100mm 及 6 倍纵筋直径（抗震等级一级）；
柱端加密区的箍筋肢距不宜大于：200（抗震等级一级）；250（抗震等级二级）；300（抗震等级三、四级），且每隔一根纵向钢筋宜在两个方向有箍筋约束；
三级框架柱截面不大于 400mm 时箍筋直径允许为 6mm；
柱端加密区箍筋宜满足最小体积配箍率要求</td><td></td></tr>
<tr><td>梁端加密区的箍筋不宜小于：
8@150mm、8 倍纵筋直径、1/4h_b（抗震等级三级）；
8@100mm、8 倍纵筋直径、1/4h_b（抗震等级二级）；
10@100mm、6 倍纵筋直径、1/4h_b（抗震等级一级）；
梁端加密区的箍筋肢距不宜大于：200（抗震等级一、二级）；250（抗震等级三、四级）</td><td>（h_b 为梁高）</td></tr>
<tr><td>墙体与主体结构的连接</td><td>填充墙在平面和竖向的布置宜均匀对称；
填充墙与柱之间沿柱高应设拉筋 2ϕ6@500mm，伸入墙内足够长度</td><td></td></tr>
<tr><td>易局部倒塌的部件</td><td>女儿墙、出屋面烟囱、挑檐、雨罩、楼梯间墙休、阳台等易发生局部倒塌部件应结构完整、稳定性足够</td><td></td></tr>
</table>

房屋安全鉴定查勘记录表　　**附表 22**

编号：　　　　日期：　　年　月　日

<table>
<tr><td rowspan="2">房屋概况</td><td>名称</td><td colspan="3"></td><td>用途</td><td></td></tr>
<tr><td>地点</td><td colspan="3"></td><td>建成年代</td><td></td></tr>
<tr><td rowspan="3">建筑</td><td>建筑面积</td><td></td><td>平面形式</td><td></td><td>屋面形式</td><td></td></tr>
<tr><td>地上层数</td><td></td><td colspan="2">各层层高（净高）</td><td colspan="2"></td></tr>
<tr><td>地下层数</td><td></td><td colspan="2">基本柱距/开间尺寸</td><td colspan="2"></td></tr>
<tr><td rowspan="2">地基基础</td><td>基础形式</td><td colspan="2"></td><td>基础埋深</td><td colspan="2"></td></tr>
<tr><td>地基处理</td><td colspan="5"></td></tr>
<tr><td rowspan="2">上部结构</td><td>主体结构</td><td colspan="2"></td><td>屋盖</td><td colspan="2"></td></tr>
<tr><td>附属结构</td><td colspan="2"></td><td>墙体</td><td colspan="2"></td></tr>
<tr><td>图纸资料</td><td>建筑图</td><td colspan="2"></td><td>结构图</td><td colspan="2"></td></tr>
<tr><td rowspan="3">历史沿革</td><td colspan="6">用途变更</td></tr>
<tr><td>改扩建</td><td colspan="2"></td><td>使用变革</td><td colspan="2"></td></tr>
<tr><td>修缮</td><td colspan="2"></td><td>灾害</td><td colspan="2"></td></tr>
<tr><td>信息备注</td><td colspan="6"></td></tr>
<tr><td>基础查勘情况</td><td colspan="6"></td></tr>
<tr><td>上部结构查勘情况</td><td colspan="6"></td></tr>
<tr><td>存在问题</td><td colspan="6"></td></tr>
<tr><td>平面图</td><td colspan="6"></td></tr>
</table>

鉴定人：　　　　记录人：

参 考 答 案

思考题部分

第 1 章

1. 房屋安全鉴定是由专门的鉴定机构对已有房屋结构的工作性能和工作状态进行调查、检测、验算、分析并对房屋的完损状况和危险程度作出科学评定的技术性服务工作。

2. (1) 房屋地基基础主体结构有明显下沉、裂缝、变形、腐蚀等现象;

(2) 房屋遭受火灾、地震等自然灾害或突发事故引起的损坏;

(3) 需要拆改房屋主体或承重结构、改变房屋使用功能或者明显加大房屋荷载;

(4) 房屋超过设计使用年限拟继续使用;

(5) 房屋受相邻工程影响，出现裂缝损伤或倾斜变形;

(6) 其他影响房屋安全需要进行专项鉴定的情形：房屋损坏纠纷鉴定，房屋抗震性能鉴定等。

3. 对房屋进行安全鉴定的主要目的是:

(1) 为建筑物的日常技术管理和大、中、小修或抢修提供技术依据;

(2) 为建筑物改变使用条件、改建或扩建提供技术依据;

(3) 为确定建筑物遭受事故或灾害后的损坏程度、制定修复或加固方案提供技术依据;

(4) 为错误设计、施工的建筑物的事故处理提供技术依据。

4. 房屋安全鉴定关系到人民生命财产安全，关系到国家经济发展和社会稳定，在对房屋进行安全管理、房产价值评估、安全排查、保障人民群众的正常居住并延长房屋的使用年限、房屋灾后加固、房屋装修改造纠纷界定等方面发挥着不可替代的作用。

5. 建筑工程质量鉴定主要指通过检测手段对建筑各分项工程、分部工程或单位工程进行鉴定，评估工程施工质量合格与否，它包括建筑工程勘察、设计质量鉴定方面。

6. (1) 房屋安全鉴定的对象是已建成并投入使用的房屋；而建筑工程质量鉴定的对象包括在建或新建及已投入使用的构筑物。

(2) 房屋安全鉴定主要根据房屋结构的工作状态，必要时辅以检测、结构承载力复核验算等手段来评估房屋结构的整体安全度。建筑工程质量鉴定主要是指通过检测手段对建筑各分项工程、分部工程或单位工程进行鉴定，评估工程的施工质量合格与否，它包括建筑工程勘察、设计质量鉴定方面。

(3) 执行的标准不同。

7. 房屋安全管理是政府赋予房地产行政管理部门的重要职责，是房地产行政管理的重要组成部分。房屋安全管理是指房地产管理部门依法对城市建成区已经投入使用的房屋，通过房屋安全检查、房屋安全鉴定、危险房屋督修排危等手段有效排除危险房屋及其他房屋不安全因素的活动。

8. 房屋查勘是指按照有关技术文件，对房屋的结构、装修和设备进行检查、测试、验算。其目的是掌握房屋结构、装修、设备各部件的技术动态，为拟定房屋的修缮方案，编制修缮计划提供依据。

9. 房屋检测是指运用一定技术手段和方法，对房屋结构质量进行检查测定，实施动态监控，取得准确数据，为鉴定分析提供可靠的技术支持。房屋检测又称房屋质量检测评估，是指由具备资质的检测单位对房屋质量进行检测、评估，并开具报告的过程。

10. （1）查勘是对房屋现状的调查，是鉴定的准备和基础。

（2）检测仅提供技术数据，是查勘的继续，检测为鉴定提供可靠的数据支持。

（3）鉴定是根据查勘情况与检测数据，对房屋进行分析验算和评定。鉴定包含着查勘和检测，查勘和检测是鉴定必要的内容。

11. 房屋安全鉴定主要执行《民用建筑可靠性鉴定标准》GB 50292—2015 和《工业建筑可靠性鉴定标准》GB 50144—2008。

12. 加固改造可以取得非常显著的社会和经济效益，老旧建筑加固改造比新建可节约投资 50%左右，缩短工期 60%，收回投资的速度比新建快 3～5 倍，进行既有建筑改造可以延长建筑使用寿命，对节能减排可持续发展意义重大。

第 2 章

1. 建筑法是指调整建筑活动即各类房屋及其附属设备的建造和与其配套的线路、管道、设备的安装活动的法律与规范的总称。

2. 建筑法的作用主要体现在三个方面：

（1）规范、指导建设行为；

（2）保护合法建设行为；

（3）处罚违法建设行为。

3. （1）施工单位未按有关规范、标准和设计要求施工的，由施工单位负责返修并承担赔偿责任；

（2）因设计方原因造成的，由设计单位承担赔偿责任；

（3）因建筑材料，建筑构配件和设备质量不合格引起的质量问题，而施工单位验收同意使用的，由施工单位承担赔偿责任；属于建设单位采购的，由建设单位承担赔偿责任；

（4）因监理原因造成的，则由监理单位承担赔偿责任。

4. 对被鉴定为危险房屋的，一般可分为以下四类进行处理：

（1）观察使用：适用于采取适当安全技术措施后，尚能短期使用，但需继续观察的房屋。

（2）处理使用：适用于采取适当技术措施后，可解除危险的房屋。

（3）停止使用：适用于已无修缮价值，暂时不便拆除，又不危及相邻建筑和影响他人安全的房屋。

（4）整体拆除：适用于整幢危险且无修缮价值，需立即拆除的房屋。

5. 房屋鉴定机构收取的鉴定费，按当地市场价格或参照行业的收费指示价收取。所有人和使用人都可提出鉴定申请。经鉴定为危险房屋的，鉴定费由所有人承担；经鉴定为非危险房屋的，鉴定费由申请人承担。

6.（1）因故意把非危险房屋鉴定为危险房屋而造成损失；

（2）因过失把危险房屋鉴定为非危险房屋，并在有效期限内发生事故；

（3）因拖延鉴定时间而发生事故。

7. 民用建筑在下列情况下应进行可靠性性鉴定：

（1）使用维护中需要进行常规检测鉴定时；

（2）需要进行全面、大规模维修时；

（3）其他需要掌握结构可靠性水平时。

8. 工业建筑在下列情况下应进行可靠性性鉴定：

（1）达到设计使用年限拟继续使用时；

（2）用途和使用环境改变时；

（3）进行改造或增容、改建或扩建时；

（4）遭受灾害或事故时；

9. 住宅室内装修活动，禁止以下行为：

（1）未经原设计单位或具有相应资质的设计单位提出设计方案，变动建筑主体和承重结构；

（2）将没有防水要求的房屋或者阳台改为卫生间、厨房间；

（3）扩大承重墙上原有的门窗尺寸，拆除连接阳台的墙、混凝土墙体；

（4）损坏房屋原有功能设施，降低节能效果；

（5）其他影响建筑结构和使用安全的行为。

10. 适用于工业与民用建筑中混凝土结构、钢结构、砌体结构火灾后的结构构件检测鉴定。

11. 下列情况下，现有建筑应进行抗震鉴定：

（1）接近或超过设计使用年限需要继续使用的建筑；

（2）原设计未考虑抗震设防或抗震设防要求提高的建筑；

（3）需要改变结构用途和使用环境的建筑；

（4）其他有必要进行抗震鉴定的建筑。

12. 混凝土结构的加固设计使用年限，应按下列原则确定：

（1）结构加固后的使用年限，应由业主和设计单位共同商定；

（2）一般情况下，宜按 30 年考虑；到期后，若重新进行的可靠性鉴定认为该结构工作正常，仍可继续延长其使用年限；

（3）对使用胶粘方法或掺有聚合物加固的结构、构件，尚应定期检查其工作状态。检查的时间间隔可由设计单位确定，但第一次检查时间不应迟于 10 年。

13. 钢结构在加固施工过程中，若发现原结构或相关工程隐蔽部位有未预计的损伤或严重缺陷时，应立即停止施工，并会同加固设计者采取有效措施进行处理后再继续施工。

14. 古建筑的维护与加固，必须遵守不改变文物原状的原则。

当采用现代材料和现代技术确能更好地保存古建筑时，可在古建筑的维护与加固工程中予以引用，但应遵守下列规定：

（1）仅用于原结构或原用材料的修补、加固，不得用现代材料去替换原用材料。

（2）现在小范围内试用，再逐步扩大其应用范围。应用时，除应有可靠的科学依据和完整的技术资料外，尚应有必要的操作规程及质量检查标准。

15. 抗震加固的施工应符合下列要求：

（1）应采取措施避免或减少损伤原结构构件；

（2）发现原结构或相关工程隐蔽部位的构造有严重缺陷时，应会同加固设计单位采取有效处理措施后方可继续施工；

（3）对可能导致的倾斜、开裂或局部倒塌等现象，应预先采取安全措施。

16. 适用于抗震设防烈度为6～9度地区的现有建筑的抗震鉴定，不适用于新建建筑工程的抗震设计和施工质量的评定。

17.（1）已具备批量供应能力；

（2）基本试验研究资料齐全，且已经过试点工程或工程试用；

（3）材料或制品的毒性和燃烧性能，已分别通过卫生部门和消防部门的检验与鉴定。

第3章

1.（1）危险房屋：是指结构已严重损坏或承重构件已属危险，随时有可能丧失稳定和承载能力，局部或整体不能满足安全使用及保证居住的房屋。

（2）鉴定目的

通过对既有房屋结构构件的损坏情况进行鉴定，准确判断房屋结构的危险程度，目的是有效排除房屋隐患及其他不稳定因素，确保使用安全，为房屋的维护和修缮提供依据，也为当地主管部门对辖区内危险房屋进行检查和督促业主对危险房屋排险解危的安全管理工作提供依据。

（3）房屋危险性鉴定依据

①《城市危险房屋管理规定》

②《危险房屋鉴定标准》

③《建筑变形测量规范》

④《民用建筑可靠性鉴定标准》

⑤《工业建筑可靠性鉴定标准》

⑥ 相关设计规范

⑦ 地方房屋安全管理规定及鉴定操作技术规程

危险房屋鉴定选用评定的依据，一般应按照《危险房屋鉴定标准》JGJ 125进行房屋等级评定，也可依据《民用建筑可靠性鉴定标准》GB 50292、《工业建筑可靠性鉴定标准》GB 50144进行房屋安全性等级评定，确定是否属于危险房屋。

2. 对经鉴定属于危房，应按《城市危险房屋管理规定》（建设部第129号令）的原则，在鉴定报告中明确处理类别，提出处理建议，及时发出鉴定报告及危险处理通知书。同时将鉴定报告电子版上传危房管理系统或将副本报送所在地房屋管理部门或有关行政管理部门。若查勘时发现房屋存在即将倒塌险情，应通知房屋责任人马上采取相应措施（迁出、临时支顶等）排危处理。

3. 受理委托→收集资料（制定方案）→现场查勘、检测→综合分析（结构验算）→等级评定→编写鉴定报告

（1）受理申请：根据委托人要求，确定房屋危险性鉴定内容和范围。

（2）初始调查：收集调查和分析房屋原始资料，摸清房屋历史和现状，并进行现场查勘：对于房屋处于危险场地及地段时，应收集调查和分析房屋所处场地地质情况，并进行场地危险性鉴定。

（3）现场查勘检测：对房屋现状进行现场查勘，记录各项损坏和数据；必要时，可采用仪器检测并进行结构验算。

（4）鉴定评级：对调查、查勘、检测、验算的数据资料进行全面分析，论证定性，确定房屋安全等级。

（5）处理建议：对被鉴定房屋，提出原则性处理建议。

（6）签发鉴定文书。

4.（1）现场检查应包括结构构件的承载力、构造与连接、裂缝和变形等。

（2）现场检查的顺序一般宜为先房屋外部，后房屋内部；若其外部破坏状态明显，破坏程度严重且有倒塌可能的房屋，可不再对房屋内部进行检查。

房屋外部检查的重点宜为：房屋结构体系及其高度、宽度和层数；房屋上部倾斜、构件变形情况；地基基础的变形情况；房屋外观损伤、裂缝和破坏情况；房屋局部坍塌情况及其相邻部分已外露的结构、构件损伤情况。

除对房屋外部以上损坏情况检查，还应对房屋内部可能有危险的区域和可能出现安全问题的连接部位、构件进行检查鉴定。

内部检查重点：对所有可见的构件进行外观损伤、破坏情况检查；对承重构件，必要时可清除装饰面层核查，重点检查承重墙、柱、梁、楼板、屋盖及其连接构造的变形和裂缝等损坏情况。

检查非承重墙和容易倒塌的构件，检查应着重区分抹灰层的损坏与结构的损坏。

5. 砌体结构构件的危险性鉴定应包括承载能力、构造与连接、裂缝和变形等内容。

（1）砌体结构构件状态鉴定

砌体结构状态鉴定应重点检查不同类型构件的构造连接部位，纵横墙交接处的斜向或竖向裂缝状况，砌体承重墙体的变形和裂缝状况以及拱脚裂缝和位移状况。注意其裂缝宽度、长度、深度、走向、数量及其部位和分布，观测其发展状况，并根据损坏状态判断危险构件（例如，承重墙有明显歪闪、局部压酥或倒塌，墙体严重风化、剥落；墙角处和纵、横墙交接处普遍松动、开裂等）；对非承重墙、女儿墙、过梁、悬挑构件、拱顶等构件的松动、开裂、局部倒塌等损坏状态进行检查；

（2）砌体结构构件的检测

墙、柱构件的倾斜、侧移检测，一般采用经纬仪或锤球进行墙柱垂直度测量，对墙体的垂直度宜检测一面两点。需对砌体结构构件进行承载力验算时，应通过检测块材与砂浆来推定砌体强度，或直接检测砌体强度。砌体有效截面检测，实测砌体砌筑尺寸和检测批荡、缺陷、风化等损坏厚度，砌体截面有效值应扣除因各种因素造成的截面损失。

（3）砌体结构危险构件评定标准

受压砖墙、柱构件危险点标准：

① 受压构件承载力小于其作用效应的85%（$R/\gamma_0 S<0.85$）；

② 单片墙、柱构件产生相对于房屋整体的局部倾斜变形，其倾斜率大于0.7%，或相邻墙连接处断裂成通缝；

③ 墙、柱沿受力方向产生缝宽大于 2mm、缝长超过层高 1/2 的竖向裂缝，或产生缝长超过层高 1/3 的多条竖向裂缝；

④ 墙、柱因偏心受压产生水平裂缝，裂缝宽度大于 0.5mm；

⑤ 墙、柱因刚度低导致出现明显的挠曲鼓闪等侧弯变形现象，且在挠曲部位出现水平或交叉裂缝，或侧弯变形矢高大于 $h/150$；

⑥ 墙、柱表面风化、剥落，砂浆粉化等，有效截面削弱达 1/4 以上；

⑦ 支承梁或屋架端部的墙体或柱截面因局部受压产生多条竖向裂缝，或裂缝宽度已超过 1mm；

其他砌体构件危险点标准：

⑧ 砖过梁中部产生明显的竖向裂缝，或端部产生明显的斜裂缝，或支承过梁的墙体产生水平受力裂缝，或产生明显的弯曲、下沉变形；

⑨ 砖筒拱、扁壳、波形筒拱、拱顶沿母线产生裂缝，或拱曲面明显变形，或拱脚明显位移，或拱体拉杆锈蚀严重，且拉杆体系失效；

⑩ 石砌墙（或土墙）高厚比：单层大于 14，二层以上部分大于 12，且墙体自由长度大于 6m，或墙体的偏心距达墙厚的 1/6。

6.（1）钢结构构件承载力小于其作用效应的 90%（$R/\gamma_0 S<0.90$）；

（2）构件连接件有裂缝或锐角切口；烤缝、螺栓或柳接有拉开、变形、滑移、松动、剪坏等严重损坏：

（3）连接方式不当，构造有严重缺陷；

（4）受力构件因锈蚀，截面减少大于原截面的 10%；

（5）梁、板等构件挠度大于 L0250，或大于 45mm；

（6）实腹梁侧弯矢高大于 L0/600，且有发展迹象；

（7）受压构件的长细比大于现行国家标准《钢结构设计规范》GB 50017 中规定值的 1.2 倍；

（8）钢柱顶位移，平面内大于 $h/150$，平面外大于 $h/500$，或大于 40mm；

（9）屋架产生大于 $L_0/250$ 或大于 40mm 的挠度；屋架支撑系统松动失稳，导致屋架倾斜，倾斜量超过 $h/150$。

7.（1）房屋危险性鉴定应以整幢房屋的地基基础、上部结构构件的危险性程度严重性鉴定为基础，结合历史状态、环境影响以及发展趋势，全面分析，综合判断。评定等级应对危险构件的危险状态进行鉴定，并根据房屋各构件损伤特征及危险程度进行判断，各评定等级的严重性宏观表征可参考如下：

A 级：其宏观表征为：地基基础保持稳定；承重构件完好；结构构造及连接保持完好；结构未发生倾斜和超过规定的变形。

B 级：其宏观表征为：地基基础保持稳定；个别承重构件出现轻微裂缝，个别部位的结构构造及连接可能受到轻度损伤，但还不影响结构工作和构件受力；个别非承重构件可能有明显损坏，结构尚未发生影响使用安全的倾斜或变形：附属构、配件或其固定连接件可能有不同程度损坏，经维修后可继续使用。

C 级：其宏观表征为；房屋整体倾斜较大，但地基基础尚趋于稳定；多数承重构件或抗侧向作用构件出现裂缝，部分存在明显裂缝；不少部位构造的连接受到损伤，部分非承重构件严重破坏；经鉴定加固后可继续使用。

D级：其宏观表征为：地基基础出现损害或倾斜严重；多数承重构件严重破坏，结构构 造及连接受到严重损坏；结构整体牢固性受到威胁，局部结构濒临坍塌或已坍塌。

（2）地基基础或上部结构构件危险性的判断，应考虑其危险是孤立还是关联的。当构件的危险为孤立状态时，则不构成结构其他构件的危险；当构件的危险是关联状态时，则应联系结构的危险性判定其范围。

（3）房屋危险等级按两阶段鉴定：第一是地基危险性鉴定，当地基评定为危险状态时，应将房屋评定为整幢危房；当地基评定为非危险状态时，应进行第二阶段鉴定，综合考虑房屋基础、上部结构及围护结构三个组成部分的情况作出判断。

（4）对简单结构、简易结构房屋，可根据危险构件影响范围直接评定其危险性。

8. 房屋改变用途、拆改结构布置、增加使用荷载、延长使用年限、增加使用层数、装修前及安装广告屏幕等装修加固改造前的性能鉴定或装修加固改造后的验收鉴定；对房屋主体工程质量、结构安全性、构件耐久性、使用性存在质疑时的复核鉴定；

（1）主体工程质量：包括混凝土结构及砖混结构工程的混凝土强度、钢筋分布情况、截面尺寸、结构布置、钢筋强度、混凝土构件内部缺陷、砖砌体强度、砌筑砂浆强度等；钢结构工程的钢材性能、施工工艺、截面尺寸、结构布置、螺栓节点强度、焊缝质量、涂层厚度等。

（2）结构安全性：包括地基基础出现不均匀沉降、滑移、变形等；上部承重结构出现开裂、变形、破损、风化、碳化、腐蚀等；围护系统出现因地基基础不均匀沉降、承重构件承载能力不足而引起的变形、开裂、破损等。建筑外立面瓷砖、玻璃幕墙等构件的安全鉴定。

（3）建筑结构构件的耐久性和使用年限评估。

建筑物可靠性鉴定的对象是现有房屋，现有房屋是指建成后使用了一定时间的房屋，这和设计新建筑物有很多不同。首先我们面对的房屋已经定型，也即可能含有在建造或设计过程中的某些缺陷；其次在使用过程中，因长期使用可能造成一定的损坏，如遭受人为环境影响或自然老化影响；房屋超载使用或需要进行结构改变等。这两种原因都可能使建筑物的可靠度达不到国家规范要求。

9.（1）整个结构或结构的一部分失去平衡（如倾覆等）等；

（2）结构构件或连接因超过材料强度而破坏或因变形过大而不适宜继续承载；

（3）结构转变为机动体系；

（4）结构或结构构件丧失稳定（如压屈等）；

（5）地基丧失承载能而破坏（如失稳等）。

10. 使用性鉴定的裂缝界限值与安全性的裂缝界限值意义是不一样，安全性的裂缝界限值是安全问题，即构件出现不适宜继续承载的裂缝，而使用性鉴定的裂缝界限值则是考虑适用性和耐久性的问题。所以，由使用性等级决定可靠度等级时构件往往处于低应力水平状态。

构件出现沿主筋方向的裂缝时特别是裂缝较明显时，说明主筋因钢筋锈蚀而产生混凝土爆裂，可通过现场开凿检查证实，那么，钢筋截面积就会由于锈蚀而减少；预应力结构往往用在使用时不允许出现裂缝的建筑物上，预应力构件如果出现向眼可见裂缝（一般缝宽 0.02mm）可能预示预应力松弛，影响使用功能，所以预应力的裂缝控制较严格。另外，裂缝控制也和结构所处的环境类别有关，例如处于酸碱浓度高的环境，构件存在裂缝极容易导致钢筋锈蚀，影响使用和安全。

除了按照位移、裂缝来评定混凝土构件的使用等级外，如果构件存在人为损伤大，钢筋有锈蚀等缺陷现象，也要考虑降低其使用性等级。例如，人为开孔，水槽位置钢筋锈蚀等。

碳化深度虽未在评定条文中出现，但现场检测到其深度较大时，可预示着对钢筋锈蚀有一定影响，可作为是否采取措施的依据。

第 4 章

1. 扩大砌体的截面加固；外加钢筋混凝土加固；水泥灌浆法；外包钢加固法；钢筋网水泥砂浆层加固；增加圈梁、拉杆。

2. （1）由于设计或施工中造成钢结构缺陷，使得结构或局部的承载能力达不到设计要求，如焊缝长度不足，杆件切口过长，使截面削弱过多等；

（2）结构经长期使用，出现不同程度的锈蚀、磨损或节点受削弱等，达不到设计要求；

（3）由于使用条件发生变化，结构上荷载增加，原有结构不能适应；

（4）使用的钢材质量不符合要求；

（5）意外自然灾害对结构损伤严重；

（6）由于地基基础下沉，引起结构的变形和损伤；

（7）有时出现结构损伤事故，需要修复。如果损伤是由于荷载超过设计值或者材料质量低劣，或者是构造处理不当，那么修复工作也带有加固性质。

3. 直接加固的一般方法

（1）加大截面加固法

加大截面加固法是在钢筋混凝土梁外部外包混凝土（通常是在梁的受压区增加混凝土现浇层，受拉区增加配筋量），增大构件截面积和配筋量，增加截面有效高度，从而提高钢筋混凝土梁的正截面抗弯、斜截面抗剪能力和截面刚度，起到加固补强的作用

（2）置换混凝土加固法

置换混凝土加固法是剔除部分陈旧的混凝土，置换成新的混凝土，新混凝土的强度等级应比原梁构件提高一级。比较适用于钢筋混凝土梁的局部加强处理，有时也用于受压区混凝土强度偏低或有严重缺陷的钢筋混凝土梁的加固。

（3）粘结外包钢加固法

粘结外包型钢加固法是把型钢（钢板）包在被加固梁构件的外边，即采用环氧树脂化学灌浆等方法把型钢与被加固钢筋混凝土梁粘结成一整体，使钢材与原梁构件整体工作共同受力。加固后的混凝土梁构件，由于受拉、受压区钢材截面积增大，从而正截面承载力和截面刚度都有大幅度提高。

（4）粘钢加固法

外部粘钢加固法是在钢筋混凝土梁承载力不足区段（正截面受拉区、正截面受压区或斜截面）表面用特制的建筑结构胶粘贴钢板，使其整体工作共同受力，以提高混凝土梁承载力的一种加固方法。该方法的实质是一种体外配筋，提高原构件的配筋量，从而相应提

高构件的刚度、抗拉、抗压、抗弯和抗剪等方面的性能。

(5) 粘贴纤维增强塑料加固法

外贴纤维加固是用特制胶结材料把纤维增强复合材料贴于被加固梁构件的相应区域，使它与被加固构件截面共同工作，达到提高构件承载能力的目的。目前常用粘贴碳纤维复合材料的方法来加固。

(6) 绕丝加固法

直接在构件外绕上高强钢丝（钢绞线），该方法的优缺点与加大截面法相近。适用于混凝土结构构件斜截面承载力不足的加固，或需要对受压构件施加横向约束力的场合。在加固防腐要求较高的构件时，利用镀锌钢绞线和防腐砂浆组成的复合材料对混凝土构件进行加固补强，两种材料在加固中起着不同的作用，防腐高强钢丝起到抱箍的作用，防腐砂浆起到锚固钢丝和保护层作用，使其共同工作整体受力，以提高构件的承载力。

间接加固的一般方法：

(1) 预应力加固法

(2) 增设支承加固法

增设支承加固法是在需要加固的结构构件中增设支承，减少受弯构件的计算跨度，从而减少作用在被加固构件上的荷载效应，达到提高结构构件承载力水平的目的。常用于对使用条件和外观要求不高的场所。

其他加固方法：

其他一些常用的加固方法：锚栓锚固法，它适用于混凝土强度等级为C20～C60的混凝土承重结构的改造、加固，但不适用于已严重风化的结构及轻质结构；高强钢丝绳网片一复合砂浆外加层加固法，该方法与绕丝加固法相似，只是它采用的是高强钢丝绳网片，对防止砂浆或混凝土的开裂效果较好；辅助结构加固法，该方法是采用另制的辅助构件，如型钢、钢桁架或钢筋混凝土梁，部分或全部分担被加固梁的荷载，从而提高整体承载力。

4. 古建筑在进行修缮、保养、迁移的时候，必须遵守不改变文物原状的原则。立柱和梁架是整个木结构的重要构件，起着支撑整座建筑物的作用。它们的腐朽、虫蛀和损坏变形会严重地影响木结构的强度，从而危及整座建筑物的安全。因此，在相关参考资料并不鲜见的情况下，仍有必要对这两部分的维修方法参照有关文献从新的角度作一简要介绍，以进一步提高维修质量，延长木构件的使用年限。

5. 火灾对建筑物的损害是相当严重的。火灾后建筑结构的损伤程度与火灾持续时间、火灾温度及受火灾建筑的结构类型有关。在科学诊断火灾建筑结构损伤程度的基础上，介绍受损结构的修复加固方法。

(1) 修复加固处理特点

火灾损伤建筑结构的修复加固处理比普通工程事故加固处理和旧建筑加固处理要复杂，具体反映在如下几方面：

① 火灾损伤建筑结构的诊断工作与修复加固设计工作是不可分割的一个整体。修复加固设计人员应是参与诊断工作的技术人员。这是因为火灾对建筑物的作用相当复杂，不亲临受灾现场参与诊断工作，就无法详细了解实际结构构件的损伤情况。也就无法对火灾损伤结构提出合理的修复匀加固处理方法。

② 火灾损伤建筑结构的修复加固施工，必须在诊断及修复加固设计人员的指导下完成。因为火灾对建筑结构的损伤是不均匀的，即使是同一构件的不同部位．受火灾损伤的程度也是不同的。在进行修复加固设计时很难做到对所有受损构件均提出详尽的修复加固方法，因此实际修复加固施工时应有诊断及修复加固设计人员到现场进行施工技术指导。同时，在对烧酥层的处理时也要求诊断及修复加固设计人员到现场确定构件各部位烧酥层的凿除深度。

诊断及修复加固设计人员到施工现场还可监测、检查原有构件的节点及构件的性能、及时发现和处理各种隐患。

③ 火灾损伤结构诊断与处理工作的关键是施工质量。在修复加固施工过程中，每道施工工序均须经设计人员验收，合格后方可进行下道工序的施工。

（2）修复加固设计基本原则

① 火灾损伤结构的修复加固设计的基本原则如下：

a. 修复加固设计应简单易行、安全可靠、经济合理。

b. 修复加固工作是在原有建筑上进行，因此应选择施工方便的修复加固方法。

c. 在制定修复加固设计方案时还应考虑加固时和加固后建筑物的总体效应。

②修复加固设计时要尽量保证加固措施能与原结构共同工作。

6. 增设屋架支点，以形成一个空间的，或连续的，或混合型的结构承重体系，达到提高屋架承载力的目的。体系加固法又分增设支撑或支点加固法和改变支座连接加固法两种。

第 5 章

1. 业主委托、确定鉴定的目的和范围、初步调查、制定房屋鉴定的方案、详细调查、综合分析、等级评定、制定鉴定报告。

2. 房屋概况；包括房屋结构类型、建筑面积、层数、高度、设计、施工单位、建造年代等；鉴定类别；鉴定目的范围和内容；鉴定依据；检测项目、检测方法以及检测的数量；鉴定工作进度计划；委托方应提供的资料及须配合的内容。

3. 属于详细调查的一部分；这部分还包括细整体结构调查、地基基础工作状况查勘、结构构件检测等。

4. 加建、改建和改变使用功能的房屋结构分析因已改变房屋设计条件，宜采用现行设计规范为依据；仅评定原结构质量宜采用原设计规范为依据，但应结合现行设计规范查找房屋结构存在缺陷的部位。

5. 结构构件验算采用的结构分析方法应符合国家规范；结构构件验算使用的验算模型，应与实际受力与构造状况相符；结构分析采用的构件材料强度标准值，若原设计文件有效，且不怀疑结构有严重的问题或设计、施工偏差，可取原设计值，否则应根据现场检测确定；结构分析所采用的计算软件应满足相关技术要求；结构分析应考虑结构工作环境和损伤对结构构件和材料性能的影响，包括构件裂缝对其强度的影响、高温对材料性能的影响等；构件和结构的几何尺寸参数应采用实测值，并应考虑锈蚀、腐蚀、腐朽、虫蛀、风化、局部缺陷或缺损以及施工偏差的影响；当结构受到地基变形、温度和收缩变形、杆件变形等作用，且对其承载力有明显影响时，应考虑由之产生的附加内力；当需判定设计责任时，应按原设计计算书、施工图及竣工图，重新进行复核。

6. 房屋产权证或所有权有效证明；房屋租赁合同；业主、仲裁或审判机关出版的房屋安全鉴定委托书、已发生法律效力的裁定书、判决书等。

7. 房屋安全鉴定方案应根据委托方提出的鉴定原因、范围、目的和国家相关检测鉴定技术标准、规范，经初步调查后综合确定。

8. 鉴定思路乃鉴定者对鉴定项目的现状、委托人的要求、整体检测鉴定工作脉络的构思。是在核对图纸资料及现场调查的基础上，初步分析结构缺陷所在的过程中逐渐形成的。鉴定思路的清晰、准确与否，对鉴定工作质量至关重要，因为它把握全局，涉及对结构缺陷的判断是否准确、完整，从而影响所确定的检测项目、部位及数量是否合理，进而影响鉴定结论的准确、完整。如果鉴定思路有误，就有可能在分析缺陷原因及危害性时出现误判、漏判，最终使鉴定结论不完整，产生遗漏和错误，甚至导致对结构重大险情处理不当或不及时，发生因鉴定责任而酿成事故，造成人员伤亡及经济损失。而鉴定者的水平往往就体现在对鉴定思路的准确把握上，即是否能找准结构缺陷的根本原因。

9. 现场查勘时，应携带记录本、照相机、卷尺、小锤、小刀、螺丝刀、望远镜、放大镜等工具；还应注意自身安全及环境安全，做好调查记录。记录时可采用图例及简洁符号，以提高效率。

10. 如次梁支座集中力作用下的主梁裂缝、梁端的45°抗剪斜裂缝、梁跨中的竖向抗弯裂缝、墙体的45°斜裂缝或交叉裂缝；如女儿墙缺少构造柱容易产生构造裂缝、墙体中间缺构造柱或圈梁易产生构造裂缝等；主要与变形、承载力、构造有关。由外荷载、沉降、温度、收缩、化学反应等原因引起，按裂缝方向、形状有：斜向裂缝、横向裂缝、纵向裂缝、水平裂缝、垂直裂缝、龟裂以及放射性裂缝等，按裂缝深浅有表面裂缝、深裂缝和贯穿裂缝等；主要表现为裂缝和使用缺陷。地基基础沉降引起进深或贯通裂缝多为斜裂缝，使用中对地面产生压力导致地基变形等；

11. 主控项目：对应于合格质量水平的α和β均不宜超过5%；一般项目：对应于合格质量水平的α不宜超过5%，β不宜超过10%。

12. 鉴定合同或委托书；委托人提供的重要资料复印件；编制完整、签发手续齐全的鉴定报告原件：现场查勘记录、影像资料和委托检测的报告书；承载力复核验算资料。

13. 现场调查、开展鉴定工作、制定加固方案、加固设计、加固施工组织设计、加固施工、施工验收、业主接收。

14. 结构构件的承载力足够，但是其刚度不足时，应该优先选用增设支点或者增大梁板结构构件的截面尺寸，以提高其刚度和改变自振频率；

对于承载力足够的构件，但是裂缝过大，如果是采用纵筋的加固方法是不可取的，因为增加纵筋不会减小已有的裂缝，而有效的方法是采用外加预应力钢筋的方法，或者是外加预应力支撑，或者改变受力体系；

对于承载力不足而实际配筋已达到超筋的结构构件，仍在受拉区增配钢筋是起不到加固作用的。

15. 考虑结构的损伤、锈蚀、缺陷等不利影响，所以构件的截面面积应采用实际有效截面面积；考虑结构在加固时的实际受力程度以及加固部分应力滞后的特点；考虑实际荷载偏心、结构变形、局部损伤、温度作用等引起的附加应力；考虑加固部分与原结构协同工作的程度，并对加固部分的材料强度设计值进行相应的折减。

参考文献

[1] 陈建明. 房屋安全鉴定实务. 北京：中国建筑工业出版社，2013.

[2] 刘忠诚. 房屋安全鉴定案例. 北京：中国建筑工业出版社，2013.

[3] 刁学优. 既有建筑结构鉴定实务与案例分析. 北京：中国电力出版社，2009.

[4] 陈建明. 江苏省房屋安全鉴定人员上岗培训教材. 南京：江苏省住房和城乡建设厅，2010.

[5] 刘定郡. 危险鉴定标准与加固改造新技术使用手册. 北京：中国建筑出版社，2007.

[6] 冯文元，冯志华. 建筑结构检测与鉴定实用手册. 北京：中国建材工业出版社，2007.

[7] 手册编委会. 建筑结构试验检测技术与鉴定加固修复实用手册. 世图音像电子出版社，2006.

[8] 邸小坛，周燕. 旧建筑物的检测加固与维护. 北京：地震出版社，1992.

[9] 李克让. 建筑加固改造工程案例分析. 北京：中国建筑工业出版社，2008.

[10] 江苏省房地产协会安全鉴定分会. 房屋安全鉴定案例. 北京：中国建筑工业出版社，2014.

[11] 张富春，林志伸，肖良钊. 建筑物的鉴定、加固与改造. 北京：中国建筑工业出版社，1992.

[12] 张有才. 建筑物的检测、鉴定、加固与改造. 北京：冶金工业出版社，1997.

[13] 柳炳康. 工程结构鉴定与加固. 北京：中国建筑工业出版社，2000.

[14] 江见鲸. 建筑工程事故分析与处理. 北京：中国建筑工业出版社，2006.

[15] 陈允适，李武. 古建筑与木质文物维护指南：木结构防腐及化学加固. 北京：中国林业出版社，1995.

[16] 邸小坛，周燕. 旧建筑物的检测加固与维护. 北京：地震出版社，1992.

[17] 闵明保，李延和. 建筑物火灾后诊断与处理. 南京：江苏科学技术出版社，1994.